高等职业教育财经类规划教材·精品与示范系列（财务会计专业）

会计信息化

梁文涛　王　敏　主编

電子工業出版社
Publishing House of Electronics Industry
北京·BEIJING

内 容 简 介

“会计信息化”是财经类专业的专业核心基础课程。《会计信息化》教材的主要内容包括：会计信息化概述、会计软件的运行环境、会计软件的应用、电子表格软件在会计中的应用。

本教材根据新会计税收政策编写，在学习知识的同时，加入【点拨指导】【温馨提示】【举例说明】【你问我答】【知识串联】【知识拓展】【总结归纳】等模块，使全书形成统一协调的知识体系，有利于读者全面、系统地掌握所学知识。

本教材适合作为高职、中职教材，也可以作为应用型本科和培训机构教材，还可以作为自学教材使用。

图书在版编目（CIP）数据

会计信息化 / 梁文涛，王敏主编．—北京：电子工业出版社，2017.11

ISBN 978-7-121-32357-7

Ⅰ．①会…　Ⅱ．①梁…　②王…　Ⅲ．①会计信息—财务管理系统—高等学校—教材　Ⅳ．①F232

中国版本图书馆 CIP 数据核字（2017）第 182453 号

策划编辑：张云怡
责任编辑：胡辛征
印　　刷：三河市华成印务有限公司
装　　订：三河市华成印务有限公司
出版发行：电子工业出版社
　　　　　北京市海淀区万寿路 173 信箱　邮编　100036
开　　本：787×1 092　1/16　印张：16.75　字数：428.8 千字
版　　次：2017 年 11 月第 1 版
印　　次：2017 年 11 月第 1 次印刷
定　　价：38.00 元

凡所购买电子工业出版社图书有缺损问题，请向购买书店调换。若书店售缺，请与本社发行部联系，联系及邮购电话：（010）88254888，88258888。

质量投诉请发邮件至 zlts@phei.com.cn，盗版侵权举报请发邮件至 dbqq@phei.com.cn。

本书咨询联系方式：（010）88254573，zyy@phei.com.cn。

前　言

“会计信息化”是财经类专业的专业核心基础课程。《会计信息化》教材的主要内容包括：会计信息化概述、会计软件的运行环境、会计软件的应用、电子表格软件在会计中的应用。本教材有以下特色。

一、按照新企业会计准则和全面营改增等税收政策编写

近年来，我国企业会计准则不断修订，并且从2016年5月1日起我国全面推行营业税改征增值税试点，本教材是根据截稿之日（2017年11月15日）的最新会计税收政策编写。

二、体例新颖，理实一体

本教材在学习知识的同时，加入【点拨指导】【温馨提示】【举例说明】【你问我答】【知识串联】【知识拓展】【总结归纳】等模块，使全书形成统一协调的知识体系，有利于读者全面、系统地掌握所学知识。通过在教材的每一章课后配有题库，让读者做到理实一体、学做合一。

三、教学资源丰富

提供教材PPT教学课件、课后题库的答案及解析。任课教师可以通过作者邮箱向作者索取上述教学资料。

《会计信息化》由梁文涛、王敏担任主编，王玉珍、张清亮、闫秀担任副主编，苏杉、孙丕顺、李玲玉、展丽滕、徐子莲、焦洪旗参与编写。

本套教材的编写和出版，得到了电子工业出版社工作人员的大力支持与帮助，在此表示特别的感谢。本套教材在撰写过程中，参考、借鉴了大量相关教材和网站信息，在此向其作者表示由衷的感谢。由于作者水平有限，本套教材疏漏之处在所难免，恳请广大读者批评指正。

咨询本套教材教学资料等事宜的邮箱地址是：kuaiji2019@126.com，任课教师专用QQ群号是：455283913，读者专用QQ群号是：339230770。

目　　录

第1章

会计信息化概述

【本章学习导读】

本章为本门课程的基础理论知识。本章知识点不多，内容较为简单。学习本章时，建议多熟悉以加强记忆。

【本章知识体系】

章	节	知识点
会计信息化概述	第一节　会计信息化的概念及其特征	一、会计信息化的相关概念（★★） 二、会计信息化的特征（★）
	第二节　会计软件的配备方式及其功能模块	一、会计软件的配备方式（★★） 二、会计软件的功能模块（★★）
	第三节　企业会计信息化工作规范	一、会计软件和服务（★） 二、企业会计信息化的工作规范（★）

第一节　会计信息化的概念及其特征

【学习指导】

学习本节内容，要求了解会计信息化的特征、ERP 系统和 XBRL 的有关内容，熟悉会计信息化的含义和会计软件的概念与功能。

一、会计信息化的相关概念

（一）会计电算化

1. 会计电算化的发展

我国的会计电算化起步较晚，是从 20 世纪 80 年代开始的。1981 年 8 月，在财政部、原第一机械工业部和中国会计学会的支持下，中国人民大学和长春第一汽车制造厂在吉林省长春市联合召开了“关于财务、会计、成本应用电子计算机的专题研讨会”，在会上正式提出了“电子计算机在会计业务处理工作中的应用”，简称“会计电算化”。

2. 会计电算化的含义

随着我国会计电算化事业的发展，会计电算化的概念得到不断的发展与丰富，具体来说有广义和狭义之分。

（1）狭义的会计电算化。狭义的会计电算化是指以电子计算机为主体的电子信息技术在会计工作中的应用。

（2）广义的会计电算化。广义的会计电算化是指与实现电算化有关的所有工作，包括会计软件的开发应用及其软件市场的培育、会计电算化人才的培训、会计电算化的宏观规划和管理、会计电算化制度建设等。

【点拨指导】狭义的会计电算化也可以理解为：利用会计软件使各种计算机设备替代手工完成，或完成在手工条件下很难完成，甚至无法完成的会计工作的过程。

【判断题】狭义的会计电算化是指与实现电算化有关的所有工作。（　）

【答案】×

【解析】题目中是广义的会计电算化概念。狭义的会计电算化是指以电子计算机为主体的电子信息技术在会计工作中的应用。

（二）会计信息化

1. 会计信息化的发展

随着社会经济、科学技术的发展，会计本身产生了巨大的变化。但在会计发展的过程中，以收集、处理和提供会计信息为主的核心始终没有改变，发生变化的主要是会计信息处理与提供的技术和方式，以及分析与利用会计信息的能力和程序。在电子计算机日益普及和网络技术飞速发展的新形势下，会计信息化已经成为会计业务发展的大趋势。

【判断题】为适应传统会计模式，会计信息化利用现代信息技术对会计理论、方法作出了局部的修改。（　）

【答案】×

【解析】会计信息化没有也不能对会计理论进行修改。

2. 会计信息化的含义

会计信息化是指企业利用计算机、网络通信等现代信息技术手段开展会计核算，以及利用上述技术手段将会计核算与其他经营管理活动有机结合的过程。

相对于会计电算化而言，会计信息化是一次质的飞跃。现代信息技术手段能够实时便捷地获取、加工、传递、存储和应用会计信息，为企业经营管理、控制决策和经济运行提供充足、实时、全方位的信息。

【归纳总结】会计电算化是会计信息化的初级阶段和基础工作：会计电算化解决的是利用信息技术进行会计核算和报告工作的相关问题；会计信息化则是在会计电算化工作的基础上，以构建和实施有效的企业内部控制为指引，集成管理企业的各种资源和信息。

【单项选择题】企业利用计算机、网络通信等现代信息技术手段开展会计核算，以及利用上述技术手段将会计核算与其他经营管理活动有机结合的过程，指的是（　）。

A. 会计电算化　B. 会计信息化　C. XBRL　D. 会计软件

【答案】B

【解析】会计信息化是指企业利用计算机、网络通信等现代信息技术手段开展会计核算，以及利用上述技术手段将会计核算与其他经营管理活动有机结合的过程。会计电算化与会计信息化的区别主要在于：电算化侧重单机会计核算；信息化侧重网络共享，财务一体化。

（三）会计软件

1. 会计软件的含义

会计软件是指专门用于会计核算、财务管理的计算机软件、软件系统或者其功能模块，包括一组指挥计算机进行会计核算与管理工作的程序、存储数据及有关资料。

【举例说明】会计软件中的账务处理模块不仅包括指挥计算机进行账务处理的程序、基本数据（会计科目、凭证等），而且包括软件使用手册等用以指导使用人员进行账务处理操作的有关技术资料。

2. 会计软件的分类

（1）按硬件结构划分，会计软件分为单用户会计核算软件和多用户会计核算软件。

单用户会计核算软件是指将会计核算软件安装在一台或几台计算机中，每台计算机的会计核算软件单独运行，生成的数据只存储在各自的计算机中，计算机之间不能直接实现数据交换和共享。

多用户会计核算软件是指会计核算软件安装在一个多用户系统的主机中，该系统中各个终端可以同时运行软件，且不同终端上的会计操作人员能够共享会计信息。

【特别提示】目前多数大中型企业使用的是多用户会计核算软件。

（2）按会计核算软件的通用范围划分，会计核算软件分为专用会计核算软件和通用会计核算软件。

专用会计核算软件是指由使用单位根据自身会计核算与管理的需要，自行开发或委托其他单位开发，专供本单位使用的会计核算软件。

通用会计核算软件是指由专业软件公司研制，公开在市场上销售，能适应不同行业、不同单位会计核算与管理基本需要的会计核算软件。

【举例说明】目前，我国的通用会计核算软件以商品化软件为主，如用友系列、金蝶系列的通用企业会计软件可适用于工业、商品流通、交通运输、农业、外资、股份制等各种类型的企业。

3. 会计软件的功能

会计软件主要具有以下三种功能。

（1）为会计核算、财务管理直接采集数据；

（2）生成会计凭证、账簿、报表等会计资料；

（3）对会计资料进行转换、输出、分析、利用。

（四）会计信息系统

1. 会计信息系统的含义

会计信息系统（Accounting Information System，AIS），是指利用信息技术对会计数据进行采集、存储和处理，完成会计核算任务，并提供会计管理、分析与决策相关会计信息的系统。其实质是将会计数据转化为会计信息的系统，是企业管理信息系统的一个重要子系统。

【知识链接】企业管理信息系统是包括整个企业生产经营和管理活动的一个复杂系统，该系统通常包括：生产管理信息系统、会计信息系统、物资供应信息系统、销售管理信息系统、劳动工资和人事管理信息系统等子系统，它们分别具有管理生产、财务会计、物资供应、产品销售和工资人事等职能。

【单项选择题】会计信息系统的简称是（　　）。

A. AIS　　B. BIS　　C. ALS　　D. BLS

【答案】A

【解析】会计信息系统的简称是AIS。

2. 会计信息系统的分类

会计信息系统可根据以下两种标准进行划分。

（1）根据信息技术的影响程度，可以分为手工会计信息系统、传统自动化会计信息系统和现代会计信息系统。

（2）根据其功能和管理层次的高低，可以分为会计核算系统、会计管理系统和会计决策支持系统。

（五）ERP 和 ERP 系统

1. ERP 的发展

ERP 是 Enterprise Resource Planning（企业资源计划）的简称，是 20 世纪 90 年代美国一家 IT 公司根据当时计算机信息、IT 技术发展及企业对供应链管理的需求，预测在今后信息时代企业管理信息系统的发展趋势和即将发生变革，而提出的概念。

在此之前，ERP 管理思想与技术经历了 30 多年的发展变革，从物料需求计划（MRP）到制造资源计划（MRP Ⅱ），再进一步发展到企业资源计划（ERP），逐渐成熟，如图 1-1-1 所示。

图 1-1-1　ERP 发展历程示意图

（1）20 世纪 60 年代，早期的 MPR 是基于物料库存计划管理的生产管理系统；

（2）20 世纪 70 年代，MRP 经过发展形成了闭环的 MRP 生产计划与控制系统；

（3）20 世纪 70 年代末和 80 年代初，物料需求计划经过发展和扩充逐步形成了制造资源计划阶段的生产管理方式；

（4）20 世纪 90 年代以来，MRP Ⅱ经过进一步发展完善，形成了 ERP 系统。

2. ERP 的含义

ERP 是指利用信息技术，一方面将企业内部所有资源整合在一起，对开发设计、采购、生产、成本、库存、分销、运输、财务、人力资源、品质管理进行科学规划，另一方面将企业与其外部的供应商、客户等市场要素有机结合，实现对企业的物资资源（物流）、人力资源（人流）、财务资源（财流）和信息资源（信息流）等资源进行一体化管理（即“四流一体化”或“四流合一”），其核心思想是供应链管理，强调对整个供应链的有效管理，提高企业配置和使用资源的效率。

【单项选择题】ERP 是（　　）的简称。

A. 管理信息系统　　　　B. 企业资源计划

C. 制造资源规划　　　　D. 专家系统

【答案】B

【解析】ERP 是“企业资源计划”的简称。

3. ERP 系统的含义

ERP 系统通过利用计算机和网络等现代技术，实现企业内部甚至企业之间的业务集成。在实现高效、实时地共享企业事务处理系统间数据和资源的同时，实现应用间的协同工作，并将一个个孤立的应用集成起来，形成一个协调的企业信息和管理系统。

在功能层次上，ERP 除了最核心的财务、分销和生产管理等管理功能以外，还集成了人力资源、质量管理、决策支持等企业其他管理功能。会计信息系统已经成为 ERP 系统的一个子系统。

【单项选择题】下列关于 ERP 与会计信息化、会计电算化关系的表述中，正确的是（　　）。

A. 会计信息化是会计电算化的初级阶段

B. ERP 系统是会计信息系统的子系统

C. 会计信息系统是 ERP 系统的子系统

D. 会计电算化与 ERP 系统没有任何联系

【答案】C

【解析】会计电算化是会计信息化的初级阶段；会计电算化是会计信息化的基础工作，而会计信息系统是 ERP 系统的子系统，因此，会计电算化是 ERP 系统不可或缺的组成部分。

（六）XBRL

1. 我国的 XBRL 发展历程

我国的 XBRL 发展始于证券领域，其发展经历了以下几个阶段。

（1）2003 年 11 月上海证券交易所在全国率先实施基于 XBRL 的上市公司信息披露标准；

（2）2005 年 1 月，深圳证券交易所颁布了 1.0 版本的 XBRL 报送系统；

（3）2005 年 4 月和 2006 年 3 月，上海证券交易所和深圳证券交易所先后分别加入了 XBRL 国际组织；

（4）2008 年 11 月，XBRL 中国地区组织成立；

（5）2009 年 4 月，财政部在《关于全面推进我国会计信息化工作的指导意见》中将 XBRL 纳入会计信息化的标准；

（6）2010 年 10 月 19 日，国家标准化管理委员会和财政部颁布了可扩展商业报告语言（XBRL）技术规范系列国家标准和企业会计准则通用分类标准。

（7）2011 年，财政部组织以在美上市公司为主的 15 家国有大型企业，以及 12 家具有证券期货相关业务资格的会计师事务所开展通用分类标准首批实施工作，取得良好成效。

（8）2012 年，财政部在 2011 年基础上扩大实施范围，增加 17 个省区市开展地方国有大中型企业实施工作，同时联合银监会组织包括全部 16 家上市银行在内的 18 家银行业金融机构开展实施工作。

【单项选择题】我国的 XBRL 发展始于（　　）。

A. 国际贸易领域　　B. 证券领域

C. 金融领域　　D. 银行领域

【答案】B

【解析】我国的 XBRL 发展始于证券领域。

【判断题】2009 年 4 月，国家标准化管理委员会和财政部颁布了可扩展商业报告语言（XBRL）技术规范系列国家标准和企业会计准则通用分类标准。（　　）

【答案】×

【解析】2009 年 4 月，财政部将 XBRL 纳入会计信息化的标准。2010 年 10 月 19 日，国家标准化管理委员会和财政部颁布了可扩展商业报告语言（XBRL）技术规范系列国家标准和企业会计准则通用分类标准。

2. XBRL 的含义

XBRL（Extensible Business Reporting Language，译为“可扩展商业报告语言”），是一种基于可扩展标记语言的开放性业务报告技术标准。XBRL 以互联网和跨平台操作为基础，专门用于财务报告编制、披露和使用，用于非结构化数据尤其是财务信息的集成、交换和最大化利用，通过对数据统一进行特定的识别和分类，使数据能够直接为使用者或其他软件所读取和进一步处理，从而实现数据的一次录入、多次使用和信息共享的效果。

【知识链接】可扩展标记语言（Extensible Markup Language，XML）是一种很像超文本标记语言的标记语言，它的设计宗旨是传输数据，而不是显示数据，它的标签没有被预定义，需要自行定义，被设计为具有自我描述性，是 W3C 的推荐标准。

3. XBRL 的作用与优势

XBRL 的主要作用在于将财务和商业数据电子化，促进了财务和商业信息的显示、分析和传递。XBRL 通过定义统一的数据格式标准，规定了企业报告信息的表达方法。会计信息生产者和使用者可以通过 XBRL 在互联网上有效处理各种信息，并且迅速将信息转化成各种形式的文件。

企业应用 XBRL 的优势主要有以下几点。

（1）提供更为精确的财务报告与更具可信度和相关性的信息；

（2）降低数据采集成本，提高数据流转及交换效率；

（3）帮助数据使用者更快捷方便地调用、读取和分析数据；

（4）使财务数据具有更广泛的可比性；

（5）增加资料在未来的可读性与可维护性；

（6）适应变化的会计准则制度的要求。

【多项选择题】下列关于 XBRL 作用的表述中，正确的有（　　）。

A. 将财务和商业数据电子化，促进了其显示、分析和传递

B. 通过定义统一的数据格式标准，规定了企业报告信息的表达方法

C. 可供会计信息生产者和使用者在互联网上有效处理各种信息

D. 迅速将信息转化成各种形式的文件

【答案】ABCD

【解析】XBRL 的主要作用在于将财务和商业数据电子化，促进了财务和商业信息的显示、分析和传递。XBRL 通过定义统一的数据格式标准，规定了企业报告信息的表达方法。会计信息生产者和使用者可以通过 XBRL 在互联网上有效处理各种信息，并且迅速将信息转化成各种形式的文件。

二、会计信息化的特征

（一）人机结合

在会计信息化方式下，会计人员填制电子会计凭证并审核后，执行“记账”功能，计算机将根据程序和指令在极短的时间内自动完成会计数据的分类、汇总、计算、传递及报告

等工作。

【答疑解惑】哪些工作需要人工完成，哪些工作需要计算机完成？

会计数据的收集、审核和输入等工作需要人工完成；记账、结账和生成报表等工作需要计算机完成。

【特别提示】并非所有工作全部交给计算机完成。

【判断题】在会计信息化方式下，全部的会计工作都可以交由计算机自动完成，大大减轻了会计人员的工作负担。（　　）

【答案】×

【解析】在会计信息化方式下，大部分的会计工作可以由计算机自动完成，但会计数据的收集、审核和输入等工作仍然需要人工完成，即人机结合。

（二）会计核算自动化、集中化

1．自动化

在会计信息化方式下，试算平衡、登记账簿等以往依靠人工完成的工作，都由计算机自动完成，大大减轻了会计人员的工作负担，提高了工作效率。

2．集中化

计算机网络在会计信息化中的广泛应用，使企业能将分散的数据统一汇总到会计软件中进行集中处理，既提高了数据汇总的速度，又增强了企业集中管控的能力。

【点拨指导】集中化：通过网络，实现财务业务一体化。

（三）数据处理及时准确

利用计算机处理会计数据，可以在较短的时间内完成会计数据的分类、汇总、计算、传递和报告等工作，使会计处理流程更为简便，核算结果更为精确。此外，在会计信息化方式下，会计软件运用适当的处理程序和逻辑控制，能够避免在手工会计处理方式下出现的一些错误。

【多项选择题】会计信息化具有人机结合的特征，在会计信息化方式下，会计人员填制电子会计凭证并审核后，执行“记账”功能，计算机将根据程序和指令在极短的时间内自动完成会计数据的（　　）工作。

A．分类、汇总　　B．计算

C．传递　　D．报告

【答案】ABCD

【解析】在会计信息化方式下，会计人员填制电子会计凭证并审核后，执行“记账”功能，计算机将根据程序和指令在极短的时间内自动完成会计数据的分类、汇总、计算、传递及报告等工作。

（四）内部控制多样化

在会计信息化方式下，与会计工作相关的内部控制制度也将发生明显的变化，内部控制由过去的纯粹人工控制发展成为人工与计算机相结合的控制形式。内部控制的内容更加丰富，范围更加广泛，要求更加严格，实施更加有效。

【单项选择题】下列不属于会计信息化的特征的是（　　）。

A．人机结合　　B．会计核算自动化、集中化

C．数据处理及时准确　　D．适应变化的会计准则的要求

【答案】D

【解析】会计信息化的特征包括人机结合；会计核算自动化、集中化；数据处理及时准确；内部控制多样化。

第二节　会计软件的配备方式及其功能模块

【学习指导】

学习本节内容，要求了解会计软件的配备方式及各自的优缺点，熟悉会计软件所包含的功能模块种类及功能，并熟悉各功能模块间的数据传递。

一、会计软件的配备方式

企业配备会计软件的方式主要有购买、定制开发、购买与开发相结合等方式。其中，定制开发包括企业自行开发、委托外部单位开发、企业与外部单位联合开发三种具体开发方式。

【知识链接】购买与开发相结合方式是指通用会计软件与定点开发会计软件相结合的方式。对于本单位特殊的需求，在通用会计软件不能满足的情况下，再自行开发，然后利用通用会计软件提供的接口将它们连接起来。所以，使用商品化会计软件加上自行开发会计软件，既省时间又省费用，是实现会计信息化的有效途径。

（一）购买通用会计软件

1．通用会计软件的概念

通用会计软件是指软件公司为会计工作而专门设计开发，并以产品形式投入市场的应用软件。企业作为用户，付款购买即可获得软件的使用、维护、升级及人员培训等服务。

2．通用会计软件的优缺点

采用这种方式的优点主要有：①企业投入少，见效快，实现信息化的过程简单；②会计软件公司集中了计算机专业技术人员和会计专业人员，有他们合作共同开发的会计软件性能稳定，质量可靠，运行效率高，能够满足企业的大部分需求；③软件的维护和升级由软件公司负责，企业在使用过程中遇到问题可以向软件公司求助，能够大大减轻维护软件的负担；④商品化软件安全保密性强，用户只能执行软件功能，不能访问和修改源程序，软件不易被恶意修改，安全性高。

采用这种方式的缺点主要有：①软件的针对性不强，通常针对一般用户设计，如果企业有较为特殊的业务或流程，通用软件可能没有对应的功能模块，即便有对应的功能模块，也可能难以适应企业自身的处理流程或方式；②软件功能设置过于复杂，常常设置了较多的业务处理方法和参数配置选项，业务流程简单的企业可能感到通用会计软件过于复杂，不易操作。

3. 通用会计软件的适用范围

购买通用会计软件适用于大多数没有或只有较少特殊业务的企事业单位，是目前应用最普遍的方式，也是企业迅速实现会计信息化的有效方式。

【单项选择题】购买通用会计软件的缺点主要是（　　）。

A. 成本高　　B. 见效慢　　C. 维护没有保障　　D. 软件针对性不强

【答案】D

【解析】购买通用会计软件方式的缺点：（1）软件的针对性不强，通常针对一般用户设计，难以适应企业特殊的业务或流程；（2）为保证通用性，软件功能设置过于复杂，通常设置了较多的业务处理方法和参数配置选项，业务流程简单的企业可能感到不易操作；这种方式的优点有：（1）企业投入少，见效快，实现信息化的过程简单；（2）软件性能稳定，质量可靠，运行效率高，能够满足企业的大部分需求；(3) 软件的维护和升级由软件公司负责，企业在使用软件的过程中如遇到问题，可以向软件公司获得求助，以大大减轻维护软件的负担。（4）软件安全保密性强，用户只能执行软件功能，不能访问和修改源程序。

（二）自行开发

1. 自行开发会计软件的概念

自行开发是指企业自行组织人员进行会计软件开发。

2. 自行开发会计软件的优缺点

自行开发会计软件的优点主要有：（1）企业能够在充分考虑自身生产经营特点和管理要求的基础上，设计最有针对性和适用性的会计软件，避免了通用软件在功能上与企业需求不能完全匹配的不足；（2）由于企业内部员工对系统充分了解，当会计软件出现问题或需要改进时，企业能够及时高效地纠错和调整，保证系统使用的流畅性。

自行开发会计软件的缺点主要有：（1）系统开发要求高、周期长、成本高，系统开发完成后，还需要较长时间的试运行；（2）自行开发软件系统需要大量的计算机专业人才，普通企业难以维持一支稳定的高素质软件人才队伍。

3. 自行开发会计软件的适用范围

自行开发会计软件适用于企业自身技术力量雄厚、特殊业务较多的大型企业。

【单项选择题】下列关于自行开发配备会计软件的说法正确的是（　　）。

A. 对企业自身技术力量的要求不高

B. 实现信息化的过程简单

C. 软件的针对性不强，通常针对一般用户设计，难以适应企业特殊的业务或流程

D. 能够在充分考虑自身生产经营特点和管理要求的基础上，设计的会计软件最有针对性和适用性

【答案】D

（三）委托外部单位开发

1. 委托外部单位开发会计软件的概念

委托外部单位开发是指企业通过委托外部单位进行会计软件开发。

2．委托外部单位开发会计软件的优缺点

委托外部单位开发会计软件的优点主要有：（1）软件的针对性较强，降低了用户的使用难度；（2）对企业自身技术力量的要求不高。

委托外部单位开发会计软件的缺点主要有：（1）委托开发费用较高；（2）由于开发人员大多是计算机专业技术人员，对会计业务不熟悉，需要花大量的时间了解业务流程和客户需求，会延长开发时间；（3）开发系统的实用性差，常常不适用于企业的业务处理流程；（4）外部单位的服务与维护承诺不易做好，如果企业没有专业的维护人员很难持久使用。

3．委托外部单位开发会计软件的适用范围

委托外部单位开发会计软件这种方式目前已经很少使用。

【单项选择题】委托外部单位开发会计软件的优点是（　　）。

A．企业投入少、见效快

B．开发的会计软件性能稳定、质量可靠、运行效率高，能够满足企业的大部分需求

C．能够及时高效地纠错和调整，保证系统使用的流畅性

D．软件的针对性较强，降低了用户的使用难度

【答案】D

【解析】选项 A、B 属于购买通用会计软件的优点。选项 C 属于自行开发会计软件的优点。采用委托外部单位开发的优点主要有软件的针对性较强，降低了用户的使用难度；对企业自身技术力量的要求不高。

（四）企业与外部单位联合开发

1．企业与外单位联合开发会计软件的概念

企业与外部单位联合开发是指企业联合外部单位进行软件开发，由本单位财务部门和网络信息部门进行系统分析，外部单位负责系统设计和程序开发工作，开发完成后，对系统的重大修改由网络信息部门负责，日常维护工作由财务部门负责。其具体工作流程如图 1-2-1 所示。

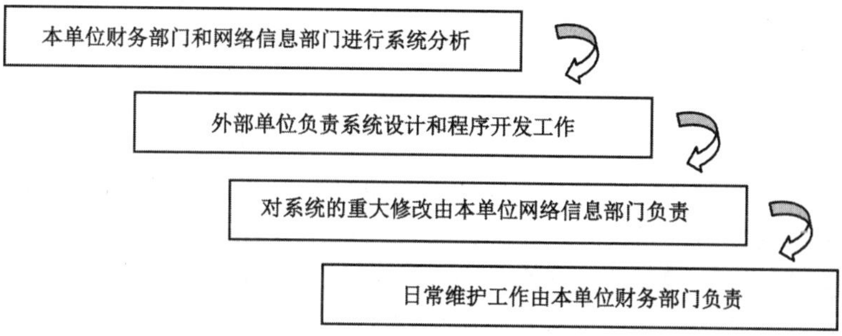

图 1-2-1　企业与外部单位联合开发会计软件示意图

2．企业与外部单位联合开发会计软件的优缺点

企业与外部单位联合开发会计软件的优点主要有：（1）开发工作既考虑了企业的自身需求，又利用了外部单位的软件开发力量，开发的系统质量较高；（2）企业内部人员参与开发，对系统的结构和流程较熟悉，有利于企业日后进行系统维护和升级。

企业与外部单位联合开发会计软件的缺点主要有：（1）软件开发工作需要外部技术人员与内部技术人员、会计人员充分沟通，系统开发的周期较长；（2）企业支付给外部单位的开发费用相对较高。

【点拨指导】企业与外部单位联合开发会计软件适用于特殊业务较多的大型企业，是目前很多大型、集团性企业采用较多的方式。

3. 企业与外部单位联合开发会计软件的适用范围

企业与外部单位联合开发会计软件这种方式适用于特殊业务较多的大型企业，是目前很多大型、集团性企业采用较多的方式。

【单项选择题】下列各项中不属于企业与外部单位联合开发会计软件的缺点的是（　　）。

A. 软件开发工作需要外部技术人员与内部技术人员、会计人员充分沟通

B. 系统开发的周期较长

C. 开发系统的实用性差，通常不适用于企业的业务处理流程

D. 企业支付给外部单位的开发费用相对较高

【答案】C

【解析】选项C属于委托外部单位开发会计软件的缺点。采用企业与外部单位联合开发的缺点主要有软件开发工作需要外部技术人员与内部技术人员、会计人员充分沟通，系统开发的周期较长，企业支付给外部单位的开发费用相对较高。

二、会计软件的功能模块

会计软件是一个复杂的大系统，一般由若干功能模块组成。会计软件的功能模块是指会计核算软件中能够相对独立完成会计数据输入、处理和输出功能的各个部分。

（一）会计软件的构成

完整的会计软件的功能模块包括：账务处理模块、固定资产管理模块、工资管理模块、应收、应付管理模块、成本管理模块、报表管理模块、存货核算模块、财务分析模块、预算管理模块、项目管理模块、其他管理模块。

（二）会计软件各模块的功能描述

1. 账务处理模块

作为整个会计核算软件的核心，账务处理模块是以凭证为数据处理的起点，通过凭证输入和处理，完成记账、银行对账、结账、账簿查询及打印输出等工作。

【知识拓展】目前许多商品化的账务处理模块还包括往来款管理、部门核算、项目核算和管理及现金银行管理等一些辅助核算功能模块。

【归纳总结】账务处理模块是会计核算软件的核心，以记账凭证为数据处理的起点与其他功能模块和业务模块无缝连接，以实现数据共享。

【单项选择题】会计软件以（　　）模块为核心。

A. 报表管理　B. 成本管理　C. 账务处理　D. 工资管理

【答案】C

【解析】账务处理模块是会计软件的核心模块。

2. 固定资产管理模块

固定资产管理模块主要是以固定资产卡片和固定资产明细账为基础，实现固定资产的会计核算、折旧计提和分配、设备管理等功能，同时提供了固定资产按类别、使用情况、所属部门和价值结构等进行分析、统计和各种条件下的查询、打印功能，以及该模块与其他模块的数据接口管理。

3. 工资管理模块

工资管理模块是进行工资核算和管理的模块，该模块以人力资源管理提供的员工及其工资的基本数据为依据，完成员工工资数据的收集、员工工资的核算、工资发放、工资费用的汇总和分摊、个人所得税计算和按照部门、项目、个人工作时间等条件进行工资分析、查询和打印输出，以及该模块与其他模块的数据接口管理。

4. 应收、应付管理模块

应收、应付管理模块以发票、费用单据、其他应收单据、应付单据等原始单据为依据，记录销售、采购业务所形成的往来款项，处理应收、应付款项的收回、支付和转账，进行账龄分析和坏账估计及冲销，并对往来业务中的票据、合同进行管理，同时提供统计分析、打印和查询输出功能，以及与采购管理、销售管理、账务处理等模块进行数据传递的功能。

【单项选择题】下列模块中，（　　）与“应收、应付管理模块”之间存在数据传递关系。

A．固定资产管理模块　　B．工资管理模块

C．账务处理模块　　D．成本管理模块

【答案】C

【解析】账务处理模块与“应收、应付管理模块”之间存在数据传递关系。

5. 成本管理模块

成本管理模块主要提供成本核算、成本分析、成本预测功能，以满足会计核算的事前预测、事后核算分析的需要。

【知识拓展】成本管理模块还具有与生产模块、供应链模块，以及账务处理、工资管理、固定资产管理和存货核算等模块进行数据传递的功能。

【多项选择题】下列模块中，与成本管理模块存在数据传递关系的有（　　）。

A．存货核算模块　　B．工资管理模块

C．固定资产管理模块　　D．账务处理模块

【答案】ABCD

【解析】成本管理模块主要提供成本核算、成本分析、成本预测功能，以满足会计核算的事前预测、事后核算分析的需要。此外，成本管理模块还具有与生产模块、供应链模块，以及账务处理、工资管理、固定资产管理和存货核算等模块进行数据传递的功能。

6. 报表管理模块

报表管理模块与其他模块相连，可以根据会计核算的数据，结合会计准则和会计制度的

要求及企业管理的实际需求，生成各种内部报表、外部报表、汇总报表，并根据报表数据分析报表，以及生成各种分析图等。

【知识拓展】在网络环境下，很多报表管理模块同时提供了远程报表的汇总、数据传输、检索查询和分析处理等功能。

7. 存货核算模块

存货核算模块以供应链模块产生的入库单、出库单、采购发票等核算单据为依据，核算存货的出入库和库存金额、余额，确认采购成本，分配采购费用，确认销售收入、成本和费用，并将核算完成的数据，按照需要分别传递到成本管理模块、应付管理模块和账务处理模块。

【判断题】存货核算系统是财务核算系统的一个子系统，它和总账之间不存在数据传输关系。 （ ）

【答案】×

【解析】存货管理模块将入库（出库）材料或商品的汇总数据生成转账凭证传递到账务处理模块。

8. 财务分析模块

财务分析模块从会计软件的数据库中提取数据，运用各种专门的分析方法，完成对企业财务活动的分析，实现对财务数据的进一步加工，生成各种分析和评价企业财务状况、经营成果和现金流量的各种信息，为决策提供正确依据。

9. 预算管理模块

预算管理模块将需要进行预算管理的集团公司、子公司、分支机构、部门、产品、费用要素等对象，根据实际需要分别定义为不同类型的责任中心，然后确立各责任中心的预算方案，实现对各个责任中心的控制、分析和绩效考核。

利用预算管理模块，既可以编制全面预算，又可以编制非全面预算；既可以编制滚动预算，又可以编制固定预算、零基预算；同一责任中心，既可以设置多种预算方案，编制不同预算，又可以在同一预算方案下选择编制不同预算期的预算。

【知识拓展】预算管理模块还可以实现对各子公司预算的汇总、对集团公司及子公司预算的查询，以及根据实际数据和预算数据自动进行预算执行差异分析和预算执行进度分析等。

10. 项目管理模块

项目管理模块主要是对企业的项目进行核算、控制与管理。项目管理主要包括项目立项、计划、跟踪与控制、终止的业务处理及项目自身的成本核算等功能。该模块可以及时、准确地提供有关项目的各种资料，包括项目文档、项目合同、项目的执行情况，通过对项目中的各项任务进行资源的预算分配，实时掌握项目的进度，及时反映项目执行情况及财务状况，并且与账务处理、应收管理、应付管理、固定资产管理、采购管理、库存管理等模块集成，对项目收支进行综合管理，是对项目的物流、信息流、资金流的综合控制。

【判断题】项目管理模块主要是对企业的项目进行核算、控制与管理。项目管理主要包括项目立项、计划、跟踪与控制、终止的业务处理及项目自身的成本核算等功能。 （ ）

【答案】√

【解析】项目管理模块主要是对企业的项目进行核算、控制与管理。项目管理主要包括项目立项、计划、跟踪与控制、终止的业务处理及项目自身的成本核算等功能。该模块可以及时、准确地提供有关项目的各种资料，通过对项目中的各项任务进行资源的预算分配，实时掌握项目的进度，及时反映项目执行情况及财务状况。

11. 其他管理模块

根据企业管理的实际需要，其他管理模块一般包括领导查询模块、决策支持模块等。领导查询模块可以按照领导的要求从各模块中提取有用的信息并加以处理，以最直观的表格和图形显示，使管理人员通过该模块及时掌握企业信息；决策支持模块利用现代计算机、通信技术和决策分析方法，通过建立数据库和决策模型，实现向企业决策者提供及时、可靠的财务和业务决策辅助信息。上述各模块既相互联系又相互独立，有着各自的目标和任务，它们共同构成了会计软件，实现了会计软件的总目标。

（三）会计软件各模块的数据传递

会计软件是由各功能模块共同组成的有机整体，为实现相应功能，相关模块之间相互依赖，互通数据，如图 1-2-2 所示。

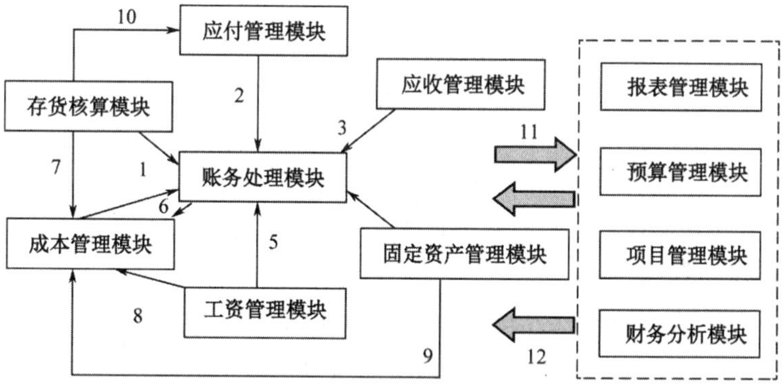

图 1-2-2 会计软件各模块数据传递流程图

（1）存货核算模块生成的存货入库、存货估价入账、存货出库、盘亏/毁损、存货销售收入、存货期初余额调整等业务的记账凭证，并传递到账务处理模块，以便用户审核登记存货账簿。

【单项选择题】（　　）生成的存货入库、存货估价入账等业务的记账凭证，并传递到账务处理模块。

A. 存货核算模块　　　　B. 成本核算模块

C. 账务处理模块　　　　D. 工资管理模块

【答案】A

【解析】存货核算模块生成的存货入库、存货估价入账、存货出库、存货盘亏/毁损、存货销售收入等业务的记账凭证，并传递到账务处理模块，以便用户审核登记到存货账簿。

（2）应付管理模块完成采购单据处理、供应商往来处理、票据新增、付款、退票处理等业务后，生成相应的记账凭证并传递到账务处理模块，以便用户审核登记赊购往来及其相关账簿。

（3）应收管理模块完成销售单据处理、客户往来处理、票据处理及坏账处理等业务后，生成相应的记账凭证并传递到账务处理模块，以便用户审核登记赊销往来及其相关账簿。

（4）固定资产管理模块生成固定资产增加、减少、盘盈、盘亏、固定资产变动、固定资产评估和折旧分配等业务的记账凭证，并传递到账务处理模块，以便用户审核登记相关的资产账簿。

（5）工资管理模块进行工资核算，生成分配工资费用、应交个人所得税等业务的记账凭证，并传递到账务处理模块，以便用户审核登记应付职工薪酬及相关成本费用账簿。

（6）成本核算业务处理中，如果计入生产成本的间接费用和其他费用定义为来源于账务处理模块，则成本管理模块在账务处理模块记账后，从账务处理模块中直接取得间接费用和其他费用的数据；如果不使用工资、固定资产、存货核算模块，则成本管理模块还需要在账务处理模块记账后，自动从账务处理模块中取得材料费用、人工费用和折旧费用等数据；成本管理模块的成本核算完成后，要将结转的制造费用、结转辅助生产成本、结转盘点损失和结转工序产品耗用等记账凭证数据传递到账务处理模块。

【单项选择题】成本管理模块的成本核算完成后，需要将结转制造费用、结转辅助生产成本、结转盘点损失和结转共享产品耗用的记账凭证数据传递到（　　）模块。

A. 存货核算模块　　　　B. 账务处理模块

C. 项目管理模块　　　　D. 报表管理模块

【答案】B

【解析】成本管理模块的成本核算完成后，需要将结转制造费用、结转辅助生产成本、结转盘点损失和结转共享产品耗用的记账凭证数据传递到账务处理模块。

（7）存货核算模块为成本管理模块提供材料出库核算的结果；成本管理模块提供给存货核算模块半成品、产成品入库成本以进行半成品、产成品出库核算。

（8）工资管理模块为成本管理模块提供人工费资料，其中应属于成本开支范围的工资分摊结果由成本管理模块登记到成本录入资料中。

（9）固定资产管理模块为成本管理模块提供固定资产折旧费数据。

（10）存货核算模块将应计入外购入库成本的运费、装卸费等采购费用和应计入委托加工入库成本的加工费传递到应付管理模块。

【判断题】存货核算模块将应计入外购入库成本的运费、装卸费等采购费用和应计入委托加工入库成本的加工费传递到成本管理模块。（　　）

【答案】×

【解析】存货核算模块将应计入外购入库成本的运费、装卸费等采购费用和应计入委托加工入库成本的加工费传递到应付管理模块。

（11）报表管理和财务分析模块可以从各模块取数编制相关财务报表，进行财务分析；预算管理模块需要获得责任中心的相关业务数据；项目管理模块的所有业务均可以根据实际情况传递到账务处理模块，并生成相应的会计分录，这些会计分录包括项目成本、费用、收入等。

（12）预算管理模块编制的预算经审核批准后，生成各种预算申请单，再传递给账务处理模块、应收管理模块、应付管理模块、固定资产管理模块、工资管理模块，进行责任控制。项目管理模块中发生和项目业务相关的收款业务时，可以在应收发票、收款单或者退款单上输入相应的信息，并生成相应的业务凭证传递至账务处理模块；发生和项目相关采购活动时，其信息也可以在采购申请单、采购订单、应付模块的采购发票上记录；在固定资产管理模块引入项目数据可以更详细地归集固定资产建设和管理的数据；项目的领料和项目的退料活动等数据可以在存货核算模块进行处理，并生成相应凭证传递到账务处理模块。

【知识拓展】各功能模块都可以从账务处理模块获得相关的账簿信息；存货核算、工资管理、固定资产管理、项目管理等模块均可以从成本管理模块获得有关的成本数据。

第三节 企业会计信息化工作规范

【学习指导】

学习本节内容，要求了解会计软件和服务的规范、会计信息化的监督管理，熟悉企业会计信息化的工作规范，包括会计信息化建设和会计资料管理。

2013 年 12 月 6 日，财政部以财会〔2013〕20 号印发《企业会计信息化工作规范》。该《规范》分总则、会计软件和服务、企业会计信息化、监督、附则 5 章 49 条，自 2014 年 1 月 6 日起施行。

一、会计软件和服务

（一）会计软件

（1）会计软件应当保障企业按照国家统一会计准则制度开展会计核算，不得有违背国家统一会计准则制度的功能设计。

【点拨指导】上述规定指出了对会计软件功能的总体原则性要求。

工作规范对于会计软件的功能做了许多具体规定，但随着实践发展，未来可能会出现这些规定没有考虑到的新问题，因此需要对软件功能有原则性要求，以有效应对这些问题，保障国家统一会计准则制度的顺利执行。

（2）会计软件的界面应当使用中文并且提供对中文处理的支持，可以同时提供外国或者少数民族文字界面对照和处理支持。

本条规定中的“会计软件的界面应当使用中文并且提供对中文处理的支持”包括两方面的含义：一是软件界面要使用中文，即软件的功能菜单、操作向导、表单格式、提示信息、帮助文件等都要使用中文；二是要有对中文处理的支持，即要有符合中国国家标准的汉字编码支持能力，使汉字能在系统中正确输入、显示和打印。

【温馨提示】“会计软件的界面应当使用中文”和“会计软件应当提供对中文处理的支持”是不同的概念，两者缺一不可。

（3）会计软件应当提供符合国家统一会计准则制度的会计科目分类和编码功能。

本条规定并不是强制要求会计软件的每个科目及其代码都要与财政部发布的会计科目表相一致，而是要求会计软件具有与会计准则制度相符合的科目分类和编码方式。也就是说，会计科目应当按资产、负债、所有者权益、成本、损益等划分一级科目类别，科目编码也应当采用数字并通过首位数区分科目所属类别。

【温馨提示】提供符合统一会计准则制度的会计科目分类和编码功能，并不排斥会计软件。

（4）会计软件应当提供符合国家统一会计准则制度的会计凭证、账簿和报表的显示和打印功能。

本条规定是为了保证会计软件按照会计监督人员容易理解的形式呈现会计资料，还原会计核算过程。会计准则制度对于财务报表有统一的规定，而会计准则制度并未对凭证和账簿（这里指明细账和日记账）有统一规定，但《会计基础工作规范》（财会字〔1996〕19 号）的相关条款对凭证和账簿所必须记载的事项是有规定的。实务中，凭证和账簿有约定俗成的格式，市场销售的空白凭证和账簿的格式也都大同小异。这种约定俗成的凭证、账簿格式一直以来得到了会计准则制度的默认，也是会计准则制度的有机组成部分。会计软件显示和打印的凭证和账簿，应当符合《会计基础工作规范》规定的内容和行业约定俗成的格式。

（5）会计软件应当提供不可逆的记账功能，确保对同类已记账凭证的连续编号，不得提供对已记账凭证的删除和插入功能，不得提供对已记账凭证日期、金额、科目和操作人的修改功能。

在信息化环境下，为数据的增、删、改提供了前所未有的便利。但这种便利性是把“双刃剑”，它虽然能够提高会计工作的效率，但同时也对会计核算过程的可信赖、可追溯造成威胁。因此，对记账功能和已记账凭证进行控制，防止对相关数据进行随意篡改，是会计软件必须具备的功能。

【知识链接】不可逆的记账功能是指对于已记账的凭证，不能执行反记账，也就是取消记账操作。如果发现已记账的凭证错误，只能通过红字冲销法或补充登记法来进行更正。

【单项选择题】计算机账务处理系统中，记账后的凭证发现错误应采用（　　）进行修改。

A．删除凭证　　B．直接修改

C．重新编制正确的凭证　　D．红字冲销或补充登记

【答案】D

【解析】在计算机账务处理系统中，记账后的凭证发现错误时，应采用红字冲销或补充登记的方法进行修改。

（6）鼓励软件供应商在会计软件中集成可扩展商业报告语言（XBRL）功能，便于企业生成符合国家统一标准的 XBRL 财务报告。

XBRL 是一种新兴的电子财务报告格式，它以 XML（可扩展标记语言）为基础，统一了描述财务报告的语义和语法，能够解决财务报告的重复编报、重复录入等问题，实现对财务报告的自动分析和跨系统的信息交换，能够有效降低会计信息生产和使用成本，深度挖掘会计信息价值，因此在全球得以广泛采用。2010 年 10 月，国家标准化管理委员会发布了《可扩展商业报告语言技术规范》系列国家标准，财政部同时发布了《企业会计准则通用分类标准》，分别在技术和业务层面建立了我国 XBRL 应用的标准体系。此后，财政部组织了《企业会计准则通用分类标准》实施工作，要求实施企业向财政部报送 XBRL 格式年度财务报告。随着 XBRL 应用的深入发展，更多的企业将采用“嵌入式”的编报方式，通过会计软件系统数据直接生成 XBRL 实例文档。因此，工作规范鼓励供应商在会计软件中集成 XBRL 功能。

【判断题】软件供应商必须在会计软件中集成可扩展商业报告语言（XBRL）功能，生成符合国家统一标准的 XBRL 财务报告。（　　）

【答案】×

【解析】鼓励软件供应商在会计软件中集成可扩展商业报告语言（XBRL）功能，便于企业生成符合国家统一标准的 XBRL 财务报告。

（7）会计软件应当具有符合国家统一标准的数据接口，满足外部会计监督需要。

随着会计信息化的发展，会计监督也在不断走向信息化。采用审计软件直接从企业会计系统中调取电子会计资料，并在审计软件辅助下进行查阅、分析并发现疑点，已成为会计监督常用的一种检查方式。但是，如果各种会计软件没有统一数据接口，调取不同软件中的会计资料需要不同的工具，各监管机构、会计师事务所等就都需要各自开发自己的接口软件，这不仅造成资源的极大浪费，实际使用效果也不甚理想。除会计监督外，企业更换、升级会计软件，也面临着前后两种软件数据格式不一致问题，无法进行安全、有效的数据迁移，造成电子会计资料在软件更新换代中的损失。

【点拨指导】会计、审计软件只要具有符合国家统一标准的数据接口，就不需要开发繁杂的接口工具，也就可以实现数据的交换，满足会计监督以及其他需求。

（8）会计软件应当具有会计资料归档功能，提供导出会计档案的接口，在会计档案存储格式、元数据采集、真实性与完整性保障方面，符合国家有关电子文件归档与电子档案管理的要求。

由于技术进步，电子会计资料依赖原生软硬件系统有可能由于升级换代而造成在一定时期之后不可读。这就决定了电子会计资料应离开原生信息系统进行归档保存。电子会计资料归档功能应是会计管理软件的一项重要功能。值得注意的是，因系统运行维护需要而通过备份系统进行的备份，无论是在线的还是离线，都不是真正意义上的归档保存。归档应是对电子会计资料进行鉴别、整理加工和移送档案管理职能部门进行保存的过程。

（9）会计软件应当记录生成用户操作日志，确保日志的安全、完整。

用户操作日志是信息化带来的重要环境变量。在提高会计工作便利性、效率性的同时，用户操作日志承担起更多的记录和还原核算过程的任务。需要注意的是，这里的日志功能，不是传统的系统日志概念，而是为会计监督服务的用户操作日志。两者的区别在于：前者主要供技术人员使用，而后者直接供会计监督人员使用；前者主要采用技术术语描述，而后者应当采用自然语言以及会计业务术语描述。

【点拨指导】用户操作日志应当满足以下要求：一是完整性。会计软件必须能保证日志记录的完整，将所有对会计核算结果可能形成影响的用户操作记录下来，包括对核算结果有直接影响的数据录入、修改、插入、删除，对核算工作所依赖的基础数据（如会计科目表、银行账户信息、辅助核算项目信息、人员信息）的维护。二是安全性。会计软件应当采取技术手段,保证用户操作日志中的任何信息不被用户以任何手段修改和删除。三是可查询性。用户操作日志必须提供对各类操作的查询，以便会计监督人员筛选出想要的信息。

（二）会计软件供应商服务

（1）以远程访问、云计算等方式提供会计软件的供应商，应当在技术上保证客户会计资料的安全、完整。但是对于因供应商的原因造成客户会计资料泄露、毁损的，客户可以要求供应商承担赔偿责任。

【知识串联】会计云计算也就是云会计，是指会计软件未安装在企业本地，而是运行于供应商的远端服务器，用户通过互联网使用软件，会计资料也存储在远端服务器中，是依托于高速互联网的一种全新会计软件服务和使用模式。它与传统会计软件的区别是传统会计软件安装在一台计算机或局域网上，只有特定的计算机和网络才能使用，而会计云计算是在线会计软件，可以通过互联网随时随地接入系统，与其他的会计师、审计师实时进行协作。

（2）客户以远程访问、云计算等方式使用会计软件生成的电子会计资料归客户所有。软件供应商应当提供符合国家统一标准的数据接口供客户导出电子会计资料，不得以任何理由拒绝客户导出电子会计资料的请求。

（3）以远程访问、云计算等方式提供会计软件的供应商，应当做好本厂商不能维持服务情况下，保障企业电子会计资料安全以及企业会计工作持续进行的预案，并在相关服务合同中与客户就该预案作出约定。

以上三条均是对会计软件云服务的相关规范。“会计软件云”是依托于互联网的一种全新会计软件服务和使用模式。它是指会计软件未安装在企业本地，而是运行于供应商的远端服务器，用户通过互联网，以网页浏览形式使用软件，会计资料通常情况下也存储在远端服务器中。其本质是会计软件和服务器资源的租用。目前，主流供应商都看好这一服务发展前景，推出了自己的会计软件云服务，其中一些是免费服务（例如试用版）。

【点拨指导】会计工作不仅是企业管理活动，由此形成的会计资料也不仅是企业财产，会计工作还是国家经济管理工作的基础环节，企业会计资料也是政府对企业监管的重要依据。企业与供应商之间的服务模式不应妨碍国家经济管理工作的正常开展，会计软件云服务的相关权利义务关系必须明确。出于这一考虑，工作规范从保护会计资料的安全完整和企业会计工作持续进行的角度出发，明确了云服务供应商的相关责任。

（4）软件供应商应当努力提高会计软件相关服务质量，按照合同约定及时解决用户使用中的故障问题。会计软件存在影响客户按照国家统一会计准则制度进行会计核算问题的，软件供应商应当为用户免费提供更正程序。

会计软件不同于其他软件，它影响着企业的正常运营。供应商提供的也不仅仅是软件本身，服务是保障软件正常运行必不可少的部分，并且服务在很大程度上决定着软件的使用效果。服务质量成为客户选择会计软件越来越重要的考虑因素，也是市场竞争的一个重要方面。

【温馨提示】会计软件升级，如果是对功能的进一步完善，提高使用便利性等，应按照合同约定收取费用；但如果是对影响客户按照会计准则制度进行核算的问题的修正，则不应收取费用。这样规定是出于两方面考虑：一是出现问题的责任是否应当由供应商承担；二是保障企业对会计准则制度的执行。

（5）鼓励软件供应商采用呼叫中心、在线客服等方式为用户提供实时技术支持。

信息技术的发展，不仅带来会计软件功能的完善以及性能的提高，也为会计软件相关服务水平的提升、服务模式的创新提供了可能。供应商在关注新技术对软件影响、改进软件的同时，也应思考新技术在改善服务方面所能发挥的作用。

（6）软件供应商应当就如何通过会计软件开展会计监督工作，提供专门教程和相关资料。

为适应信息化环境，会计监督工作越来越多地直接通过会计软件查询资料、发现线索、分析问题。但是，市面上各种不同的会计软件，不同的功能设计和界面风格也给监督人员带来挑战。若监督人员无法高效使用会计软件，就只能要求企业提供纸面会计资料满足监督需要，这会给企业造成负担。因此，供应商应当提供通过软件开展会计监督的专门教程或者手册等资料，为会计监督工作提供便利，也就减轻了客户企业的负担。同时，也有利于消除会计监督人员对软件功能的误解，提升会计软件的形象。

【单项选择题】下列说法中不正确的是（　　）。

A. 会计软件可以提供对已记账凭证的删除功能

B. 会计软件应当确保对同类已记账凭证的连续编号

C. 会计软件应当提供不可逆的记账功能

D. 会计软件不能提供对已记账凭证的插入功能

【答案】A

【解析】会计软件应当提供不可逆的记账功能，确保对同类已记账凭证的连续编号，不得提供对已记账凭证的删除和插入功能，不得提供对已记账凭证日期、金额、科目和操作人的修改功能。

二、企业会计信息化的工作规范

（一）企业会计信息化建设

（1）企业应当充分重视会计信息化工作，加强组织领导和人才培养，不断推进会计信息化在本企业的应用。除委托代理机构记账的企业外，企业应当指定专门的机构或者岗位负责会计信息化工作。未设置会计机构和未配备会计人员的企业，应由其委托的代理记账机构开展会计信息化工作。

企业开展会计信息化工作，首先需要组织、机构和人员的保障。上述规定对此提出了原则性要求。会计是企业各方面经营管理信息汇聚的枢纽，规模越大的企业，会计信息化涉及的部门、业务、流程越多、需要协调的关系就越复杂。因此，大型企业的会计信息化项目，其建设实施应当由具有足够权限的企业负责人来领导，重大事项需要企业主要负责人主持决策。对于具体负责会计信息化工作的主体，企业可以有多种选择：小微企业可以指定会计部门或者会计人员负责，或者把会计信息化工作交由代理记账机构；大中型企业可以在会计部门、信息技术部门内部设立专门机构或者岗位负责，或者设置独立于两部门的专门部门负责。

【温馨提示】会计信息化是财务会计、财务管理、内部控制和信息技术的深度融合，需要复合型人才。

【点拨指导】对于大中型企业来说，会计信息化建设还必须有熟悉本企业情况的复合型人才。只有熟悉本企业情况，才能制定出切合实际的信息化方案，以及能在本企业贯彻推行的配套制度体系。否则，会计信息化可能与企业经营成为“两张皮”，造成建设失败和投资浪费。

（2）企业开展会计信息化工作，应当根据发展目标和实际需要，合理确定建设内容，避免投资浪费。

尽管信息化是方向，但信息化作为企业经营的环境因素，需要与企业发展所处阶段、规模、内部文化、组织架构、员工素质、法律、监管等其他环境因素相互配合，因地制宜地推进，不能“赶时髦”，追求“一步到位”。因此，在整体规划的前提下，会计信息化建设内容可以分阶段逐步完善，根据企业经营发展的需要分模块搭建。

（3）企业开展会计信息化工作，应当注重信息系统与经营环境的契合。

实践证明，决定会计信息化成败的不是“建”而是“用”。设计上再完美的信息系统，如果不适应企业实际情况，没有相应的制度支撑配合，没有处理好内外部利益关系，没有得到用户部门的支持，就可能成为摆设，甚至带来负面效应。因此，企业推进会计信息化，不仅要考虑系统建设本身，还要研究管理模式、组织架构、业务流程是否契合。信息系统的建设实施过程，往往也是会计工作变革的过程。变革的关键是相关部门和岗位的认识要统一,而最终结果则要以制度的形式来反映和固化。只有认识统一、制度保障前提下的系统，才可能运行良好，发挥预期的效益。

（4）大型企业、企业集团开展会计信息化工作，应当注重整体规划，统一技术标准、编码规则和系统参数，以便实现各系统的有机整合，消除信息孤岛。

信息化的优势在于信息的共享和集中，企业经营管理发展到一定层次，必然要求信息更高层次的共享和更大范围的集中。因此，企业会计信息化建设功能可以逐个模块地搭建，范围可以从局部到全面，但是规划必须是整体性的，技术标准必须是统一的。对大型企业，特别是地域分布广，分支机构、核算层级众多的企业集团来说尤其如此。这就要求各部门、各单位的系统不能各自为政，必须为将来的整合做好准备，必须采用一种“语言”说话。这样，未来各个系统之间才能“对话”，信息化的优势也才能充分发挥。否则，各种系统就会成为一个个“孤岛”，相互间没有联系。或者成为一个个“烟囱”，信息只向上通，没有横向联系。信息化建设，无论是企业还是政府，无论是会计领域还是其他业务领域，也无论是国内还是国外，大量经验和教训都说明一点：整体规划和统一标准很重要。

【点拨指导】大型企业开展会计信息化建设，无论从一开始就采取统建方式，还是“先分后统”方式，都要有顶层设计，要在统一领导下进行。要有统一的技术标准，编码规则和系统参数。其中，技术标准主要是指用于交换的数据格式；编码规则是指企业对各类业务概念的统一定义，又称为数据字典（例如会计科目表）；系统参数则是指为完成特定业务处理或者控制功能而需要自上而下传递的数据。例如，对于经理可以审批的费用限额、某类固定资产的折旧方法和折旧年限等，企业总部制定标准后可以传递至各级系统中，这就需要统一定义相关系统参数。

（5）企业配备的会计软件应当符合会计软件和服务规范的要求。

提供合格的会计软件是软件供应商的责任。企业同样也负有使用合格软件的责任。两者不能相互替代。

【点拨指导】企业负有使用合格软件的这一责任有两种情况：如果企业自己开发会计软件，则开发的软件应当符合工作规范的要求；如果企业外购会计软件，则应当选择符合工作规范要求的产品。

（6）企业配备会计软件，应当根据自身技术力量及业务需求，考虑软件功能、安全性、稳定性、响应速度、可扩展性等要求，合理选择购买、定制开发、购买与开发相结合等会计软件配备方式。定制开发包括企业自行开发、委托外部单位开发、企业与外部单位联合开发。

本条主要是提示企业进行会计软件配备方式决策时应当考虑的因素。成本是企业决策的重要因素，但除此之外，软件功能、安全性、稳定性等因素也很重要。企业应当衡量自身技术力量以及外部开发单位能否有效满足上述各项要求。

（7）企业通过委托外部单位开发、购买等方式配备会计软件，应当在有关合同中约定操作培训、软件升级、故障解决等服务事项，以及软件供应商对企业信息安全的责任。

本条是提示企业在软件配备中不可忽略对相关服务的要求。会计软件不同于一般商品软件，要保障软件的正常使用以及会计工作的持续开展，相关服务不可缺少。对信息安全责任的承诺，也是供应商服务的重要部分。而一些软件厂商可能重产品而轻服务，小微企业由于经验不足也可能在购买产品时忽略相关服务问题。

（8）企业应当促进会计信息系统与业务信息系统的一体化，通过业务的处理直接驱动会计；软件记账，减少人工操作，提高业务数据与会计数据的一致性，实现企业内部信息资源共享。

信息化的趋势之一是不同业务系统的集成。过去，企业经营数据可能需要先导出，经格式转换、分类汇总等人工处理后再导入或者输入会计系统。现在，业务系统与会计系统互联后，业务发生时，业务系统就可以将数据直接推送给会计系统。会计系统根据这些数据，按照既定规则生成记账凭证并自动记账。这一过程就是业务直接驱动的记账。它的优势：一是提高效率；二是增进会计核算的及时性；三是避免人工差错；四是防止舞弊；五是提高系统间数据一致性。

（9）企业应当根据实际情况，开展本企业信息系统与银行、供应商、客户等外部单位信息系统的互联，实现外部交易信息的集中自动处理。

信息化的一大驱动力是互联互通的需求，企业内部如此，企业与外部主体间同样如此。因此，信息化的发展必然从企业层面走向社会层面，企业间信息系统的互联是必然的发展方向。企业实际上是会计系统与业务系统的集成向企业外部的拓展，其目的也是实现自动记账，只是将驱动记账的环节向前进一步延伸。因此，会计系统与业务系统集成所具有的优势，企业间互联同样具备。同时，企业间互联是更高层面的信息化工作，它还具有更多优势：一是为交易及其核算的无纸化奠定了基础；二是为企业改进客户服务、升级营销模式提供了契机；三是有利于和信息的集中处理。

（10）企业进行会计信息系统前端系统的建设和改造，应当安排负责会计信息化工作的专门机构或者岗位参与，充分考虑会计信息系统的数据需求。

会计是企业经营管理各方面信息汇聚的枢纽，处于信息流的下游。可以说，会计信息系统是其他业务系统的重要用户。因此，会计信息化专门机构或者岗位有必要向其他业务系统提出对上游信息的需求，也就有必要参与前端系统的建设工作。

【点拨指导】会计信息化专门机构或者岗位对前端系统建设的参与，重点要把握两个方面：一是前端系统采集或者生成的信息内容是否满足会计工作；二是前端系统采用的技术标准、数据字典是否与会计信息系统兼容。

【单项选择题】下列关于会计信息化的规范中，错误的是（　　）。

A．企业应当充分重视会计信息化工作，加强组织领导和人才培养，不断推进会计信息化在本企业的应用

B．大型企业、企业集团开展会计信息化工作，应当注重整体规划，统一技术标准、编码规则和系统参数，实现各系统的有机整合，消除信息孤岛

C．企业通过委托外部单位开发、购买等方式配备会计软件，应当在有关合同中约定操作培训、软件升级、故障解决等服务事项

D．企业进行会计信息化系统前端系统的建设和改造不需要负责会计信息化工作的专门机构或者岗位参与

【答案】D

【解析】企业进行会计信息化系统前段系统的建设和改造，应当安排负责会计信息化工作的专门机构或者岗位参与，充分考虑会计信息系统的数据需求。

（11）企业应当遵循企业内部控制规范体系要求，加强对会计信息系统规划、设计、开发、运行、维护全过程的控制，将控制过程和控制规则融入会计信息系统，实现对违反控制规则情况的自动防范和监控，提高内部控制水平。

本条是与企业内部控制规范体系的衔接条款。会计信息化工作中，会计信息系统不仅是内部控制的手段，同时也是内部控制的对象。企业对会计信息系统建设应用周期的每个环节都要进行有效的控制，才能保证系统中融入的控制功能正确地发挥作用。

（12）对于信息系统自动生成、且具有明晰审核规则的会计凭证，可以将审核规则嵌入会计软件，由计算机自动审核。未经自动审核的会计凭证，应当先经人工审核再进行后续处理。

过去文件规定，对于机制凭证，也需要进行人工审核才能记账。这反映了当时的“计算

机模拟手工”思维。允许计算机自动审核凭证，是工作规范适应信息化时代要求而做出的突破之一。采用自动审核，要把握好两项前提：一是必须是信息系统自动生成的凭证，包括原始凭证和记账凭证。二是要有明晰的审核规则。所谓“明晰”，一般要有量化的指标，通过信息的比较做出判断。

【温馨提示】“明晰”，一般要有量化的指标，通过信息的比较做出判断。

（13）处于会计核算信息化阶段的企业，应当结合自身情况，逐步实现资金管理、资产管理、预算控制、成本管理等财务管理信息化；处于财务管理信息化阶段的企业，应当结合自身情况，逐步实现财务分析、全面预算管理、风险控制、绩效考核等决策支持信息化。

本条是对企业会计信息化工作的方向性引导，启发企业不断将会计信息化工作引向深入。对于财务管理信息化阶段、决策支持信息化阶段的内容划分，该条的列举是示范性的，并不意味着企业必须严格按照阶段划分推进工作，也不意味着会计信息化只有这些工作可以开展。实际上，财务管理工作与决策支持相关，决策支持也是财务管理的内容之一。对不同行业，同样的工作内容也具有不同的地位和意义。总之，企业应当根据自身情况，逐步推进会计信息化。

【点拨指导】企业会计信息化工作分为三个阶段：会计核算信息化、财务管理信息化和决策支持信息化。

（14）外商投资企业使用的境外投资者指定的会计软件或者跨国企业集团统一部署的会计软件，应当符合会计软件和服务规范的要求。

任何企业的会计软件都需要遵循工作规范会计软件和服务中的要求，没有例外情况。

【举例说明】境外投资者指定的会计软件或者跨国企业集团统一部署的会计软件，必须在根据《工作规范》要求进行汉化等修改完善后，才能交付使用。

【多项选择题】下列关于会计信息化建设的说法中，正确的有（　　）。

A．企业开展会计信息化工作，应当重视信息系统与经营环境的契合

B．企业应当遵循企业内部控制规范体系要求

C．企业应当安排负责会计信息化工作的专门机构或者岗位参与

D．企业应当促进会计信息系统与业务信息系统的一体化，通过会计记账直接驱动业务的处理

【答案】ABC

【解析】企业应当促进会计信息系统与业务信息系统的一体化，通过业务的处理直接驱动会计软件记账。

（二）企业会计信息化条件下的会计资料管理

（1）分公司、子公司数量多、分布广的大型企业、企业集团应当探索利用信息技术促进会计工作的集中，逐步建立财务共享服务中心。实行会计工作集中的企业以及企业分支机构，应当为外部会计监督机构及时查询和调阅异地储存的会计资料提供必要条件。

会计集中核算是指企业（集团）将下属单位相同的财务职能集中，由集团总部财务部门统一行使。财务共享服务与会计集中核算类似，区别在于：财务共享服务由集团内相对独立的共享服务中心提供，共享服务中心与服务对象签署服务协议。因此共享服务中心与集团内其他单位的关系更接近于市场化关系，而不是集团与下属企业的上下级关系或者业务指导关系。财务共享与信息化密不可分。共享伴随着集中，使得财务处理与业务发生在物理空间上分离，只有依赖于高效率、高度集成的软件系统和通信技术，才能有效解决空间差异，保障

财务处理的及时性。工作规范鼓励大型企业利用信息技术逐步建立财务共享服务中心，实现财务职能转型，更好地发挥会计服务管理的作用。当然，财务共享也带来会计核算地与企业注册地不一致的问题，给注册地监管部门开展会计监督带来了新的挑战。为此，《工作规范》要求实行财务共享的企业为监督机构及时查询和调阅异地储存的会计资料提供必要条件。一是在注册地办公场所要提供能访问到企业全部会计资料的终端，供监管机构查询；二是要根据注册地监管机构的需要及时调阅异地储存的纸面会计资料。

（2）企业会计信息系统数据服务器的部署应当符合国家有关规定。数据服务器部署在境外的，应当在境内保存会计资料备份，备份频率不得低于每月一次。境内备份的会计资料应当能够在境外服务器不能正常工作时，独立满足企业开展会计工作的需要以及外部会计监督的需要。

互联网时代，移动互联、虚拟专用网络、远程访问、云计算等技术的采用，使得信息系统成为只在逻辑上存在的概念，物理上，终端设备、服务器可以天南海北，遍布于全球各地。这为跨国企业集团会计信息系统的部署提供了极大的灵活性。从安全和成本因素考虑，企业集团可能把多国企业的系统服务器集中存放在某个或者数个城市。从企业对其经营管理的工作组织以及信息数据有自主决定权的角度来讲，上述做法无可厚非。但是，会计工作不仅是企业管理活动，由此形成的会计资料也不仅是企业财产。会计工作还是国家经济管理工作的基础环节，企业会计资料也是政府对企业监管的重要依据，是国家重要的经济信息资源。因此，企业会计数据服务器部署在境外的同时，还应当在境内留有备份，以避免我国政府对企业的会计监督可能受到境外因素干扰的风险，保障国家经济信息安全。按照本条规定，每月一次的备份频率是最低限度要求。对于企业实际应当采取的备份频率，以及备份的会计资料范围，工作规范采取了“能够独立满足企业开展会计工作的需要以及外部会计监督的需要”的原则性规定，企业应当在该原则基础上自行把握。

【温馨提示】每月一次的备份频率是最低限度要求。

（3）企业会计资料中对经济业务事项的描述应当使用中文，可以同时使用外国或者少数民族文字对照。

所谓对经济业务事项的描述在这里是个广义的概念，不仅包括会计分录中的描述，还包括会计政策、会计科目名称、账表中的说明性文字等。需要注意的是，该条的本意是保证会计监督人员理解企业会计核算的过程和结果，而不是说，描述中完全不能出现其他语言文字。在不妨碍监督人员理解的前提下，描述中的产品、材料型号以及其他约定俗成的专用词汇可以使用其他语言。

（4）企业应当建立电子会计资料备份管理制度，确保会计资料的安全、完整和会计信息系统的持续、稳定运行。

（5）企业不得在非涉密信息系统中存储、处理和传输涉及国家秘密、关系国家经济信息安全的会计资料；未经有关主管部门批准，不得将其携带、寄运或者传输至境外。

部分企业的会计信息和会计资料可能涉及国家秘密或者国家重大利益。维护企业电子会计资料安全是保障国家经济信息安全的重要组成部分。企业在会计信息化建设和实施过程中，应当增强保密意识，建立和完善专项规章制度，加强对有关人员的教育和管理，进一步做好保密管理工作。

（6）企业内部生成的会计凭证、账簿和辅助性会计资料，如果同时满足下列几个条件，可以不输出纸面资料：①所记载的事项属于本企业重复发生的日常业务；②由企业信息系统自动生成；③可及时在企业信息系统中以人类可读形式查询和输出；④企业信息系统具有防止相关数据被篡改的有效机制；⑤企业对相关数据建立了电子备份制度，能有效防范自然灾害、意外事故和人为破坏的影响；⑥企业对电子和纸面会计资料建立了完善的索引体系。

（7）企业获得的需要外部单位或者个人证明的原始凭证和其他会计资料，如果同时满足下列几个条件，可以不输出纸面资料①会计资料附有外部单位或者个人的、符合《中华人民共和国电子签名法》的可靠的电子签名；②电子签名经符合《中华人民共和国电子签名法》的第三方认证；③所记载的事项属于本企业重复发生的日常业务；④可及时在企业信息系统中以人类可读形式查询和输出；⑤企业对相关数据建立了电子备份制度，能有效防范自然灾害、意外事故和人为破坏的影响；⑥企业对电子和纸面会计资料建立了完善的索引体系。

上述两条分别对企业内部生成和外部获取会计资料无纸化管理的条件进行了规定。对于符合条件的企业和资料，外部监督机构在检查时不应要求企业提供全套纸面会计资料。当然，在必要情况下，外部监督机构就个别资料（例如抽中的凭证）仍然可以要求企业提供打印并签章的版本。

【温馨提示】尽管无纸化是方向，但企业实施会计资料无纸化不是随意的、无条件的，而是要首先保证会计资料作为证据和轨迹的留存价值，同时也需要在会计资料保管效率要求和查询使用需求两者之间找到平衡。

（8）企业会计资料的归档管理，应当遵循国家有关会计档案管理的规定。

会计资料和会计档案是不同的概念。会计资料的范围比会计档案更广，会计档案是会计资料，但不是所有会计资料都是会计档案，只有具有长期保存价值并归档保存的会计资料属于会计档案。按照《会计档案管理办法》规定，当年形成的会计档案，在会计年度终了后，可暂由会计机构保管一年，一年之后再归档。因此，企业对于电子会计资料归档管理的时点问题，可暂按上述规定执行，归档前，电子会计资料的管理遵循工作规范的规定。

【知识拓展】2016年1月1日起施行的新《会计档案管理办法》的规定如下：

当年形成的会计档案，在会计年度终了后，可由单位会计管理机构临时保管一年，再移交单位档案管理机构保管。因工作需要确需推迟移交的，应当经单位档案管理机构同意。

单位会计管理机构临时保管会计档案最长不超过三年。临时保管期间，会计档案的保管应当符合国家档案管理的有关规定，且出纳人员不得兼管会计档案。

单位会计管理机构在办理会计档案移交时，应当编制会计档案移交清册，并按照国家档案管理的有关规定办理移交手续。

纸质会计档案移交时应当保持原卷的封装。电子会计档案移交时应当将电子会计档案及其元数据一并移交，且文件格式应当符合国家档案管理的有关规定。特殊格式的电子会计档案应当与其读取平台一并移交。

单位档案管理机构接收电子会计档案时,应当对电子会计档案的准确性、完整性、可用性、安全性进行检测,符合要求的才能接收。

（9）实施企业会计准则通用分类标准的企业，应当按照有关要求向财政部报送XBRL财务报告。

本条是对通用分类标准实施工作的原则性规定。由于实施工作处于初期阶段，各年度的实施企业范围、实施要求等不尽相同，具体的实施规定应以财政部当年下发的通知为准。

【单项选择题】下列关于信息化条件下会计资料管理的说法不正确的是（　　）。

A. 外商投资企业使用的境外投资者指定的会计软件，可以不符合会计软件和服务的规范的要求

B. 企业会计信息系统数据服务器的部署应当符合国家有关规定

C．对于信息系统自动生成且具有明晰审核规则的会计凭证，可以将审核规则嵌入会计软件，由计算机自动审核

D．企业内部生成的会计凭证、账簿和辅助性会计资料，满足一定的条件，可以不输出纸面资料

【答案】A

【解析】外商投资企业使用的境外投资者指定的会计软件或者跨国企业集团统一部署的会计软件，应当符合会计软件和服务的规范的要求。

本章题库

一、单项选择题

1．ERP 是（　　）的简称。

A．管理信息系统　　B．制造资源规划

C．企业资源计划　　D．专家系统

2．下列各项中，不属于采用购买通用会计软件方式配备会计软件的优点的是（　　）。

A．软件性能稳定　　B．软件安全保密性强

C．企业投入少　　D．软件的针对性强

3．会计软件中，最主要的功能模块是（　　）。

A．成本管理模块　　B．财务分析模块

C．账务处理模块　　D．工资管理模块

4．用以提供成本核算、成本分析、成本预测功能，以满足会计核算的事前预测、事后核算分析的需要的会计软件功能模块被称为（　　）。

A．项目管理模块　　B．财务分析模块

C．预算管理模块　　D．成本管理模块

5．应收、应付管理核算模块主要功能是实行对（　　）进行核算与管理。

A．应收账款　　B．应付账款　　C．往来账款　　D．预收账款

6．企业自行开发会计软件的优点是（　　）。

A．费用高　　B．针对性强　　C．开发周期长　　D．保密性好

7．应收、应付管理模块以（　　）为依据，记录销售、采购业务所形成的往来款项，处理应收、应付款项的收回、支付和转账，进行账龄分析和坏账估计及冲销等功能。

A．发票　　B．费用单据

C．其他应收、应付单据　　D．以上都是

8．下列各项关于 XBRL 表述中，错误的是（　　）。

A．XBRL 译为“可扩展商业报告语言”

B．XBRL 是一种基于可扩展标记语言的开放性业务报告技术标准

C．会计信息生产者和使用者可通过 XBRL，在互联网上有效处理各种信息，并迅速将信息转化成各种形式的文件

D．XBRL 不能适应变化的会计准则制度的要求

9. 自行开发是指企业自行组织人员进行会计软件开发。以下不属于采用这种方式的缺点的是（　　）。

A. 系统开发要求高　　B. 周期长
C. 成本低　　D. 需要较长时间的试运行

10. 对于 ERP 系统中的会计信息系统，下列各项中，不属于财务会计子系统的是（　　）。

A. 工资系统　B. 销售系统　C. 采购系统　D. 分析系统

11. 下列关于会计软件和服务的规范，说法不正确的是（　　）。

A. 会计软件应当具有会计资料归档功能，提供导出会计档案的接口
B. 会计软件应当记录生成用户操作日志，确保日志的安全、完整
C. 会计软件应当提供符合国家统一会计准则制度的会计分类和编码功能
D. 客户以远程访问、云计算等方式使用会计软件生成的电子会计资料归双方共同所有

12. 下列说法中不正确的是（　　）。

A. 会计软件应当提供不可逆的记账功能
B. 会计软件应当确保对同类已记账凭证的连续编号
C. 会计软件可以提供对已记账凭证的删除功能
D. 会计软件不能提供对已记账凭证的插入功能

13. 以人力资源管理提供的员工及其工资的基本数据为依据，进行工资核算和管理的模块，如工资的核算、汇总和分摊、个人所得税的计算、工资相关账簿的查询，以上描述的是（　　）。

A. 工资管理模块　　B. 固定资产管理模块
C. 应收、应付管理模块　　D. 账务处理模块

14. 下列各项中不属于企业与外部单位联合开发会计软件的缺点的是（　　）。

A. 软件开发工作需要外部技术人员与内部技术人员、会计人员充分沟通
B. 系统开发的周期较长
C. 开发系统的实用性差，常常不适用于企业的业务处理流程
D. 企业支付给外部单位的开发费用相对较高

二、多项选择题

1. 可扩展商业报告语言（XBRL）（　　）。

A. 是一种计算机语言
B. 基于互联网、跨平台操作
C. 专门应用于动态网页编制
D. 专门应用于财务报告编制、披露

2. 关于信息化条件下的会计资料管理，下列表述正确的有（　　）。

A. 企业会计信息系统数据服务器的部署应当符合国家有关规定
B. 企业内部生成的会计凭证、账簿和辅助性会计资料，必须输出纸面资料
C. 企业会计资料的归档管理，应当遵循国家有关会计档案管理的规定
D. 企业不得在非涉密信息系统中存储、处理和传输涉及国家秘密、关系国家经济信息安全的电子会计资料

3. 成本管理模块主要提供（　　）。

A．确认采购成本　　B．成本核算
C．成本预测　　D．成本分析

4．企业内部生成的会计资料，满足条件的，可以不输出纸面资料，下列表述属于相关条件的有（　　）。

A．由企业信息系统自动生成
B．所记载事项不是本企业重复发生的日常业务
C．企业信息系统能够有效防止相关数据被篡改
D．企业对相关数据建立了电子备份制度

5．下列关于会计软件应当符合原则要求的说法中正确的有（　　）。

A．会计软件设计应当符合我国法律、法规的规定
B．会计软件的文字输入、屏幕提示和打印输出必须采用中文，不可以提供少数民族文字或外国文字对照
C．会计软件必须提供人员岗位及操作权限设置的功能
D．会计软件应当具有数据恢复的功能

6．下列关于会计软件各模块之间的关系表述正确的有（　　）。

A．报表管理和财务分析模块可以从各模块取数编制相关财务报表，进行财务分析
B．成本管理模块的成本核算完成后，要将结转的制造费用等记账凭证数据传递到账务处理系统
C．存货核算模块为应付管理模块提供材料出库核算的结果
D．应收、应付管理模块完成销售采购单据的处理的业务后，生成相应的记账凭证传递到账务处理模块

7．下列各项中，属于广义的会计电算化工作的有（　　）。

A．会计电算化人才的培训
B．会计电算化的制度建设
C．会计电算化软件的开发和应用
D．会计电算化的宏观规划、软件市场的培育与发展

8．企业应用 XBRL 的主要优势有（　　）。

A．XBRL 具有统一的数据格式标准，使财务数据具有更广泛的可比性
B．提供更为精确的财务报告与更具可信度和相关性的信息
C．帮助数据使用者更快捷方便地调用、读取和分析数据
D．降低数据采集成本，提高数据流转及交换效率

9．企业在进行会计信息化建设的过程中做法正确的是（　　）。

A．企业开展会计信息化工作，应当注重信息系统与经营环境的契合
B．企业通过委托外部单位开发、购买等方式配备会计软件，应当在有关合同中约定操作培训、软件升级、故障解决等服务事项，以及软件供应商对企业信息安全的责任
C．企业应当根据实际情况，开展本企业信息系统与银行、供应商、客户等外部单位信息系统的互联，实现外部交易信息的集中自动处理
D．企业应当遵循企业内部控制规范体系要求，加强对会计信息系统规划、设计、开发、运行、维护全过程的控制

10．下列关于会计软件和服务的规范，说法正确的有（　　）。

A．会计软件应当保障企业按照国家统一会计准则制度开展会计核算

B．会计软件的界面只能使用中文

C．会计软件应当提供符合国家统一会计准则制度的会计科目分类和编码功能

D．会计软件应当记录生成用户操作日志，确保日志的安全、完整

三、判断题

1．企业采用购买通用会计软件方式配备会计软件时，软件安全保密性强，用户只能执行软件功能，不能访问和修改源程序。（　）

2．XBRL 的主要作用在于将财务和商业数据电子化，促进了财务和商业信息的显示、分析和传递。（　）

3．ERP 系统是会计信息系统的一个子系统。（　）

4．会计软件中的记账凭证编号只能由软件自动产生。（　）

5．会计核算软件和手工核算的目标均是进行会计核算，提供与决策相关的会计信息，参与企业经营决策，提高经济效益。（　）

6．会计软件应当提供可逆的记账功能，提供可以对已记账凭证的删除功能。（　）

7．会计核算软件应当具有符合国家统一标准的数据接口，满足内部会计监督需要。（　）

8．由于自行开发会计软件，企业能够在充分考虑自身生产经营特点和管理要求的基础上，设计最有针对性和舒适性的会计软件，因而一切企业都应该自行开发会计软件。（　）

9．ERP 的核心思想是供应链管理，强调对整个供应链的有效管理，提高企业配置和使用资源效率。（　）

10．XBRL 通过定义统一的报告程序标准，规定了企业报告信息的表达方法。（　）

11．任何单位和个人发现会计软件不符合《企业会计信息化工作规范》的，有权向所在地省、自治区、直辖市人民政府财政部门反映。（　）

12．固定资产管理模块为成本管理模块提供固定资产折旧费数据。（　）

答案及解析

一、单项选择题

1．【答案】C

【解析】ERP 是 Enterprise Resource Planning 的简称，译为“企业资源计划”。

2．【答案】D

【解析】采用购买通用会计软件方式配备会计软件的优点主要有：

（1）企业投入少，见效快，实现信息化的过程简单；

（2）软件性能稳定，质量可靠，能够满足企业的大部分需求；

（3）软件的维护和升级由软件公司负责；

（4）软件安全保密性强，用户只能执行软件功能，不能访问和修改源程序。

3．【答案】C

【解析】账务处理模块是会计软件系统的核心模块，其他功能模块与会计处理相关的数据最终要归集到账务处理模块。

4. 【答案】D

【解析】成本管理模块主要提供成本核算、成本分析、成本预测功能，以满足会计核算的事前预测，事后核算分析的需要。此外，成本管理模块还具有与生产模块、供应链模块，以及账务处理、工资管理、固定资产管理和存货核算等模块进行数据传递的功能。

5. 【答案】C

【解析】应收、应付管理模块以发票、费用单据、其他应收单据、应付单据等原始单据为依据，记录销售、采购业务所形成的往来款项，处理应收、应付款项的收回、支付和转账。

6. 【答案】B

【解析】企业自行开发会计软件的优点之一，是企业能够在充分考虑自身生产经营特点和管理要求的基础上设计最有针对性和适应性的会计软件，避免了通用软件在功能上与企业需求不能完全匹配的不足。

7. 【答案】D

【解析】应收、应付管理模块以发票、费用单据、其他应收单据、应付单据等原始单据为依据，记录销售、采购业务所形成的往来款项，处理应收、应付款项的收回、支付和转账，进行账龄分析和坏账估计及冲销，并对往来业务中的票据、合同进行管理，同时提供统计分析、打印和查询输出功能，以及与采购管理、销售管理、账务处理等模块进行数据传递的功能。

8. 【答案】D

【解析】XBRL 能够适应变化的会计准则制度的要求。

9. 【答案】C

【解析】成本低不属于采用会计软件开发的缺点。

10. 【答案】D

【解析】工资系统、销售系统、采购系统都是财务会计子系统应该提供的功能，但是分析系统不属于财务会计子系统。

11. 【答案】D

【解析】选项 D 说法错误。客户以远程访问、云计算等方式使用会计软件生成的电子会计资料归客户所有。

12. 【答案】C

【解析】会计软件应当提供不可逆的记账功能，确保对同类已记账凭证的连续编号，不得提供对已记账凭证的删除和插入功能，不得提供对已记账凭证日期、金额、科目和操作人的修改功能。

13. 【答案】A

【解析】工资管理模块是以人力资源管理提供的员工及其工资的基本数据为依据，进行工资核算和管理的模块。

14. 【答案】C

【解析】选项 C 属于委托外部单位开发的缺点。采用企业与外部单位联合开发会计软件的缺点主要有软件开发工作需要外部技术人员与内部技术人员、会计人员充分沟通，系统开发的周期较长，企业支付给外部单位的开发费用相对较高。

二、多项选择题

1. 【答案】ABD

【解析】XBRL被译为“可扩展商业报告语言”，是一种基于可扩展标记语言的开放性业务报告技术标准，它以互联网和跨平台操作为基础，专门用于财务报告编制、披露和使用。

2. 【答案】ACD

【解析】企业内部生成的会计凭证、账簿和辅助性会计资料，如果同时满足所记载的事项属于本企业重复发生的日常业务、由企业信息系统自动生成且可查询和输出、企业对相关数据建立了电子备份制度及完善的索引体系等这些条件，可以不输出纸面资料。因此选项B说法错误。

3. 【答案】BCD

【解析】成本管理模块主要提供成本核算、成本分析、成本预测功能，以满足会计核算的事前预测、事后核算分析的需要。

4. 【答案】ACD

【解析】企业内部生成的会计凭证、账簿和辅助性会计资料，如果同时满足所记载的事项属于本企业重复发生的日常业务、由企业信息系统自动生成且可查询和输出、企业对相关数据建立了电子备份制度及完善的索引体系等条件的，可以不输出纸面资料。

5. 【答案】AC

【解析】会计软件的文字输入、屏幕提示和打印输出必须采用中文，可以同时提供少数民族文字或外国文字对照。因此选项B说法错误。会计软件具有不可逆的记账功能。因此选项D说法错误。

6. 【答案】ABD

【解析】存货核算模块为成本管理模块提供材料出库核算的结果；存货核算模块将应计入外购入库成本的运费、装卸费等采购费用和应计入委托加工入库成本的加工费传递到应付管理模块。

7. 【答案】ABCD

【解析】广义的会计电算化是指与实现电算化有关的所有工作，包括会计软件的开发应用及其软件市场的培育、会计电算化人才的培训、会计电算化的宏观规划和管理、会计电算化制度建设等。

8. 【答案】ABCD

【解析】XBRL 的主要作用在于财务和商业数据电子化，促进了财务和商业信息的显示、分析和传递。XBRL 通过定义统一数据格式标准，规定了企业报告信息的表达方法。因此，选项ABCD都属于XBRL的优势。

9. 【答案】ABCD

【解析】会计信息化的建设是一个系统过程，需要企业结合自身情况全面考虑。

10. 【答案】ACD

【解析】会计软件的界面应当使用中文并且提供对中文处理的支持，可以同时提供外国或者少数民族文字界面对照和处理支持。因此选项B说法错误。

三、判断题

1. 【答案】√

【解析】采用购买通用会计软件方式配备企业会计软件时，有一个显著的优点就是其软件安全保密性强，用户只能执行软件功能，不能访问和修改源程序。

2. 【答案】√

【解析】XBRL 的主要作用在于将财务和商业数据电子化，促进了财务和商业信息的显示、分析和传递。

3. 【答案】×

【解析】在功能层次上 ERP 除了最核心的财务、分销和生产管理等管理功能以外，还集成了人力资源、质量管理、决策支持等企业其他管理功能。会计信息系统已经成为 ERP 系统的一个子系统。

4. 【答案】×

【解析】记账凭证编号可以由手工输入，也可以由软件自动产生。

5. 【答案】√

【解析】会计核算软件和手工会计核算软件的目标相同，即通过会计活动，向会计信息使用者提供对决策有用的，与企业财务状况、经营成果和现金流量等有关的信息，以便反映企业管理层受托责任履行情况，评价企业的经营管理责任及资源使用的有效性和有助于会计信息使用者作出经济决策，提高企业经济效益。

6. 【答案】×

【解析】会计软件应当提供不可逆的记账功能，确保对同类已记账凭证的连续编号，不得提供对已记账凭证的删除和插入功能，不得提供对已记账凭证日期、金额、科目和操作人的修改功能。

7. 【答案】×

【解析】会计核算软件应当具有符合国家统一标准的数据接口，满足外部会计监督需要。

8. 【答案】×

【解析】企业配备会计软件，应当根据自身技术力量及业务需求，考虑软件功能、安全性、稳定性、响应速度、可扩展性等要求，合理选择购买、定制开发、购买与开发相结合等会计软件配备方式，而不是一切企业都应自行开发会计软件。

9. 【答案】√

10. 【答案】×

【解析】XBRL 通过定义统一的数据格式标准，规定了企业报告信息的表达方法。

11. 【答案】√

【解析】任何单位和个人发现会计软件不符合《企业会计信息化工作规范》的，有权向所在地省、自治区、直辖市人民政府财政部门反映，财政部门应当根据反映开展调查，发现会计软件不符合《企业会计信息化工作规范》的，应当将有关情况报财政部。

12. 【答案】√

第2章

会计软件的运行环境

【本章学习导读】

本章为本门课程的基础理论知识。本章知识点不多，内容以了解、记忆为主。学习本章内容时，建议在理解的基础上加强记忆。

【本章知识体系】

章	节	知识点
会计软件的运行环境	第一节　会计软件的硬件环境	一、硬件设备（★） 二、硬件结构（★）
	第二节　会计软件的软件环境	一、软件的类型（★） 二、安装会计软件的前期准备（★）
	第三节　会计软件的网络环境	一、计算机网络基本知识（★） 二、会计信息系统的网络组成部分（★）
	第四节　会计软件的安全	一、安全使用会计软件的基本要求（★★★） 二、计算机病毒的防范（★） 三、计算机黑客的防范（★）

第一节　会计软件的硬件环境

【学习指导】

学习本节内容，要求了解四种硬件设备及其包含的具体硬件，熟悉四种具体的硬件结构，会比较优缺点及适用范围。

计算机硬件是指计算机系统中由电子、机械和光电元件等组成的各种物理装置的总称。这些物理装置按系统结构的要求构成一个有机整体为计算机软件运行提供物质基础。简而言之，计算机硬件的功能是输入并存储程序和数据，以及执行程序把数据加工成可以利用的形式。

一、硬件设备

硬件设备一般包括输入设备、处理设备、存储设备、输出设备和通信设备（网络电缆等）。

【多项选择题】下列各项中，属于计算机硬件设备的有（　　）。

A. 中央处理器　B. 存储器　C. 输出设备　D. 输入设备

【答案】ABCD

【解析】硬件设备一般包括输入设备、处理设备、存储设备、输出设备和通信设备。处理设备主要是指计算机主机，中央处理器是计算机主机的核心部件。

（一）输入设备

输入设备是指向计算机输入数据和信息的设备，是计算机与用户或其他设备通信的桥梁。计算机常见的输入设备有键盘、鼠标、光电自动扫描仪、条形码扫描仪（又称扫码器）、二维码识读设备、POS 机、芯片读卡器、语音输入设备、手写输入设备等。

在会计软件中，键盘一般用来完成会计数据或相关信息的输入工作；鼠标一般用来完成会计软件中的各种用户指令，选择会计软件各功能模块的功能菜单等；扫描仪一般用来完成原始凭证和单据的扫描，并将扫描结果存入会计软件相关数据库中。

1. 键盘

键盘是用于操作设备运行的一种指令和数据输入装置，也指经过系统安排操作一台机器或设备的一组功能键。

键盘按键位功能总体上可分为4个键区：主键盘区（打字键区）、功能键区、光标/编辑键区和数字键区，如图2-1-1所示。

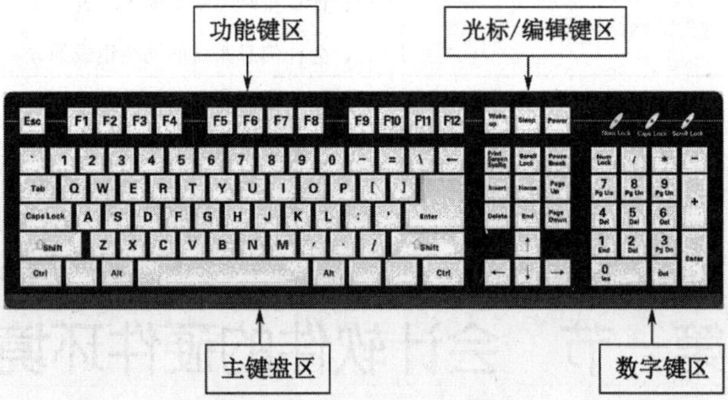

图2-1-1 键盘键位分布

2. 鼠标

鼠标是一种很常用的计算机输入设备，它可以对当前屏幕上的游标进行定位，并通过按键和滚轮装置对游标所经过位置的屏幕元素进行操作，因形似老鼠而得名"鼠标"。

3. 扫描仪

扫描仪是利用光电技术和数字处理技术，以扫描方式将图形或图像信息转换为数字信号的装置。扫描仪通常被用于计算机外部仪器设备，通过捕获图像并将之转换成计算机可以显示、编辑、存储和输出的数字化输入设备。

【多项选择题】下列属于输入设备的有（ ）。

A. 键盘　　B. POS机　　C. 外存储器　　D. 二维码识读设备

【答案】ABD

【解析】外存储器属于存储设备。

（二）处理设备

处理设备主要是指计算机主机。中央处理器（CPU）是任何计算机主机的核心部件，主要功能是按照程序给出的指令序列，分析并执行指令。

【知识拓展】中央处理器（CPU）由控制器和运算器组成。控制器是发布命令的"决策机构"，即完成协调和指挥整个计算机系统的操作；运算器的基本功能是完成对各种数据的加工处理，如算术四则运算，与、或、求反等逻辑运算，算术和逻辑移位操作，比较数值等。

【单项选择题】（ ）是整个计算机的指挥中心，它负责从存储器中取出指令，并对指令进行分析判断后产生一系列的控制信号，去控制计算机各部件自动连续地工作。

A. 运算器　　B. 控制器　　C. 存储器　　D. 中央处理器

【答案】B

【解析】控制器是整个计算机的指挥中心，负责从存储器中取出指令，并对指令进行分析判断后产生一系列的控制信号，去控制计算机各部件自动连续地工作。

【判断题】运算器是 CPU 中完成加、减、乘、除等算术运算的部件，而控制器则是完成与、或、非等逻辑运算的部件。（　）

【答案】×

【解析】运算器是指在控制器控制下完成加、减、乘、除运算和逻辑判断的计算机部件。

（三）存储设备

存储设备是用于储存信息的设备，通常是将信息数字化后再以利用电、磁或光学等方式的媒体加以存储。按存储器在计算机结构中所处的位置不同分为内存储器、外存储器。

1. 内存储器

内存储器简称内存或主存，它直接与 CPU 相连接，是计算机中主要的工作存储器，用于存储正在执行中的程序和当前使用的数据（包括计算结果和中间结果）。按其工作方式的不同分为随机存储器 RAM（Random Access Memory）和只读存储器 ROM（Read-On1y Memory），一般容量较小，但数据存取速度较快。由于随机存储器 RAM 依靠计算机电源供电，当计算机断电后，RAM 中的数据信息将完全消失。

【知识拓展】高速缓冲存储器（Cache）也属于内存储器的一种，是存在于 RAM 与 CPU 之间的一级存储器，容量比较小，但速度比内存高得多，主要功能是用来缓和 RAM 和 CPU 之间速度不匹配的矛盾。

【单项选择题】RAM 具有的特点是（　）。

A．RAM 是外存储器

B．存储在其中的信息可以永久保存

C．一旦断电，存储在其上的信息将全部消失且无法恢复

D．存储在其中的数据不能改写

【答案】C

【解析】RAM 是随机存储器，是内存储器的一种，RAM 既可从中读取数据又可向它输入数据，一旦断电，信息会丢失且无法恢复。

2. 外存储器

外存储器简称为外存或辅助存储器，是指除计算机内存及 CPU 缓存以外的储存器，只能与内存交换信息，不能被计算机系统的其他部件直接访问。一般存储容量较大，价格低，但数据存取速度较慢。常见的外存储器有硬盘、U 盘、光盘等。会计软件中的各种数据一般存储在外存储器中。

【单项选择题】ROM 是指（　）。

A．只读存储器　B．随机存储器　C．外存储器　D．处理设备

【答案】A

【解析】内存储器即内存，分为随机存储器（RAM）和只读存储器（ROM）。

【单项选择题】下列对计算机存储器说法错误的是（　）。

A．内存储器由许多存储单元组成

B．访问存储器中的信息不需要存储单元的地址

C．存储器的存储单元都有自己的单元地址

D．度量存储器容量的基本单位为字节

【答案】B

【解析】存储器的基本功能是在控制器的控制下按照指定的地址存入和取出各种信息。存储器中最小的存储单元是字节，存储器有许多存储单元，所有存储单元都按顺序编号，这些编号成为地址。

（四）输出设备

输出设备是计算机硬件系统的终端设备，用于接收计算机数据的输出显示、打印、声音、控制外围设备操作等，也把各种计算结果数据或信息以数字、字符、图像、声音等形式表现出来。常见的输出设备有显示器和打印机。

1．显示器

显示器是一种将一定的电子文件通过特定的传输设备显示到屏幕上再反射到人眼的显示工具。它既可以显示用户在系统中输入的各种命令和信息，也可以显示系统生成的各种会计数据和文件。

2．打印机

打印机是用于将计算机的处理结果打印在相关介质上的输出设备，将计算机输出的数据转换成印刷字体的设备。一般用于打印输出各类凭证、账簿、财务报表等各种会计资料。

图 2-1-2　无线路由器

（五）通信设备

通信设备包括有线通信设备和无线通信设备。无线路由器如图 2-1-2 所示。

【归纳总结】硬件设备的具体构成如图 2-1-3 所示。

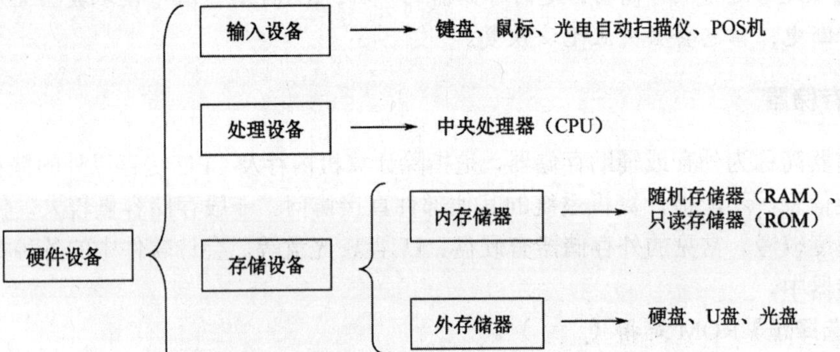

图 2-1-3　硬件设备的构成

【单项选择题】下列各项中属于硬件设备的是（　　）。

A．操作系统　　B．数据库管理系统

C．语言处理程序　　D．输入设备

【答案】D

【解析】计算机硬件设备由输入设备、处理设备、存储设备、输出设备和通信设备组成。选项 ABC 属于系统软件的范畴。

二、硬件结构

硬件结构是指硬件设备的不同组合方式。会计信息化信息系统中常见的硬件结构有单机结构、多机松散结构、多用户结构和微机局域网络四种形式。

（一）单机结构

1．单机结构的概念

单机结构属于单用户工作方式，一台微机同一时刻只能一人使用。

2．单机结构的优缺点

（1）优点在于使用简单、配置成本低，数据共享程度高，一致性好；

（2）缺点在于集中输入速度低，不能同时允许多个成员进行操作，并且不能进行分布式处理。

3．单机结构的适用范围

单机结构适用于数据输入量小的企业。

【多项选择题】下列属于单机结构的缺点的有（　　）。

A．集中输入速度低　　B．数据共享程度低

C．使用简单、配置成本低　　D．不能同时允许多个成员进行操作

【答案】AD

【解析】单机结构的优点在于使用简单、配置成本低，数据共享程度高，一致性好；其缺点在于集中输入速度低，不能同时允许多个成员进行操作，并且不能进行分布式处理。适用于数据输入量小的企业。

（二）多机松散结构

1．多机松散结构的概念

多机松散结构是指有多台微机，但每台微机都有相应的输入输出设备，每台微机仍然属于单机结构，各台微机之间不发生直接的数据联系（通过磁盘、光盘、U 盘、移动硬盘等传送数据）。

2．多机松散结构的优缺点

（1）优点在于输入输出集中程度高，速度快；

（2）缺点在于数据共享性能差，系统整体效率低。

3．多机松散结构的适用范围

多机松散结构主要适用于数据输入量较大的企业。

【单项选择题】有多台微机，但每台微机都有相应的输入输出设备，每台微机仍然属于单机结构，各台微机之间不发生直接的数据联系，以上描述的是（　　）。

A．单机结构　　B．多用户结构　　C．多机松散结构　　D．微机局域网络

【答案】C

【解析】本题考查多机松散结构的概念。多机松散结构是指有多台微机，但每台微机都有相应的输入输出设备，每台微机仍然属于单机结构，各台微机之间不发生直接的数据联系（通过磁盘、光盘、U盘、移动硬盘等外存储器传送数据）。

（三）多用户结构

1．多用户结构的概念

多用户结构又称为联机结构，整个系统配备一台计算机主机（通常是中型机，目前也有较高档的微机）和多个终端（终端由显示器和键盘组成）。主机与终端的距离较近（0.1千米左右），并为各终端提供虚拟内存，各终端可同时输入数据，结构如图2-1-4所示。

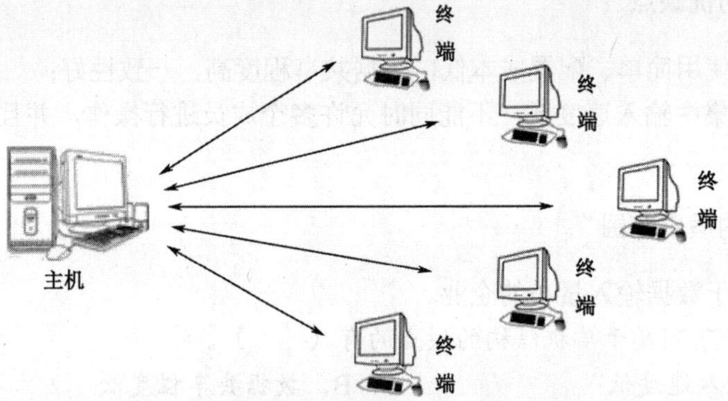

图2-1-4　多用户结构

【特别提示】终端不是计算机。

2．多用户结构的优缺点

（1）优点在于会计数据可以通过各终端分散输入，并集中存储和处理；
（2）缺点在于费用较高，应用软件较少，主机负载过大，容易形成拥塞。

3．多用户结构的适用范围

多用户结构主要适用于输入量大的企业。

【单项选择题】整个系统配备一台计算机主机和多个终端，以上描述的是（　　）。

A．微机局域网络　　B．单机结构　　C．多机松散结构　　D．多用户结构

【答案】D

【解析】多用户结构又称联机结构，整个系统配备一台计算机主机和多个终端。

（四）微机局域网络

1. 微机局域网络的概念

微机局域网络（又称为网络结构），是由一台服务器（通常是高档微机）将许多中低档微机连接在一起（由网络接口卡、通信电缆连接），相互通信、共享资源，组成一个功能更强的计算机网络系统。

【点拨指导】中低档微机：客户机。

微机局域网络通常分为客户机/服务器结构和浏览器/服务器结构两种结构。

（1）客户机/服务器（C/S）结构。客户机/服务器（C/S）结构是指整个系统配置一台或多台服务器及大量客户机的体系结构。

【点拨指导】Client：客户机，Server：服务器。

在这种结构模式下，服务器配备大容量存储器并安装数据库管理系统，负责会计数据的定义、存取、备份和恢复，客户端安装专用的会计软件，负责会计数据的输入、运算和输出，结构如图 2-1-5 所示。

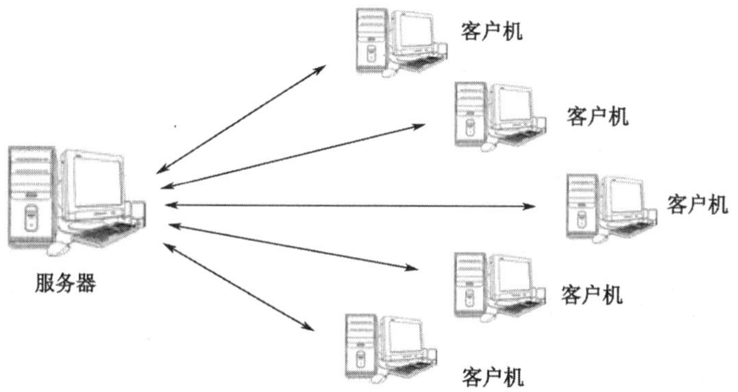

图 2-1-5　客户机/服务器结构

【知识链接】客户机又称为用户工作站，是用户根据应用程序向另外一台计算机请求数据库服务的计算机。服务器也称伺服器，是处理客户机数据库请求的计算机。

【判断题】一个客户机可以向许多不同的服务器请求，一个服务器只能向一个客户机提供服务。　（　　）

【答案】×

【解析】客户机是一个需要某些服务的程序，而服务器则是提供某些服务的程序。一个客户机可以向许多不同的服务器请求，一个服务器也可以向多个不同的客户机提供服务。

（2）浏览器/服务器（B/S）结构。浏览器/服务器（B/S）结构是随着 Internet 技术的兴起，对 C/S 结构的一种变化或者改进的结构，是指客户端采用浏览器（Browser）运行软件的体系结构。

在这种结构模式下，服务器是实现会计软件功能的核心部分，客户机上只需安装一个浏览器，用户通过浏览器向分布在网络上的服务器发出请求，服务器对浏览器的请求进行处理，将用户所需信息返回到浏览器，结构如图 2-1-6 所示。

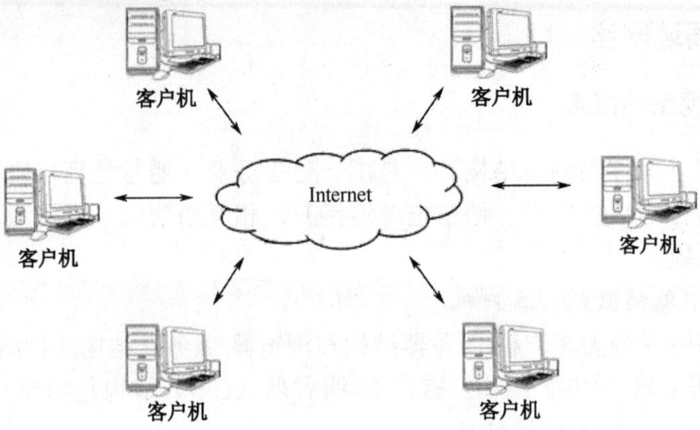

图 2-1-6 浏览器/服务器结构

2. 微机局域网络的优缺点

（1）客户机/服务器（C/S）结构。

① 优点在于技术成熟、响应速度快、适合处理大量数据；

② 缺点在于系统客户端软件安装维护的工作量大，且数据库的使用一般仅限于局域网的范围内。

【点拨指导】客户机/服务器结构通常适用于地理位置集中的企业。

（2）浏览器/服务器（B/S）结构。

① 优点在于维护和升级方式简单，运行成本低；

② 缺点在于应用服务器运行数据负荷较重。

3. 微机局域网络的适用范围

微机局域网络主要适用于大中型企业。

【归纳总结】常见硬件结构的优缺点及适用范围总结如表 2-1-1 所示。

表 2-1-1 硬件结构的优缺点及适用范围

<table>
<tr><th colspan="2">硬 件 结 构</th><th>优 点</th><th>缺 点</th><th colspan="2">适 用 范 围</th></tr>
<tr><td colspan="2">单机结构</td><td>使用简单、配置成本低，数据共享程度高，一致性好</td><td>集中输入速度低，不能同时允许多个成员进行操作，并且不能进行分布式处理</td><td colspan="2">数据输入量小的企业</td></tr>
<tr><td colspan="2">多机松散结构</td><td>输入输出集中程度高，速度快</td><td>数据共享性能差，系统整体效率低</td><td colspan="2">数据输入量较大的企业</td></tr>
<tr><td colspan="2">多用户结构（联机结构）</td><td>会计数据可以通过各终端分散输入，并集中存储和处理</td><td>费用较高，应用软件较少，主机负载过大，容易形成拥塞</td><td colspan="2">数据输入量大的企业</td></tr>
<tr><td rowspan="2">微机局域网络（网络结构）</td><td>客户机/服务器（C/S）结构</td><td>技术成熟、响应速度快、适合处理大量数据</td><td>系统客户端软件安装维护的工作量大，且数据库的使用一般仅限于局域网的范围内</td><td rowspan="2">大中型企业</td><td>地理位置集中的企业</td></tr>
<tr><td>浏览器/服务器（B/S）结构</td><td>维护和升级方式简单，运行成本低</td><td>应用服务器运行数据负荷较重</td><td></td></tr>
</table>

【单项选择题】使用简单，配置成本低，数据共享程度高，一致性好，但集中输入速度低，不能同时允许多个成员进行操作，不能进行分布式处理的硬件结构是（　　）。

A．单机结构　　B．多机松散结构

C．微机局域网络　　D．多用户结构

【答案】A

【解析】单机结构属于单用户工作方式，一台微机同一时刻只能一人使用，使用简单，配置成本低，数据共享程度高，一致性好，但集中输入速度低，不能同时允许多个成员进行操作，不能进行分布式处理。选项 B，多机松散结构有多台微机，每台微机仍然属于单机结构，各台微机之间不发生直接的数据联系；选项 C，微机局域网络，是由一台服务器将许多中低档微机连接在一起，相互通信、共享资源，组成一个功能更强的计算机网络系统；选项 D，多用户结构又称为联机结构，整个系统配备一台计算机主机和多个终端。

第二节　会计软件的软件环境

【学习指导】

学习本节内容，要求了解软件的几种常见类型，熟悉会计软件安装的前期准备工作。

计算机软件是指在计算机上运行的各种程序及相应的各种文档资料，其中程序是计算任务的处理对象和处理规则的描述，文档是为了便于了解程序所需的阐明性资料。

【特别提示】程序必须装入机器内部才能工作，而文档一般是给人看的，不一定装入机器。

一、软件的类型

计算机软件按用途和性能，可分为系统软件和应用软件两类。

（一）系统软件

系统软件是用来控制计算机运行，管理计算机的各种资源，并为应用软件提供支持和服务的一类软件。系统软件通常包括操作系统、数据库管理系统、支撑软件和语言处理程序等。

1．操作系统

操作系统（Operating System，OS）是指计算机系统中负责支撑应用程序的运行环境及用户操作环境的系统软件，具有对硬件直接监管、管理各种计算机资源及提供面向应用程序的服务等功能。

操作系统是系统软件的核心软件，是最基本、最重要的系统软件，是计算机系统必不可少的基本组成部分。目前常见的操作系统 Windows、Mac、UNIX 和 Linux 等，其中 Windows 包括 Windows XP、Windows 2003、Windows 7 等。

【知识拓展】上述所指的操作系统均是单机操作系统。后来随着网络技术的发展，出现了网络操作系统。网络操作系统除了实现单机操作系统全部功能外，还具备管理网络中的共享资源，实现用户通信及方便用户使用网络等功能，是网络的心脏和灵魂。

【单项选择题】下面有关计算机操作系统的叙述中，不正确的是（ ）。

A. Windows XP 是一种操作系统

B. 操作系统是为解决各类实际问题而专门设计的软件

C. 操作系统可以对硬件直接监管，管理各种计算机资源及提供面向应用程序的服务

D. 操作系统属于系统软件

【答案】B

【解析】应用软件是为解决各类实际问题而专门设计的软件。

2. 数据库管理系统

数据库管理系统（Database Management System）是一种操作和管理数据库的大型软件，用于建立、使用和维护数据库。目前常用的数据库管理系统有 Oracle、Sybase、Visual Foxpro、Informix、SQL Server、Access 等。

数据库系统主要由数据库、数据库管理系统组成，此外还包括应用程序、硬件和用户。会计软件是基于数据库系统的应用软件。

【知识链接】数据库是指按一定的方式组织起来的数据的集合，它具有数据冗余度小、可共享等特点。各种会计核算软件的成功应用都离不开相应的数据库管理系统的支持。

【单项选择题】Oracle、Sybase、Visual Foxpro 属于（ ）。

A. 数据库管理系统　　　　B. 支撑软件

C. 操作系统　　　　D. 语言处理系统

【答案】A

【解析】目前常用的数据库管理系统有 Oracle、Sybase、Visual Foxpro、Informix 等。

3. 支撑软件

支撑软件是指为配合应用软件有效运行而使用的工具软件，它是软件系统的一个重要组成部分。支撑软件包括编辑程序、调试程序、装备和连接程序、纠错程序、诊断程序和查杀病毒程序等。

4. 语言处理程序

语言处理程序的任务是将用汇编语言或高级语言编写的程序，翻译成计算机硬件能够直接识别和执行的机器指令代码。没有语言处理程序的支持，用户编写的应用软件就无法被计算机接受和执行。语言处理程序包括汇编程序、解释程序和编译程序等。

【单项选择题】以下计算机程序中，不属于支撑软件的是（ ）。

A. 连接装配程序　　　　B. 编辑程序

C. 纠错程序　　　　D. 语言处理程序

【答案】D

【解析】支撑软件是指为配合应用软件有效运行而使用的工具软件，是软件系统的一个重要组成部分。语言处理程序不属于支撑软件，它和支撑软件都属于系统软件。

【单项选择题】使用编译或解释两种方式将高级语言编写的源程序翻译成机器指令，下列表述中，正确的是（　　）。

A．机器语言经编译方式转换为计算机能执行的指令

B．汇编语言必须经解释方式转换为计算机能执行的指令

C．编译方式是将源程序逐句翻译，边翻译边执行

D．解释过程不产生目标程序

【答案】D

【解析】机器语言和汇编语言，经编译方式和解释方式转换为计算机能执行的指令；解释方式是将源程序逐句解释，边解释边执行。

（二）应用软件

应用软件（Application Software）是和系统软件相对应的，是用户可以使用的各种程序设计语言，以及用各种程序设计语言编制的应用程序的集合，是为解决各类实际问题而专门设计的软件。

应用软件根据使用目的的不同可分为应用软件包和用户程序。

1．应用软件包

应用软件包是利用计算机解决某类问题而设计的程序的集合，供多用户使用。应用软件包根据用途不同可分为文字处理软件、表格处理软件、图形图像软件、网络通信软件和统计软件等。目前常用的应用软件包有 Word、Excel、Photoshop、SPSS 等。

2．用户程序

用户程序是为满足用户不同领域、不同问题的应用需求而提供的那部分软件。会计软件就属于用户程序。

【特别提示】应用软件与系统软件应区分，可以记忆系统软件，除此之外剩余的全部为应用软件。

【单项选择题】系统软件和应用软件的相互关系是（　　）。

A．前者以后者为基础　　B．后者以前者为基础

C．相互没有关系　　D．相互支持

【答案】B

【解析】系统软件是计算机必备的支持软件。应用软件是在硬件和系统软件支持下，为解决各类具体应用问题而编制的软件。

【单项选择题】会计核算软件是（　　）的一种。

A．系统软件　　B．应用软件　　C．数据库软件 D．专业软件

【答案】B

【解析】会计核算软件，是指专门用于会计核算工作的计算机应用软件，包括采用各种计算机语言编制的用于会计核算工作的计算机程序。

二、安装会计软件的前期准备

在安装会计软件之前，需做好三项工作：检查、设置或安装操作系统，安装数据库管理

系统及安装支撑软件，如图 2-2-1 所示。

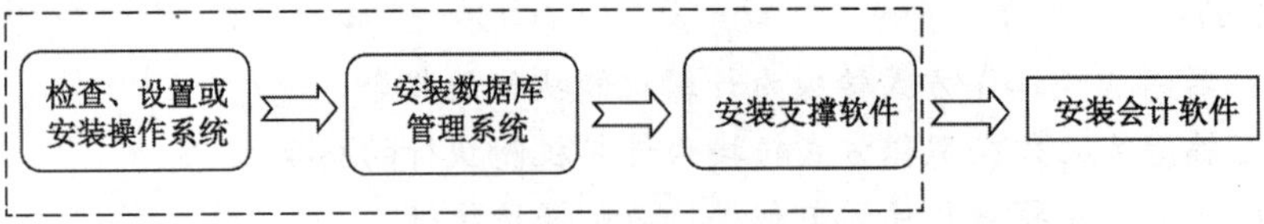

图 2-2-1　安装会计软件的前期准备

（一）检查、设置或安装操作系统

在安装会计软件前，技术支持人员必须首先确保计算机操作系统符合会计软件的运行要求。某些情况下，技术支持人员应该事先对操作系统进行一些简单的配置，以确保会计软件能够正常运行。

【特别提示】如果会计软件与操作系统不兼容，会影响到会计软件的安装或后期使用。例如，畅捷通 T3 软件在 Windows XP 和 Windows 7 操作系统中可以运行，但是在 Windows 8 操作系统下，无法安装或者安装之后无法正常使用。

（二）安装数据库管理系统

在检查并设置完操作系统后，技术支持人员需要安装数据库管理系统。

【举例说明】安装畅捷通 T3 软件之前，需要先安装 SQL Server 2000 作为后台数据库。

（三）安装支撑软件

会计软件的正常运行需要某些支撑软件的辅助。因此，在设置完操作系统并安装完数据库管理系统后，技术支持人员应该安装计算机缺少的支撑软件。

（四）安装会计软件

在确保计算机操作系统满足会计软件的运行要求，并安装完毕数据库管理软件和支撑软件后，技术支持人员方可开始安装会计软件，同时应考虑会计软件与数据库系统的兼容性。

【判断题】安装会计软件前要确保计算机的操作系统符合会计软件运行要求，可能要对操作系统进行一些简单的配置，检查完操作系统后即可安装会计软件。　（　）

【答案】×

【解析】检查完操作系统后，还需要安装数据库管理系统和其他支撑性软件，才能安装会计软件。

第三节　会计软件的网络环境

【学习指导】

学习本节内容，要求了解计算机网络的概念和功能、计算机网络的三种类别，熟悉会计信息系统的三个网络组成部分。

一、计算机网络基本知识

（一）计算机网络的概念与功能

1. 计算机网络的概念

计算机网络是以硬件资源、软件资源和信息资源共享及信息传递为目的，在统一的网络协议控制下，将地理位置分散的许多独立的计算机系统连接在一起所形成的网络。

2. 计算机网络的功能

计算机网络的功能主要体现在资源共享、数据通信、分布处理等三个方面。

（1）资源共享。资源共享是指在计算机网络中，各种资源可以相互通用，用户可以共同使用网络中的软件、硬件和数据，它是计算机网络最主要的功能。

【知识链接】资源共享按照共享对象分为硬件资源共享、软件资源共享和数据资源共享。

（2）数据通信。数据通信是指计算机网络中可以实现计算机与计算机之间的数据传送。计算机网络可以实现各计算机之间的数据传送，可以根据需要对这些数据进行集中与分散管理，它是计算机网络最基本的功能。

（3）分布处理。分布处理是指当计算机中的某个计算机系统负荷过重时，可以将其处理的任务传送到网络中较空闲的其他计算机系统中，以提高整个系统的利用率。

【多项选择题】以下属于建立计算机网络目的的为（　　）。

A. 信息传送　　B. 软件资源共享

C. 信息资源共享　　D. 硬件资源共享

【答案】ABCD

【解析】计算机网络是以硬件资源、软件资源和信息资源共享及信息传递为目的，在统一的网络协议控制下，将地理位置分散的许多独立的计算机系统连接在一起所形成的网络。

（二）计算机网络的分类

按所覆盖的地理范围的大小不同进行分类，计算机网络可以分为局域网、城域网和广域网三类。

1. 局域网（LAN）

局域网是一种在小区域内使用的，由多台计算机组成的网络，覆盖范围通常局限在 10 千米之内，属于一个单位或部门组建的小范围网。

2. 城域网（MAN）

城域网是作用范围在广域网与局域网之间能传输语音与资料的公用网络，其网络覆盖范围通常可以延伸到整个城市，借助通信光纤将多个局域网联通公用城市网络形成大型网络，使得不仅局域网内的资源可以共享，局域网之间的资源也可以共享。

3. 广域网（WAN）

广域网是一种远程网，涉及长距离的通信，覆盖范围可以是一个国家或多个国家，甚至整个世界。由于广域网地理上的距离可以超过几千千米，所以信息衰减非常严重，这种网络一般要租用专线，通过接口信息处理协议和线路连接起来，构成网状结构，解决寻径问题。

【知识拓展】计算机网络系统是非常复杂的系统，分类方法也很多，除上述分类外，还有其他几种分类方法，如图 2-3-1 所示。

计算机网络系统分类

- 按通信媒体划分
  - 有线网：采用同轴电缆、双绞线、光纤等物理媒体传输数据的网络
  - 无线网：采用微波等形式来传输数据的网络
- 按使用范围划分
  - 公用网：为公众提供各种信息服务的网络系统
  - 专用网：专为特定对象提供服务，而不向他人提供服务的网络
- 按配置划分
  - 同类网：采用分散管理的方式，网络中的每台计算机既作为客户机又作为服务器来工作
  - 单服务器网：只有一台计算机作为整个网络的服务器，其他计算机全都是工作站
  - 混合网：服务器不止一个，而且并非每个工作站都可以当作服务器来使用
- 按对数据的组织方式划分
  - 分布式数据组织网络系统：分布在各个工作站中的资源，由工作站独立支配，系统中的资源既是互联的，又是独立的
  - 集中式数据组织网络系统：由服务器统一管理，系统中的各计算机必须在服务器或起决定作用的计算机支配下进行工作

图 2-3-1 计算机网络系统的分类

【判断题】城域网的覆盖范围可以延伸到整个世界。 （ ）

【答案】×

【解析】城域网的覆盖范围可以延伸到整个城市。广域网的覆盖范围可以是一个国家或多个国家，甚至整个世界。

【单项选择题】计算机网络按其所覆盖的地理范围的大小不同，其类型可分为（ ）。

A. 局域网、广域网和万维网

B. 局域网、广域网和国际互联网

C. 局域网、广域网和城域网

D. 广域网、因特网和万维网

【答案】C

【解析】计算机网络按所覆盖的地理范围的大小不同进行划分，可分为广域网、局域网和城域网。

二、会计信息系统的网络组成部分

会计信息的网络组成部分包括服务器、客户机和网络连接设备三部分。

（一）服务器

服务器也称伺服器，是网络环境中的高性能计算机，它侦听网络上的其他计算机（客户机）提交的服务请求，并提供相应的服务，控制客户端计算机对网络资源的访问，并能存储、处理网络上大部分的会计数据和信息。

【特别提示】服务器的性能必须适应会计软件的运行要求，其硬件配置一般高于普通客户机。

（二）客户机

客户机又称为用户工作站，是连接到服务器的计算机，能够享受服务器提供的各种资源和服务（如使用服务器共享的文件、打印机和其他资源）。会计人员通过客户机使用会计软件，因此客户机的性能也必须适应会计软件的运行要求。

【答疑解惑】客户机和服务器有什么关系？

【答】：客户机和服务器都是独立的计算机。当一台连入网络的计算机向其他计算机提供各种网络服务（如数据、文件的共享等）时，它就被称为服务器；而那些用于访问服务器资料的计算机则被称为客户机。

（三）网络连接设备

网络连接设备是把网络中的通信线路连接起来的各种设备的总称，这些设备包括中继器、交换机和路由器等。

1. 中继器

中继器（RP Repeater）是网络物理层上的连接设备。适用于完全相同的两类网络的互联，主要功能是通过对数据信号的重新发送或者转发，来扩大网络传输的距离。

2. 交换机

交换机（Switch）又称为交换式集线器，是一种用于电（光）信号转发的网络设备。它可以为接入交换机的任意两个网络节点提供独享的电信号通路。

最常见的交换机是以太网交换机，其他常见的还有电话语音交换机、光纤交换机等。

3. 路由器

路由器（Router）是连接因特网中各局域网、广域网的设备，它会根据信道的情况自动选择和设定路由，以最佳路径，按前后顺序发送信号。

目前路由器已经广泛应用于各行各业，各种不同档次的产品已成为实现各种骨干网络内部之间、骨干网之间、一级骨干网和因特网之间连接的枢纽。

【点拨指导】路由器和交换机的区别：交换机主要是实现多人通过一根网线上网，但是上网是分别拨号的，各自使用自己的宽带，彼此之间上网没有影响；路由器比交换机多了一个虚拟拨号功能，通过同一台路由器上网的计算机是共用一个宽带账号，人员之间上网是相互影响的。

【多项选择题】下列关于会计信息的网络组成部分说法错误的有（　　）。

A．网络连接设备是把网络中的通信线路连接起来的各种设备的总称

B. 服务器又称伺服器，是网络环境中的低性能计算机

C. 客户机又称用户工作站，是连接到服务器的计算机

D. 客户机的性能可以不适应会计软件的运行要求

【答案】BD

【解析】服务器又称伺服器，是网络环境中的高性能计算机；客户机的性能必须适应会计软件的运行要求。

第四节　会计软件的安全

【学习指导】

学习本节内容，要求了解计算机病毒的有关内容，包括特点、类型、感染原因、症状和防范措施等，熟悉黑客的常用手段和防范措施，掌握安全使用会计软件的基本要求。

一、安全使用会计软件的基本要求

常见的非规范化操作包括密码与权限管理不当、会计档案保存不当、未按照正常操作规范运行软件等。这些操作可能威胁会计软件的安全运行。

（一）严格管理账套使用权限

严格管理账套使用权限应注意以下三个问题。

（1）在使用会计软件时，用户应该对账套使用权限进行严格管理，防止数据外泄；

（2）用户不能随便让他人使用计算机；

（3）在离开计算机时，必须立即退出会计软件，以防止他人偷窥系统数据。

（二）定期打印备份重要的账簿和报表数据

定期打印备份重要的账簿和报表数据应注意以下两个问题。

（1）为防止硬盘上的会计数据遭到意外或被人为破坏，用户需要定期将硬盘数据备份到其他磁性介质上（如U盘、光盘等）；

（2）在月末结账后，对本月重要的账簿和报表数据还应该打印备份。

（三）严格管理软件版本升级

经过对比审核，如果新版软件更能满足实际需要，企业应该对其进行升级。对会计软件进行升级的原因主要有以下3个。

（1）因改错而升级版本；

（2）因功能改进和扩充而升级版本；

【举例说明】用友T3升级后增加“生产管理”模块；金蝶KIS专业版13.0集成企业QQ功能。

（3）因运行平台升级而升级版本。

【举例说明】Windows XP 系统升级至 Windows 7 系统，数据库管理系统和会计软件均可能需要升级。

【多项选择题】下列属于安全使用会计软件的基本要求的有（ ）。

A．防范计算机病毒和计算机黑客的攻击

B．对填制凭证人员与审核人员的权限进行严格管理

C．因改错而升级版本

D．月末结账后，打印备份本月重要的账簿和报表数据

【答案】BCD

【解析】选项 A 不属于安全使用会计软件的基本要求。

【判断题】只要有新版本的会计软件，企业都应该对原有会计软件进行升级。（ ）

【答案】×

【解析】对会计软件进行升级的原因主要有：因改错而升级版本；因功能改进和扩充而升级版本；因运行平台升级而升级版本。经过对比审核，如果新版软件更能满足实际需要，企业应该对其进行升级。

二、计算机病毒的防范

计算机病毒是指编制者在计算机程序中插入的破坏计算机功能或数据，影响计算机使用并且能够自我复制的一组计算机指令或程序代码。

【单项选择题】下列有关计算机病毒的各项说法中，正确的是（ ）。

A．计算机病毒可以发生霉变

B．是一种计算机程序

C．是计算机硬件设备的一种

D．是计算机芯片的一种

【答案】B

【解析】计算机病毒是指编制者在计算机程序中插入的破坏计算机功能或数据，影响计算机使用并且能够自我复制的一组计算机指令或程序代码。

（一）计算机病毒的特点

1．寄生性

病毒可以寄生在正常的程序中，跟随正常程序一起运行。在未启动这个程序之前，病毒是不易被人发觉的，当执行这个程序时，病毒就会起破坏作用。

2．传染性

传染性是指计算机病毒具有把自身复制到其他程序中的特性。传染性是病毒的基本特征，病毒可以通过不同途径传播，一旦病毒被复制或产生变种，其速度之快令人难以预防。

【单项选择题】计算机病毒把自身从一个程序或数据文件复制到另一个程序或数据文件的特点是属于（ ）。

A．潜伏性　　B．破坏性　　C．传染性　　D．隐蔽性

【答案】C

【解析】传染是指病毒从一个程序或数据文件复制到另一个程序或数据文件的过程。

3．潜伏性

潜伏性是指计算机病毒可以依附于其他媒体寄生的能力，侵入后的病毒潜伏到条件成熟才发作，使计算机变慢。病毒可以事先潜伏在计算机中不发作，然后在某一时间集中大规模爆发。

【特别提示】计算机病毒一般不立即发作，具有一定的潜伏期。

【举例说明】有些病毒像定时炸弹一样，让它什么时间发作是预先设计好的，如黑色星期五病毒，不到预定时间一点都觉察不到，等到条件具备的时候一下子就爆发开来，对系统进行破坏。

4．隐蔽性

隐蔽性是指计算机病毒进入系统并开始破坏数据的过程，不容易被用户发现。计算机病毒具有很强的隐蔽性，病毒未发作时不易被发现，有的可以通过病毒软件检查出来，有的根本查不出来，有的时隐时现、变化无常，这类病毒处理起来通常很困难。

5．破坏性

计算机中毒后，可能会导致正常的程序无法运行，也可能删除或不同程度地损坏计算机内的文件，通常表现为：增、删、改、移。病毒可以破坏计算机，造成计算机运行速度变慢、死机、蓝屏等问题。

6．可触发性

可触发性是指病毒因某个事件或数值的出现，诱使病毒实施感染或进行攻击的特性。病毒既要隐蔽又要维持杀伤力，它必须具有可触发性。病毒可以在条件成熟时被触发，这些条件可能是时间、日期、文件类型或某些特定数据等。

【举例说明】黑色星期五病毒的触发条件之一是：如果计算机系统日期是 13 日，并且是星期五，则病毒发作，并删除任何一个在计算机上运行的 COM 文件或 EXE 文件。

【单项选择题】下列不属于计算机病毒的特点的是（　　）。

A．隐蔽性　　B．危险性　　C．感染性　　D．潜伏性

【答案】B

【解析】计算机病毒的特点包括寄生性、传染性、潜伏性、隐蔽性、破坏性和可触发性。

（二）计算机病毒的类型

1．按计算机病毒的破坏能力分类

按破坏能力分类，计算机病毒可分为良性病毒和恶性病毒。

（1）良性病毒

良性病毒是指那些只占有系统 CPU 资源，但不破坏系统数据，不会使系统瘫痪的计算机病毒。这种病毒多数是恶作剧者的产物，目的不是为了破坏系统和数据，而是为了让使用染有病毒的计算机用户通过显示器或扬声器看到或听到病毒设计者的编程技术。

【举例说明】小球病毒、1575/1591 病毒、救护车病毒、扬基病毒、Dabi 病毒、Rose 病毒

等就属于良性病毒。

（2）恶性病毒。恶性病毒是指那些一旦发作后，就会对计算机数据进行破坏，有的甚至会破坏计算机硬件，造成整个计算机瘫痪的一类计算机病毒。与良性病毒相比，恶性病毒对计算机系统的损伤和破坏力更大，包括删除文件、破坏盗取数据、格式化硬盘、使系统瘫痪等。

【举例说明】黑色星期五病毒、火炬病毒、CIH、米开朗基罗病毒等就属于恶性病毒。

2. 按计算机病毒存在的方式分类

按计算机病毒存在的方式分类，计算机病毒可分为引导型病毒、文件型病毒和网络病毒。

（1）引导型病毒。引导型病毒是指寄生在引导区或主引导区的计算机病毒，是在系统开机时进入内存，控制系统，进行病毒传播和破坏活动的病毒。

按照引导型病毒在硬盘上的寄生位置又可细分为主引导记录病毒和分区引导记录病毒。主引导记录病毒感染硬盘的主引导区，如大麻病毒、2708 病毒、火炬病毒等；分区引导记录病毒感染硬盘的活动分区引导记录，如小球病毒、Girl 病毒等。

（2）文件型病毒。文件型病毒是感染计算机存储设备中的可执行文件，当执行该文件时，再进入内存，控制系统，进行病毒传播和破坏活动的病毒。这种病毒主要通过感染计算机中的可执行文件（.exe）和命令文件（.com），一旦计算机运行带有病毒的文件就会被感染，从而达到传播的目的。

（3）网络病毒。网络病毒是通过计算机网络传播感染网络中的可执行文件的病毒。这种病毒主要通过网络的服务器访问、电子邮件收发及 FTP 文件互换、磁盘共享与交换等形式进行传播。

【单项选择题】按计算机病毒存在的方式，可以分为文件型病毒、引导型病毒和（　　）。

A. 系统病毒　　B. 良性病毒　　C. 恶性病毒　　D. 网络病毒

【答案】D

【解析】按计算机病毒存在的方式分类，计算机病毒可分为引导型病毒、文件型病毒和网络病毒。

（三）导致病毒感染的人为因素

1. 不规范的网络操作

不规范的网络操作可能导致计算机感染病毒。其主要途径包括浏览不安全网页、下载被病毒感染的文件或软件、接收被病毒感染的电子邮件、使用即时通信工具等。

2. 使用被病毒感染的磁盘

使用来历不明的硬盘和 U 盘，容易使计算机感染病毒。随着时代的发展，移动硬盘、U 盘等移动设备成为新的攻击目标。

【点拨指导】U 盘因其超大空间的存储量，逐步成为使用最广泛、最频繁的存储介质，为计算机病毒的寄生提供了更宽裕的空间。目前，U 盘病毒逐步增加，使 U 盘成为第二大病毒传播途径。

【多项选择题】下列各项中，属于计算机病毒的传染途径的有（　　）。

A. 软盘　　B. 网络　　C. U 盘　　D. CUP

【答案】ABC

【解析】计算机病毒具有传播性，可以通过软盘、U盘、硬盘、网络等进行传播。

（四）感染计算机病毒的主要症状

当计算机感染病毒时，系统会表现出一些异常症状，主要表现如表2-4-1所示。

表2-4-1 计算机感染病毒的表现症状

序　号	症　状
1	系统启动时间比平时长，运行速度减慢
2	系统经常无故发生死机现象
3	系统异常重新启动
4	计算机存储系统的存储容量异常减少，磁盘访问时间比平时长
5	系统不识别硬盘
6	文件的日期、时间、属性、大小等发生变化
7	打印机等一些外部设备工作异常
8	程序或数据丢失或文件损坏
9	系统的蜂鸣器出现异常响声
10	其他异常现象

（五）防范计算机病毒的措施

在使用计算机的过程中，要做好计算机病毒的预防，防范措施如表2-4-2所示。

表2-4-2 计算机病毒的防范措施

序　号	措　施
1	规范使用U盘的操作。在使用外来U盘时应该首先用杀毒软件检查是否有病毒，确认无病毒后再使用
2	使用正版软件，杜绝购买盗版软件
3	谨慎下载与接收网络上的文件或电子邮件
4	经常升级杀毒软件
5	在计算机中安装防火墙
6	经常检查系统内存
7	计算机系统要专机专用，避免使用其他软件

【多项选择题】下列措施中，可以防范计算机病毒的有（　　）。

A. 用“写保护”来保护软盘

B. 不使用外来或来历不明的软件

C. 注意关机以防病毒入侵

D. 安装防病毒软件并及时更新病毒库

【答案】ABD

【解析】防范计算机病毒的最有效方法是切断病毒的传播途径，主要应注意以下几点：①不用非原始软盘或其他介质引导机器，对系统等原始软盘实行写保护；②不随便使用外来软盘或其他介质，对外来软盘或其他介质必须先检测后使用；③做好系统软件、应用软件的备份，并定期进行数据文件备份，供系统恢复使用；④计算机系统要专机专用，要避免使用其他软件，如游戏软件，以减少病毒感染机会；⑤接收网上传送的数据要先检查后使用，接收邮件的计算机要与系统用计算机分开；⑥定期对计算机进行病毒检查，对于联网的计算机应安装实时检查病毒软件，以防止病毒传入；⑦如发现有计算机感染病毒，应立即将该台计算机从网上撤下，以防止病毒蔓延。

（六）计算机病毒的检测与清除

1. 计算机病毒的检测

计算机病毒的检测方法通常有以下两种。

（1）人工检测。人工检测是指通过一些软件工具进行病毒检测。这种方法需要检测者熟悉机器指令和操作系统，因而不易普及。

（2）自动检测。自动检测是指通过一些诊断软件来判断一个系统或一个软件是否有计算机病毒。自动检测比较简单，一般用户都可以进行。

【单项选择题】适用于一般计算机用户，操作简单、使用方便的检测病毒的方法是（　　）。

A. 人工检测　　B. 自动检测　　C. 重新安装系统　　D. 购置新计算机

【答案】B

【解析】自动检测是指通过一些诊断软件来判断一个系统或一个软件是否有计算机病毒。自动检测比较简单，一般用户都可以进行。

2. 计算机病毒的清除

对于一般用户而言，清除病毒一般使用杀毒软件进行。杀毒软件可以同时清除多种病毒，并且对计算机中的数据没有影响。

【特别提示】杀毒软件属于系统软件中的支撑软件，并不属于应用软件。使用杀毒软件并不能检查和清除所有的病毒。

【知识链接】杀毒软件是一种可以对病毒、木马等一切已知的对计算机有危害的程序代码进行清除的程序工具。目前常用的杀毒软件有360杀毒软件、瑞星杀毒软件、百度杀毒软件等。

【单项选择题】下列关于计算机病毒的说法正确的是（　　）。

A. 计算机病毒是黑客恶作剧的结果

B. 计算机病毒是一种传染力极强的生物细菌

C. 计算机病毒是一种人为编写的具有破坏性的程序

D. 计算机病毒一旦产生便无法清除

【答案】C

【解析】计算机病毒是一种人为蓄意编制的能够侵入计算机系统的并可导致计算机故障的具有自我复制能力的计算机程序。

三、计算机黑客的防范

计算机黑客是指通过计算机网络非法进入他人系统的计算机入侵者。他们对计算机技术和网络技术非常精通，能够了解系统的漏洞及其原因所在，通过非法闯入计算机网络来窃取机密信息，毁坏某个信息系统。

（一）黑客常用手段

黑客常用的手段有密码破解、IP嗅探与欺骗、攻击系统漏洞和端口扫描等。

1. 密码破解

黑客通常采用的攻击方式有字典攻击、假登录程序、密码探测程序等，主要目的是获取系统或用户的口令文件。

（1）字典攻击。字典攻击，又称为词典式攻击，是在破解密码或密钥时，逐一尝试用户自定义词典中的可能密码（单词或短语）的攻击方式。

（2）假登录程序。假登录程序是指盗号分子通过木马或病毒等方式，将计算机上的客户端数据进行篡改，模拟正规网页的登录界面和登录方式，制造假登录界面，以骗取访问者的账号和密码。

（3）密码探测程序。密码探测程序是指利用各种可能的密码不断向目标服务器发送请求，根据响应来判断密码是否正确。

2. IP嗅探与欺骗

（1）IP嗅探。IP嗅探是一种被动式攻击，又称为网络监听。它通过改变网卡的操作模式来接收流经计算机的所有信息包，以便截取其他计算机的数据报文或口令。

【特别提示】IP嗅探只能应用于连接同一网段的主机，通常被用来获取用户密码等。

（2）欺骗。欺骗是一种主动式攻击，它将网络上的某台计算机伪装成另一台不同的主机，目的是使网络中的其他计算机误将冒名顶替者当成原始的计算机而向其发送数据。

【知识链接】常用的欺骗方式有IP欺骗、路由欺骗、DNS欺骗、ARP（地址转换协议）欺骗及Web欺骗等。

3. 攻击系统漏洞

系统漏洞是指程序在设计、实现和操作上存在的错误。黑客利用这些系统漏洞攻击网络中的目标计算机。

4. 端口扫描

端口扫描是指某些别有用心的人发送一组端口扫描消息，试图以此侵入某台计算机，并了解其提供的计算机网络服务类型（这些网络服务均与端口号相关）。端口扫描是计算机解密高手喜欢的一种方式。

由于计算机与外界通信必须通过某个端口才能进行。黑客可以利用一些端口扫描软件对被攻击的目标计算机进行端口扫描，查看该计算机的哪些端口是开放的，由此可以知道与目标计算机能进行哪些通信服务，搜索到计算机的开放端口并进行攻击。

【知识链接】端口是指接口电路中的一些寄存器，这些寄存器分别用来存放数据信息、控制信息和状态信息，相应的端口分别称为数据端口、控制端口和状态端口。

【多项选择题】黑客的常用手段有（　　）。

A. 密码破解　　B. IP嗅探与欺骗

C. 攻击系统漏洞　　D. 端口扫描

【答案】ABCD

【解析】黑客常用的手段有密码破解、IP 嗅探与欺骗、攻击系统漏洞和端口扫描等。

（二）防范黑客的措施

1．制定相关法律法规加以约束

随着网络技术的形成和发展，有关网络信息安全的法律法规相继诞生，并有效规范和约束与网络信息传递相关的各种行为。

2．数据加密

数据加密又称密码学，是指通过加密算法和加密密钥将明文转变为密文，它是利用密码技术对信息进行加密，实现信息隐蔽，从而起到保护信息安全的作用。数据加密的目的是保护系统内的数据、文件、口令和控制信息，同时也可以提高网上传输数据的可靠性。

3．身份认证

系统可以通过密码或特征信息等来确认用户身份的真实性，只对确认了身份的用户给予相应的访问权限，从而降低黑客攻击的可能性。

4．建立完善的访问控制策略

系统应该设置入网的访问权限、网络共享资源的访问权限、目录安全等级控制、网络端口和节点的安全控制、防火墙的安全控制等。通过各种安全控制机制的相互配合，才能最大限度地保护计算机系统免受黑客的攻击。如果数据备份及时，即便系统遭到黑客的进攻，也可以在短时间内修复，从而挽回不必要的损失。

【多项选择题】防范黑客的措施有（　　）。

A．制定相关法律法规加以约束　　B．身份认证

C．建立完善的访问控制策略　　D．计算机系统要专机专用

【答案】ABC

【解析】选项 D 属于防范计算机病毒的措施。

【判断题】系统可以通过密码或特征信息等来确认用户信息的真实性，只对确认了身份的用户给予相应的访问权限，从而降低黑客攻击的可能性。（　　）

【答案】√

【解析】本题考查防范黑客的措施，身份认证是指系统可以通过密码或特征信息等来确认用户信息的真实性，只对确认了身份的用户给予相应的访问权限，从而降低黑客攻击的可能性。

本章题库

一、单项选择题

1．一个单位或部门组建的小范围网络，通常称为（　　）。

A．局域网　B．城域网　C．广域网　D．微机局域网络

2．下列存储器中，读写速度最快的是（　　）。

A．内存储器　B．光盘存储器　C．硬盘存储器　D．软盘存储器

3．大中型企业，其会计信息系统的硬件结构一般采用的形式是（　　）。

A．单机结构　B．多机松散结构　C．多用户结构　D．微机局域网络

4．下列各组设备中，全部属于输入设备的一组是（　　）。

A．键盘、磁盘和打印机　B．键盘、扫描仪和鼠标

C．键盘、鼠标和显示器　D．硬盘、打印机和键盘

5．若微机在工作过程中电源突然中断，则计算机中（　　）全部丢失，再次通电之后也不能恢复。

A．ROM 和 RAM 中的信息　B．ROM 中的信息

C．RAM 中的信息　D．硬盘中的信息

6．一台主机上连接若干终端设备，支持多个用户同时使用的工作方式称为（　　）。

A．客户机/服务器　B．单机结构

C．微机局域网络　D．多用户结构

7．计算机病毒的（　　）是指病毒具有把自身复制到其他程序中的特性。

A．隐蔽性　B．传染性　C．潜伏性　D．破坏性

8．下列各项中，不属于黑客入侵他人计算机系统常用手段的是（　　）。

A．端口扫描　B．密码破解　C．CIH　D．网络监听

9．一般情况下，断电之后外存储器中存储的信息（　　）。

A．不会丢失　B．全部丢失　C．大部分丢失　D．部分丢失

10．（　　）通常是指网络覆盖范围可以延伸到整个城市。

A．局域网　B．城域网　C．广域网　D．远程网

11．（　　）是指网络上的用户能部分或全部地享受网络中的资源。

A．信息共享　B．资源共享　C．数据通信　D．分布处理

12．需要长期保留的数据和程序必须存入（　　）。

A．RAM　B．ROM　C．BIOS　D．外存储器

13．计算机病毒不能通过（　　）传播。

A．网络　B．软盘

C．携带传染病的操作者　D．硬盘

二、多项选择题

1．内存储器分为（　　）。

A．CPU　B．ROM　C．RAM　D．LCD

2．系统软件通常包括（　　）。

A．操作系统　B．支撑软件　C．应用软件　D．数据库管理系统

3．防范计算机黑客常用的措施主要有（　　）。

A．数据加密　B．身份认证

C．建立完善的访问控制策略　D．制定相关法律法规加以约束

4．下列设备中，属于计算机外存储器的有（　　）。

A．软盘　B．硬盘　C．RAM　D．CACHE

5．计算机网络按地理覆盖的有效范围，可划分为（　　）。
A．广域网　B．局域网　C．混合网　D．城域网
6．外存储器的特点包括（　　）。
A．存储容量大　B．价格高　C．存储速度快　D．存储速度慢
7．计算机的存储器分为（　　）。
A．内存储器　B．外存储器　C．硬盘　D．RAM
8．按计算机病毒存在的方式分类，可分为（　　）。
A．良性病毒　B．文件病毒　C．引导型病毒　D．网络病毒
9．内存储器与外存储器相比有（　　）特点。
A．容量小　B．速度快　C．容量大　D．速度慢
10．切断计算机病毒的传播途径，需要注意的有（　　）。
A．不随便使用外来存储介质　B．接收网上传送的文件要先检测后使用
C．定期对计算机进行病毒检查　D.安装会计信息化软件的计算机要专机专用

三、判断题

1．服务器硬件配置一般高于普通客户机。（　　）
2．安装会计软件前，应确保已经安装数据库管理软件，同时应考虑会计软件与数据库系统的兼容性。（　　）
3．城域网覆盖的地区范围较小，这是应用最广的一种网络。（　　）
4．病毒可以事先潜伏在计算机中不发作，然后在某一时间集中大规模爆发。（　　）
5．杀毒软件可以同时清除多种病毒，并且对计算机中的数据没有影响。（　　）
6．城域网介于局域网和广域网之间，网络覆盖范围通常可以延伸到整个城市。（　　）
7．计算机发现病毒后需要在第一时间对硬盘进行格式化操作，以彻底清除病毒。（　　）
8．计算机病毒具有隐蔽性、传染性、潜伏性、破坏性的特点。（　　）
9．内存储器一般存储容量较大，但数据存取速度较慢。（　　）
10．浏览器/服务器结构的优点在于维护和升级方式简单，运行成本低；其缺点是应用服务器运行数据负荷较重。（　　）
11．微机局域网是一台服务器将许多高档微机连接在一起，相互通信、共享资源，组成一个功能更强的计算机网络系统。（　　）
12．服务器的性能必须适应会计软件的运行要求，其硬件配置和普通客户机一样。（　　）

答案及解析

一、单项选择题

1．【答案】A

【解析】局域网是一种在小区域内使用的，由多台计算机组成的网络，覆盖范围通常局限在10千米之内，属于一个单位或部门组建的小范围网络。

2. 【答案】A

【解析】在所列的几种存储器中，读写速度最快的是内存储器。

3. 【答案】D

【解析】微机局域网络通常分为客户机/服务器结构和浏览器/服务器结构两种，主要适用于大中型企业。

4. 【答案】B

【解析】键盘、鼠标、扫描仪属于输入设备；显示器、打印机、绘图仪属于输出设备；外存储器（包括磁盘和硬盘）、触摸屏既是输入设备又是输出设备。

5. 【答案】C

【解析】当计算机停电时，RAM中的信息会全部丢失，并不能恢复。

6. 【答案】D

【解析】一台计算机主机支持多个用户同时使用的工作方式称为多用户结构。微机局域网络支持多台主机和对应的若干终端设备。

7. 【答案】B

【解析】计算机的传染性，可以让病毒通过不同途径传播。

8. 【答案】C

【解析】CIH是一种病毒。密码破解、IP嗅探与欺骗、攻击系统漏洞、端口扫描都是黑客入侵手段。

9. 【答案】A

【解析】断电之后会丢失数据和信息的只有内存储器RAM。

10. 【答案】B

【解析】城域网是可以覆盖城市的网络。

11. 【答案】B

【解析】资源共享是指在计算机网络中各种资源可以相互通用，用户可以共同使用网络中的软件、硬件和数据。

12. 【答案】D

【解析】RAM和ROM都属于内存，断电之后RAM的数据会丢失。BIOS是一组固化计算机内主板上一个ROM芯片上的程序。会计软件的各种数据一般存储在外存储器中。

13. 【答案】C

【解析】计算机病毒不能通过携带传染病的操作者传播。

二、多项选择题

1. 【答案】BC

【解析】内存储器分为随机存储器（RAM）和只读存储器（ROM）。

2. 【答案】ABD

【解析】系统软件通常包括操作系统、数据库管理系统、支撑软件、语言处理程序等。

3. 【答案】ABCD

【解析】防范计算机黑客常用的措施主要有制定相关法律法规加以约束、数据加密、身份认证、建立完善的访问控制策略。

4. 【答案】AB

【解析】常见的外存储器有硬盘、U盘、光盘等。RAM是内存储器、CACHE是在计算机存储系统的层次结构中，介于中央处理器和主存储器之间的高速小容量存储器。

5. 【答案】ABD

【解析】计算机网络按配置划分，可分为同类网、单服务器网、混合网。按地理覆盖的有效范围划分为广域网、局域网、城域网。

6. 【答案】AD

【解析】外存储器存储容量大，价格低，存储速度比较慢。

7. 【答案】AB

【解析】计算机的存储器分为内存储器和外存储器，硬盘属于外存储器，RAM属于内存储器（断电后数据会消失）。

8. 【答案】BCD

【解析】按计算机病毒存在的方式分类可分为文件病毒、引导型病毒、网络病毒。按计算机病毒的破坏能力分类，可以分为良性病毒和恶性病毒。

9. 【答案】AB

【解析】与外存储器相比，内存储器容量较小，但数据存取速度较快。

10. 【答案】ABCD

【解析】防范计算机病毒的措施主要有：（1）规范使用U盘的操作。在使用外来U盘时应该首先用杀毒软件检查是否有病毒，确认无病毒后再使用。（2）使用正版软件，杜绝购买盗版软件。（3）谨慎下载与接收网络上的文件或电子邮件。（4）经常升级杀毒软件。（5）在计算机中安装防火墙。（6）经常检查系统内存。（7）计算机系统要专机专用，避免使用其他软件。

三、判断题

1. 【答案】√

【解析】服务器是网络环境中的高性能计算机，服务器的性能必须适应会计软件的运行要求，其硬件配置一般高于普通客户机。

2. 【答案】×

【解析】在确保计算机操作系统满足会计软件的运行要求，并安装完毕数据库管理软件和支撑软件后，技术支持人员方可开始安装会计软件，同时应考虑会计软件与数据库系统的兼容性。

3. 【答案】×

【解析】城域网是作用范围在广域网与局域网之间的网络，其网络覆盖范围通常可以延伸到整个城市，借助通信光纤将多个局域网联通公用城市网络形成大型网络，使得不仅局域网内的资源可以共享，局域网之间的资源也可以共享。

4. 【答案】√

【解析】病毒具有潜伏性，可以事先潜伏在计算机中不发作，然后在某一时间集中大规模爆发。

5. 【答案】√

【解析】对于一般用户而言，清除病毒一般使用杀毒软件进行。杀毒软件可以同时清除多种病毒，并且对计算机中的数据没有影响。

6. 【答案】√

7. 【答案】×

【解析】计算机发现病毒后需要在第一时间对硬盘进行杀毒操作。把硬盘格式化并不能代表硬盘没有病毒。

8. 【答案】√

【解析】计算机病毒的特点包括隐蔽性、传染性、潜伏性、 破坏性、寄生性、可触发性。

9. 【答案】×

【解析】内存储器一般存储容量较小，但数据存取速度快。

10. 【答案】√

11. 【答案】×

【解析】微机局域网络是一台服务器（通常是高档微机）将许多中低档微机连接在一起（由网络接口卡、通信电缆连接），相互通信、共享资源，组成一个功能更强的计算机网络系统。

12. 【答案】×

【解析】服务器就好像领导一样，如果没有出众的地方，怎么带领那么多的员工创造业绩。所以，服务器硬件配置一般高于普通客户机。

第3章

会计软件的应用

【本章学习导读】

本章内容是本门课程的核心，包括会计软件的应用流程、系统级初始化及六个模块（账务处理、固定资产、工资、应收、应付、报表）的应用等内容。本章是本门课程最重要的一章，学好本章是学好本门课程的关键。。

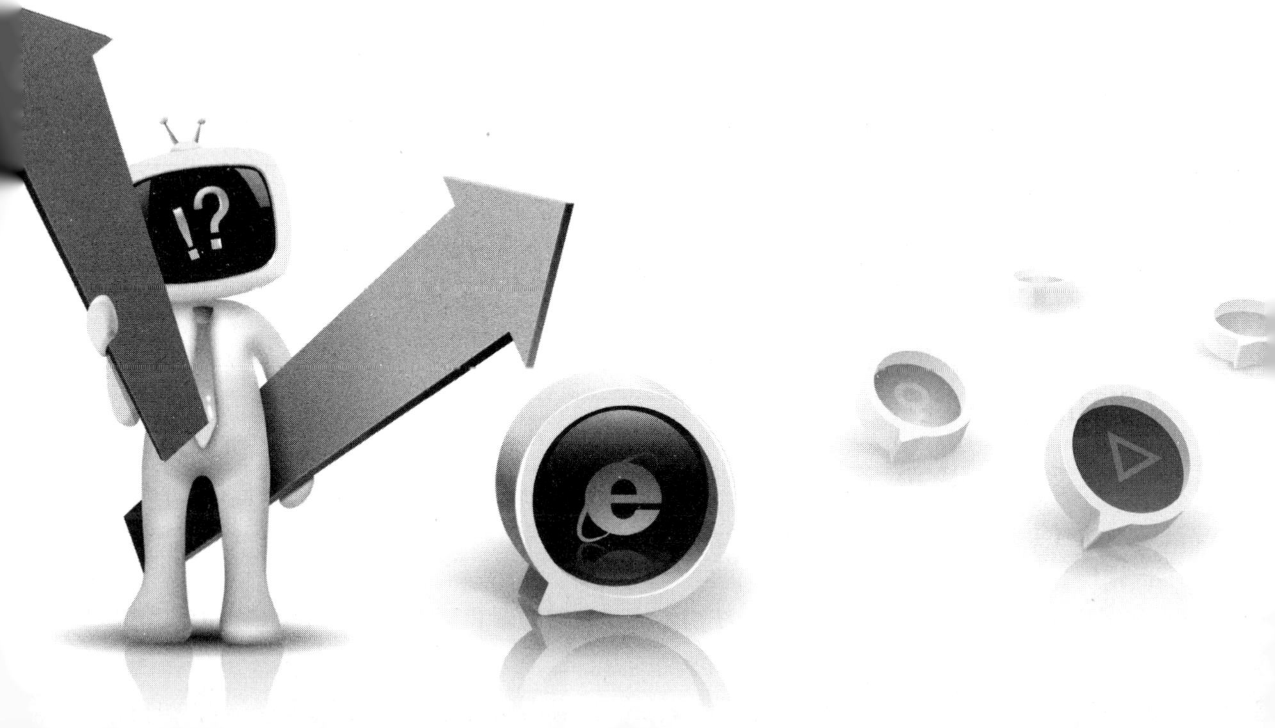

【本章知识体系】

章	节	知识点
会计软件的应用	第一节　会计软件的应用流程	一、系统初始化（★★★） 二、日常处理（★★★） 三、期末处理（★★） 四、数据管理（★★）
	第二节　系统级初始化	一、创建账套并设置相关信息（★★★） 二、管理用户并设置权限（★★★） 三、设置系统公用基础信息（★★★）
	第三节　账务处理模块的应用	一、账务处理模块初始化工作（★★★） 二、账务处理模块日常处理（★★★） 三、账务处理模块期末处理（★★★）
	第四节　固定资产管理模块的应用	一、固定资产管理模块初始化工作（★★★） 二、固定资产管理模块日常处理（★★★） 三、固定资产管理模块期末处理（★★★）
	第五节　工资管理模块的应用	一、工资管理模块初始化工作（★★★） 二、工资管理模块日常处理（★★★） 三、工资管理模块期末处理（★★★）
	第六节　应收管理模块的应用	一、应收管理模块初始化工作（★★★） 二、应收管理模块日常处理（★★★） 三、应收管理模块期末处理（★★★）
	第七节　应付管理模块的应用	一、应付管理模块初始化工作（★★★） 二、应付管理模块日常处理（★★★） 三、应付管理模块期末处理（★★★）
	第八节　报表管理模块的应用	一、报表数据来源（★★） 二、报表管理模块应用基本流程（★★） 三、利用报表模板生成报表（★★★）

第一节　会计软件的应用流程

【学习指导】

学习本节内容，需要理解数据备份和数据还原的作用，熟悉日常处理和期末处理的特点，掌握会计软件的整个应用流程、系统级初始化和模块级初始化的内容。

会计软件的应用流程一般包括系统初始化、日常处理和期末处理等环节，每个环节又包含各自的内容。整个操作流程如图 3-1-1 所示。

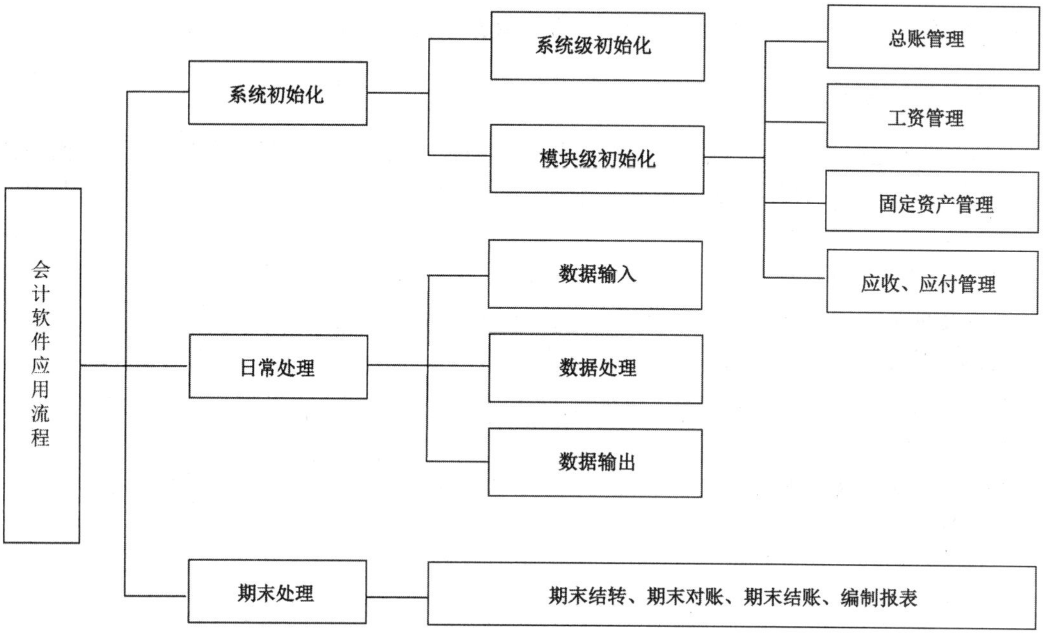

图 3-1-1　会计软件应用流程

一、系统初始化

系统初始化是在系统首次使用时，根据企业的实际情况进行参数设置，并录入基础档案与初始数据的过程。

（一）系统初始化的特点和作用

1. 特点

系统初始化是会计信息化中一项十分重要的工作，是会计软件运行的基础。它将通用的会计软件转变为满足特定企业需要的系统，使手工环境下的会计核算和数据处理工作得以在计算机环境下延续和正常运行。

2. 作用

系统初始化是在系统初次运行时一次性完成的，但部分设置可以在系统使用后进行修改。系统初始化将对系统的后续运行产生重要影响，因此系统的初始化工作必须完整且尽量满足企业的需求。

【判断题】系统初始化在系统初次运行时一次性完成，在系统使用后不可以进行修改。（　　）

【答案】×

【解析】系统初始化在系统初次运行时一次性完成，但部分设置可以在系统使用后进行修改。

（二）系统初始化的内容

系统初始化的内容包括系统级初始化和模块级初始化。

1. 系统级初始化

系统级初始化是设置会计软件所公用的数据、参数和系统公用基础信息，其初始化的内容涉及多个模块的运行，不特定专属于某个模块。它是使软件投入正常使用所必需的前提。系统级初始化的内容主要包括以下几点。

（1）创建账套并设置相关信息（账套管理）。

【知识拓展】同一会计软件中可以建立一个或多个账套。一个账套只能保存一个会计核算对象的业务资料。一个账套可以设定多个账套主管。

（2）增加操作员并设置权限（基础设置）。

（3）设置系统公用基础信息（基础设置）。

【知识拓展】设置系统公用基础信息包括设置编码方案、基础档案、收付结算信息、凭证类别、外币和会计科目等。

2. 模块级初始化

模块级初始化是设置特定模块运行过程中所需要的参数、数据和本模块的基础信息，以保证模块按照企业的要求正常运行。模块级初始化的内容主要包括以下几点。

（1）设置系统控制参数（基础设置）。

（2）设置基础信息（基础设置）。

（3）录入初始数据（初始化）。

【知识拓展】会计软件的模块包括账务处理模块、固定资产管理模块、工资管理模块、应收管理模块、应付管理模块及报表管理模块。

【多项选择题】系统级初始化的内容包括（　　）。

A. 设置系统控制参数　　　　B. 设置基础信息

C. 创建账套并设置相关信息　　　　D. 增加操作员并设置权限

【答案】CD

【解析】选项 AB 属于模块级初始化的内容。

二、日常处理

（一）日常处理的含义

日常处理是指在每个会计期间内，企业日常运营过程中重复、频繁发生的业务处理过程。

【举例说明】凭证录入、出纳签字、凭证审核、凭证记账、账簿查询等业务属于会计软件的日常处理业务。

【特别提示】结账是月底和年底才需要完成的，所以不是日常处理业务。

（二）日常处理的特点

（1）日常业务频繁发生，需要输入的数据量大。

（2）日常业务在每个会计期间内重复发生，所涉及金额不尽相同。

三、期末处理

（一）期末处理的含义

期末处理是指在每个会计期间的期末所要完成的特定业务。

【举例说明】成本及费用的计提、分摊、期末转账、对账、结账及试算平衡、编制报表等业务属于会计软件的期末处理业务。

（二）期末处理的特点

（1）处理流程较为固定。

（2）业务可以由计算机自动完成。

【多项选择题】下列属于期末处理的特点的有（　　）。

A．处理流程较为固定

B．日常业务频繁发生，需要输入的数据量大

C．重复性

D．业务可以由计算机自动完成

【答案】AD

【解析】期末处理的特点是处理流程较为固定、业务可以由计算机自动完成。

四、数据管理

在会计软件应用的各个环节均应注意对数据的管理。

（一）数据备份

数据备份是指将会计软件的数据输出保存在其他存储介质上，以备后续使用。数据备份主要包括账套备份、年度账备份等。

（二）数据还原

数据还原又称数据恢复，是指将备份的数据使用会计软件恢复到计算机硬盘上。它与数据备份是一个相反的过程。数据还原主要包括账套还原、年度账还原等。

【多项选择题】会计软件的应用流程一般包括（　　）。

A．系统初始化

B．日常处理

C．期末处理

D．数据备份

【答案】ABC

【解析】会计软件的应用流程一般包括系统初始化、日常处理和期末处理等环节，数据备份是期末处理环节的一部分。

第二节 系统级初始化

【学习指导】

学习本节内容，需要理解系统级初始化的内容与程序，掌握账套的创建和相关信息的设置方法、用户管理和权限的设置方法、系统公用基础信息的设置方法。

所谓系统级初始化是指企业财务、工资、固定资产及购销存等业务的基础资料设置，内容包括创建账套并设置相关信息、增加操作员并设置权限、设置系统公用基础信息等。

一、创建账套并设置相关信息

账套是指存放会计核算对象的所有会计业务数据文件的总称，账套中包含的文件有会计科目、记账凭证、会计账簿、会计报表等。

一个账套只能保存一个会计核算对象的业务资料，这个核算对象可以是企业的一个分部，也可以是整个企业集团。

（一）创建账套

建立账套是指在会计软件中为企业建立一套符合核算要求的账簿体系。

【特别提示】建立账套是会计信息化系统初建时的一个必要的步骤，是所有会计业务处理的前提，通常它是由系统管理员完成的。在同一会计软件中可以建立一个或多个账套。

（二）设置账套相关信息

建立账套时需要根据企业的具体情况和核算要求设置相关信息，账套信息是指反映新建账套的有关特征的信息，包括账套名称、会计制度、所属行业、科目设置、本位币（即本位币编码和本位币名称）、会计期间等。

【多项选择题】建立账套时需要根据企业的具体情况和核算要求设置相关信息，账套信息主要包括（ ）。

A. 记账本位币　　B. 企业性质　　C. 账套号　　D. 企业名称

【答案】ABCD

【解析】建立账套时需要根据企业的具体情况和核算要求设置相关信息，账套信息主要包括账套号、企业名称、企业性质、会计期间、记账本位币等。

案例 3.2.1

在系统管理中，按照以下信息建立账套：

（1）账套信息

账套号：001；账套名称：山东润喜尔五金建材有限公司；采用默认账套路径；启用会计

期：2017 年 1 月（会计期间设置：1 月 1 日至 12 月 31 日）。

（2）单位信息

单位名称：山东润喜尔五金建材有限公司；单位简称：润喜尔。

（3）核算类型

记账本位币为人民币（RMB）；企业类型为工业；行业性质为 2007 年新会计准则；账套主管为 demo；按行业性质预置科目。

（4）基础信息

对存货、客户、供应商进行分类核算，有外币核算。

（5）业务流程

采购流程、销售流程均选用标准流程。

（6）分类编码方案

科目编码级次：4222，客户分类编码级次 122，存货分类编码级次 122，供应商分类编码级次 122。

（7）数据精度定义

存货数量、存货单价、开票单价、件数、换算率小数位均设定为 2。

（8）系统启用

总账、固定资产、工资管理、购销存管理的启用会计期间均设为 2017 年 1 月 1 日。

具体操作如下。

（1）双击桌面上的“系统管理”快捷方式，打开“系统管理”界面，在该界面执行“系统——注册”命令，如图 3-2-1 所示。

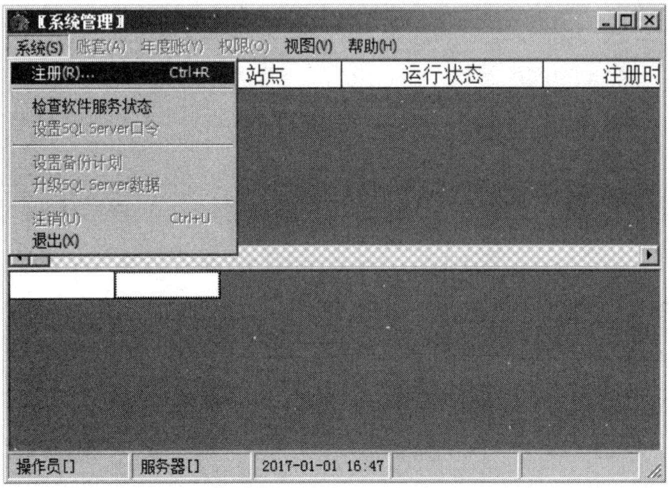

图 3-2-1　“系统　　注册”命令

（2）在打开的“注册【控制台】”窗口，“用户名”处输入“admin”，密码为空，如图 3-2-2 所示。

（3）单击“确定”按钮，以系统管理员的身份进入系统管理。

（4）在“系统管理”界面，执行“账套——建立”命令，如图 3-2-3 所示。

（5）在打开的“创建账套——账套信息”窗口中，根据要求输入账套信息，如图 3-2-4 所示。

图 3-2-2　注册【控制台】窗口

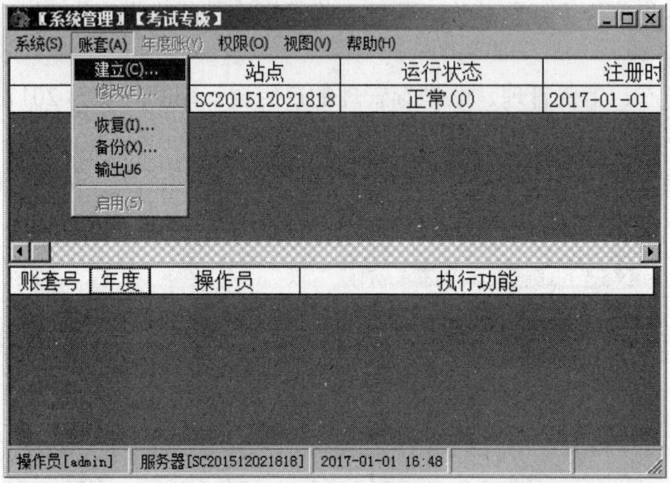

图 3-2-3　“账套——建立”命令

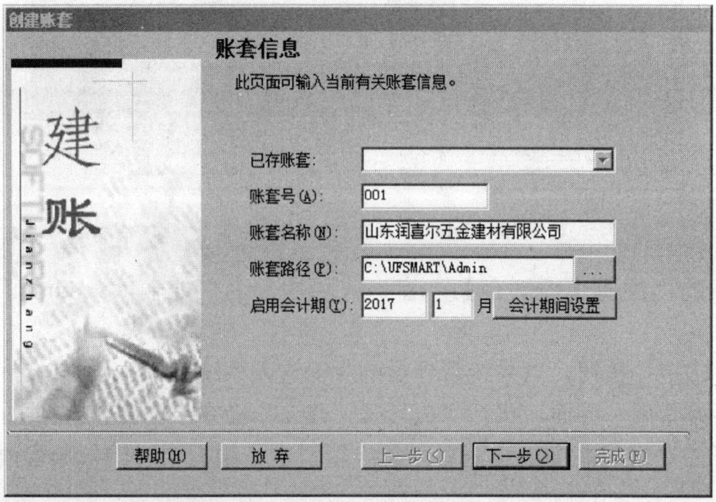

图 3-2-4　“创建账套——账套信息”窗口

（6）单击“会计期间设置”按钮，进入“会计月历——建账”窗口，设置会计期间为 1 月 1 日至 12 月 31 日，如图 3-2-5 所示。

（7）单击“确定”按钮，返回“创建账套——账套信息”窗口，单击“下一步”按钮，进入“创建账套——单位信息”窗口，根据要求输入单位名称和单位简称，如图 3-2-6 所示。

图 3-2-5　“会计月历——建账”窗口

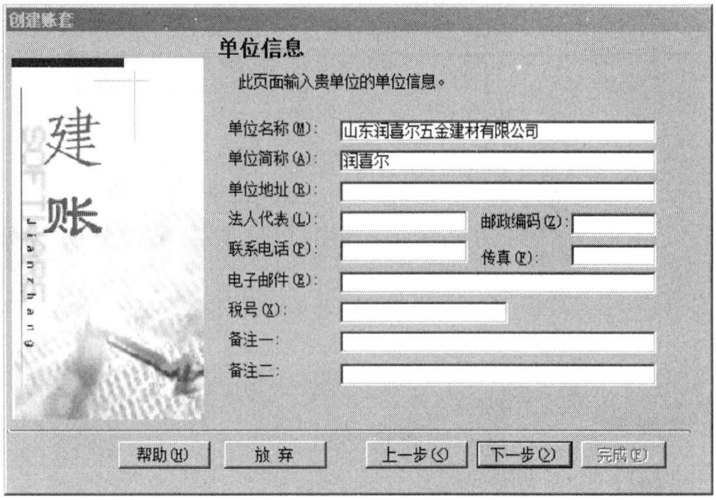

图 3-2-6　“创建账套——单位信息”窗口

（8）单击“下一步”按钮，进入“创建账套——核算类型”窗口，根据要求设置本位币、企业类型等（一般情况下，选择默认），如图 3-2-7 所示。

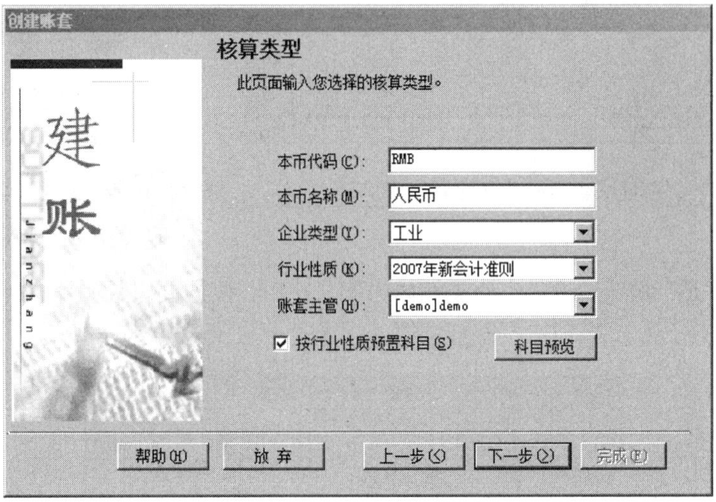

图 3-2-7　“创建账套——核算类型”窗口

（9）单击“下一步”按钮，进入“创建账套——基础信息”窗口，根据要求在相应的复选框做出选择，如图 3-2-8 所示。

（10）单击“下一步”按钮，进入“创建账套——业务流程”窗口，根据要求选择“标准流程”，如图 3-2-9 所示。

（11）单击“完成”按钮，系统弹出“创建账套”对话框，提示“可以创建账套了么？”，如图 3-2-10 所示。

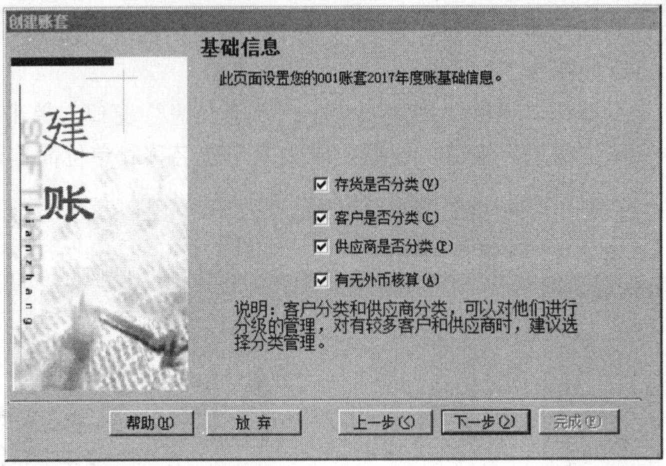

图 3-2-8　“创建账套——基础信息”窗口

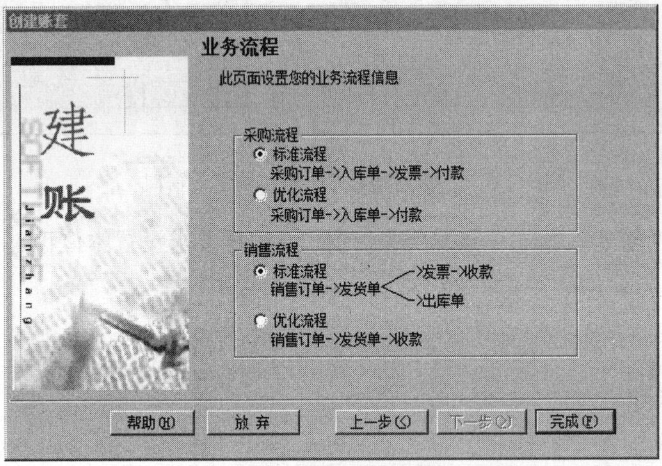

图 3-2-9　“创建账套——业务流程”窗口

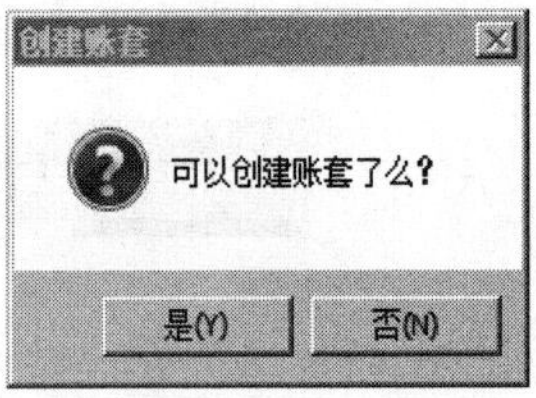

图 3-2-10　“创建账套——是否创建”对话框

（12）单击“是”按钮，进入“分类编码方案”窗口，根据要求设置编码级次，如图 3-2-11 所示。

图 3-2-11　“分类编码方案”窗口

（13）单击“确认”按钮，进入“数据精度定义”窗口，根据要求小数位均设为 2，如图 3-2-12 所示。

（14）单击“确认”按钮，系统弹出“创建账套”对话框，提示账套创建成功，如图 3-2-13 所示。

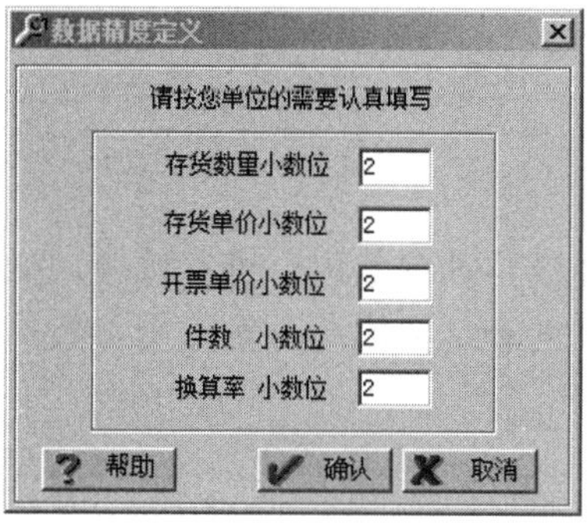

图 3-2-12　“数据精度定义”窗口

图 3-2-13　“创建账套——创建成功”对话框

（15）单击“确定”按钮，系统弹出“创建账套”对话框，提示“是否立即启用账套”，如图 3-2-14 所示。

（16）单击“是”按钮，进入“系统启用”窗口，在该窗口中，选择相应的复选框，在弹出的“日历”窗口中设置日期“2017 年 1 月 1 日”，如图 3-2-15 所示。

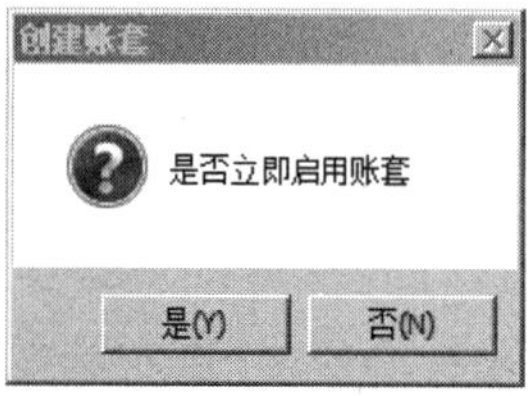

图 3-2-14　“创建账套——启用账套”对话框

图 3-2-15　“系统启用”窗口

（17）同样操作方法设置总账、工资管理、购销存的系统启用日期，设置完成后，单击“退出”按钮。

【点拨指导】对于系统管理中显示的用户名，系统只允许以两种身份注册进入，一是系统管理员（admin），二是账套主管（默认的是 demo，一般是按照账套所设置的），这两种身份的区别在于：

（1）系统管理员负责整个系统的总体控制和数据维护，管理系统中的所有账套，可进行账套的建立、恢复、备份和输出；设置操作员和权限（包括账套主管）；监控系统运行过程；

清除异常任务等；

（2）账套主管负责对所选账套的维护工作，包括：对所选账套参数修改；对年度账的管理；对各系统（总账、工资、固定资产、购销存）的启用；设置该账套操作员权限等。

由于第一次运行该软件时还没有建立核算单位的账套，因此，在建立账套前应由系统默认的管理员 admin 登录。

【知识拓展】账套建立完毕后，账套号、会计期间、记账本位币不允许修改。

（三）账套参数的修改

账套建立后，企业可以根据业务需要对某些已经设定的参数内容进行修改。如果账套参数内容已经被使用，进行修改可能会造成账套数据的紊乱，因此，对账套参数的修改应当谨慎。

【特别提示】会计软件的操作员是有操作权限限制的，账套参数的修改操作只有账套主管有权限进行。

【单项选择题】建立账套后，可以对账套中相关信息进行调整，（　　）信息不能修改。

A. 会计科目　　B. 期初余额

C. 账套启用日期　　D. 凭证类别

【答案】C

二、管理用户并设置权限

（一）管理用户

用户是指有权登录系统，对会计软件进行操作的人员，通常用户的设置与密码的设置是联系在一起的。给用户设置权限，一方面避免其他人员进入系统，另一方面也使不相容职务的岗位人员做好相互牵制工作。

管理用户主要是指将合法的用户增加到系统中，设置其用户名和初始密码或对不再使用系统的人员进行注销其登录系统的权限等操作。

【点拨指导】当已有的用户信息出现错误或不再使用该用户时，可以对用户进行修改或删除操作。

（二）设置权限

在增加用户后，一般应该根据该用户在企业核算工作中所担任的职务、分工来进行设置、修改其对各功能模块的操作权限，该操作可以通过系统管理员或账套主管进行。通过设置权限，用户不能进行没有权限的操作，也不能查看没有权限的数据。

案例 3.2.2

根据以下数据设置用户信息。

编　号	姓　名	部　门	口　令	权　限
001	李慧	财务部	1001	账套主管
002	孙华	财务部	1002	总账系统

续表

编　　号	姓　　名	部　　门	口　　令	权　　限
003	张霞	财务部	1003	总账：出纳签字
004	刘涛	财务部	1004	工资管理、固定资产
005	薛娟	财务部	1005	公用目录设置、采购管理、销售管理、应收管理、应付管理、库存管理

具体操作如下。

（1）在“系统管理”界面，执行“权限——操作员”命令，进入“操作员管理”窗口，如图 3-2-16 所示。

（2）单击“增加”按钮，进入“增加操作员”窗口，根据要求输入编号、姓名、口令、确认口令和所属部门，如图 3-2-17 所示。

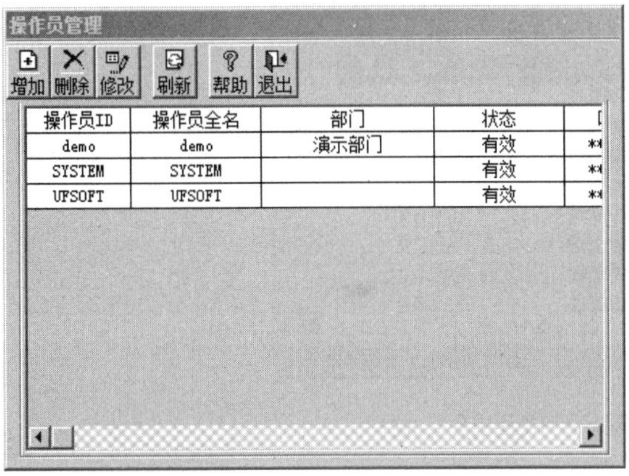

图 3-2-16　“操作员管理”窗口

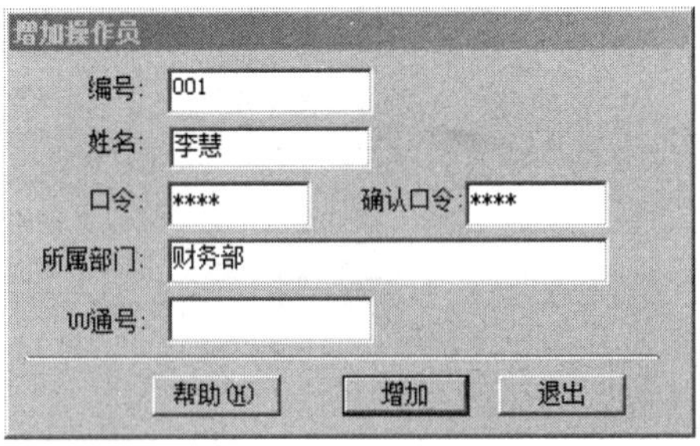

图 3-2-17　“增加操作员”窗口

（3）同样操作输入其他用户信息，输入完成单击“退出”按钮。

（4）在“系统管理”界面，执行“权限——权限”命令，进入“操作员权限”窗口，如图 3-2-18 所示。

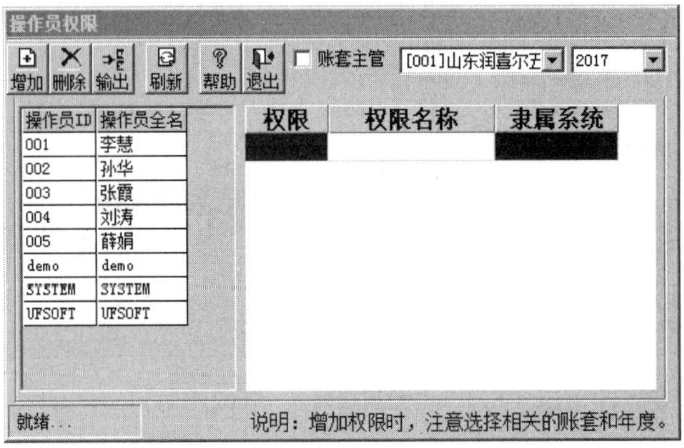

图 3-2-18　“操作员权限”窗口

（5）从操作员列表中选择操作员“001 李慧”，选中“账套主管”复选框，系统弹出“【系统管理】”对话框，提示是否设置账套主管权限，如图 3-2-19 所示。

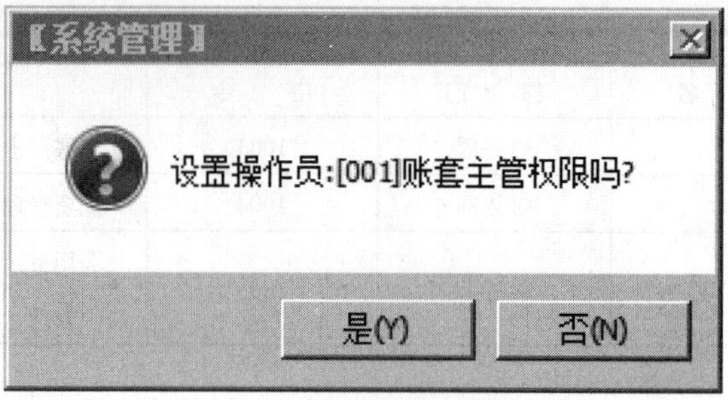

图 3-2-19 “【系统管理】”对话框

（6）单击“是”按钮，完成账套主管权限的设置，如图 3-2-20 所示。

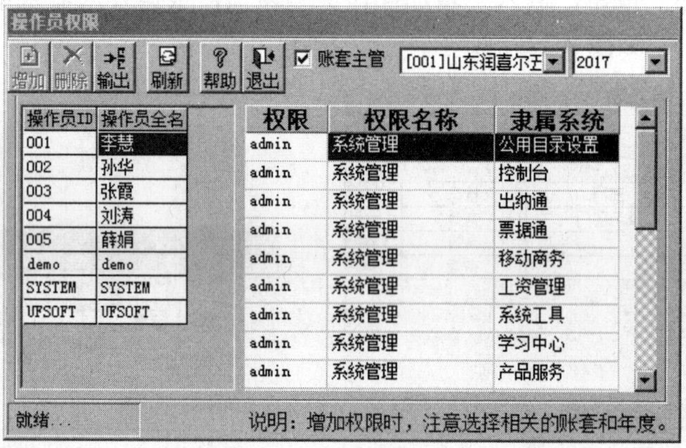

图 3-2-20 “操作员权限——账套主管”窗口

（7）从操作员列表中选择操作员“002 孙华”，单击“增加”按钮，进入“增加权限——[002]”窗口，从“产品分类选择”中双击“GL 总账”，如图 3-2-21 所示。

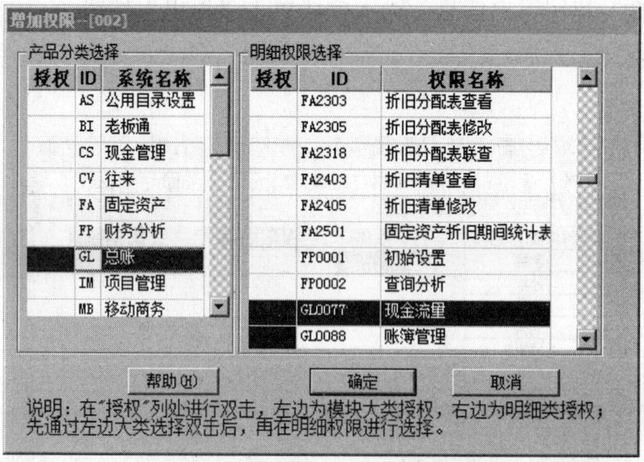

图 3-2-21 “增加权限——[002]”窗口

（8）单击“确定”按钮，返回“操作员权限”窗口。

（9）从操作员列表中选择操作员“003 张霞”，单击“增加”按钮，进入“增加权限——[003]”窗口，从“产品分类选择”中选择“GL 总账”，从“明细权限选择”中双击“GL0203 出纳签字”，如图 3-2-22 所示。

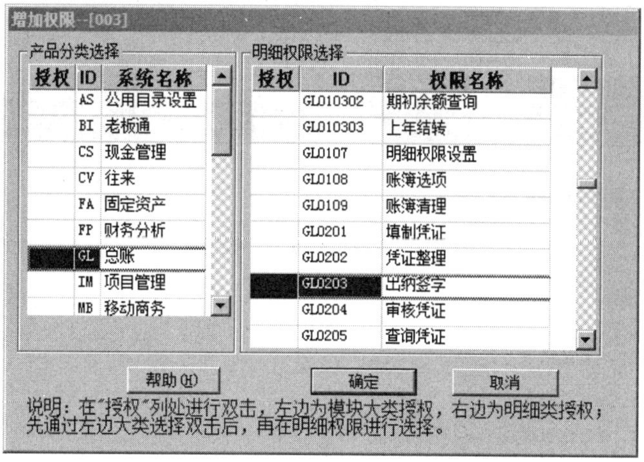

图 3-2-22　“增加权限——[003]”窗口

（10）单击“确定”按钮，返回“操作员权限”窗口。

（11）从操作员列表中选择操作员“004 刘涛”，单击“增加”按钮，进入“增加权限——[004]”窗口，从“产品分类选择”中依次双击“FA 固定资产”、“WA 工资管理”。

（12）单击“确定”按钮，返回“操作员权限”窗口，同样操作方法设置 005 薛娟的操作权限。

三、设置系统公用基础信息

设置系统公用基础信息包括设置编码方案、基础档案、收付结算方式、凭证类别、外币和会计科目等。

设置系统公用基础信息之前，先以账套主管的身份启动并注册信息门户，具体操作如下：

双击桌面上的“信息门户”快捷方式，打开“注册【控制台】”窗口，在该界面中输入用户名、密码，选择相应的账套、会计年度及操作日期，如图 3-2-23 所示。

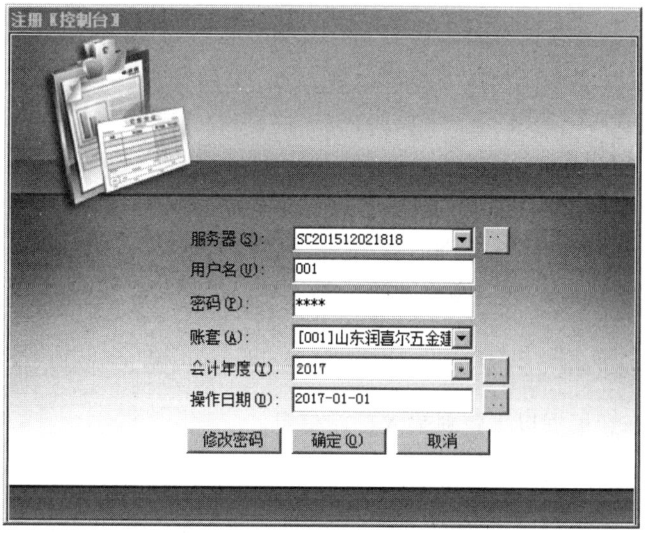

图 3-2-23　“注册【控制台】”窗口

单击“确定”按钮，进入主操作界面，如图 3-2-24 所示。

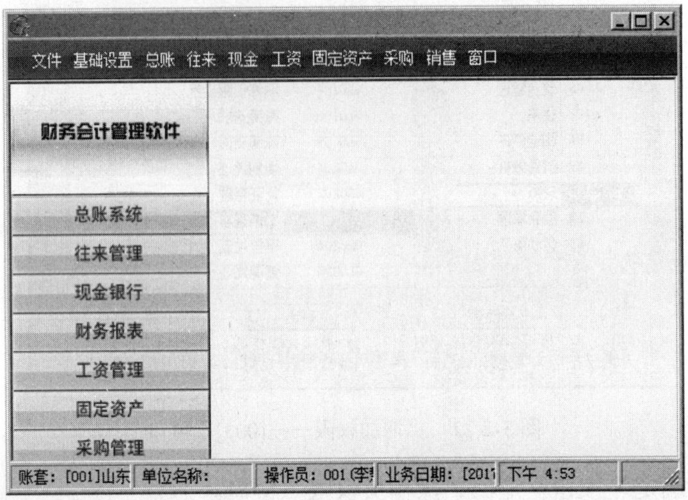

图 3-2-24 主操作界面

（一）设置编码方案

设置编码方案是指设置具体的编码规则，包括编码级次、各级编码长度及其含义，其设置的目的在于方便企业对基础数据的编码进行分级管理。

设置编码的对象包括部门、职员、客户、供应商、会计科目、存货分类、成本对象、结算方式和地区分类等。编码符号能唯一地确定被标识的对象。

【单项选择题】账务系统中科目编码规则设置的主要内容是（ ）。

A. 科目的级长　B. 科目的级次　C. 科目名称　D. A 选项和 B 选项

【答案】D

【解析】在建立账套时，设置科目编码规则时，主要是设置科目的级长和级次。

（二）设置基础档案

设置基础档案是后续进行会计核算、数据分类汇总的基础，其内容一般包括设置企业部门档案、职员档案、往来单位信息、收付结算方式、凭证类别、设置外币、会计科目等。

1. 设置企业部门档案

设置企业部门档案一般包括部门编码、部门名称、属性、负责人、电话、传真等，其目的是方便会计数据按照部门进行分类汇总和会计核算。

【特别提示】部门编码、部门名称必须输入，部门编码必须唯一。

案例 3.2.3

由操作员 001 李慧根据以下资料输入部门信息。

部门编码	部门名称	部门编码	部门名称
1	行政部	3	采购部
2	财务部	4	销售部

具体操作如下。

（1）在“基础设置”菜单条下执行“机构设置——部门档案”命令，如图 3-2-25 所示。

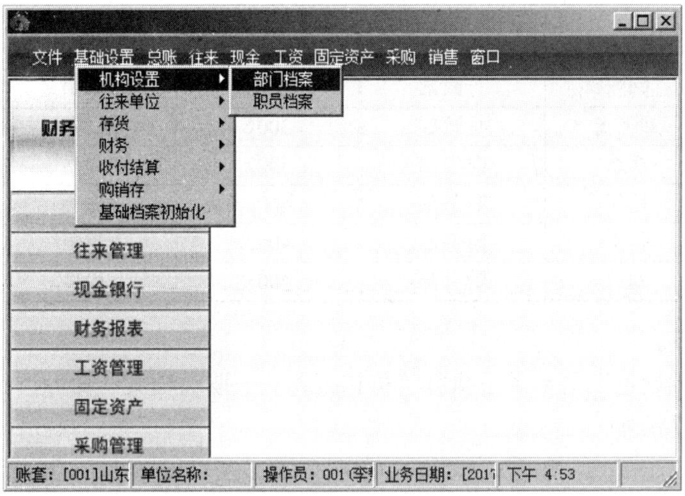

图 3-2-25　“机构设置——部门档案”命令

（2）在打开的“部门档案”窗口中，根据要求输入部门编码和部门名称，如图 3-2-26 所示。

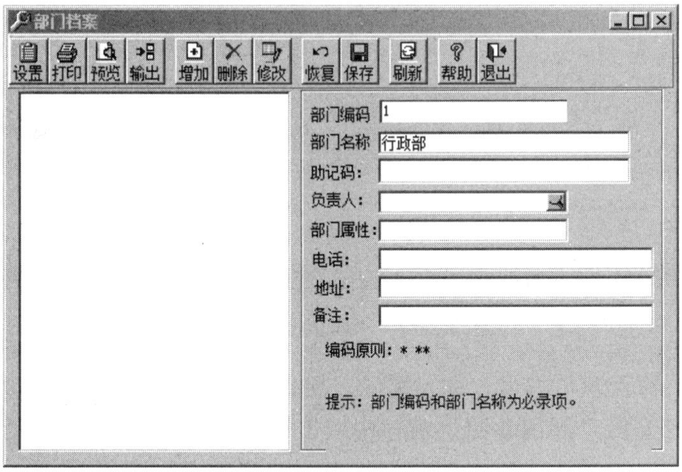

图 3-2-26　“部门档案”窗口

（3）单击“保存”按钮。用同样的操作方法输入其他部门信息。

2. 设置职员档案

职员档案的设置分为职员类型和职员信息两部分。

（1）职员类型。在设置职员信息前需先按照要求设置职员类型，职员类型设置的内容包括职员类型编码和职员类型名称。

（2）职员信息。设置职员信息一般包括输入职员编码、职员姓名、性别、所属部门、职员类型、文化程度、身份证号、出生日期等信息，其目的在于方便进行个人往来核算和管理等操作。

案例 3.2.4

由操作员 001 李慧根据以下资料设置职员档案。

职员编码	职员姓名	所属部门	职员编码	职员姓名	所属部门
1001	闫丽	行政部	2005	薛娟	财务部
1002	刘飞飞	行政部	3001	陈海涛	采购部
2001	李慧	财务部	3002	周岳	采购部
2002	孙华	财务部	4001	方亮	销售部
2003	张霞	财务部	4002	赵阳	销售部
2004	刘涛	财务部	4003	徐良	销售部

具体操作如下。

（1）在“基础设置”菜单条下执行“机构设置——职员档案”命令，打开“职员档案”窗口，如图 3-2-27 所示。

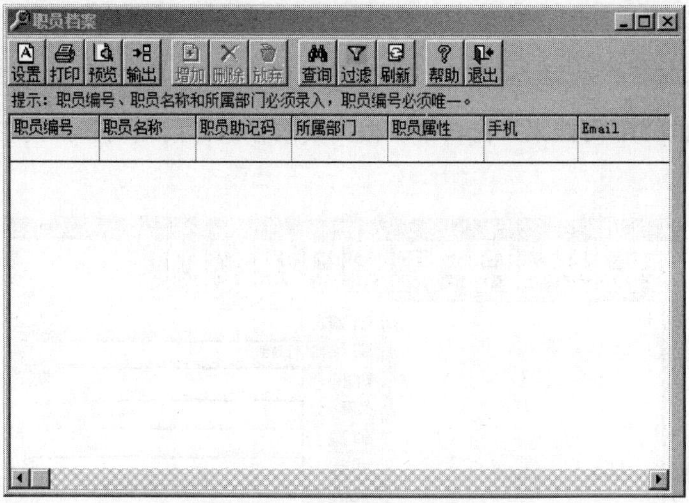

图 3-2-27 “职员档案”窗口

（2）根据要求输入职员编号、职员名称，所属部门可以直接录入，也可以点击右边的放大镜按钮，在打开的“部门参照”窗口中双击选择，如图 3-2-28 所示。

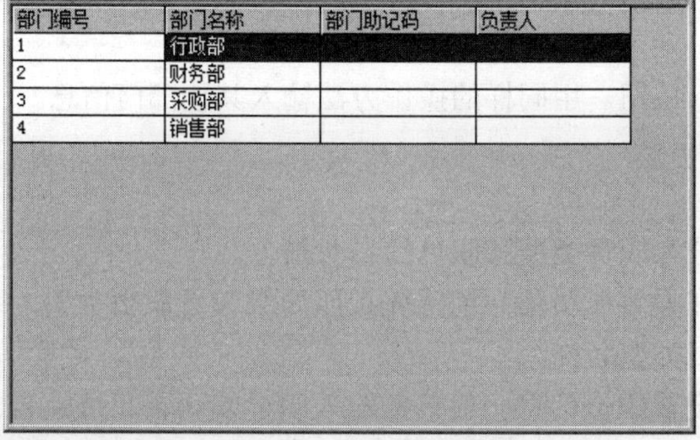

图 3-2-28 “部门参照”窗口

（3）设置完成后单击“增加”按钮，同样操作方法输入其他职员信息。

3. 设置往来单位信息

往来单位包括供应商和客户两种类型。

（1）设置单位类型。在设置往来单位信息前需先按照单位类型设置的内容来设置单位类型，单位类型设置的内容包括单位类型编码和单位类型名称。

（2）设置供应商信息。设置供应商信息是指对与企业有业务往来核算关系的供应商进行分类并设置其基本信息，一般包括输入供应商单位编码、单位名称、所属类型、开户银行、联系方式等，其目的是方便企业对采购、库存、应付账款等进行管理。

【知识链接】采购、库存、应付账款是应付管理模块应用中的内容，其中涉及的供应商信息，应先利用本操作进行设置。

（3）设置客户信息。设置客户信息是指对与企业有业务往来核算关系的客户进行分类并设置其基本信息，一般包括输入客户单位编码、单位名称、所属类型、开户银行、联系方式等，其目的是方便企业录入、统计和分析客户数据与业务数据。

【知识链接】设置客户信息的目的也是为了方便企业对销售、应收账款等进行管理。销售、应收账款是应收管理模块应用中的内容，其中涉及的客户信息，应先利用本操作进行设置。

案例 3.2.5

由操作员 001 李慧根据以下资料设置往来单位信息。

（1）客户、供应商分类

单位类型编码	单位类型名称	单位类型编码	单位类型名称
A	国有企业	B	私营企业

（2）客户

客户编号	客户名称	客户简称	所属类型
1	恺越公司	恺越	国有企业
2	鲁丰公司	鲁丰	国有企业
3	恒宇公司	恒宇	私营企业

（3）供应商

供应商编号	供应商名称	供应商简称	所属类型
1	海运公司	海运	国有企业
2	启盛达公司	启盛达	私营企业

设置客户分类的操作如下。

（1）在“基础设置”菜单条下执行“往来单位——客户分类”命令，如图 3-2-29 所示。

（2）在打开的“客户分类”窗口中，根据要求输入类别编码、类别名称，如图 3-2-30 所示。

（3）单击“保存”按钮。

设置客户档案的操作如下。

（1）在“基础设置”菜单条下执行“往来单位——客户档案”命令，打开“客户档案”窗口，如图 3-2-31 所示。

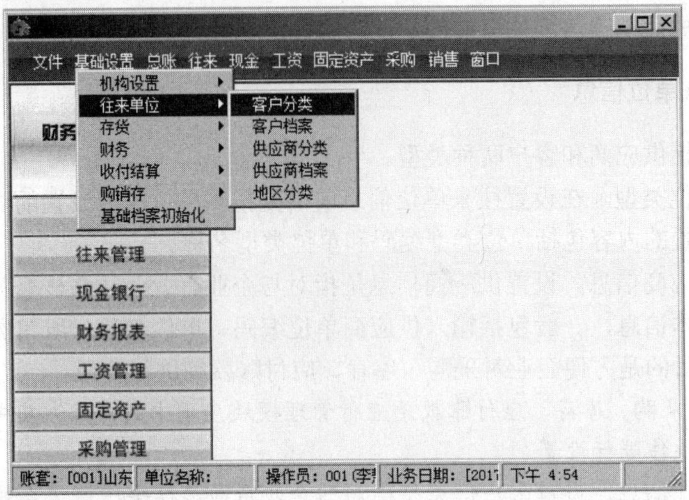

图 3-2-29 “往来单位——客户分类”命令

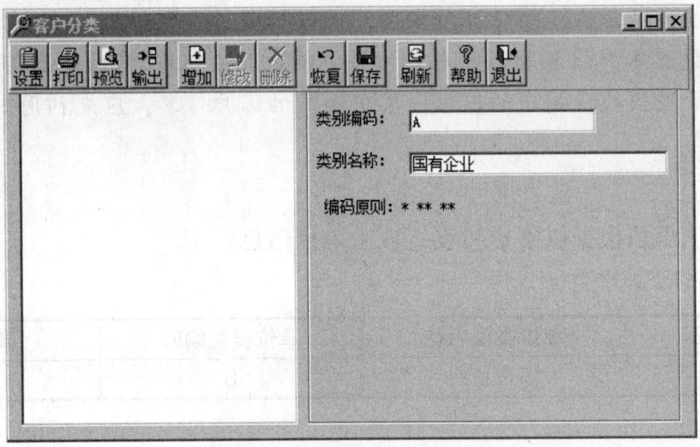

图 3-2-30 “客户分类”窗口

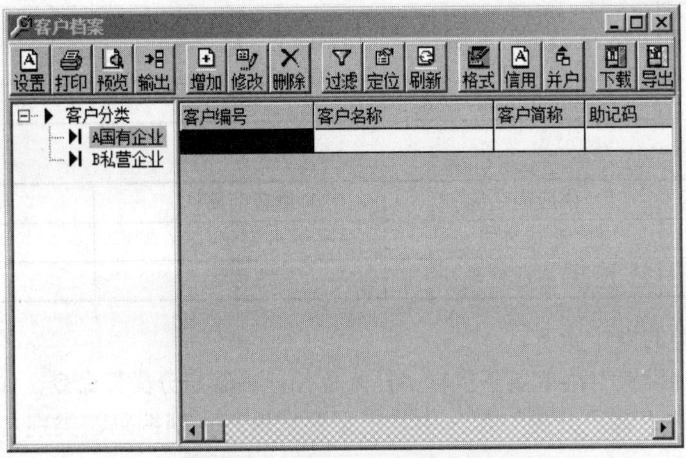

图 3-2-31 “客户档案”窗口

（2）单击“增加”按钮，打开“客户档案卡片”窗口，根据要求输入客户编号、客户名称、客户简称和所属分类码，如图 3-2-32 所示。

（3）单击“保存”按钮。

设置供应商信息的操作可参照客户信息设置的操作进行。

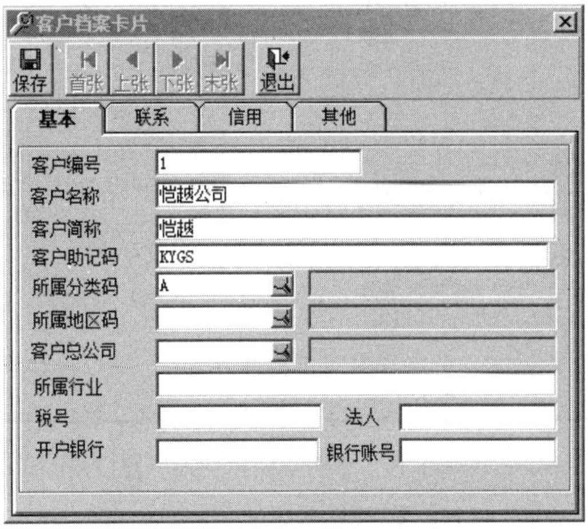

图 3-2-32　“客户档案卡片”窗口

4．设置项目信息

项目是指一个特定的核算对象或成本归集对象。企业需要对涉及该项目的所有收入、费用、支出进行专项核算和管理。设置项目信息，一般包括定义核算项目，建立项目档案，输入其名称、编码等。

【判断题】设置部门档案，是为了方便核算职员往来业务。　（　）

【答案】×

【解析】设置部门档案，其目的是为了方便会计数据按照部门进行分类汇总和会计核算。

（三）设置收付结算方式

设置收付结算方式一般包括设置结算方式编码、结算方式名称等，其目的是建立和管理企业在经营活动中所涉及的货币结算方式，方便银行对账、票据管理和结算票据的使用。

案例 3.2.6

由操作员 001 李慧根据以下资料设置付款方式。

结算方式编码	结算方式名称	票据管理
1	现金	不需要
2	现金支票	需要
3	转账支票	需要
4	汇兑	不需要

具体操作如下。

（1）在“基础设置”菜单条下执行“基础档案初始化”命令，打开“期初档案录入”窗口，如图 3-2-33 所示。

（2）单击“结算方式”图标，打开“结算方式”窗口，根据要求输入结算方式编码、结算方式名称等，如图 3-2-34 所示。

（3）单击“保存”按钮。用同样的操作方法输入其他结算方式。

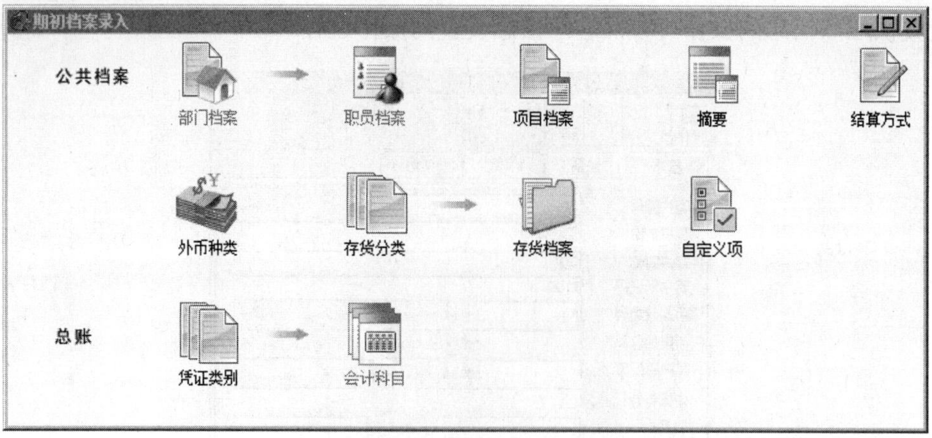

图 3-2-33 “期初档案录入”窗口

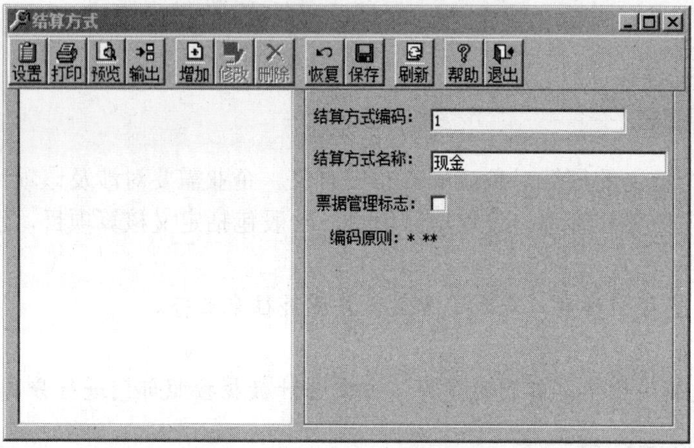

图 3-2-34 “结算方式”窗口

（四）设置凭证类别

企业在进行经济核算时，所编制的会计凭证需要设置凭证类别。设置凭证类别是指对记账凭证进行分类编制，内容包括凭证类型编码、凭证类型名称、限制类型及限制科目等。

【点拨指导】用户可以按照企业的需求选择或自定义凭证类别。

在会计软件中，系统通常提供的限制条件包括借方必有、贷方必有、凭证必有、凭证必无、无限制等。

（1）借方必有：制单时，此类凭证的借方至少有一个限制科目有发生额；

（2）贷方必有：制单时，此类凭证的贷方至少有一个限制科目有发生额；

（3）凭证必有：制单时，此类凭证无论借方还是贷方至少有一个限制科目有发生额；

（4）凭证必无：制单时，此类凭证无论借方还是贷方不可有一个限制科目有发生额；

（5）无限制：制单时，此类凭证可使用所有合法的科目。

凭证类型的限制科目是指限制该凭证类别所包含的科目。限制科目和限制条件组成凭证类别校验的标准，供系统对录入的记账凭证进行输入校验，以便检查录入的凭证信息和选择的凭证类别是否相符。在记账凭证录入时，如果录入的记账凭证不符合用户设置的限制条件或限制科目，则系统会提示错误，要求修改，直至符合为止。

【举例说明】收款凭证，借方必有“库存现金、银行存款”。其中限制条件为“借方必有”，限制科目为“库存现金、银行存款”。

【多项选择题】在会计软件中，系统通常提供的限制条件有（　　）。

A. 借方必有　　B. 凭证必有　　C. 借方必无　　D. 凭证必无

【答案】ABD

【解析】在会计软件中，系统通常提供的限制条件有借方必有、贷方必有、凭证必有、凭证必无、无限制。

案例 3.2.7

由操作员 001 李慧根据以下资料设置凭证类型。

类别字	类别名称	限制类型	限制科目
收	收款凭证	借方必有	1001,1002
付	付款凭证	贷方必有	1001,1002
转	转账凭证	凭证必无	1001,1002

具体操作如下。

（1）在“基础设置”菜单条下执行“财务——凭证类别”命令，如图 3-2-35 所示。

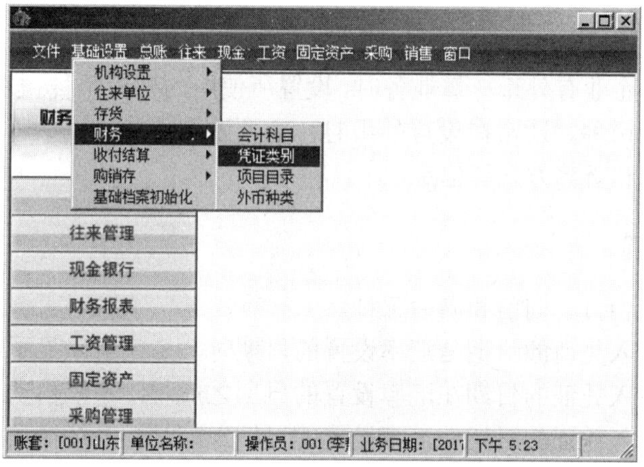

图 3-2-35　“财务——凭证类别”命令

（2）在打开的“凭证类别预置”窗口中选择“收款凭证 付款凭证 转账凭证”，如图 3-2-36 所示。

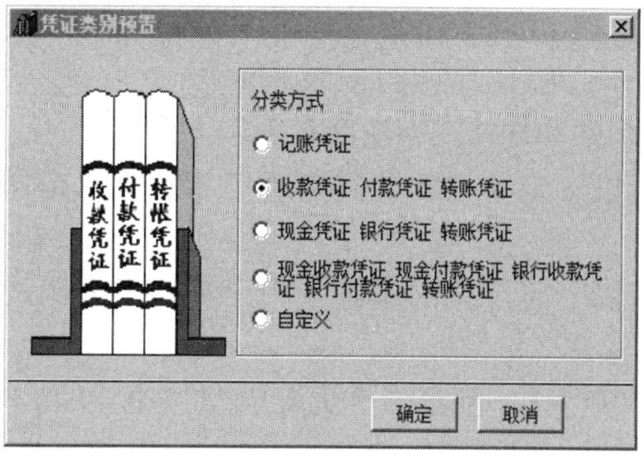

图 3-2-36　“凭证类别预置”窗口

（3）单击“确定”按钮，打开“凭证类别”窗口，根据要求设置限制类型和限制科目，如图3-2-37所示。

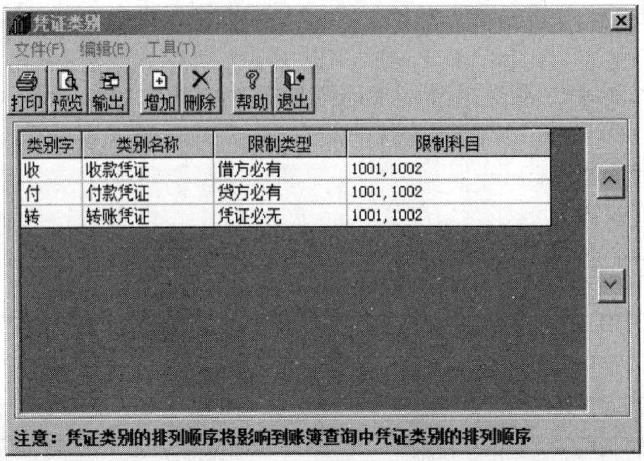

图3-2-37　“凭证类别”窗口

（4）单击“退出”按钮。

（五）设置外币

设置外币是指当企业有外币核算业务时，设置所使用的外币币种、核算方法和具体汇率。用户可以增加、删除币种。通常在设置外币时，需要输入币种编码、币种名称、固定汇率或浮动汇率、记账汇率和折算方式等信息。

1. 汇率匹配方式

汇率匹配方式有当日、向前和向后三种。

（1）当日：当录入凭证的日期是汇率设置的日期时，系统自动显示所设定的汇率；

（2）向前：当录入凭证的日期在汇率设置的日期之后时，系统自动显示所设定的汇率；

（3）向后：当录入凭证的日期在汇率设置的日期之前时，系统自动显示所设定的汇率。

除此之外，不显示汇率，而是手工录入汇率。

【举例说明】如果单位是每月录入一次汇率，则可在每月1日录入汇率，将“汇率匹配方式”设置为“向前”；如果单位每天的汇率都在变，则可每天录入汇率，将“汇率匹配方式”设置为“向后”。

2. 折算方式

折算方式包括直接汇率法和间接汇率法两种表示方式。

（1）直接汇率法是指以一定单位的外国货币可兑换成本国货币的金额，计算方法为：原币×汇率=本位币；

（2）间接汇率法是指以一定单位的本国货币可兑换成外国货币的金额，计算方法为：原币÷汇率=本位币。

【举例说明】2016年1月1日，直接汇率法表示：1英镑=9.48人民币；间接汇率法表示：1人民币=0.11英镑。

案例 3.2.8

由操作员 001 李慧根据以下资料设置外币。

币符：GBP；币名：英镑；汇率小数位：2；外币最大误差：0.00001；折算方式：原币×汇率=本位币；2017 年 1 月 1 日固定汇率：9.48。

具体操作如下。

（1）在“基础设置”菜单条下执行“财务——外币种类”命令，如图 3-2-38 所示。

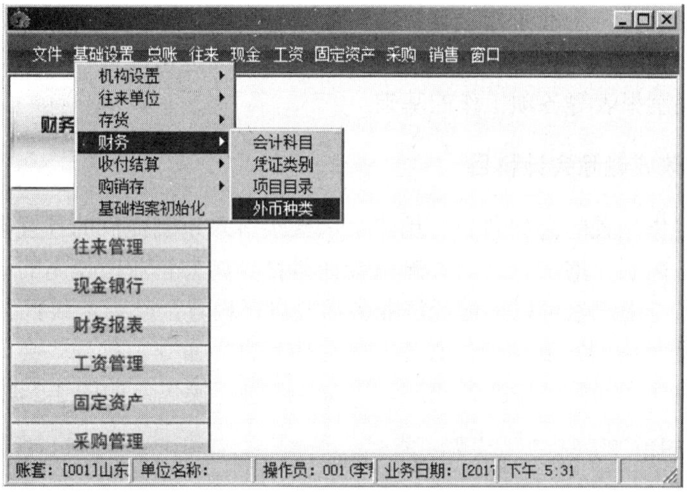

图 3-2-38　“财务——外币种类”命令

（2）在打开的“外币设置”窗口中，按要求输入币符、币名、汇率小数位和外币最大误差，选择折算方式，如图 3-2-39 所示。

（3）单击“确认”按钮，选择默认“固定汇率”，输入记账汇率“9.48”，如图 3-2-40 所示。

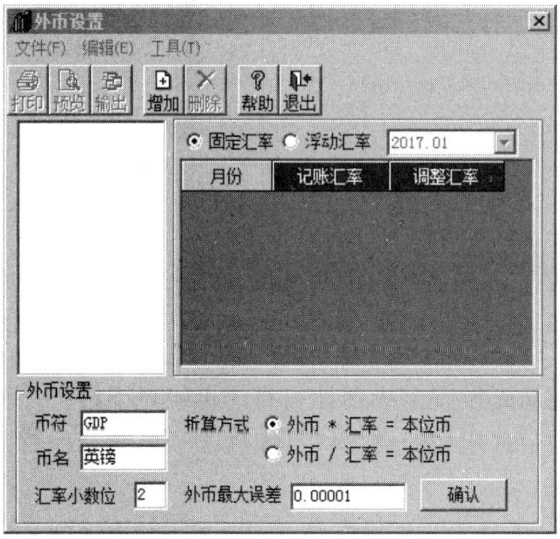

图 3-2-39　“外币设置”窗口

图 3-2-40　“外币设置——汇率”窗口

（4）单击“退出”按钮。

【多项选择题】 通常在设置外币时，需要输入（　　）信息。

A．折算方式　　　　B．币符

C．币名　　　　D．记账汇率

【答案】ABCD

【解析】通常在设置外币时，需要输入币符、币名、固定汇率或浮动汇率、记账汇率和折算方式等信息。

（六）设置会计科目

设置会计科目就是将企业进行会计核算所需要使用的会计科目录入到会计核算系统中，并按照企业核算要求和业务要求，对每个科目的核算属性进行设置。设置会计科目是填制会计凭证、记账、编制报表等各项工作的基础。

1．增加、修改或删除会计科目

系统通常会提供预置的会计科目。用户可以直接引入系统提供的预置会计科目，在此基础上根据经济业务需要，增加、修改、删除会计科目。如果企业所使用的会计科目与预置的会计科目相差较多，用户也可以根据经济业务需要自行设置全部会计科目。

在“基础设置”菜单条下执行“财务——会计科目”命令，打开“会计科目”窗口，在该窗口中可以利用“增加”“修改”“删除”命令来进行操作，如图 3-2-41 所示。

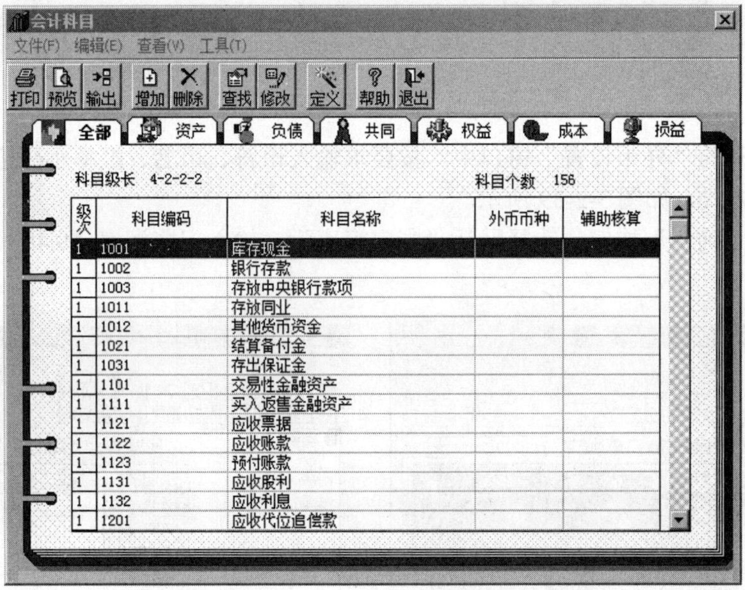

图 3-2-41　“会计科目”窗口

（1）增加会计科目。增加会计科目时，应遵循先设置上级会计科目，再设置下级会计科目的顺序。会计科目编码、会计科目名称不能为空。增加的会计科目编码必须遵循会计科目编码方案。

【知识拓展】会计科目一经使用，只能增加同级科目，不能在该科目下增设下级科目。

（2）修改会计科目。通过修改功能，可以对原有科目的某些项目进行修改，如科目编码、科目名称、科目类别、多币种核算、辅助核算等。

（3）删除会计科目。删除会计科目时，必须先从末级会计科目删除。只有未被使用，没有各项发生额、余额、没有下级科目的科目才可以删除，已经使用的会计科目不能删除。

【特别提示】已有发生额或余额的会计科目，应先将会计科目及其下级科目金额清零后再进行修改或删除操作。

【判断题】删除会计科目时，应先删除上一级科目，然后再删除本级科目。 （ ）

【答案】×

【解析】修改或删除会计科目应遵循“自下而上”的原则，即先删除或修改下一级科目，然后再删除或修改本级科目。

2. 设置科目属性

（1）会计科目编码。会计科目编码按照会计科目编码规则进行。在对会计科目编码时，一般应遵守唯一性、统一性和扩展性原则。

【点拨指导】唯一性：每个编码必须唯一地表示某一个科目，不可重复。统一性：所有会计科目的编码标准必须遵守统一的编码方案。扩展性：编码既要适应企业当前核算的要求，又要考虑将来业务发展的变化，在设计编码时应注意保留一些空间，以方便将来科目的增减变动。

（2）会计科目名称。从会计软件的要求来看，企业所使用的会计科目的名称可以是汉字、英文字母、数字等符号，但不能为空。

【知识拓展】在会计核算软件中，以代码形式输入会计科目的，应该提示该编码所对应的会计科目名称。

【判断题】会计科目的名称可以是汉字、英文字母、数字等符号，也可以为空。 （ ）

【答案】×

【解析】企业所使用的会计科目的名称可以是汉字、英文字母、数字等符号，但不能为空。

（3）会计科目类型。按照国家统一的会计准则制度要求，会计科目按其性质划分为资产类、负债类、共同类、所有者权益类、成本类和损益类共六种类型。用户可以选择一级会计科目所属的科目类型。如果增加的是二级或其以下会计科目，则系统将自动与其一级会计科目类型保持一致，用户不能更改。

（4）账页格式。用于定义该会计科目在账簿打印时的默认打印格式。一般可以分为普通三栏式、数量金额式、外币金额式等格式。

【知识拓展】当会计科目有数量核算时，账簿格式设置为“数量金额式”；当会计科目有外币核算要求时，账簿格式设置为“外币金额式”。

（5）外币核算。用于设定该会计科目核算是否有外币核算。

【特别提示】有关外币币种的信息，需要按照前面讲述的外币设置的操作预先增加。

（6）数量核算。用于设定该会计科目是否有数量核算。如果有数量核算，则需设定数量计量单位。

（7）余额方向。用于定义该会计科目余额默认的方向。一般情况下，资产类、成本类、费用类会计科目的余额方向为借方，负债类、权益类、收入类会计科目的余额方向为贷方。

【知识链接】会计科目余额方向是由会计科目的性质和用途所决定的。

（8）辅助核算性质。用于设置会计科目是否有辅助核算。辅助核算的目的是实现对会计数据的多元分类核算，为企业提供多样化的信息。辅助核算一般包括部门核算、个人往来核算、客户往来核算、供应商往来核算、项目核算等，用户可以根据需要从中进行选择。辅助核算一般设置在末级科目上。某一会计科目可以同时设置多种相容的辅助核算。

【单项选择题】下列说法不正确的是（　　）。

A．会计科目编码、会计科目名称不能为空

B．增加二级或其以下会计科目时，系统将自动与其一级科目类型保持一致，用户可进行更改

C．增加的会计科目编码必须遵循会计科目编码方案

D．辅助核算一般设置在末级科目上

【答案】B

【解析】增加二级或其以下会计科目时，系统将自动与其一级科目类型保持一致，用户不能更改。

（9）日记账和银行账。用于设置会计科目是否有日记账、银行账核算要求。

案例 3.2.9

由操作员 001 李慧指定“1001 库存现金”为现金总账科目、“1002 银行存款”为银行总账科目，并根据下表数据设置会计科目。

科目编码	科目名称	科目类别	多币种核算	辅助核算
1002-01	招行	资产	人民币	无
1002-02	建行	资产	英镑	无
1122	应收账款	资产	人民币	客户往来
2202	应付账款	负债	人民币	供应商往来
6602-01	工资	损益	人民币	部门
6602-02	办公费	损益	人民币	部门
6602-03	折旧费	损益	人民币	部门
6602-04	差旅费	损益	人民币	部门

指定会计科目的操作如下。

（1）在“会计科目”窗口中执行“编辑——指定科目”命令，打开“指定科目”窗口，如图 3-2-42 所示。

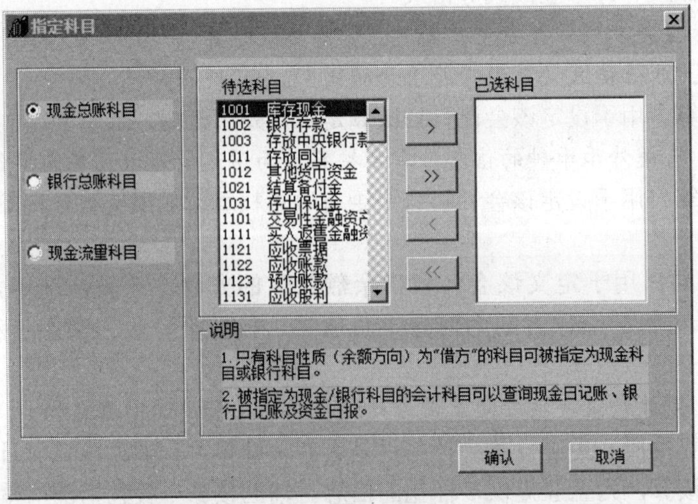

图 3-2-42 “指定科目”窗口

（2）选择“现金总账科目”，从“待选科目”选择“1001 库存现金”，单击向右的单箭头，或者双击“1001 库存现金”，使“1001 库存现金”到“已选科目”栏，如图 3-2-43 所示。

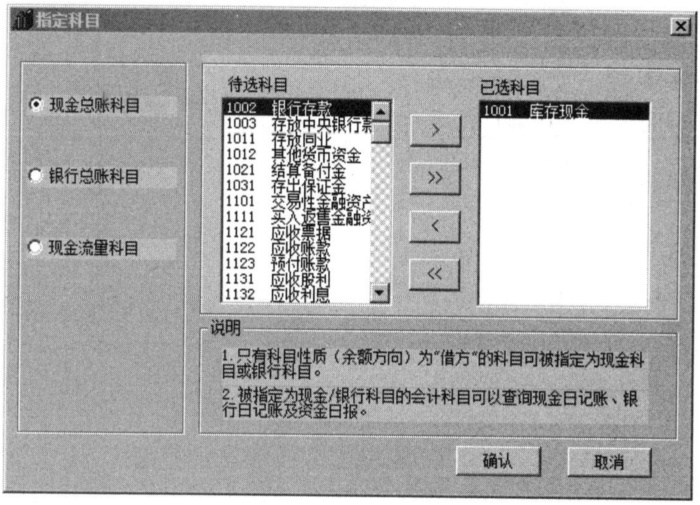

图 3-2-43　“指定科目——选择科目”窗口

（3）同样操作方法指定银行总账科目，设置完成后单击“确认”按钮。

新增会计科目的操作如下。

（1）在“会计科目”窗口中单击“增加”按钮，打开“会计科目_新增”窗口，根据要求输入新增会计科目的相关信息，如图 3-2-44 所示。

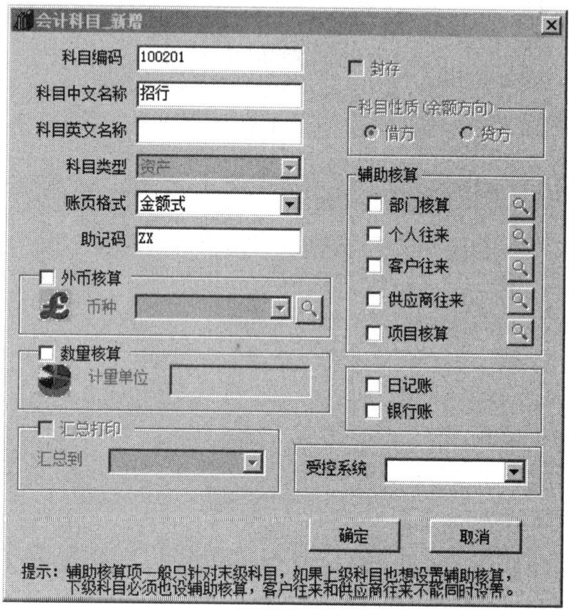

图 3-2-44　“会计科目_新增”窗口

（2）用同样的操作方法增加如下五个会计科目：1002-02 建行、6602-01 工资、6602-02 办公费、6602-03 折旧费、6602-04 差旅费，注意币别核算和辅助核算有所区别。

修改会计科目的操作如下。

（1）在“会计科目”窗口中选择“应收账款”科目，单击“修改”按钮，打开“会计科目_修改”窗口，如图 3-2-45 所示。

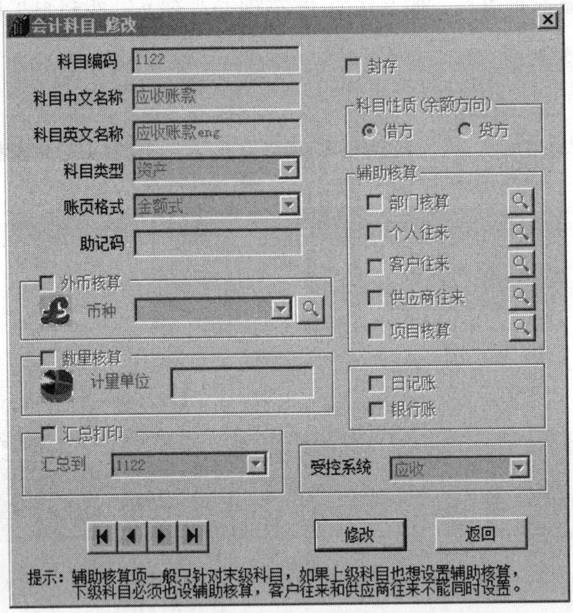

图 3-2-45 “会计科目_修改”窗口

（2）单击“修改”按钮，根据要求在“辅助核算”栏选中“客户往来”复选框，如图 3-2-46 所示。

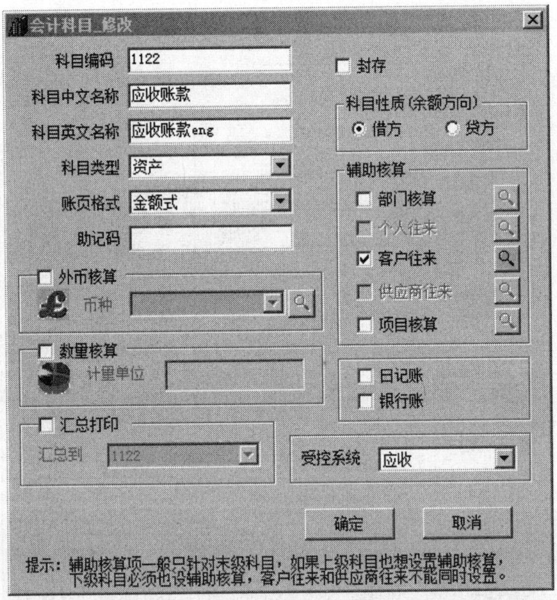

图 3-2-46 “会计科目_修改——辅助核算”窗口

（3）单击“确定”按钮。用同样的操作方法修改“应付账款”科目。

【单项选择题】下列各项中，不属于会计科目设置内容的是（　　）。

A．余额方向　　B．是否外币核算

C．是否辅助核算　　D．科目余额

【答案】D

【解析】科目余额的录入应在初始化中进行设置。

第三节　账务处理模块的应用

【学习指导】

学习本节内容，需要熟悉账务处理模块初始化工作的内容及操作方法、账务处理模块出纳管理和账簿查询操作，掌握账务处理模块凭证管理操作，包括凭证录入、出纳签字、凭证审核、凭证记账等，并掌握账务处理模块期末处理操作。

账务处理模块是在建立会计科目（账户）体系的基础上，以凭证为数据处理起点，通过凭证输入和处理，完成记账、银行对账、结账、账簿查询及打印输出等工作，通常又被称为总账模块。

在主操作界面的左侧单击“总账系统”，进入如图 3-3-1 所示的界面。从凭证日常处理（填制凭证、审核凭证、记账）到月末结账的所有操作都是在该界面中进行。

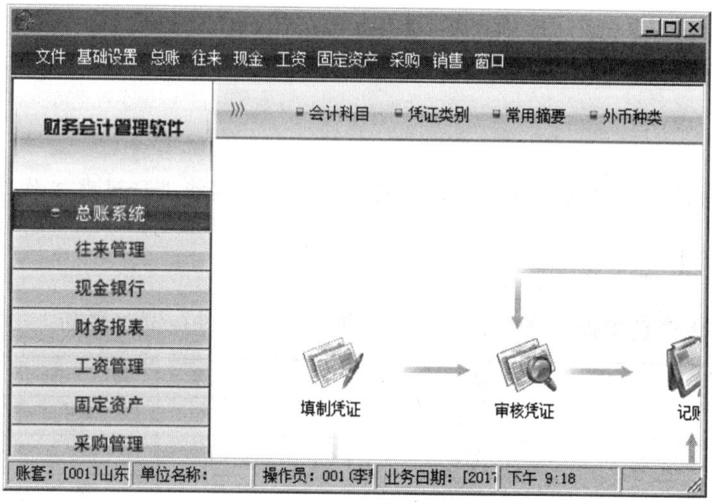

图 3-3-1　总账系统界面

一、账务处理模块初始化工作

账务处理模块初始化工作包括设置控制参数和录入会计科目初始数据两部分。

（一）设置控制参数

在会计软件运行之前，企业应该根据国家统一的会计准则制度和内部控制制度选择相应的运行控制参数，以符合企业核算的要求。

在账务处理模块中，常见的参数设置包括凭证编号方式、是否允许操作人员修改他人凭证、凭证是否必须输入结算方式和结算号、现金流量科目是否必须输入现金流量项目、出纳凭证是否必须经过出纳签字、是否对资金及往来科目实行赤字提示等。

（二）录入会计科目初始数据

会计科目初始数据录入是指第一次使用账务处理模块时，用户需要在开始日常核算工作前将会计科目的初始余额及发生额等相关数据输入到系统中。

1. 录入会计科目期初余额

在系统中一般只需要对最末级科目录入期初余额，上级会计科目的期初余额由系统根据下级会计科目自动汇总生成。但如果遇到以下三种情况，应按照以下原则进行。

（1）如果会计科目设置了数量核算，用户还应该输入相应的数量和单价；

（2）如果会计科目设置了外币核算，用户应该先录入本币余额，再录入外币余额；

（3）如果会计科目设置了辅助核算，用户应该从辅助账录入期初明细数据，系统会自动汇总并生成会计科目的期初余额。

在期初余额录入完毕后，用户应该对其进行试算平衡，以检查期初余额的录入是否正确。一般情况下，由于初始化的工作量较大，在日常业务发生时可能初始化工作仍然没有完成，因此即使试算报告提示有误，仍可以输入记账凭证，但是不能记账。

【知识链接】试算平衡就是根据借贷记账法的“有借必有贷，借贷必相等”的平衡原理，利用借贷发生额和期末余额（期初余额）的平衡原理，检查账户记录是否正确的一种方法。其理论基础就是会计恒等式，即“资产=负债+所有者权益”。

【判断题】期初余额录入完毕后，应进行试算平衡，如果试算不平衡，不能输入记账凭证和过账。（ ）

【答案】×

【解析】期初试算不平衡，可以输入记账凭证，但是不能进行过账工作。

案例 3.3.1

由操作员 001 李慧根据以下资料设置科目期初余额并进行试算平衡。

科目名称	方向	期初余额	科目名称	方向	期初余额
库存现金	借	10442	固定资产	借	94200
招行	借	222860	累计折旧	贷	2274
建行	借	30336（3200 英镑）	短期借款	贷	80000
应收账款	借	156000	应付职工薪酬	贷	147984
库存商品	借	16420	实收资本	贷	300000

（1）在“总账”菜单条下执行“设置——期初余额”命令，如图 3-3-2 所示。

（2）在打开的“期初余额录入”窗口中，库存现金等会计科目的金额可以直接在“期初余额”栏录入，如图 3-3-3 所示。

（3）对于应收账款等有辅助核算的会计科目，双击其对应的“期初余额”栏，打开“客户往来期初”窗口，单击“增加”按钮，在增加的空白行处输入相关信息，如图 3-3-4 所示。

（4）单击“退出”按钮，返回“期初余额录入”窗口，期初余额数据自动显示在“期初余额”栏。

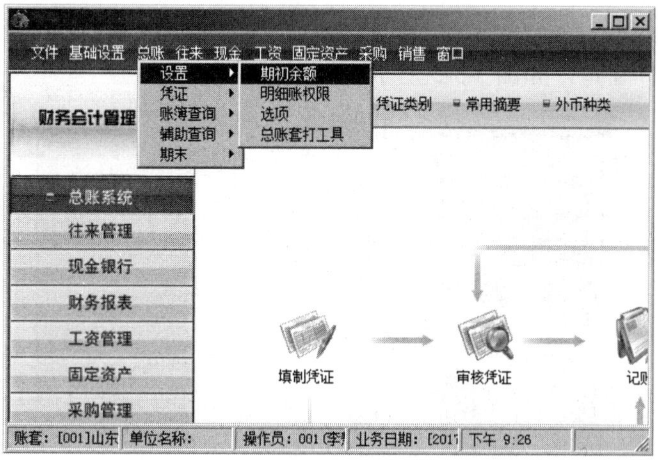

图 3-3-2　“设置——期初余额”命令

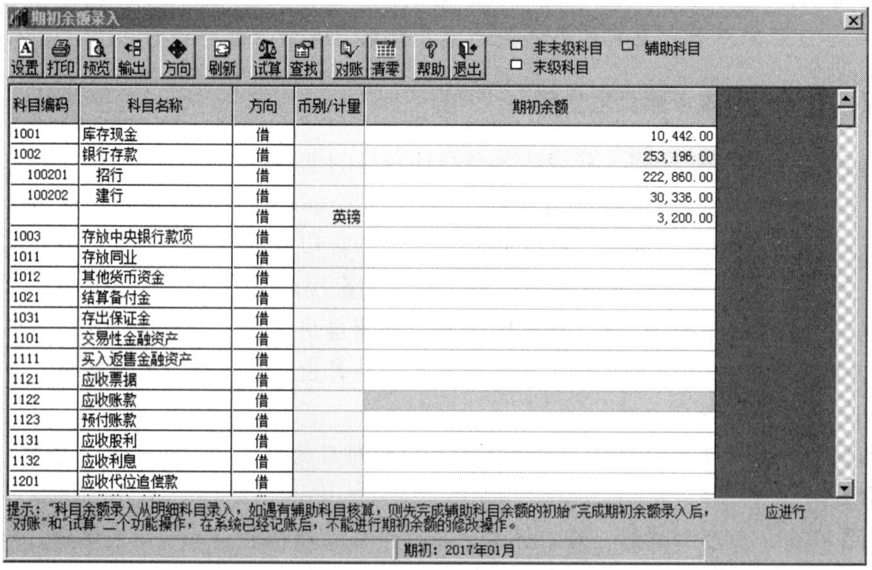

图 3-3-3　“期初余额录入”窗口

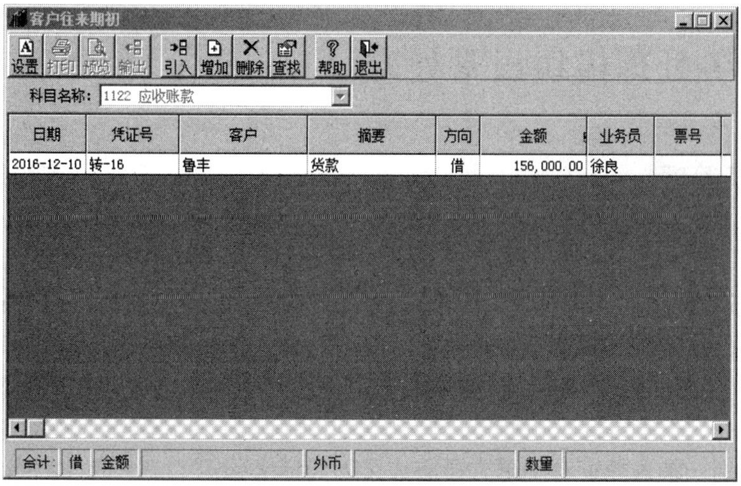

图 3-3-4　“客户往来期初”窗口

（5）所有数据录入完成之后，在“期初余额录入”窗口中单击“试算”按钮，打开“期初余额试算平衡表”窗口，如图 3-3-5 所示。

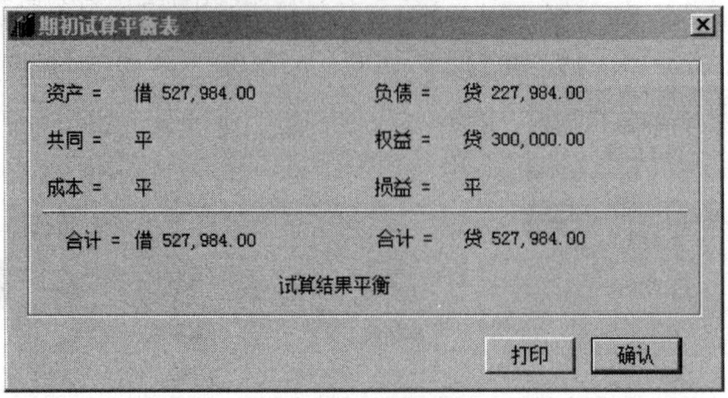

图 3-3-5 “期初余额试算平衡表”窗口

【点拨指导】单击“试算”按钮之后，如果试算平衡，单击“确认”按钮可以进入下一步的操作；如果试算不平衡，需要检查输入的期初数据，直至试算平衡为止。

2. 录入会计科目本年累计发生额

用户如在会计年度初建账，只需将各个会计科目的期初余额录入到系统中即可；用户如在会计年度中建账，则除了需要录入启用月份的月初余额外，还需录入本年度各会计科目截止到上月份的累计发生额。系统一般能根据本月月初数和本年度截止到上月份的借、贷方累计发生数，自动计算出本会计年度各会计科目的年初余额。

【举例说明】假如某个企业从 2016 年 7 月份开始启用账套，那么该企业应将各会计科目 6 月份的期末余额及 1～6 月份的借、贷累计发生额计算出来，然后录入系统中，系统会自动计算出 2016 年年初的科目余额。

【判断题】在会计年度中建账，只需将各个会计科目的期初余额录入到系统中。（ ）

【答案】×

【解析】在会计年度初建账，只需将各个会计科目的期初余额录入到系统中，如在会计年度中建账，除了需要录入启用月份的月初余额外，还需要录入本年度各会计科目截止到上月份的累计发生额。

二、账务处理模块日常处理

（一）凭证管理

1. 凭证录入

在总账系统中，单击“填制凭证”图标，打开“填制凭证”窗口，如图 3-3-6 所示。

（1）凭证录入的内容。从图 3-3-6 中可以看出记账凭证录入的内容包括凭证类别、凭证编号、制单日期、附件张数、摘要、会计科目、发生金额、制单人等。用户应该确保凭证录入的完整、准确。

① 凭证类别：录入凭证时制单人员应该录入凭证类别；

② 凭证编号：凭证编号是凭证的唯一标志。同一类别凭证按月从 1 号凭证开始连续编号，

不允许重号或漏号。凭证编号为必填内容，可以自动生成，也可以手工输入；

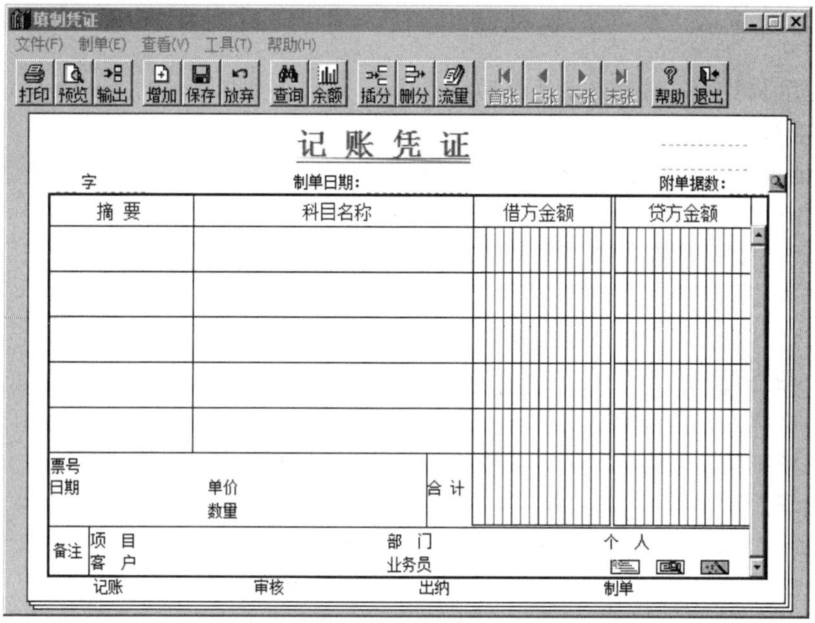

图 3-3-6 “填制凭证”窗口

【点拨指导】如果在设置系统财务参数时没有选中“不允许手工修改凭证号”复选框，则用户可手工录入凭证编号。

③ 制单日期：默认的制单日期为填制记账凭证当天登录的计算机系统日期。用户可以根据需要对日期进行修改；

【知识拓展】首张凭证的制单日期不得早于账套启用日期，不得晚于计算机系统日期，如果进行了制单序时设置，则对于同一类别的记账凭证，后一张凭证的制单日期不得早于前一张凭证的制单日期，不得晚于计算机系统日期，否则系统将视为逻辑错误要求修改，未经修改的凭证将被拒绝保存。

④ 附件张数：附在记账凭证后面的原始凭证的张数；

⑤ 摘要：用来简单说明发生的业务内容；

⑥ 会计科目：可以手工录入，也可以参照输入，但必须录入最末级科目；

⑦ 发生金额：在一张记账凭证中的每个会计科目后都需要录入发生金额，借贷方金额必须满足会计记账规则“有借必有贷，借贷必相等”，出现红字余额用负号输入；

⑧ 辅助核算信息。对于系统初始设置时已经设置为辅助核算的会计科目，在填制凭证时，系统会弹出相应的窗口，要求根据会计科目属性录入相应的辅助信息。如果一个会计科目同时兼有多种辅助核算，则要求输入各种辅助核算的有关内容。

⑨ 外币核算信息。对于设置为外币核算的会计科目，系统会要求输入外币金额和汇率，输入并选择发生额方向后，系统自动按照公式“外币金额×汇率”计算出本会计科目的发生额，填入相应栏目。

⑩ 数量核算信息。对于设置为数量核算的会计科目，系统会要求输入该会计科目发生的数量和交易的单价，输入并选择发生额方向后，系统自动按照公式“数量×单价”计算出本会计科目的发生额，填入相应栏目。

【判断题】凭证的制单日期是必填内容，制单日期不得早于账套启用日期，不得晚于业务日期。 （ ）

【答案】√

【特别提示】制单人：填制记账凭证的操作员，系统会自动根据填制凭证的人员进行显示，不需要手工输入。

（2）凭证录入的输入校验。在凭证实时校验时，系统会对凭证内容的合法性进行校验。校验的内容包括以下几点。

① 会计科目是否存在，即会计科目是否为初始化时设置的会计科目；

② 会计科目是否为末级科目；

③ 会计科目是否符合凭证的类别限制条件；

④ 发生额是否满足“有借必有贷，借贷必相等”的记账凭证要求；

⑤ 凭证必填内容是否填写完整；

⑥ 手工填制凭证号的情况下还需校验凭证号的合理性。

【点拨指导】

A．凭证一经保存，其凭证类别、凭证编号不能修改；

B．正文中不同行的摘要可以相同也可以不相同，但不能为空；

C．可按“=”键取当前凭证借贷方金额的差额到当前光标位置。

案例 3.3.2

由操作员 002 孙华，根据以下经济业务编制记账凭证。

（1）1 月 5 日，从招商银行提取现金 120 000 元准备发放工资，附单据 1 张；

（2）1 月 12 日，采购部陈海涛出差预借现金 2000 元，附单据 1 张；

（3）1 月 25 日，用现金支付工资 117 984 元，附单据 1 张；

（4）1 月 28 日，陈海涛出差报销差旅费 1800 元，余款 200 元归还财务部，附单据 2 张。

具体操作如下。

（1）在主操作界面执行“文件——重新注册”命令，如图 3-3-7 所示。

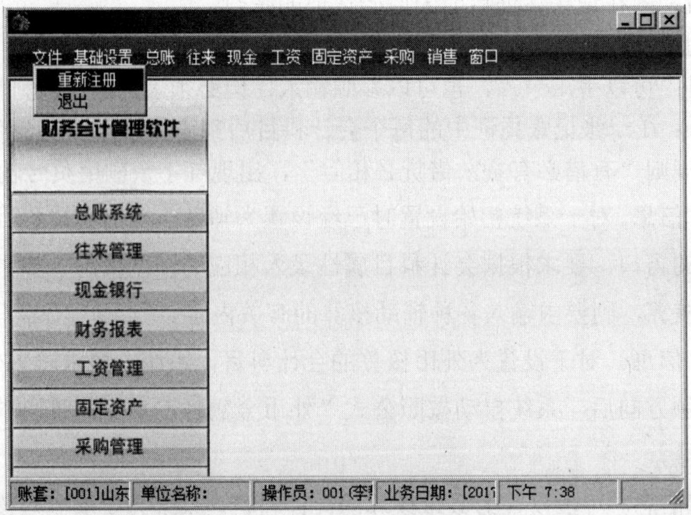

图 3-3-7 “文件——重新注册”命令

（2）在打开的“注册【控制台】”窗口中，更换用户名“002”，密码“1002”，选择账套，修改操作日期，如图 3-3-8 所示。

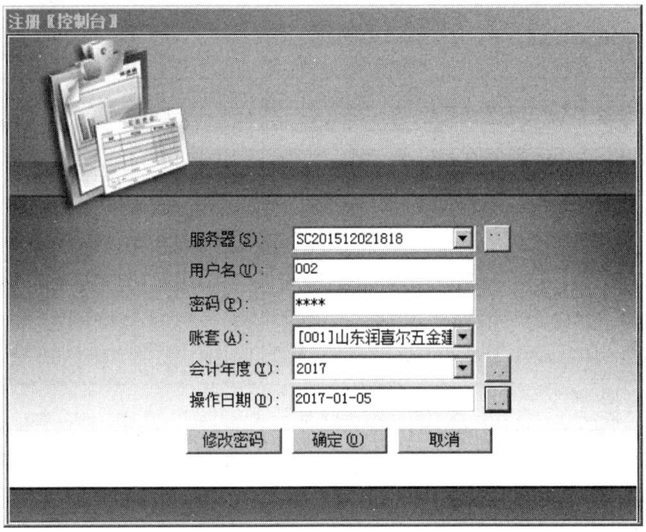

图 3-3-8　“注册【控制台】”窗口

（3）单击“确定”按钮，以孙华的身份登录系统。

根据经济业务，编制会计分录，以第一笔业务为例：

借：库存现金　　　　120000

　　贷：银行存款——招行　　　　120000

（4）在总账系统中，单击“填制凭证”图标或在“总账”菜单条下执行“凭证——填制凭证”命令，如图 3-3-9 所示。

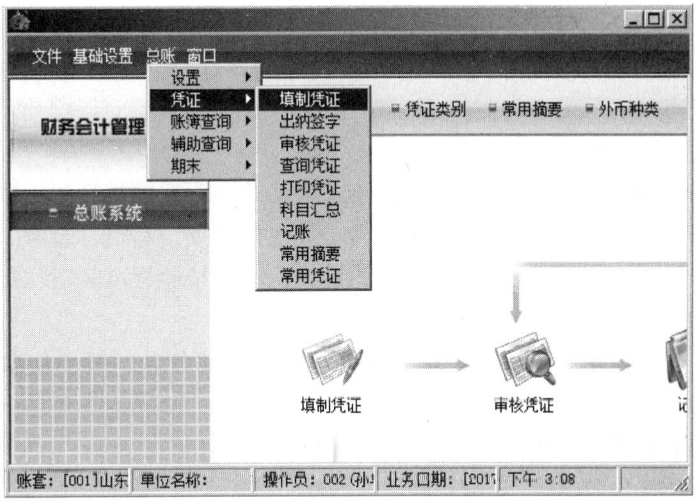

图 3-3-9　“凭证——填制凭证”命令

（5）在打开的“填制凭证”窗口中，单击“增加”按钮或按“F5”键，增加一张空白凭证，根据第一笔业务在该窗口中输入相关内容，如图 3-3-10 所示。

（6）单击“保存”按钮，系统弹出“凭证”对话框，提示凭证已保存成功，如图 3-3-11 所示。

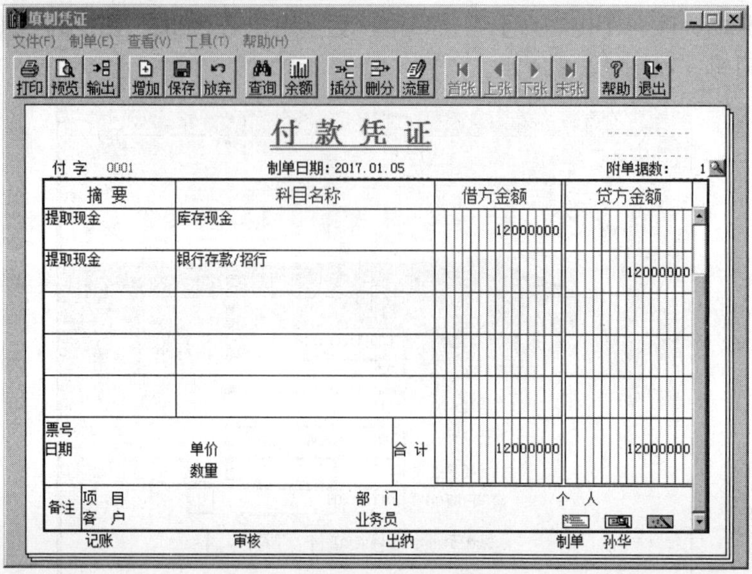

图 3-3-10 “填制凭证”窗口

图 3-3-11 “凭证”对话框

（7）单击“确定”按钮。用同样的操作方法输入其他记账凭证。

【特别提示】如果会计科目设置了辅助核算，在记账凭证中输入会计科目后，会弹出“辅助项”窗口，需要根据题目要求输入辅助信息。如图 3-3-12 所示为应收账款科目的“辅助项”窗口。

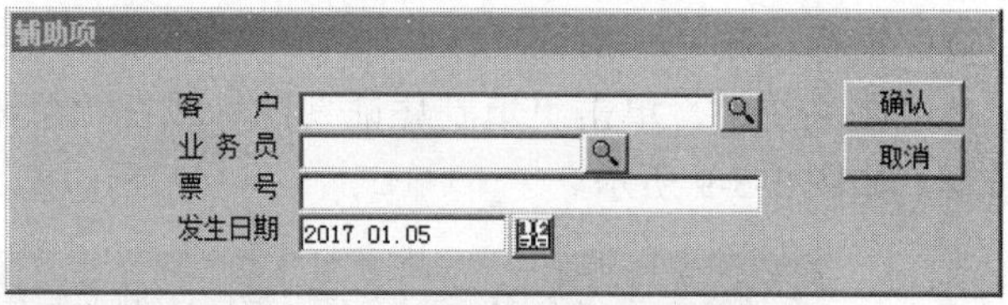

图 3-3-12 “辅助项”窗口

2. 凭证修改

（1）凭证修改的内容。在企业日常财务活动中，难免会出现凭证输入错误的现象，这样就需要对凭证进行修改。凭证可以修改的内容一般包括摘要、科目、金额、方向及附件张数等。在对凭证进行修改后，系统仍然会按照凭证录入时的校验标准来对凭证内容进行检查，只有满足了校验条件后，才能进行保存。

【特别提示】在凭证保存之后，凭证类别、编号将不能修改，制单日期的修改也会受到限制。

【单项选择题】凭证一旦保存，其（　　）不能修改。

A．制单日期　　B．凭证编号　　C．摘要　　D．金额

【答案】B

【解析】凭证一旦保存，其凭证类别、凭证编号不能修改。

（2）凭证修改的操作控制。

① 修改未审核或审核标错的凭证。对未审核的凭证或审核标错的凭证，可以由制单人直接进行修改并保存。审核标错的凭证在修改正确后，出错的标记将会消失。

② 修改已审核而未记账的凭证。经过审核人员审核，并已签章而未记账的凭证，如果存

在错误需要修改，应该由审核人员首先在审核模块中取消对该凭证的审核标志，使凭证恢复到未审核状态，然后再由制单人员对凭证进行修改。

③ 修改已经记账的凭证。会计软件应当提供不可逆的记账功能，确保对同类已经记账凭证的连续编号，不得提供对已记账凭证的删除和插入功能，不得提供对已记账凭证日期、金额、会计科目和操作人的修改功能。

【归纳总结】凭证一经记账，则不能再录入、修改期初余额，不能修改或删除或插入凭证。

【点拨指导】对已记账凭证的修改方法分为无痕迹修改和有痕迹修改：无痕迹修改可以通过“取消记账”操作，参照“已审核未记账”凭证的修改方法进行修改；有痕迹修改是采用红字冲销法或补充登记法进行修改。

④ 修改他人制作的凭证。如果需要修改他人制作的凭证，在账务处理模块参数设置中需要选择允许修改他人凭证的选项，修改后凭证的制单人将显示为修改凭证的操作人员。如果参数设置中选择不允许修改他人凭证的选项，该功能将不能被执行。

案例 3.3.3

由操作员 002 孙华把第 3 张凭证的金额修改为 118 984 元。

具体操作如下。

（1）在“填制凭证”窗口中，单击“首张　上张　下张　末张”按钮或者凭证查询功能查找到第 3 张凭证，将光标定位在要修改的位置上直接进行修改，把借贷方金额修改为“118 984”，如图 3-3-13 所示。

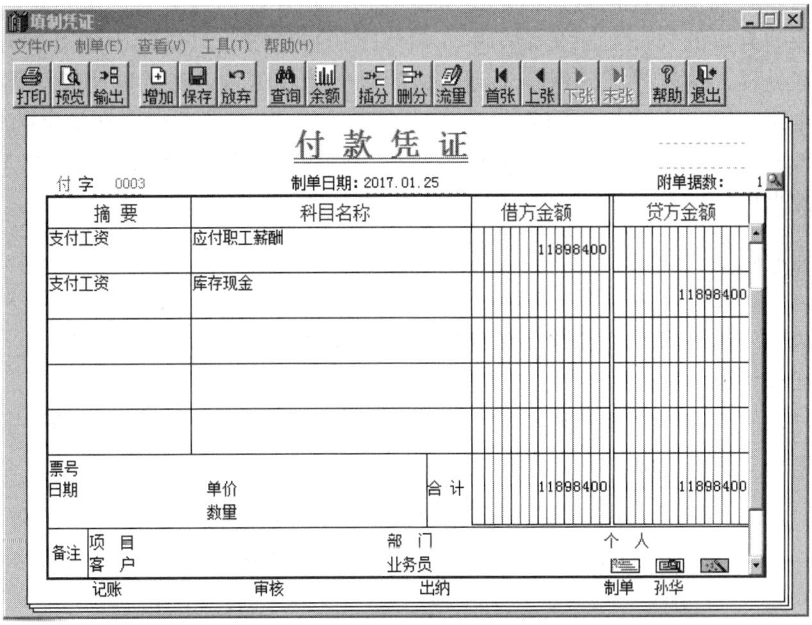

图 3-3-13　“填制凭证”窗口

（2）单击“保存”按钮，系统弹出“凭证”对话框，提示凭证已保存成功。

（3）单击“确定”按钮。

3. 凭证删除与作废

当凭证不需要保留或者出现不方便修改的错误时，可以将凭证进行删除或作废操作。

1）凭证作废

具体操作如下：在“填制凭证”窗口，查找到作废的凭证，在“制单”菜单条下执行“作废/恢复”命令，在凭证的左上角显示红色“作废”字样。再次执行该操作，可以取消“作废”字样，凭证恢复为有效凭证。

2）凭证删除

对于作废的凭证仍占用凭证编号，如果不想保留，可以通过凭证整理功能将作废的凭证彻底删除，同时对凭证重新编号。具体操作如下。

（1）在“填制凭证”窗口，查找到删除的凭证，在“制单”菜单条下执行“整理凭证”命令，系统弹出如图 3-3-14 所示的窗口。

图 3-3-14 “选择凭证期间”窗口

（2）单击“确定”按钮，打开“作废凭证表”窗口，选择要删除的凭证，单击“确定”按钮，系统弹出对话框，提示“是否还需整理凭证断号”，单击“是”按钮。

【答疑解惑】凭证删除与凭证作废操作有什么不同？

【答】作废凭证仍保留在会计软件系统中，只是在凭证左上角显示“作废”字样，其可以通过取消作废恢复为有效凭证；而凭证删除以后不能再恢复。

4. 出纳签字

为加强企业现金收支的管理，出纳人员可通过凭证处理功能对制单人员填制的带有现金或银行存款科目的凭证进行检查核对，主要核对收付款凭证的科目金额是否正确，对于审查认为有错误或有异议的凭证，应交给制单人员修改后再核对。只有经出纳签字的凭证才能进行审核和记账处理，这样才能确保登记到账簿的每一笔收付款业务的准确和可靠。

在系统中需要进行出纳签字的收付款凭证有两种：（1）未进行出纳签字的收付款凭证；（2）经出纳签字，但在记账前发现有问题，利用出纳签字功能将其出纳标志改为未签字，也就是所谓的取消出纳签字。

案例 3.3.4

由操作员 003 张霞将上述涉及库存现金、银行存款的凭证进行出纳签字。

具体操作如下。

（1）在“总账”菜单条下执行“凭证——出纳签字”命令，打开“出纳签字——选择条件”窗口，如图 3-3-15 所示。

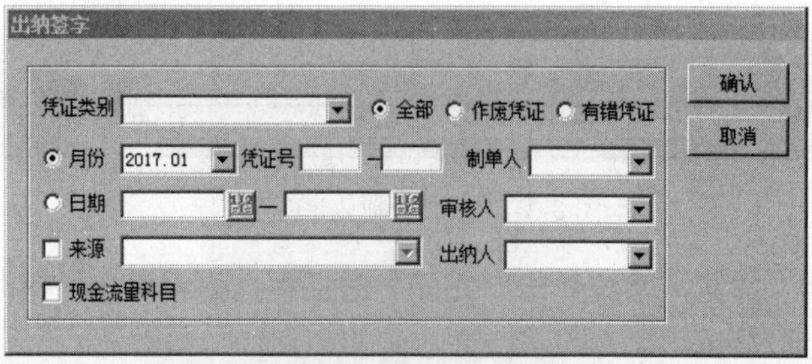

图 3-3-15 “出纳签字——选择条件”窗口

（2）单击“确认”按钮，进入“出纳签字——凭证一览表”窗口，选择要出纳签字的凭证，如图 3-3-16 所示。

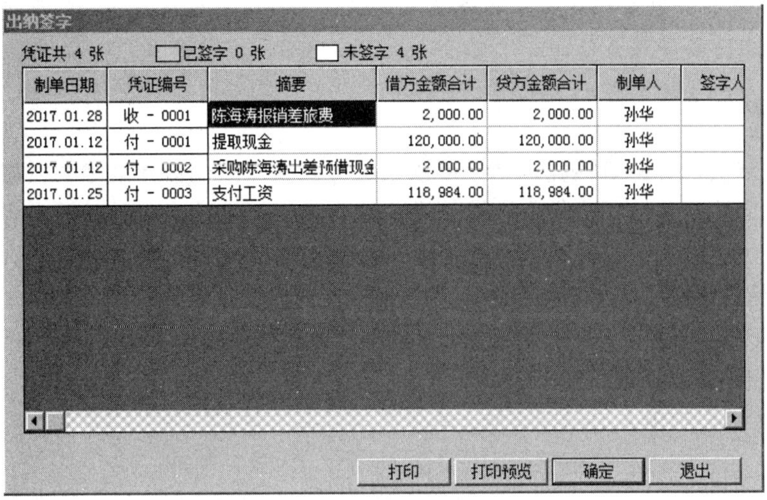

图 3-3-16　“出纳签字——凭证一览表”窗口

（3）单击“确定”按钮，进入“出纳签字——签字”窗口，单击“签字”按钮，或者在“出纳”菜单条下执行“签字”命令，凭证底部的“出纳”处自动签上“张霞”名字，如图 3-3-17 所示。

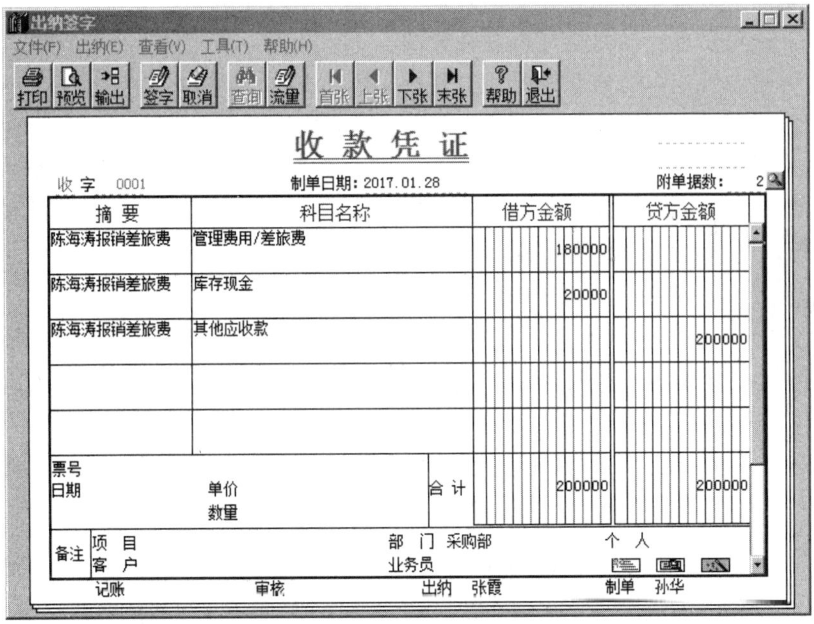

图 3-3-17　“出纳签字——签字”窗口

（4）单击“下张”按钮，同样操作方法对其他记账凭证进行出纳签字。也可以利用“出纳——成批出纳签字”命令对涉及库存现金和银行存款的所有凭证统一进行出纳签字。

【知识拓展】已经过出纳签字的凭证，不能直接进行修改、删除，需取消出纳签字方可。取消出纳签字的具体操作方法为：在如图 3-3-17 所示的“出纳签字——签字”窗口中，单击“取消”按钮，或者在“出纳”菜单条下执行“取消签字”命令。

【判断题】涉及银行存款、库存现金的凭证，必须经过出纳签字或复核。　（　）

【答案】×

【解析】出纳签字或复核需要在账务处理模块控制参数中进行设置，只有进行了相关的设置，才必须要出纳签字或复核。

5. 凭证审核

（1）凭证审核功能。审核凭证是指审核人员按照国家统一会计准则制度规定，对于完成制单的记账凭证的正确性、合规合法性等进行检查核对，审核记账凭证的内容、金额是否与原始凭证相符，记账凭证的编制是否符合规定，所附单据是否真实、完整等。

【知识拓展】如果审核发现记账凭证存在错误，需要打上错误标记，交由制单人员进行修改。如果审核人员认为凭证没有错误，则审核通过后，系统将在审核栏显示审核人的名字。

（2）凭证审核的操作控制。

① 审核人员和制单人员不能是同一人；

② 审核凭证只能由具有审核权限的人员进行；

③ 已经通过审核的凭证不能被修改或者删除，如果要修改或删除，需要审核人员取消审核签字后，才能进行；

④ 审核未通过的凭证必须进行修改，并通过审核后方可被记账。

【单项选择题】在账务处理系统中，关于凭证审核的叙述正确的是（　　）。

A. 常用的审核方法是将凭证打印出来进行检查

B. 凭证审核是指按照会计制度规定，对制单人填制的记账凭证进行检查

C. 审核人发现凭证错误可以直接修改

D. 制单人可以取消审核进行凭证修改

【答案】B

【解析】审核凭证时不用打印，审核完毕后统一打印，选项 A 错误；审核人员认为有错误或有异议的凭证，应交给制单人员修改后再审核，审核人员不能直接修改凭证，制单人也无法取消审核，审核、制单不能是同一人，选项 C、D 错误。

案例 3.3.5

由操作员 001 李慧将上述凭证进行凭证审核操作。

具体操作如下。

（1）在总账系统中，单击“审核凭证”图标或在“总账”菜单条下执行“凭证——审核凭证”命令，打开“凭证审核——选择条件”窗口，如图 3-3-18 所示。

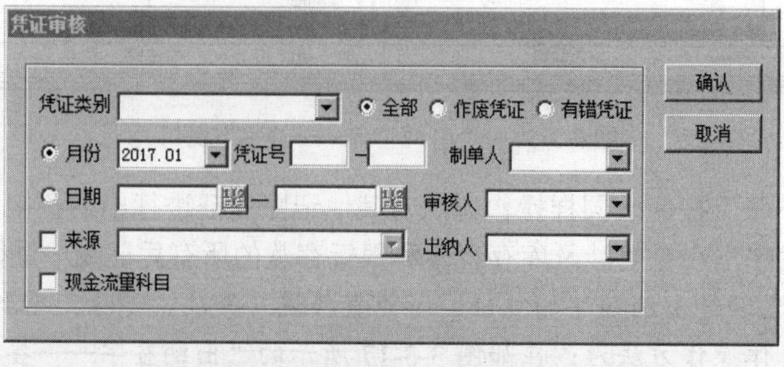

图 3-3-18 “凭证审核——选择条件”窗口

（2）单击“确认”按钮，进入“凭证审核——凭证一览表”窗口，选择要审核的凭证，

如图 3-3-19 所示。

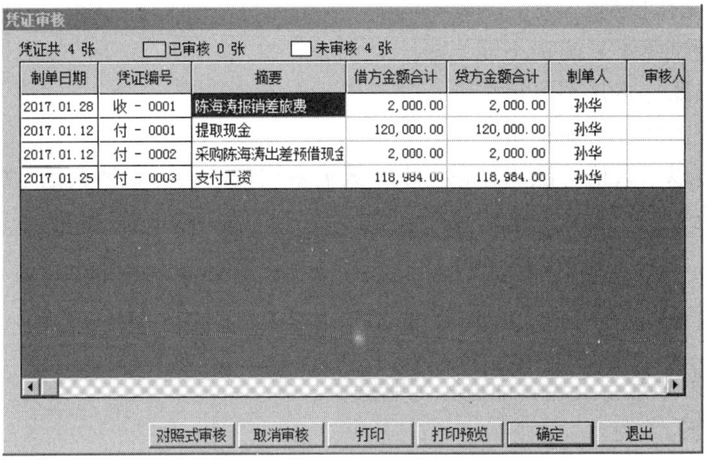

图 3-3-19 “凭证审核——凭证一览表”窗口

（3）单击“确定”按钮，进入“审核凭证”窗口，单击“审核”按钮，或者在“审核”菜单条下执行“审核凭证”命令，凭证底部的“审核”处自动签上“李慧”名字，如图 3-3-20 所示。

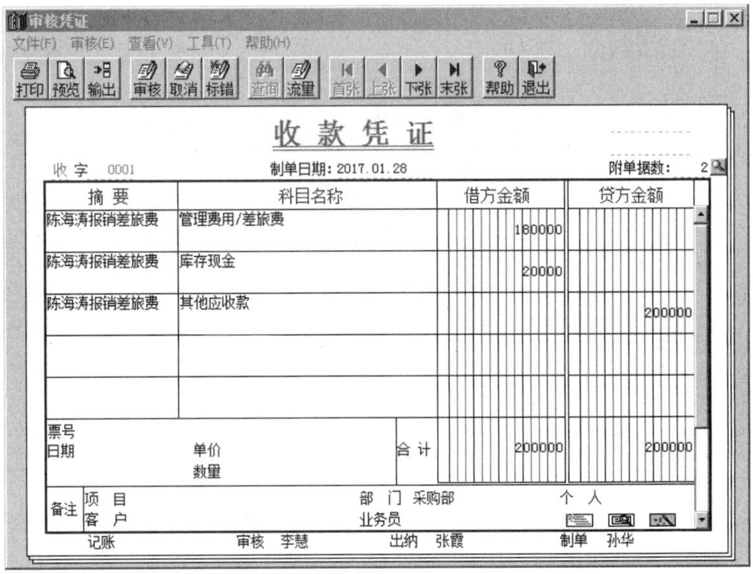

图 3-3-20 “审核凭证”窗口

（4）单击“下张”按钮，同样操作方法对其他记账凭证进行审核。也可以利用“审核——成批审核凭证”命令对所有凭证统一进行审核操作。

【知识拓展】取消审核的具体操作方法为：在如图 3-3-20 所示的“审核凭证”窗口中，单击“取消”按钮，或者在“审核”菜单条下执行“取消审核”命令。

6. 凭证记账

（1）记账功能。在会计软件中，凭证记账是指由具有记账权限的人员，通过记账功能发出指令，由计算机按照会计软件预先设计的记账程序自动进行合法性校验、科目汇总、登记账目等操作。

（2）记账的操作控制。

① 期初余额试算不平衡，不能记账；

② 上月未结账，本月不可记账；

③ 未被审核的凭证不能记账；

④ 一个月可以一天记一次账，也可以一天记多次账，还可以多天记一次账；

⑤ 记账过程中，不应人为终止记账。

【特别提示】 一个月可以多次记账；但一个月只能进行一次结账。

案例 3.3.6

由操作员 001 李慧将上述凭证进行记账操作。

具体操作如下。

（1）在总账系统中，单击“记账”图标或在“总账”菜单条下执行“凭证——记账”命令，打开“记账”窗口，在该窗口中单击“全选”按钮，选择所有记账凭证，如图 3-3-21 所示。

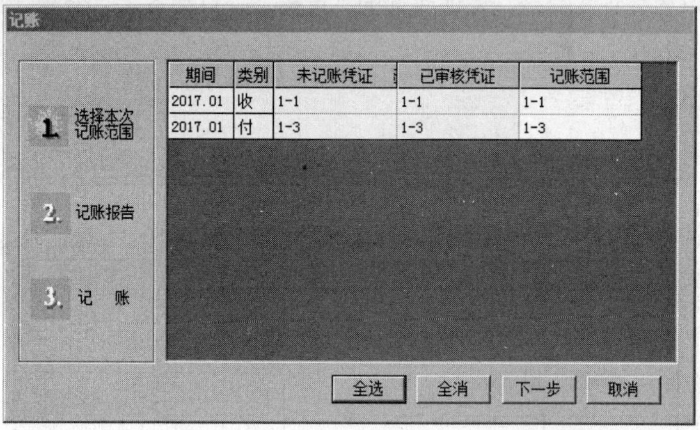

图 3-3-21 “记账——选择记账范围”窗口

（2）单击“下一步”按钮，进入“记账——记账报告”窗口，如图 3-3-22 所示。

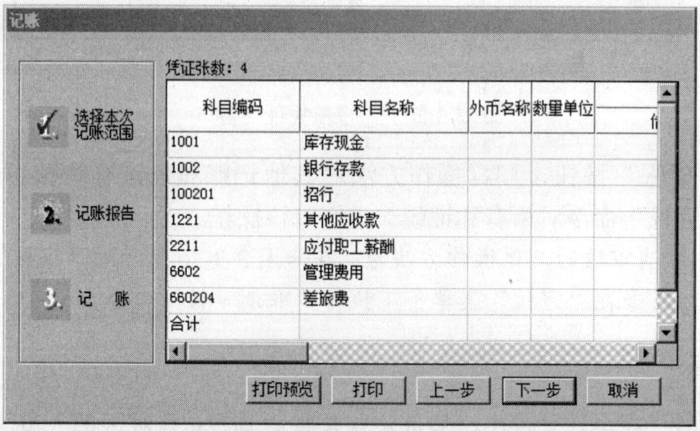

图 3-3-22 “记账——记账报告”窗口

（3）单击“下一步”按钮，进入“记账——记账”窗口，如图 3-3-23 所示。

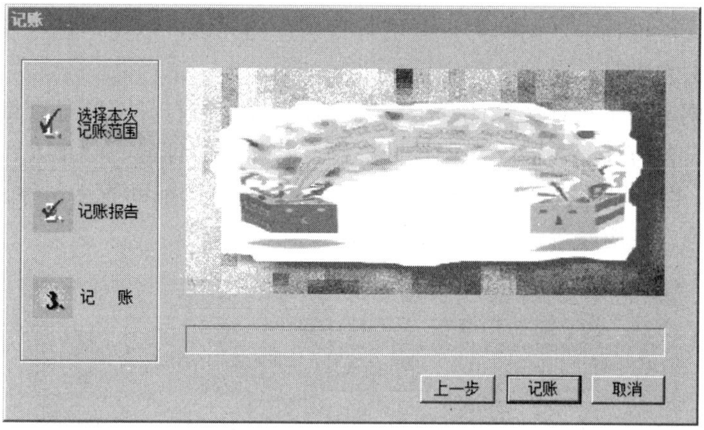

图 3-3-23 “记账——记账”窗口

（4）单击“记账”按钮，打开“期初试算平衡表”窗口，如图 3-3-24 所示。

（5）单击“确认”按钮，系统弹出“提示信息”对话框，提示记账完毕，如图 3-3-25 所示。

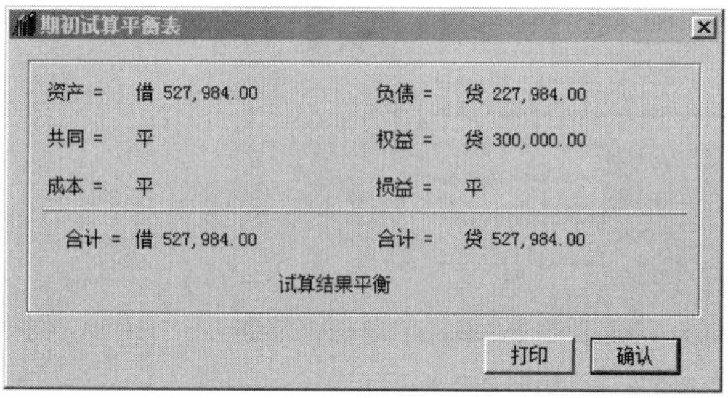

图 3-3-24 “期初试算平衡表”窗口

图 3-3-25 “提示信息”对话框

（6）单击“确定”按钮。

【知识拓展】取消记账的具体操作方法为：

（1）以记账操作员的身份登录主操作界面，在“总账”菜单条下执行“期末——对账”命令，打开“对账”窗口，同时按下“Ctrl+H”组合键，弹出“提示信息”对话框，提示“恢复记账前状态功能已被激活”。

（2）在“总账”菜单条下执行“凭证——恢复记账前状态”命令，打开“恢复记账前状态”窗口，选择恢复方式，单击“确定”按钮，输入账套主管的密码，单击“确认”按钮。

【单项选择题】下列关于凭证记账描述中，表述错误的是（ ）。

A．期初余额不平衡，不能记账

B．上月未结账，本月可以记账

C．未被审核的凭证不能记账

D．一个月可以一天记一次账，也可以一天记多次账，还可以多天记一次账

【答案】B

【解析】上月未结账，本月不可以记账。

7. 凭证查询

在会计业务处理过程中，用户可以查询符合条件的凭证，以便审核、修改凭证，并随时了解经济业务发生的情况。

在“总账”菜单条下执行“凭证——查询凭证”命令，打开“凭证查询”窗口。在该窗口中，可以通过设置有关的关键字，如凭证类别、月份、凭证号、制单人、日期等，来查询符合条件的凭证。也可以单击“辅助条件”，可以设置更多的辅助查询条件，如摘要、科目、金额、外币、客户、供应商等，如图 3-3-26 所示。

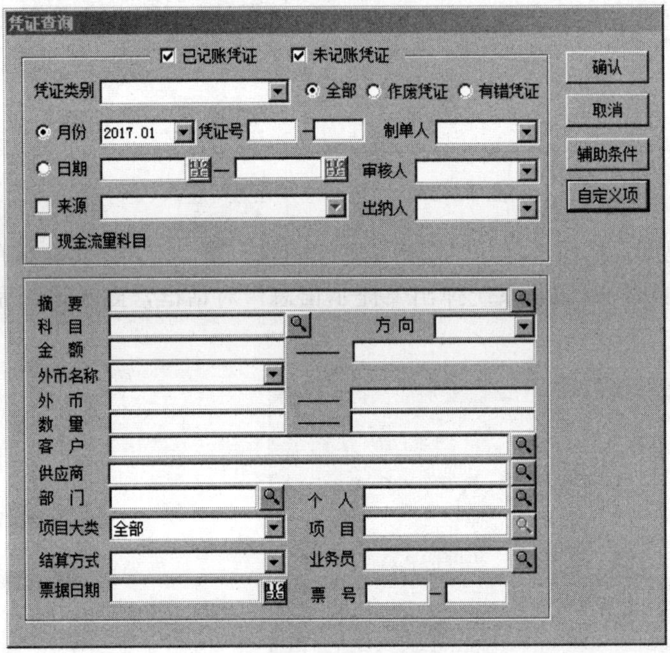

图 3-3-26 “凭证查询——辅助条件”窗口

（二）出纳管理

出纳主要负责现金和银行存款的管理。出纳管理的主要工作包括现金日记账、银行存款日记账和资金日报表的管理，支票管理，进行银行对账并输出银行存款余额调节表。

1. 现金日记账、银行存款日记账及资金日报表的管理

（1）出纳对现金日记账和银行存款日记账的管理包括查询和输出现金及银行存款日记账。

（2）出纳对资金日报表的管理包括查询、输出或打印资金日报表，提供当日借、贷金额合计和余额，以及发生的业务量等信息。

【知识链接】资金日报表以日为单位，列示现金、银行存款科目当日累计借方发生额和贷方发生额，计算出当日的余额，并累计当日发生的业务笔数，对每日的资金收支业务、金额进行详细汇报。

2. 支票管理

支票管理功能主要包括支票的购置、领用和报销。

（1）支票购置。支票购置是指对从银行新购置的空白支票进行登记操作。登记内容包括购置支票的银行账号、购置支票的支票规则、购置的支票类型、购置日期等。

（2）支票领用。支票领用时应登记详细的领用记录，登记内容包括领用部门、领用人信息、领用日期、支票用途、支票金额、支票号、备注等。

【多项选择题】支票领用时需要登记的内容包括（　　）。

A．领用部门　　B．领用人信息　　C．领用日期　　D．支票用途

【答案】ABCD

【解析】领用支票需要登记领用部门、领用人信息、领用日期、支票用途、支票金额、支票号、备注等。

（3）支票报销。对已领用的支票，在支付业务处理完毕后，应进行报销处理。会计人员应填制相关记账凭证，并填入待报销支票的相关信息，登记内容包括支票号、结算方式、签发日期、收款人名称、付款金额等。

【多项选择题】支票的管理功能主要包括（　　）。

A．支票购置　　B．支票领用

C．支票挂失　　D．支票报销

【答案】ABD

【解析】支票的管理功能主要包括支票的购置、领用和报销。支票丢失应向银行申请挂失。

3．银行对账

银行对账是指在每月月末，企业的出纳人员将企业的银行存款日记账与开户银行发来的当月银行存款对账单进行逐笔核对，勾对已达账项，找出未达账项，并编制每月银行存款余额调节表的过程。

会计软件中执行银行对账功能，具体步骤包括银行对账初始数据录入、本月银行对账单录入、对账、银行存款余额调节表的编制等。

（1）银行对账初始数据录入。在首次启用银行对账功能时，需要事先录入账务处理模块启用日期前的银行和企业账户余额及未达账项，即银行对账的初始数据。从启用月份开始，上月对账的未达账项将自动加入到以后月份的对账过程中。

（2）银行对账单录入。对账前，必须将银行对账单的内容录入到系统中。录入的对账单内容一般包括入账日期、结算方式、结算单据字号、借方发生额、贷方发生额，余额由系统自动计算。

【多项选择题】录入银行对账单的内容包括（　　）。

A．入账日期　　B．结算方式　　C．结算单据字号　　D．借贷方发生额

【答案】ABCD

（3）对账。在会计信息化环境下，系统提供自动对账功能，即系统根据用户设置的对账条件进行逐笔检查，对达到对账标准的记录进行勾对，未勾对的即为未达账项。

系统进行自动对账的条件一般包括业务发生的日期、结算方式、结算票号、发生金额相同等。其中，发生金额相同是对账的基本条件，对于其他条件，用户可以根据需要自定义选择。

【举例说明】银行存款日记账和银行对账单的票号（结算号）要统一位长，如果对账双方不能统一规范，系统则无法识别。

【知识拓展】除了自动对账外，系统一般还提供手工对账功能。特殊情况下，有些已达账

项通过设置的对账条件系统无法识别，这就需要出纳人员通过人工识别进行勾对。

【点拨指导】手工对账是对自动对账的补充，采用自动对账后，可能还有一些特殊的已达账项没有核对出来，而被视为未达账项，为了保证对账更彻底、正确，用户可以用手工对账进行调整。

（4）余额调节表的编制。对账完成后，系统根据本期期末的银行存款日记账的余额、银行对账单的余额对未达账项进行调整，自动生成银行存款余额调节表，以检查对账是否正确。调整后，银行存款日记账和银行对账单的余额应该相等。用户可以在系统中查询银行存款余额调节表，但不能对其进行修改。

【特别提示】银行存款余额调节表为截止到对账截止日期的余额调节表，若无对账截止日期，则为最新余额调节表。调整后，银行存款日记账和银行对账单的余额应该相等。如果余额调节表显示账面余额不平，应查找原因并进行调整。

【多项选择题】会计软件中，银行对账功能包括（　　）。

A．银行对账初始数据录入　　B．本月银行对账单录入

C．对账　　D．银行存款余额调节表的编制

【答案】ABCD

（5）核销已达账项

对账平衡后，核销银行日记账已达账项和银行对账单已达账项。

（三）账簿查询

1．科目账查询

科目账查询的内容包括总账查询、明细账查询、余额表查询、多栏账查询及日记账查询。

（1）总账查询。用于查询各总账科目的年初余额、各月期初余额、发生额合计和期末余额。总账查询可以根据需要设置查询条件，如会计科目代码、会计科目范围、会计科目级次、是否包含未记账凭证等。

【点拨指导】在总账查询窗口下，系统一般允许联查当前会计科目当前月份的明细账。

【判断题】在总账查询窗口下，系统一般允许联查当前会计科目当前月份的记账凭证。（　　）

【答案】×

【解析】在总账查询窗口下，系统一般允许联查当前会计科目当前月份的明细账。

（2）明细账查询。用于查询各账户的明细发生情况，用户可以设置多种查询条件查询明细账，包括会计科目范围、查询月份、会计科目代码、是否包括未记账凭证等。

【点拨指导】在明细账查询窗口下，系统一般允许联查所选明细事项的记账凭证及联查总账。

（3）余额表查询。用于查询统计各级会计科目的期初余额、本期发生额、累计发生额和期末余额等。用户可以设置多种查询条件，实现以下查询功能。

① 可以查询和输出总账科目、明细科目在某一时期内的期初余额、本期发生额、累计发生额和期末余额；

② 可以查询和输出某会计科目范围在某一时期内的期初余额、本期发生额、累计发生额和期末余额；

③ 可以查询和输出包含未记账凭证在内的最新发生额及期初余额和期末余额。

【知识链接】总账可以联查明细账，明细账可以联查凭证和总账，凭证可以联查明细账，科目余额表，可以联查明细账。

（4）多栏账查询。多栏账即多栏式明细账，用户可以预先设计保存为多栏账。查询多栏账时，用户可以设置多种查询条件，包括多栏账名称、月份、是否包含未记账凭证等。

（5）日记账查询。用于查询除现金日记账、银行日记账之外的其他日记账。用户可以查询输出某日所有会计科目（不包括现金、银行存款会计科目）的发生额及余额情况。用户可以设置多种查询条件，包括查询日期、会计科目级次、会计科目代码、币别、是否包含未记账凭证等。

【特别提示】设置查询多栏式明细账的会计科目必须是有下级明细科目或者是下挂核算项目的科目。

案例 3.3.7

由操作员 001 李慧查询“1221 其他应收款”总账，并联查明细账。

具体操作如下。

（1）在“总账”菜单条下执行“账簿查询——总账”命令，如图 3-3-27 所示。

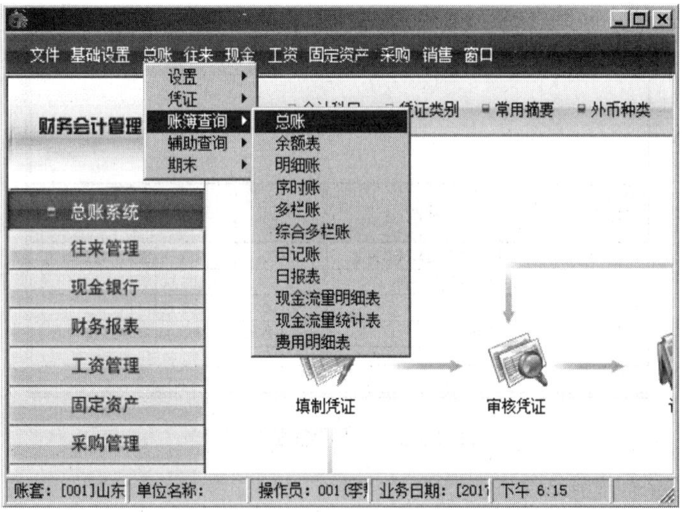

图 3-3-27 “账簿查询——总账”命令

（2）在打开的“总账查询条件”窗口中，在科目处直接输入“1221”或者参照输入，如图 3-3-28 所示。

图 3-3-28 “总账查询条件”窗口

（3）单击“确认”按钮，进入“总账”窗口，查询“1221 其他应收款”的总账，如图 3-3-29

所示。

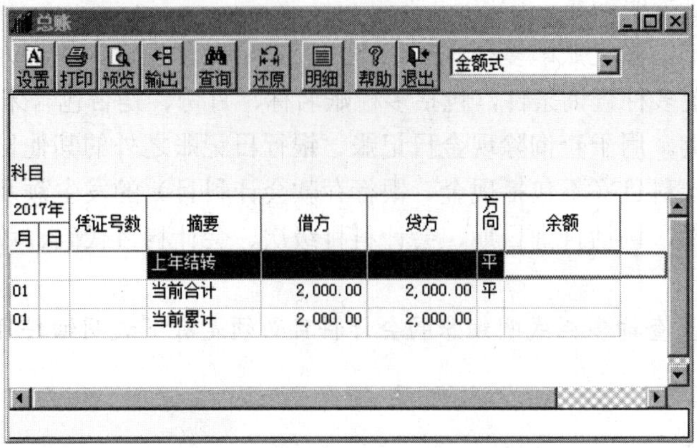

图 3-3-29 “总账”窗口

（4）选择“当前合计”行，单击“明细”按钮，进入“明细账”窗口，查询“1221 其他应收款”的明细账，如图 3-3-30 所示。

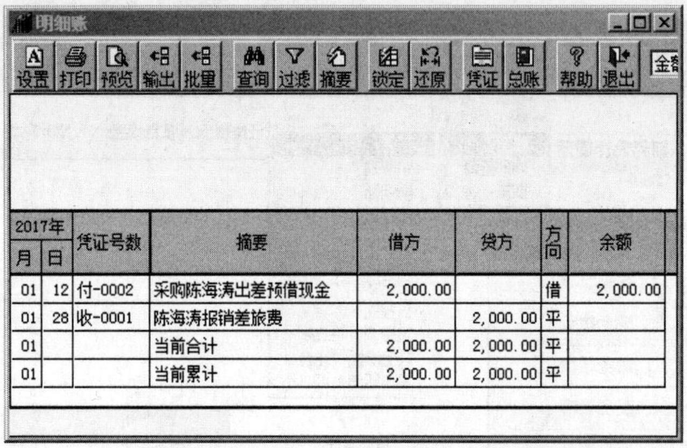

图 3-3-30 “明细账”窗口

2．辅助账查询

辅助账查询一般包括客户往来、供应商往来、个人往来、部门核算、项目核算的辅助总账、辅助明细账查询。在会计科目设置时，如果某一会计科目设置多个辅助核算，则在输出时会提供多种辅助账簿信息。具体操作方法：在“总账”菜单条下执行“辅助查询”命令，选择要查询的辅助账，根据要求设置查询条件。

【单项选择题】下面属于科目账查询范围的是（　　）。

A．客户往来明细账

B．项目核算明细账

C．余额表

D．部门核算明细账

【答案】C

【解析】科目账的查询包括总账查询、明细账查询、余额表查询、多栏账查询、日记账查询。选项 ABD 属于辅助账查询的范畴。

三、账务处理模块期末处理

账务处理模块的期末处理是指会计人员在每个会计期间的期末所要完成的特定业务，主要包括会计期末的转账、对账、结账等。

（一）自动转账

自动转账是指对于期末那些摘要、借贷方会计科目固定不变，发生金额的来源或计算方法基本相同，相应凭证处理基本固定的会计业务，将其既定模式事先录入并保存到系统中，在需要的时候，让系统按照既定模式，根据对应会计期间的数据自动生成相应的记账凭证。

自动转账的目的在于减少工作量，避免会计人员重复录入此类凭证，提高记账凭证录入的速度和准确度。

1．自动转账的步骤

1）自动转账定义

自动转账定义是指对需要系统自动生成凭证的相关内容进行定义。在系统中事先进行自动转账定义，设置的内容一般包括编号、凭证类别、摘要、发生会计科目、辅助项目、发生方向、发生额计算公式等。

2）自动转账生成

自动转账生成是指在自动转账定义完成后，用户每月月末只需要执行转账生成功能，即可快速生成转账凭证，并被保存到未记账凭证中。

保存系统自动生成的转账凭证时，系统同样会对凭证进行校验，只有通过了系统校验的凭证才能进行保存。生成后的转账凭证将被保存到记账凭证文件中，制单人为执行自动转账生成的操作员。

【特别提示】自动转账操作需要注意以下几个问题。

（1）用户应该按期末结转的顺序执行自动转账生成功能；

（2）在自动转账生成前，应该将本会计期间的全部经济业务填制记账凭证，并将所有未记账凭证审核记账；

（3）自动生成的转账凭证同样要进行后续的审核、记账。

【知识拓展】自动转账顺序为：期间损益结转、计提所得税、结转所得税费用、结转本年利润、提取盈余公积、结转利润分配。

【判断题】自动生成的转账凭证不需要进行审核记账操作。（　　）

【答案】×

【解析】软件中的记账凭证都需要进行审核记账操作。

2．常用的自动转账功能

1）自定义转账

自定义转账包括自定义转账定义和自定义转账生成。自定义转账定义允许用户通过自动转账功能自定义凭证的所有内容，然后用户可以在此基础上执行转账生成。

【点拨指导】自定义转账功能可以实现以下操作：“费用分摊”的结转，如制造费用等；“费用分配”的结转，如工资分配等；“税金计算”的结转，如增值税等；“提取各项费用”

的结转，如提取福利费等；“部门核算”的结转；“项目核算”的结转；“供应商核算”的结转等。

2）汇兑损益

对于外币核算的账户在期末自动计算汇兑损益，生成汇兑损益转账凭证。

案例 3.3.8

由操作员 002 孙华进行期末汇兑损益操作并生成凭证，期末汇率 9.51，附件 1 张。

具体操作如下。

（1）利用操作员 001 李慧登录主操作界面，在“基础设置”菜单条下执行“财务——外币种类”命令，打开“外币设置”窗口，在“2017.01 调整汇率”处输入“9.51”，如图 3-3-31 所示。

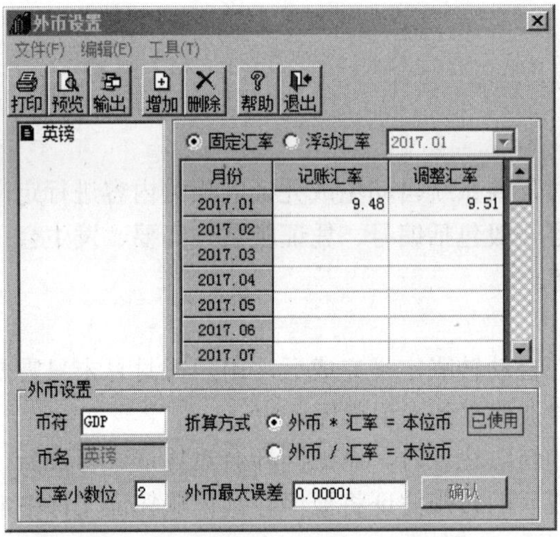

图 3-3-31 “外币设置”窗口

（2）单击右上角关闭按钮退出“外币设置”窗口。

（3）利用操作员 002 孙华登录主操作界面，在“总账”菜单条下执行“期末——转账定义——汇兑损益”命令，如图 3-3-32 所示。

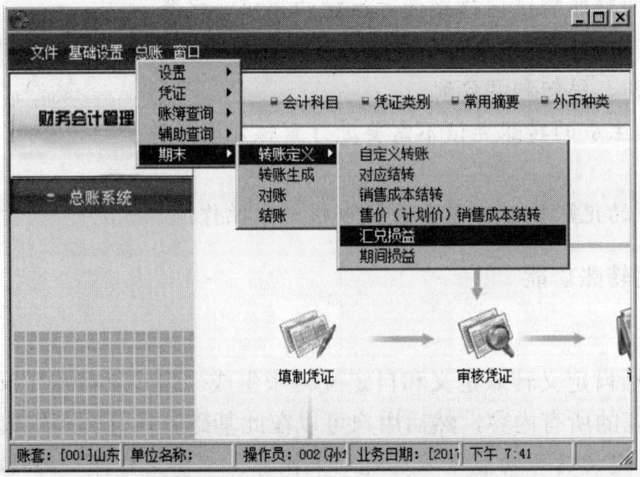

图 3-3-32 “期末——转账定义——汇兑损益”命令

（4）在打开的“汇兑损益结转设置”窗口中，汇兑损益入账科目设为“6603 财务费用”，在“是否计算汇兑损益”处双击，如图 3-3-33 所示。

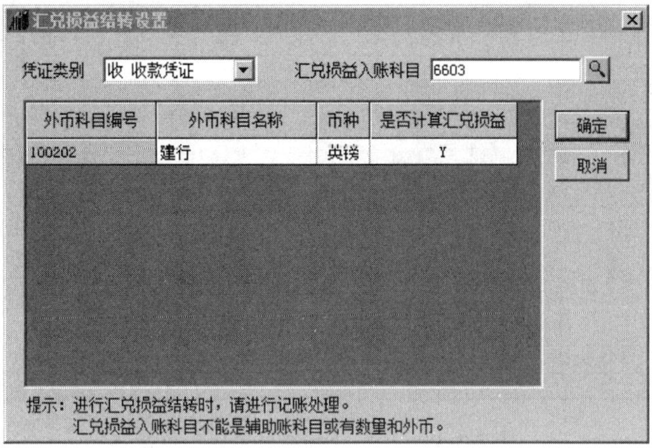

图 3-3-33　“汇兑损益结转设置”窗口

（5）单击“确定”按钮退出“汇兑损益结转设置”窗口。

（6）在“总账”菜单条下执行“期末——转账生成”命令，打开“转账生成”窗口，选择“汇兑损益结转”，在“是否结转”处双击或单击“全选”按钮，如图 3-3-34 所示。

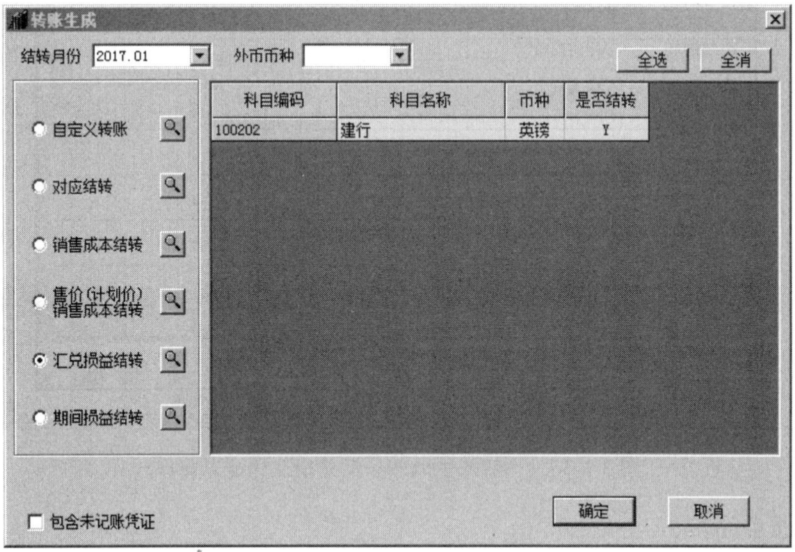

图 3-3-34　“转账生成——汇兑损益”窗口

（7）单击“确定”按钮，打开“汇兑损益试算表”窗口，如图 3-3-35 所示。

（8）单击“确定”按钮，打开“转账生成”窗口，根据要求修改单据张数，如图 3-3-36 所示。

（9）单击“保存”按钮。

【特别提示】生成的汇兑损益凭证如同填制的凭证一样，需要经过出纳签字、审核、记账操作。

【点拨指导】如图 3-3-34 所示，点击“汇兑损益结转”右边的放大镜按钮，同样可以进入“汇兑损益结转设置”窗口进行转账定义操作。

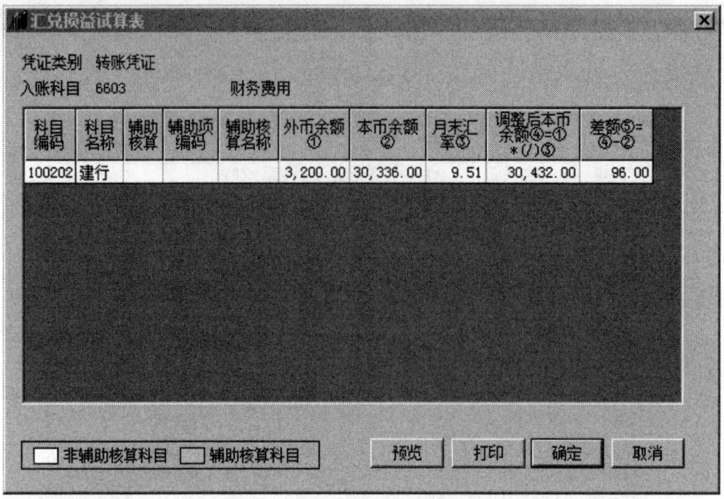

图 3-3-35 “汇兑损益试算表”窗口

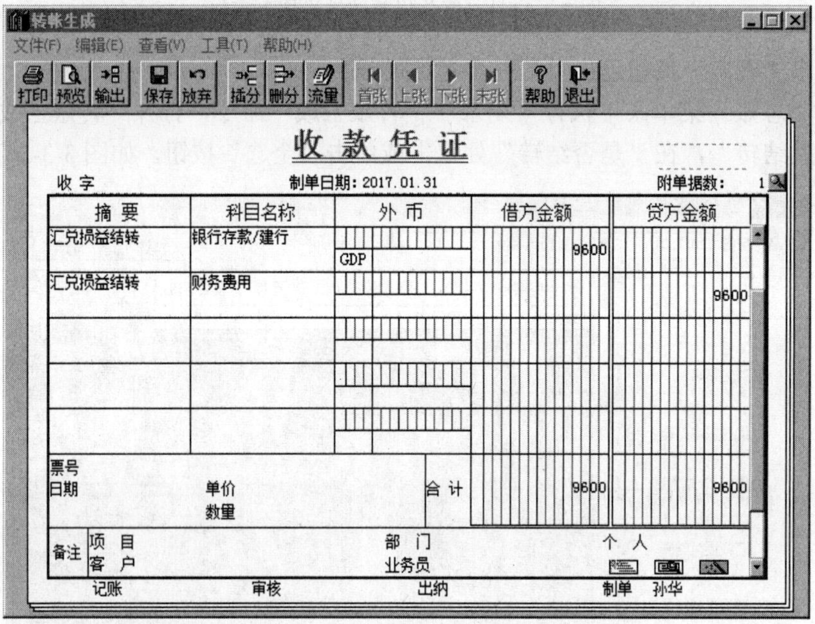

图 3-3-36 “转账生成——汇兑损益凭证”窗口

3）期间损益结转

期间损益结转包括期间损益定义和期间损益生成，期间损益结转用于在一个会计期间结束时，将损益类科目的余额结转到本年利润科目中，从而及时反映企业利润的盈亏情况。

【特别提示】结转损益，首先要在系统中设置本年利润科目。

执行期末结转操作后，系统一般能够自动搜索和识别需要进行损益结转的所有科目（即损益类科目），并将它们的期末余额（即发生净额）转到本年利润科目中。在操作时，对于生成的凭证需要设置凭证类别，一般凭证类别为转账凭证。

【特别提示】用户应该将所有未记账凭证审核记账后，再进行期间损益结转。

【判断题】自动转账的目的在于减少工作量，避免会计人员重复录入此类凭证，提高记账凭证录入的速度和准确度。（ ）

【答案】√

【解析】自动转账是指对于期末那些摘要、借贷方会计科目固定不变，发生金额的来源或计算方法基本相同，相应凭证处理基本固定的会计业务，将其既定模式事先录入并保存到系统中，在需要的时候可以自动生成相应的记账凭证。利用自动转账可以减少工作量，避免会计人员重复录入此类凭证，提高记账凭证录入的速度和准确度。

案例 3.3.9

由操作员 002 孙华进行期末损益结转操作并生成凭证，附件 1 张。

具体操作如下。

（1）在“总账”菜单条下执行“期末——转账定义——期间损益”命令，打开“期间损益结转设置”窗口，设置凭证类别“转 转账凭证”，本年利润科目设为“4103 本年利润”，如图 3-3-37 所示。

图 3-3-37　“期间损益结转设置”窗口

（2）单击“确定”按钮退出“期间损益结转设置”窗口。

（3）在“总账”菜单条下执行“期末——转账生成”命令，打开“转账生成”窗口，选择“期间损益结转”，单击“全选”按钮，如图 3-3-38 所示。

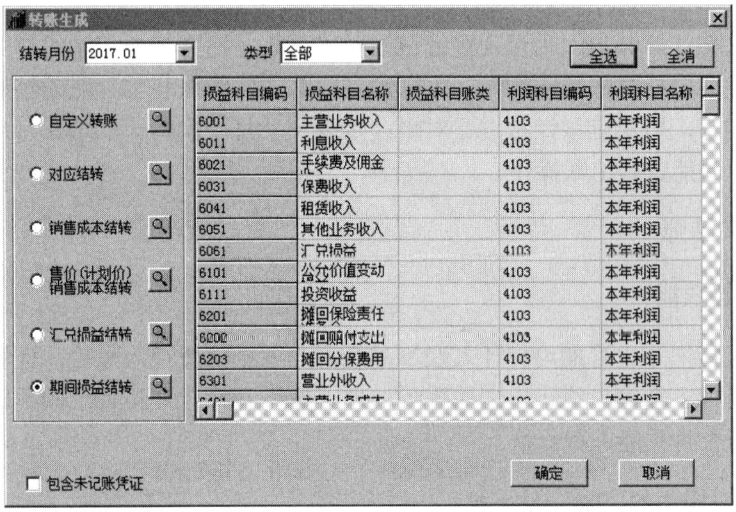

图 3-3-38　“转账生成——期间损益结转”窗口

（4）单击“确定”按钮打开“转账生成”窗口，根据要求修改单据张数，如图 3-3-39 所示。

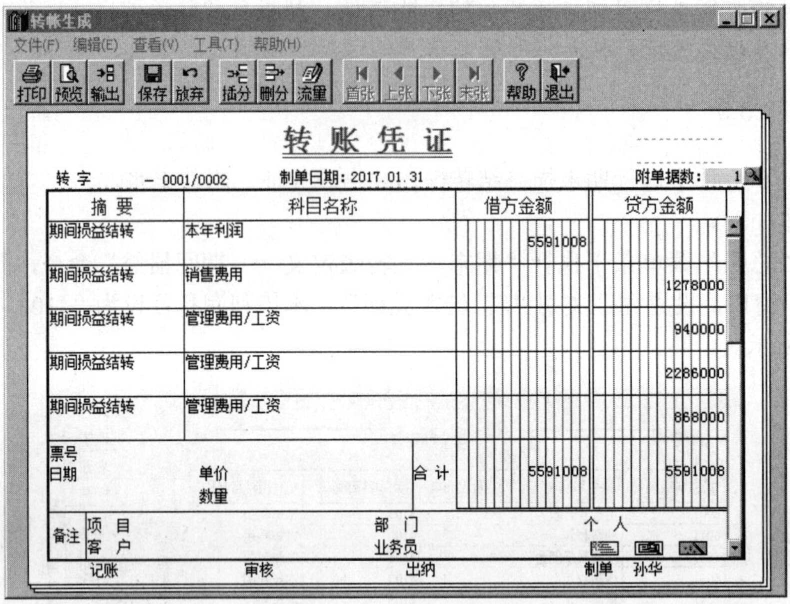

图 3-3-39 “转账生成——期间损益结转凭证”窗口

（5）单击“保存”按钮。

【特别提示】

A. 生成的期间损益结转凭证如同填制的凭证一样，需要经过审核和记账操作。

B. 期间损益结转操作是在月末才进行的，必须保证固定资产、工资、应收应付等系统下的业务完成才能进行。

【点拨指导】如图 3-3-38 所示，单击“期间损益结转”右边的放大镜按钮，同样可以进入“期间损益结转设置”窗口进行转账定义操作。

（二）对账

对账是指在会计核算中，为保证账簿记录正确可靠，对账簿所记录的有关数据加以检查和核对。对账主要包括总账和明细账、总账和辅助账、明细账和辅助账的核对。为了保证账证相符、账账相符，用户应该经常进行对账，至少一个月一次，一般可在月末结账前进行。只有对账正确，才能进行结账操作。

（三）月末结账

1. 月末结账功能

结账主要包括把一定时期内应计入账簿的经济业务全部登记入账后，计算和结转各账簿的本期发生额及期末余额，终止本期的账务处理工作，并将会计科目余额结转至下月作为月初余额。结账每个月只能进行一次。

2. 月末结账操作的控制

结账工作必须在本月的核算工作都已完成，系统中数据状态正确的情况下才能进行。因此，结账工作执行时，系统会检查相关工作的完成情况，主要包括以下内容。

（1）检查本月记账凭证是否已经全部记账，如有未记账凭证，则不能结账；

（2）检查上月是否已经结账，如上月末结账，则本月不能结账；

（3）检查总账与明细账、总账与辅助账是否对账正确，如果对账不正确则不能结账；

（4）对会计科目余额进行试算平衡，如试算不平衡将不能结账；

（5）检查损益类账户是否已经结转到本年利润，结平所有损益类科日，如损益类科目还有余额，则不能结账；

（6）当其他各模块也已经启用时，账务处理模块必须在其他各模块都结账后，才能结账。

【特别提示】结账只能由具有结账权限的人进行。在结账前，最好进行数据备份，一旦结账后发现业务处理有误，可以利用备份数据恢复到结账前的状态。结账后不得再录入当月的记账凭证，并终止各账户的记账工作。

月末结账的具体操作方法如下。

在“总账”菜单条下，执行“期末——结账”命令，打开“结账”窗口，如图 3-3-40 所示。

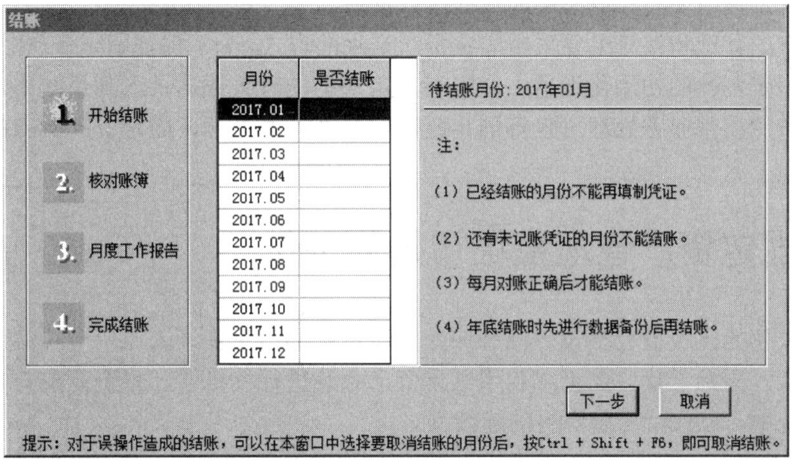

图 3-3-40　“结账”窗口

该窗口包括四个设置界面：开始结账、核对账簿、月度工作报告和完成结账，在“开始结账”界面选择要结账的期间，单击“下一步”按钮，按照提示完成后面的操作。

【知识拓展】取消结账的操作方法：以账套主管的身份登录主操作界面，在“总账”菜单条下执行“期末——结账”命令，打开“结账”窗口，选择需要反结账的月份，同时按下“Ctrl+Shift+F6”键，在弹出的窗口中输入账套主管的密码，单击“确认”按钮。

【单项选择题】下列关于结账的说法中，不正确的是（　　）。

A．上月未结账，本月不可以填制、审核凭证

B．结账只能由有结账权限的人进行

C．如果 4 月份已结账，5 月份未结账，则只能对 5 月份进行结账处理，不能跳月结账

D．账账核对不符，不能结账

【答案】A

【解析】上月未结账，本月是可以填制、审核凭证的，但是不能进行过账操作。

第四节 固定资产管理模块的应用

【学习指导】

学习本节内容，需要熟悉固定资产管理模块期末处理操作，掌握固定资产管理模块初始化工作的内容及操作方法、固定资产计提折旧的操作方法，并掌握固定资产管理模块日常处理操作，包括固定资产增减、变动及记账凭证的生成等。

固定资产管理模块主要是以固定资产卡片和固定资产明细账为基础，实现固定资产的会计核算；固定资产卡片的增加、删除、修改、查询；折旧计提和分配、设备管理等功能，同时提供了按类别、使用情况、所属部门和价值结构等进行分析、统计和各种条件下的查询、打印功能，以及该模块与其他模块的数据接口管理。

固定资产的管理和核算主要采用固定资产卡片的形式。为了保证固定资产数据的连续性，首先要进行固定资产的初始化设置，将账套启用期初的有关数据录入到系统中，在此基础上进行固定资产的日常业务处理，包括固定资产增减变动的处理、固定资产折旧的计提及凭证的生成。

一、固定资产管理模块初始化工作

固定资产初始化设置包括设置控制参数、设置基础信息及录入原始卡片等内容。初始化主要工作是录入原始卡片，在正式启用固定资产系统进行核算前，将企业现有固定资产卡片资料录入系统中，以保持历史资料的连续性。

（一）设置控制参数

1. 设置启用会计期间

启用会计期间是指固定资产管理模块开始使用的时间。

【特别提示】在此注意两个问题：（1）固定资产管理模块的启用会计期间不得早于系统中该账套建立的期间；（2）设置启用会计期间在第一次进入固定资产管理模块时进行。

2. 设置折旧相关内容

设置折旧相关内容一般包括是否计提折旧、折旧率小数位数等。如果确定不计提折旧，则不能操作账套内与折旧有关的功能。

3. 设置固定资产编码

录入固定资产卡片时需要设置固定资产编码，它是区分每一项固定资产的唯一标志。

【特别提示】固定资产编码一经生成，不能修改。

【单项选择题】会计软件中，固定资产的唯一标志是（　　）。

A. 固定资产名称　　　　B. 固定资产编码

C．固定资产增加方式　　　　　　　　D．固定资产类别

【答案】 B

【解析】 固定资产编码是区别固定资产的唯一标志。

案例 3.4.1

由操作员 004 刘涛进行固定资产管理系统控制参数的设置。

控 制 参 数	参 数 设 置
约定与说明	同意
启用月份	2017.01
折旧信息	本账套计提折旧　　折旧方法：平均年限法　　折旧汇总分配周期：1 个月 当（月初已计提月份=可使用月份-1）时，将剩余折旧全部提足
编码方式	资产类别编码方式：2112 固定资产编码方式：按“类别编码+部门编码+序号”自动编码 卡片序号长度为 3
账务接口	与账务系统进行对账 对账科目：固定资产对账科目：1601 固定资产 累计折旧对账科目：1602 累计折旧 在对账不平情况下允许固定资产月末结转

具体操作如下。

（1）在主操作界面单击“固定资产”图标，系统弹出“固定资产”对话框，提示是否进行初始化，如图 3-4-1 所示。

图 3-4-1　“固定资产——是否进行初始化”对话框

（2）单击“是”按钮，进入“固定资产初始化向导——约定及说明”窗口，选择“我同意”，如图 3-4-2 所示。

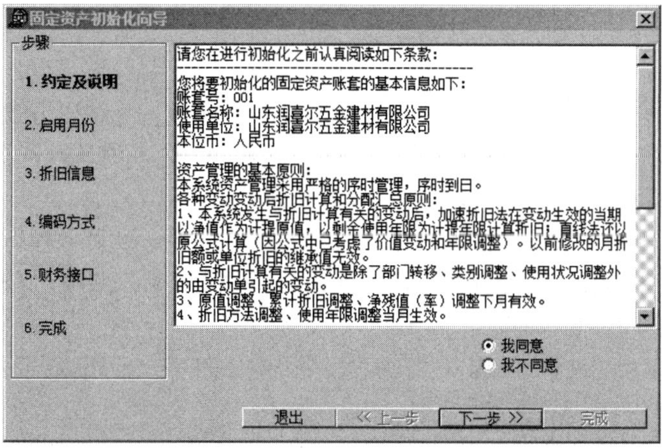

图 3-4-2　“固定资产初始化向导——约定及说明”窗口

(3)单击“下一步”按钮，进入“固定资产初始化向导——启用月份”窗口，默认“2017.01”，如图 3-4-3 所示。

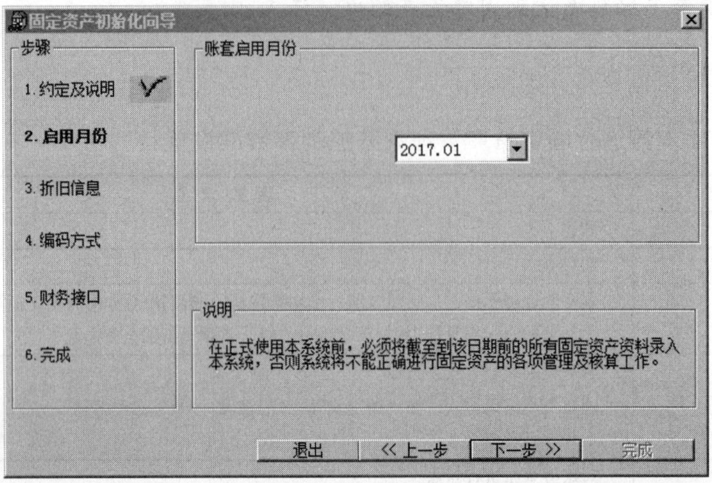

图 3-4-3　“固定资产初始化向导——启用月份”窗口

（4）单击“下一步”按钮，进入“固定资产初始化向导——折旧信息”窗口，默认折旧方法等信息，如图 3-4-4 所示。

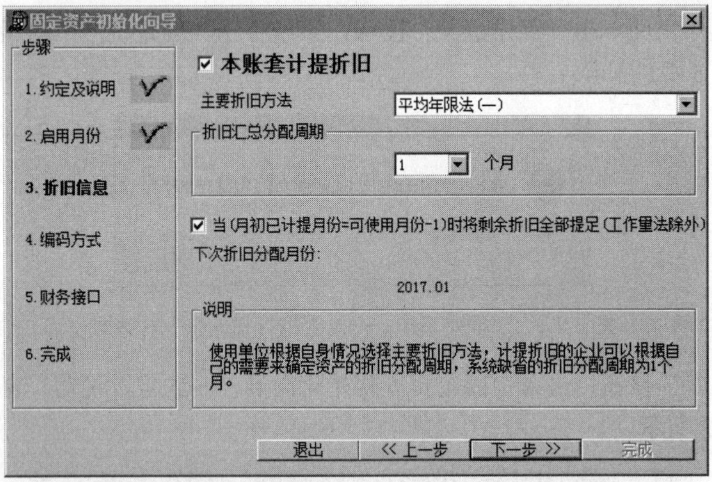

图 3-4-4　“固定资产初始化向导——折旧信息”窗口

（5）单击“下一步”按钮，进入“固定资产初始化向导——编码方式”窗口，“资产类别编码方式”采用默认方式，“固定资产编码方式”选择“自动编码——类别编码+部门编码+序号”，“序号长度”设为“3”，如图 3-4-5 所示。

（6）单击“下一步”按钮，进入“固定资产初始化向导——财务接口”窗口，“固定资产对账科目”设为“1601，固定资产”，“累计折旧对账科目”设为“1602，累计折旧”，其他选择默认，如图 3-4-6 所示。

（7）单击“下一步”按钮，进入“固定资产初始化向导——完成”窗口，显示前面操作中设置的有关信息，如图 3-4-7 所示。

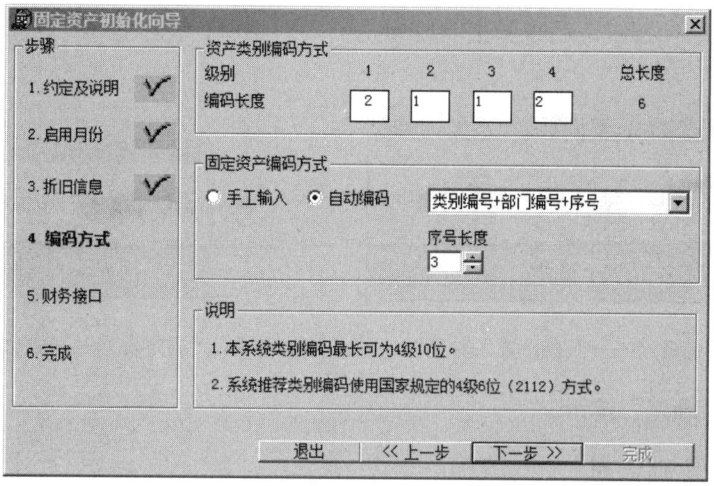

图 3-4-5　“固定资产初始化向导——编码方式”窗口

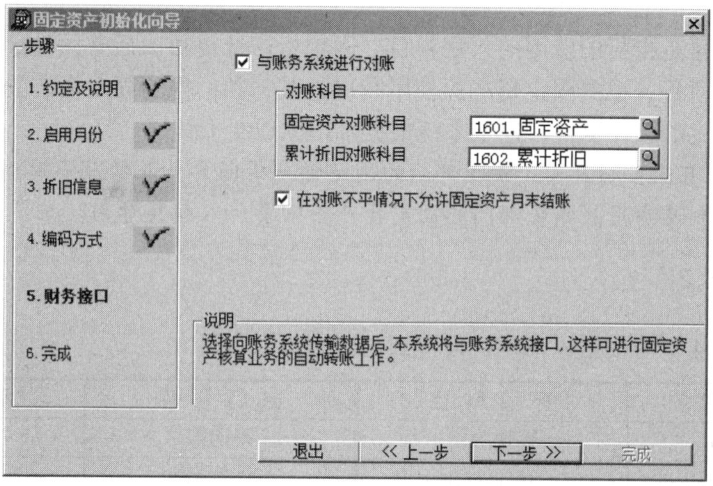

图 3-4-6　“固定资产初始化向导——财务接口”窗口

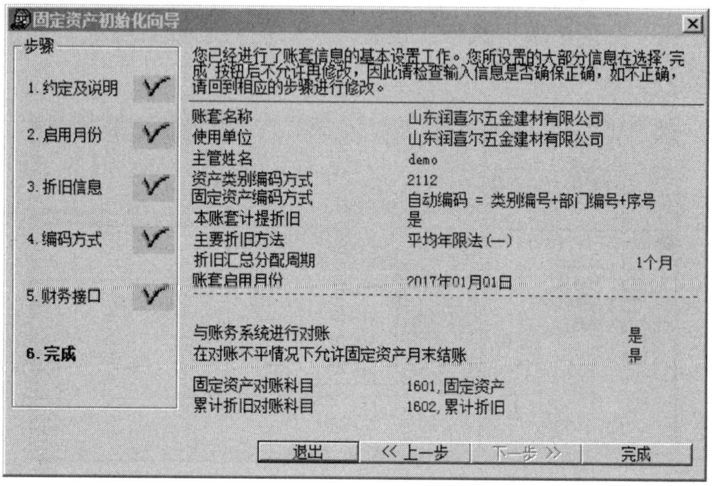

图 3-4-7　“固定资产初始化向导——完成”窗口

（8）核对无误，单击“完成”按钮，系统弹出“固定资产”对话框，如图 3-4-8 所示。

（9）单击“是”按钮，系统弹出“固定资产”对话框，提示已成功初始化，如图 3-4-9 所示。

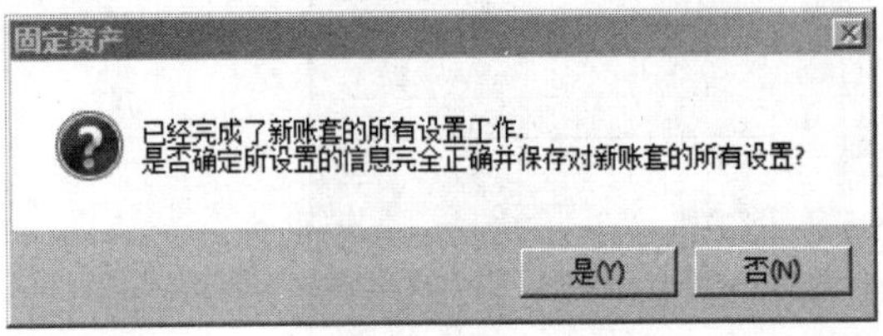

图 3-4-8 “固定资产——保存设置”对话框

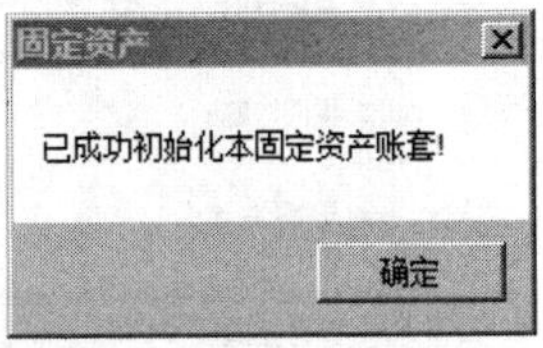

图 3-4-9 “固定资产——成功初始化”对话框

（10）单击“确定”按钮。

（二）设置基础信息

1. 设置折旧对应科目

折旧对应科目是指折旧费用的入账科目。固定资产计提折旧后必须设定折旧数据应归入哪个成本或费用科目。根据固定资产的使用状况，某一部门内的固定资产的折旧费用可以归集到一个比较固定的会计科目，便于系统根据部门生成折旧凭证。

【举例说明】在企业核算中，管理部门的固定资产折旧要计入管理费用，生产车间的固定资产折旧要计入制造费用，销售部门的固定资产折旧要计入销售费用。

案例 3.4.2

由操作员 004 刘涛根据以下资料设置部门对应折旧科目。

部门名称	折旧科目	部门名称	折旧科目
财务部	管理费用	采购部	管理费用
行政部	管理费用	销售部	销售费用

具体操作如下。

（1）在“固定资产”菜单条下执行“设置——部门对应折旧科目”命令，进入“部门编码表”窗口，如图 3-4-10 所示。

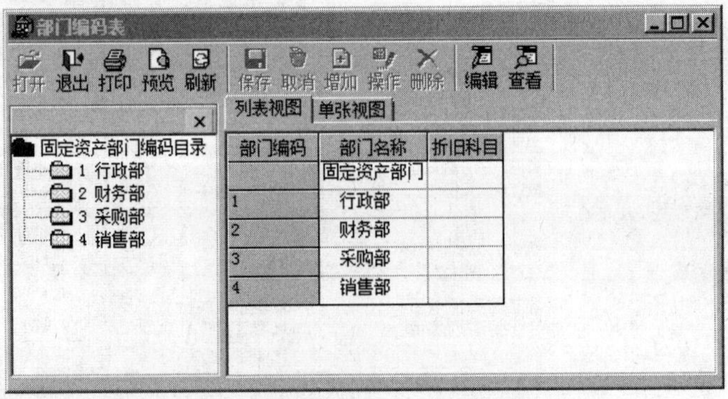

图 3-4-10 “部门编码表——列表视图”窗口

（2）在列表视图区域选择“行政部”所在行，单击“操作”按钮，进入单张视图区域，根据要求在“折旧科目”处设置会计科目，如图 3-4-11 所示。

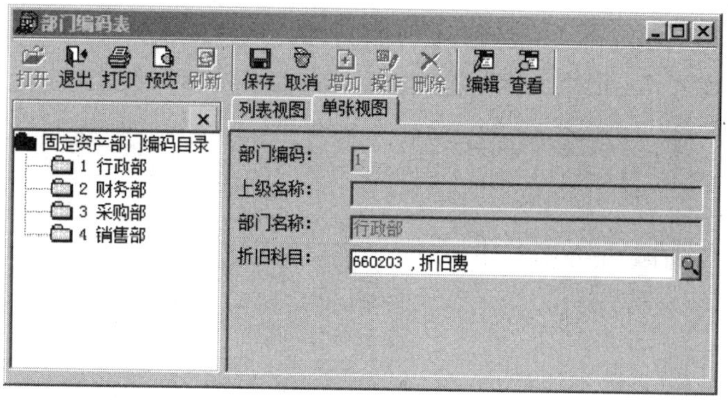

图 3-4-11　“部门编码表——单张视图”窗口

（3）单击“保存”按钮，返回列表视图区域。同样操作方法设置其他部门对应折旧科目。

2．设置增减方式

企业固定资产增加或减少的具体方式不同，其固定资产的确认和计量方法也不同。记录和汇总固定资产具体增减方式的数据也是为了满足企业加强固定资产管理的需要。固定资产增减变动的方式主要有以下两种。

（1）固定资产增加方式：直接购买、投资者投入、捐赠、盘盈、在建工程转入、融资租入等；

（2）固定资产减少方式：出售、盘亏、投资转出、捐赠转出、报废、毁损、融资租出等。

案例 3.4.3

由操作员 004 刘涛根据以下资料设置固定资产增减方式。

增减方式名称	对应入账科目	增减方式名称	对应入账科目
直接购入	银行存款—招行	出售	固定资产清理
投资者投入	实收资本	投资转出	长期股权投资
在建工程转入	在建工程	报废	固定资产清理

具体操作如下。

（1）在固定资产系统中，单击“增减方式”图标或在“固定资产”菜单条下执行“设置——增减方式”命令，进入“增减方式”窗口，如图 3-4-12 所示。

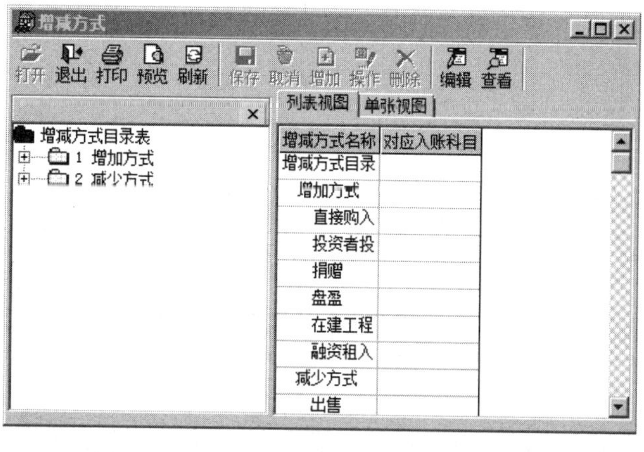

图 3-4-12　“增减方式——列表视图”窗口

（2）在列表视图区域选择“直接购入”所在行的“对应入账科目”单元格，单击“操作”按钮，进入单张视图区域，根据要求在“对应入账科目”处设置会计科目，如图 3-4-13 所示。

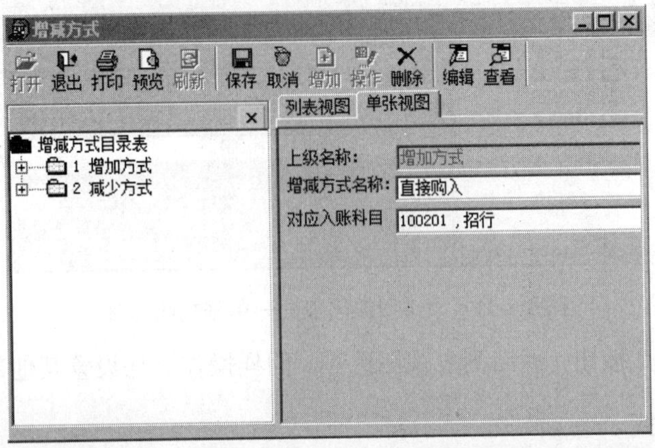

图 3-4-13 “增减方式——单张视图”窗口

（3）单击“保存”按钮，返回列表视图区域。同样操作方法设置其他增减方式。

3．设置使用状况

不同使用状况下的固定资产折旧计提处理不同，所以企业需明确固定资产的使用状况，加强固定资产的核算和管理。根据使用状况设置相应的折旧规则。

固定资产的使用状况包括在用、经营性出租、大修理停用、季节性停用、不需要和未使用。

4．设置折旧方法

设置折旧方法是系统自动计算折旧的基础。固定资产计提折旧的方法通常包括不提折旧、平均年限法、工作量法、年数总和法和双倍余额递减法等。系统一般会列出每种折旧方法的默认折旧计算公式，企业也可以根据需要，定义适合自己的折旧方法的名称和计算公式。

5．设置固定资产类别

固定资产种类繁多，规格不一，需建立科学的固定资产分类体系。为强化固定资产管理，企业可根据自身的特点和管理方法，确定一个较为合理的固定资产分类方法。

【特别提示】在资产类别中，可以设置使用年限、净残值率、计量单位、折旧方法、固定资产科目、累计折旧科目、减值准备科目、卡片编码规则等。这些属性直接决定固定资产的折旧和减值等会计核算。

案例 3.4.4

由操作员 004 刘涛根据以下资料设置固定资产类别。

类别编码	类别名称	使用年限	净残值率	计提属性	折旧方法
01	办公设备	10	5%	正常计提折旧	平均年限法（一）
02	交通设备	15	10%	正常计提折旧	平均年限法（一）

具体操作如下。

（1）在固定资产系统中，单击“资产类别”图标或在“固定资产”菜单条下执行“设置——资产类别”命令，打开“类别编码表”窗口，如图 3-4-14 所示。

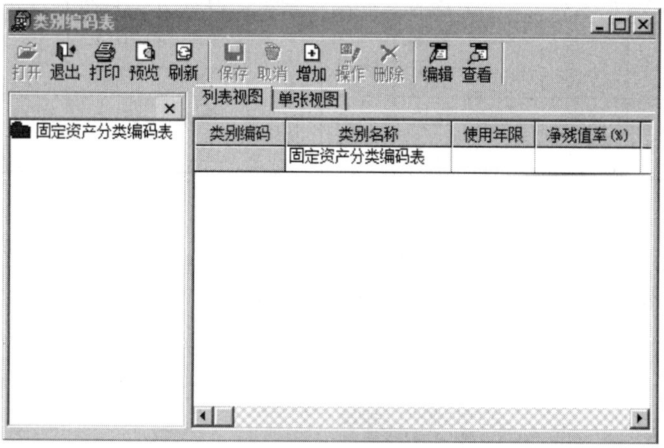

图 3-4-14　“类别编码表——列表视图”窗口

（2）单击“增加”按钮，进入单张视图，根据要求输入相关信息，如图 3-4-15 所示。

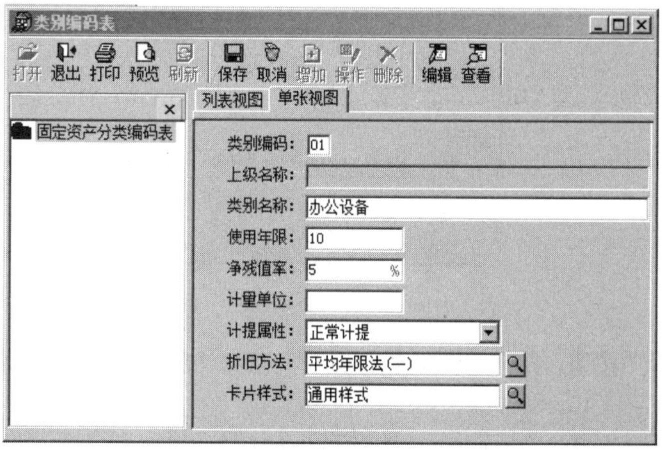

图 3-4-15　“类别编码表——单张视图”窗口

（3）单击“保存”按钮。同样操作方法设置其他固定资产类别。

（三）录入原始卡片

固定资产卡片是固定资产核算和管理的数据基础。在初始使用固定资产模块时，应该录入当期期初（即为上期期末）的固定资产数据，作为后续固定资产核算和管理的起始基础。固定资产卡片是固定资产进行明细分类核算的一种账簿形式，记录每项固定资产的详细信息，一般包括固定资产编号、名称、类别、规格型号、使用部门、增加方式、使用状态、预计使用年限、预计残值率、折旧方法、开始使用日期、原值、累计折旧等。

【特别提示】固定资产原始卡片的数据要和账务处理模块中有关固定资产的初始数据保持一致，否则就会出现错误。

案例 3.4.5

由操作员 004 刘涛根据以下资料录入固定资产原始卡片资料。

卡片编号	资产编号	固定资产名称	固定资产类别	部门名称	增加方式	使用状况	使用年限	折旧方法	开始使用日期	原值	净残值率	净残值	累计折旧
00001	012001	办公桌	办公设备	财务部	直接购入	在用	10	平均年限法	2015.12.08	5200	5%	260	494
00002	013001	轿车	交通设备	采购部	直接购入	在用	15	平均年限法	2016.08.02	89000	10%	8900	1780

具体操作如下。

（1）在固定资产系统中，单击“原始卡片录入”图标或者在“固定资产”菜单条下执行“卡片——录入原始卡片”命令，打开“资产类别参照”窗口，选择“01 办公设备”，如图 3-4-16 所示。

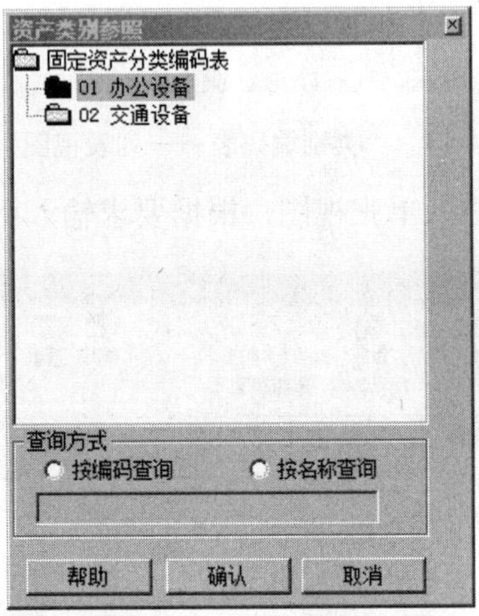

图 3-4-16 “资产类别参照”窗口

（2）单击“确认”按钮，打开“录入原始卡片”窗口，根据要求输入相关信息，如图 3-4-17 所示。

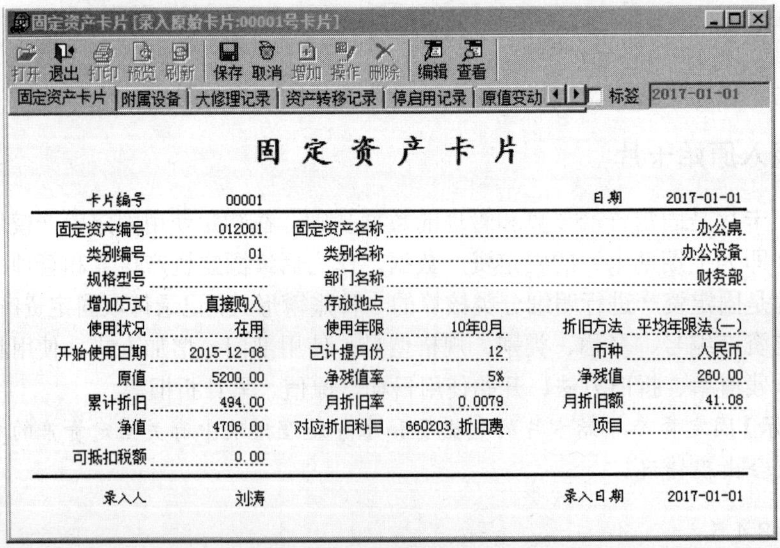

图 3-4-17 “录入原始卡片”窗口

（3）单击“保存”按钮，系统弹出“固定资产”对话框，提示数据成功保存，如图 3-4-18

所示。

图 3-4-18　“固定资产——数据成功保存”对话框

（4）单击“确定”按钮。同样操作方法输入其他固定资产卡片。

二、固定资产管理模块日常处理

企业在日常运营过程中会发生与固定资产相关的业务，一般包括固定资产增加、固定资产减少、固定资产变动等，但不包括固定资产折旧。用户在每个会计期间均可在固定资产管理模块中对相关日常业务进行管理和核算。

【多项选择题】下列各项中，属于固定资产管理模块的日常处理的有（　　）。

A. 固定资产增加

B. 原始卡片录入

C. 计提折旧

D. 固定资产使用部门变动

【答案】AD

【解析】固定资产管理系统的日常业务处理主要包括固定资产增加、减少、固定资产变动等。原始卡片录入是固定资产管理模块初始化设置的工作，计提折旧是固定资产管理模块期末处理的工作。

（一）固定资产增加

固定资产增加是指企业通过购进或者通过其他方式增加固定资产时，应为增加的固定资产建立一张固定资产卡片，录入增加的固定资产的相关信息与数据。

案例 3.4.6

由操作员 004 刘涛根据以下资料增加固定资产。

卡片编号	资产编号	固定资产名称	固定资产类别	部门名称	增加方式	使用状况	使用年限	折旧方法	开始使用日期	原值	净残值率	净残值
00003	011001	电脑	办公设备	行政部	直接购入	在用	10	平均年限法	2017.01.31	5000	5%	250

具体操作如下。

（1）在固定资产系统中，单击“资产增加”图标或者在“固定资产”菜单条下执行“卡片——资产增加”命令，打开“资产类别参照”窗口，选择“01 办公设备”，单击“确认”按钮，打开“新增资产”窗口，根据要求输入相关信息，如图 3-4-19 所示。

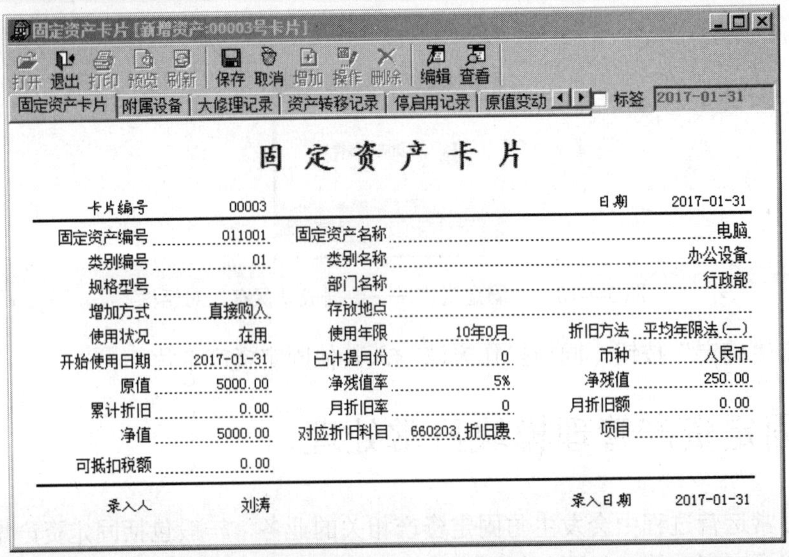

图 3-4-19 “新增资产”窗口

（2）单击“保存”按钮，系统弹出“固定资产”对话框，提示数据成功保存，单击“确定”按钮。

（二）固定资产减少

固定资产减少是指企业在生产经营过程中，对不需要的固定资产进行处置，包括对固定资产进行出售或对外投资、对固定资产进行清理报废、清理注销等。在系统操作中，固定资产减少业务的核算不是直接减少固定资产的价值，而是输入固定资产减少卡片，说明减少原因，记录业务的具体信息和过程，保留审计线索。

【点拨指导】固定资产减少操作必须在计提折旧之后再进行，因为当期减少的固定资产当期要照提折旧。

固定资产减少的具体操作方法如下。

（1）在固定资产系统中，单击“资产减少”图标或者在“固定资产”菜单条下执行“卡片——资产减少”命令，打开“资产减少”窗口，如图 3-4-20 所示。

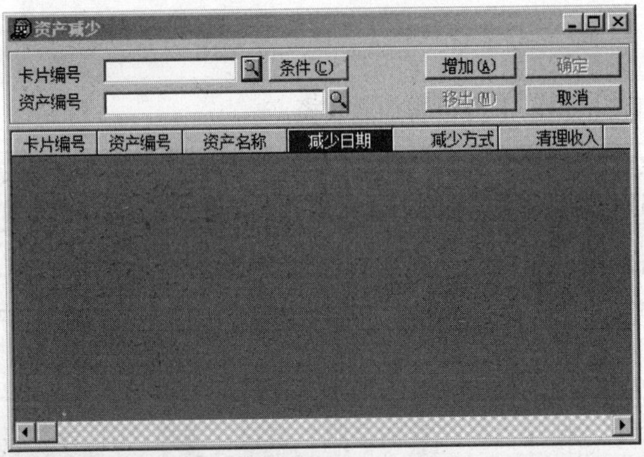

图 3-4-20 “资产减少”窗口

（2）根据要求设置要减少的卡片信息。

（三）固定资产变动

固定资产变动业务包括价值信息变更和非价值信息变更两部分内容。

1．价值信息变更

（1）固定资产原值变动。固定资产在使用过程中，其原值变动的原因一般包括以下几种情况。

① 根据国家规定，对固定资产重新估价；

② 增加补充设备或改良设备；

③ 将固定资产的一部分拆除；

④ 根据实际价值调整原来的暂估价值；

⑤ 发现原记录固定资产的价值有误。

（2）折旧要素的变更。折旧要素的变更包括使用年限调整、折旧方法调整、净残值（率）调整、累计折旧调整等。

2．非价值信息变更

固定资产非价值信息变更包括固定资产的使用部门变动、使用状况变动、存放地点变动等。

固定资产变动的具体操作如下。

（1）在固定资产系统中，单击“资产减少”图标或者在“固定资产”菜单条下执行“卡片——变动单”命令，根据变动情况选择相应命令，如图3-4-21所示。

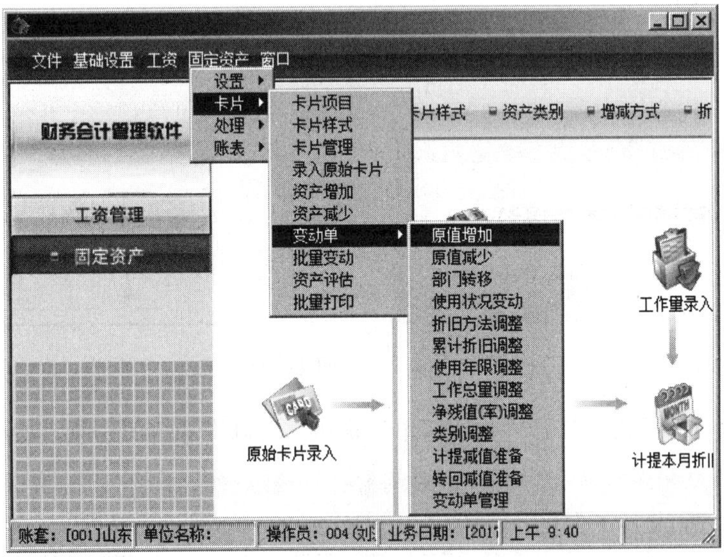

图3-4-21　固定资产变动列表

（2）在打开的“新建变动单”窗口中，根据要求输入相关信息，输入完成后单击“保存”按钮。

【多项选择题】属于固定资产非价值信息变更的有（　　）。

A．使用状况变动　　B．使用年限调整

C．折旧方法调整　　D．使用部门变动

【答案】AD

【解析】非价值信息变更包括固定资产的使用部门变动、使用状况变动、存放地点变动等。

（四）计提折旧

固定资产管理模块提供自动计提折旧的功能，计提折旧的操作流程如下。

（1）初次录入固定资产原始卡片：应将固定资产的原值、使用年限、残值（率）及折旧计提方法等相关信息录入系统；

（2）期末处理：系统利用自动计提折旧功能，对各项固定资产按照定义的折旧方法计提折旧；

（3）折旧额处理：将当期的折旧额自动累计到每项资产的累计折旧项目中，减少固定资产账面价值；

（4）成本费用分配：系统将计提的折旧金额依据每项固定资产的用途归属到对应的成本、费用项目中，生成折旧分配表；

（5）生成记账凭证：以折旧分配表为依据，制作相应的记账凭证，并传递给账务处理模块。

【特别提示】系统还可以提供折旧清单，显示所有应计提折旧的资产已计提折旧的信息。

案例 3.4.7

由操作员 004 刘涛对固定资产计提折旧并生成记账凭证。

具体操作如下。

（1）在固定资产系统中，单击“计提本月折旧”图标或者在“固定资产”菜单条下执行“处理——计提本月折旧”命令，系统弹出“固定资产”对话框，提示是否要继续，如图 3-4-22 所示。

（2）单击“是”按钮，系统弹出“固定资产”对话框，提示是否要查看折旧清单，如图 3-4-23 所示。

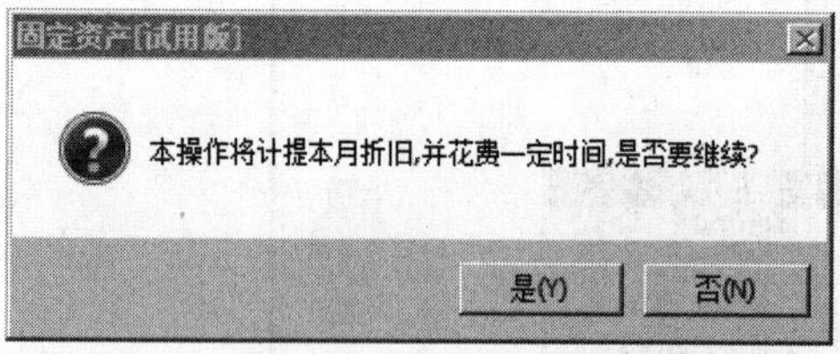

图 3-4-22 “固定资产——是否继续”对话框

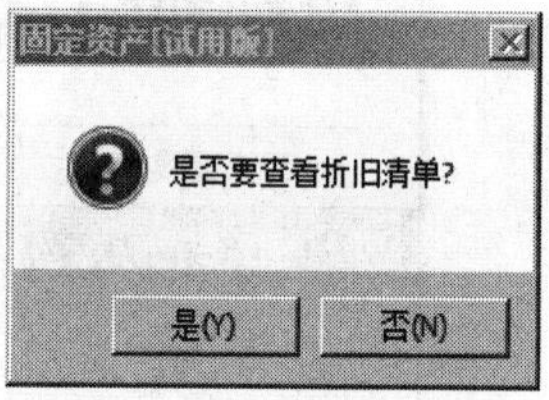

图 3-4-23 “固定资产——查看折旧清单”对话框

（3）单击“是”按钮，打开“折旧清单”窗口，可以查看折旧信息，如图 3-4-24 所示。

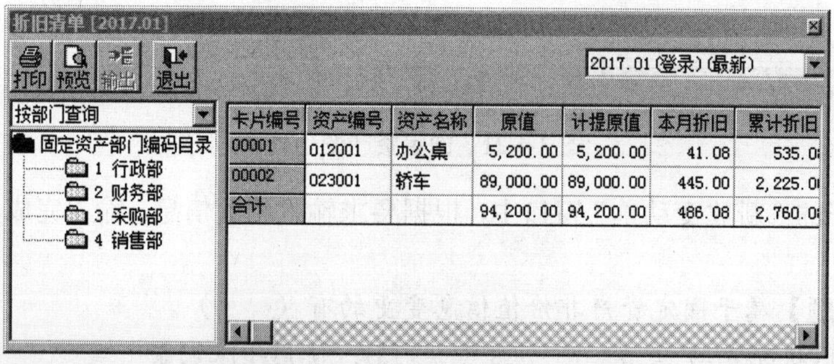

图 3-4-24 “折旧清单”窗口

（4）单击“退出”按钮，打开“折旧分配表”窗口，如图 3-4-25 所示。

图 3-4-25　“折旧分配表”窗口

（5）单击“凭证”按钮，打开“填制凭证”窗口，在该窗口中，修改凭证类别，输入贷方折旧科目，如图 3-4-26 所示。

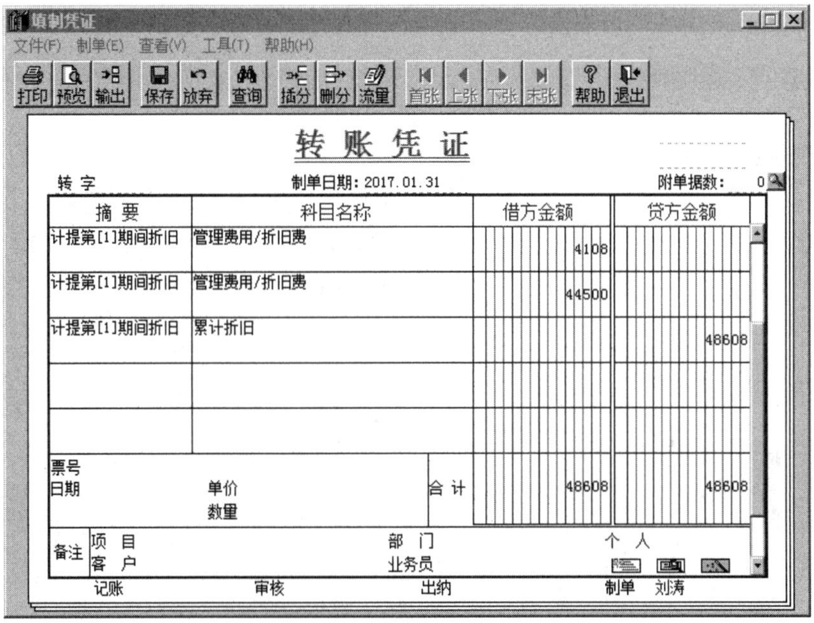

图 3-4-26　“填制凭证”窗口

（6）单击“保存”按钮。

【点拨指导】影响折旧的因素主要包括固定资产原值、预计使用期间、净残值率等因素。如果在本月计提折旧后，进行了影响折旧计算或分配的操作，则需要重新计提折旧。重新计提折旧不能直接进行，需要把之前已生成并保存的折旧凭证删除后进行。

【单项选择题】固定资产管理模块中（　　）显示所有应计提折旧的资产已计提折旧的信息。

A．折旧费用分配表　　　　B．折旧明细表

C．折旧计算表　　　　　　D．折旧分析表

【答案】B

【解析】固定资产系统提供固定资产折旧明细表，显示所有应计提折旧的资产已计提折旧的信息。

【判断题】固定资产系统在一个期间内只能执行一次计提折旧功能。（　　）

【答案】×

【解析】固定资产系统在一个期间内可以多次执行计提折旧的功能。

（五）生成记账凭证

设置固定资产凭证处理选项之后，固定资产管理模块对于需要填制记账凭证的业务能够自动完成记账凭证填制工作，并传递给账务处理模块。

案例 3.4.8

由操作员 004 刘涛对本月增加的固定资产业务进行批量制单，附件 1 张。

具体操作如下。

（1）在固定资产系统中，单击“批量制单”图标或者在“固定资产”菜单条下执行“处理——批量制单”命令，打开“批量制单”窗口，在“制单选择”标签页中，单击“全选”按钮或者在业务的“制单”栏双击，使“制单”栏显示“Y”字标记，如图 3-4-27 所示。

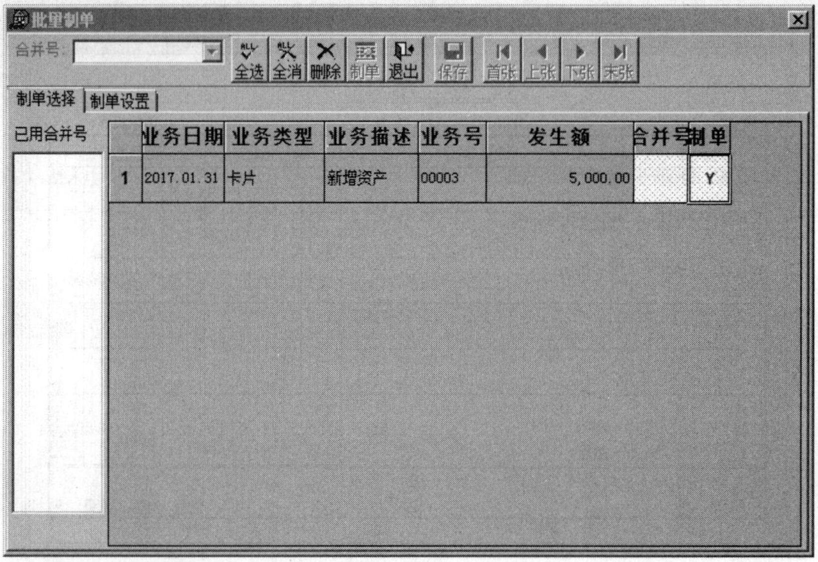

图 3-4-27 “批量制单——制单选择”窗口

（2）单击“制单设置”标签页，在“科目”栏设置会计科目，如图 3-4-28 所示。

（3）单击“制单”按钮，打开“填制凭证”窗口，修改凭证类别，制单日期，附单据张数，输入摘要，如图 3-4-29 所示。

（4）单击“保存”按钮。

【单项选择题】固定资产核算系统启用之后的日常处理不包括（　　）。

A．变动资料输入与计提折旧　　B．凭证的输入、审核与记账

C．成本核算　　D．设备采购与应付款管理

【答案】A

【解析】本题考查固定资产系统的日常业务处理。固定资产日常处理包括固定资产的增加、减少、固定资产变动等，但不包括固定资产折旧。

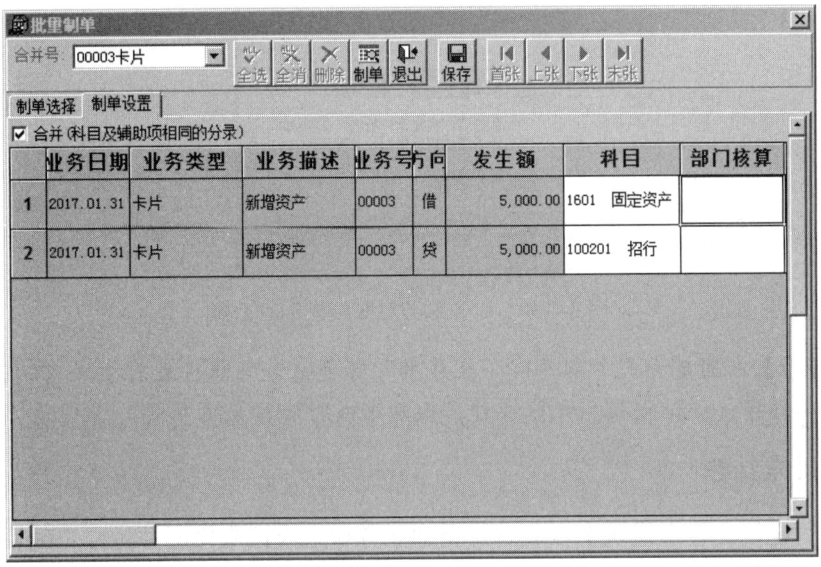

图 3-4-28　“批量制单——制单设置”窗口

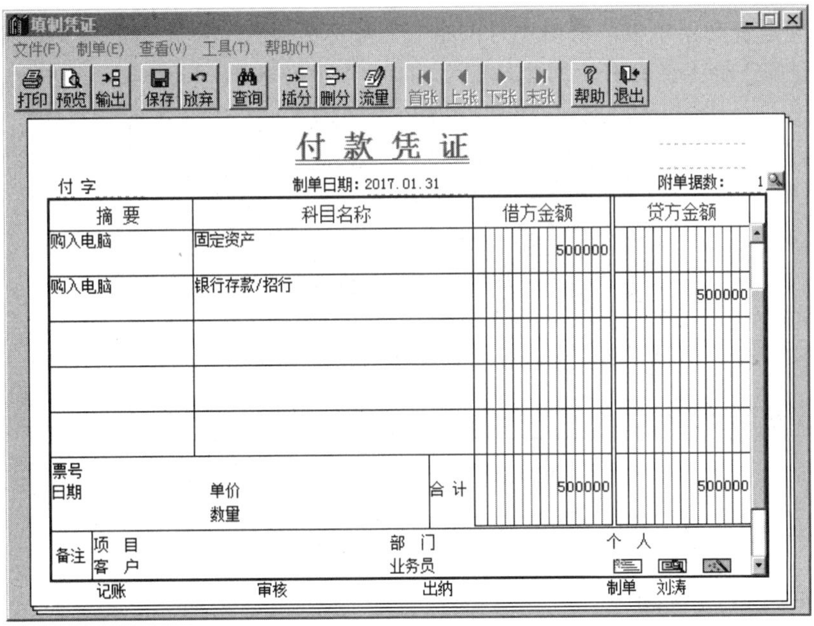

图 3-4-29　“填制凭证”窗口

三、固定资产管理模块期末处理

（一）对账

固定资产管理模块对账功能主要是指与账务处理模块进行对账。对账工作主要是为了保证固定资产管理模块的资产价值、折旧、减值准备等与账务处理模块中对应科目的金额相一致。

对账的具体操作如下：在“固定资产”菜单条下执行“处理——对账”命令，系统弹出“与账务对账结果”对话框，显示固定资产账套与账务账套的有关数据，如图 3-4-30 所示。

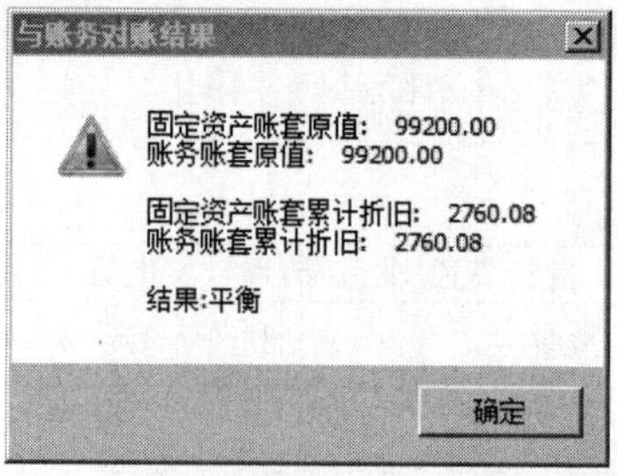

图 3-4-30 “与账务对账结果”对话框

【特别提示】在固定资产管理系统下生成的记账凭证，与账务处理模块中业务凭证一样，需要进行出纳签字、凭证审核和记账操作，否则造成对账结果不平衡。

（二）月末结账

用户在固定资产管理模块中完成本月全部业务和生成记账凭证并对账正确后，可以进行月末结账。结账每月进行一次，结账后，本月不能再录入和修改数据。

月末结账的具体操作如下。

（1）在固定资产系统中，单击“月末结账”图标或者在“固定资产”菜单条下执行“处理——月末结账”命令，打开“月末结账”窗口，如图 3-4-31 所示。

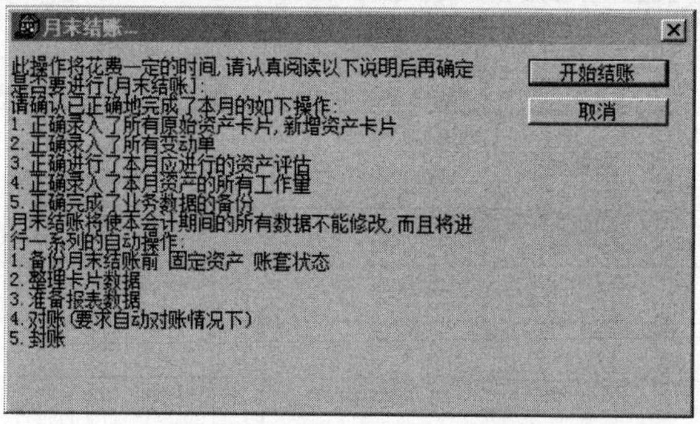

图 3-4-31 “月末结账”窗口

（2）单击“开始结账”按钮，系统自动进行结账处理。

（三）相关数据查询

固定资产报表包括固定资产明细账、固定资产折旧表、固定资产变动情况表、折旧费用分配表等。固定资产管理模块提供了对这些账表的查询功能，用户可以对固定资产相关信息按照不同标准进行分类、汇总、分析和输出，以满足各方面管理决策的需要。

案例 3.4.9

由操作员 004 刘涛查询固定资产使用状况分析表。

具体操作如下。

（1）在“固定资产”菜单条下执行“账表——我的账表”命令，打开“报表”窗口，单击“分析表”，选择“固定资产使用状况表”，如图 3-4-32 所示。

（2）单击“打开”按钮，打开“条件”窗口，如图 3-4-33 所示。

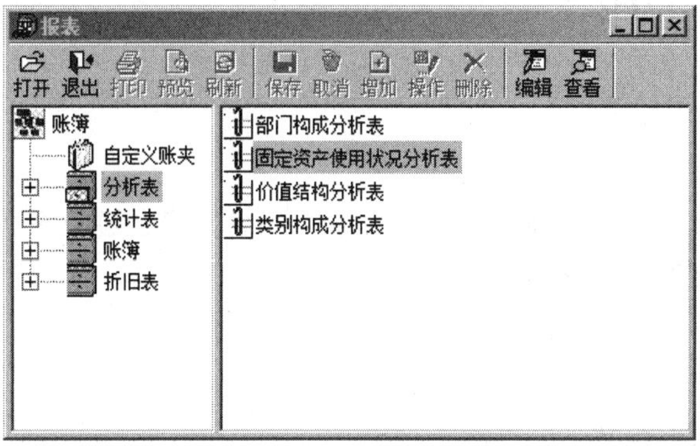

图 3-4-32　“报表”窗口

图 3-4-33　“条件”窗口

（3）单击“确定”按钮，打开“固定资产使用状况分析表”窗口，可以查看固定资产使用状况，如图 3-4-34 所示。

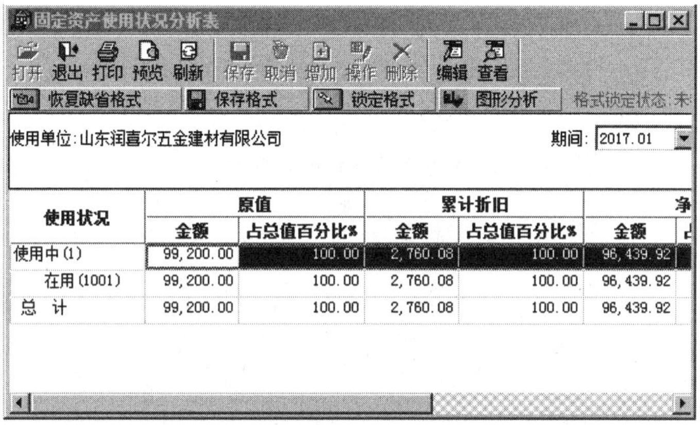

使用状况	原值		累计折旧		净
	金额	占总值百分比%	金额	占总值百分比%	金额
使用中（1）	99,200.00	100.00	2,760.08	100.00	96,439.92
在用（1001）	99,200.00	100.00	2,760.08	100.00	96,439.92
总　计	99,200.00	100.00	2,760.08	100.00	96,439.92

图 3-4-34　“固定资产使用状况分析表”窗口

第五节　工资管理模块的应用

【学习指导】

学习本节内容，需要熟悉工资管理模块期末处理操作，掌握工资管理模块初始化工作的操作方法，包括设置工资类别、工资项目、计算公式及录入工资基础数据等，并掌握工资管理模块日常处理操作，包括工资计算、工资分摊及记账凭证的生成等。

工资管理模块是进行工资核算和管理的模块，该模块以人力资源管理提供的员工及其工资的基本数据为依据，完成员工工资数据的收集、员工工资的核算、工资发放、工资费用的汇总和分摊、个人所得税计算和按照部门、项目、个人工作时间等条件进行工资分析、查询和打印输出，以及该模块与其他模块的数据接口管理。

一、工资管理模块初始化工作

（一）建立工资账套

初次进入工资系统后应根据企业的实际情况建立相应的工资账套。工资账套的建立分为四个步骤，即参数设置、扣税设置、扣零设置及人员编码设置。

案例 3.5.1

由操作员 004 刘涛根据以下资料建立工资账套。

工资类别个数：多个；扣税设置：从工资中代扣个人所得税；不进行扣零处理；人员编码长度：4；启用日期：2017 年 1 月 1 日。

具体操作如下。

（1）在工资管理系统中，单击“工资管理”图标或者单击“工资”菜单，打开“建立工资套——参数设置”窗口，选择工资类别个数为“多个”，如图 3-5-1 所示。

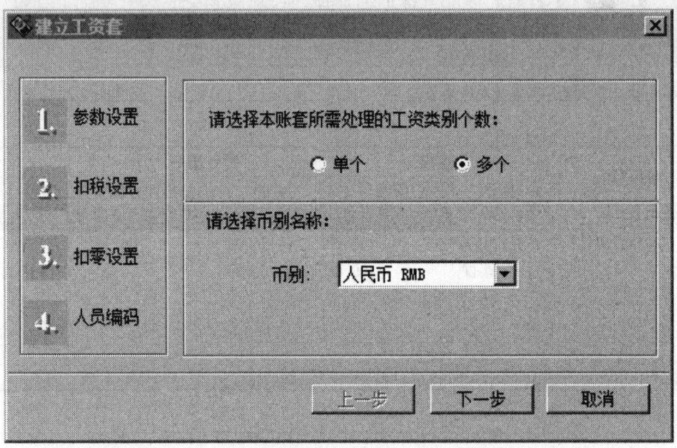

图 3-5-1 “建立工资套——参数设置”窗口

（2）单击“下一步”按钮，进入“建立工资套——扣税设置”窗口，选择“是否从工资中代扣个人所得税”，如图 3-5-2 所示。

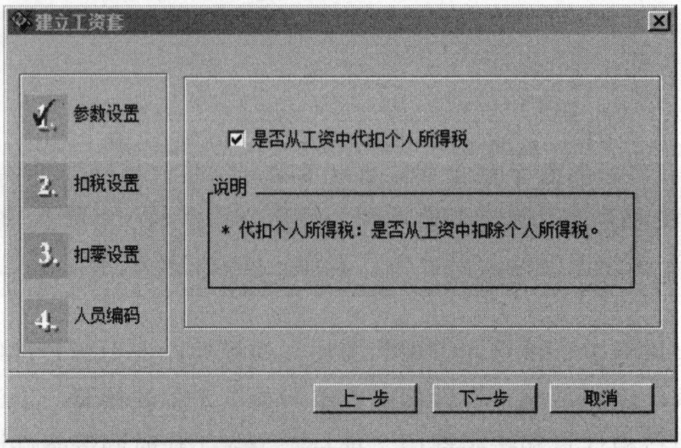

图 3-5-2 “建立工资套——扣税设置”窗口

（3）单击“下一步”按钮，进入“建立工资套——扣零设置”窗口，不做选择，如

图 3-5-3 所示。

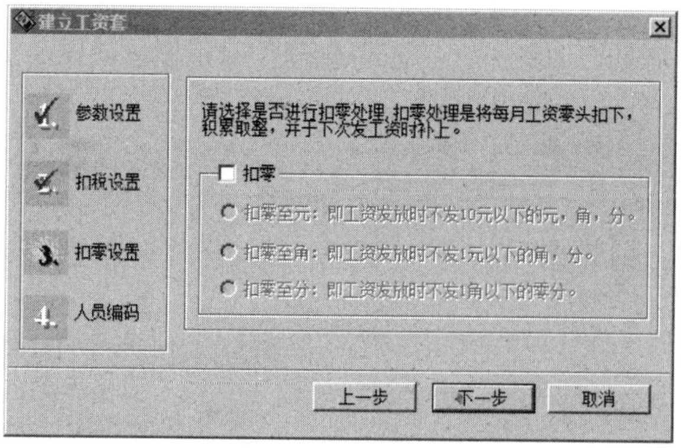

图 3-5-3　“建立工资套——扣零设置”窗口

（4）单击“下一步”按钮，进入“建立工资套——人员编码”窗口，设置人员编码长度为“4”，如图 3-5-4 所示。

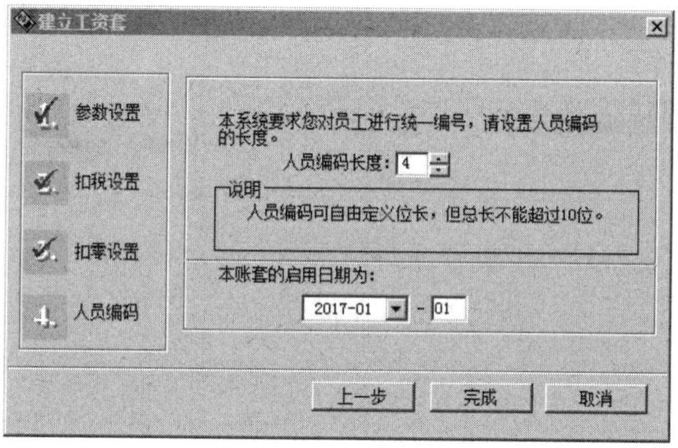

图 3-5-4　“建立工资套——人员编码”窗口

（5）单击“完成”按钮，系统弹出“打开工资类别”对话框，提示未建立工资类别，单击“确定”按钮，打开“工资管理”窗口，如图 3-5-5 所示。

（6）单击“确定”按钮，打开“新建工资类别——工资类别名称”窗口，输入工资类别名称“正式人员”，如图 3-5-6 所示。

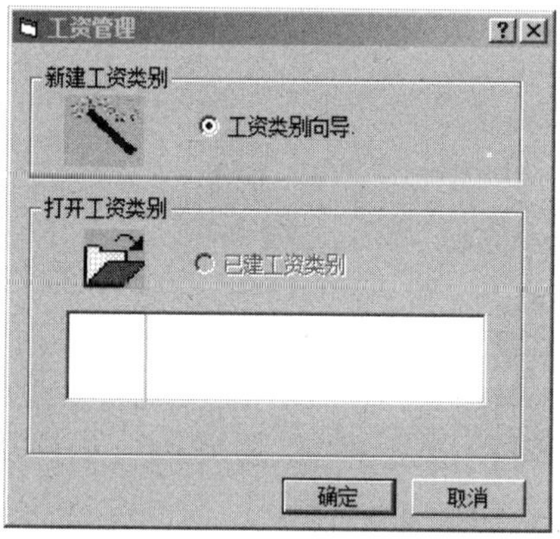

图 3-5-5　“工资管理”窗口

图 3-5-6　“新建工资类别——工资类别名称”窗口

（7）单击“下一步”按钮，进入“新建工资类别——选择部门”窗口，选择全部部门，如图 3-5-7 所示。

（8）单击“完成”按钮，系统弹出“工资管理”对话框，如图 3-5-8 所示。

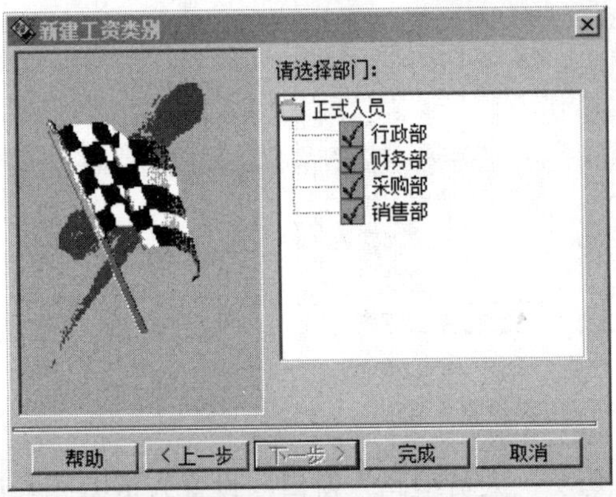

图 3-5-7 “新建工资类别——选择部门”窗口

图 3-5-8 “工资管理”对话框

（9）单击“是”按钮。

（二）设置基础信息

1. 设置工资类别

工资类别用于对工资核算范围进行分类。企业一般可按人员、部门或时间等设置多个工资类别。

案例 3.5.2

由操作员 004 刘涛新建工资类别“临时人员”，部门只包括销售部。

（1）在“工资”菜单条下执行“工资类别——新建工资类别”命令，如图 3-5-9 所示。

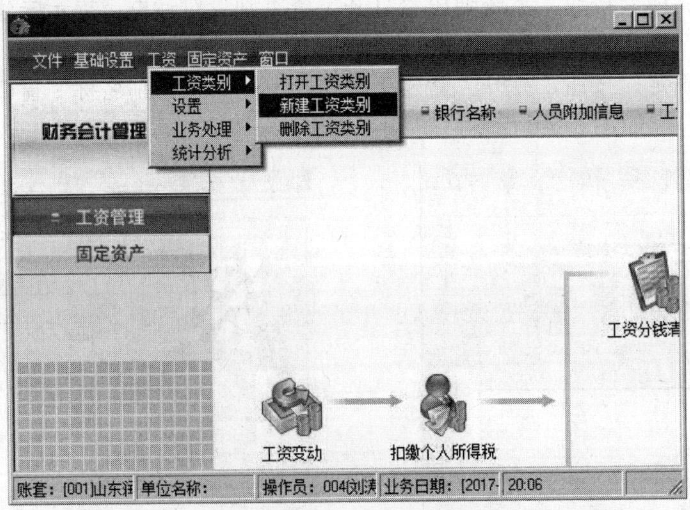

图 3-5-9 “工资类别——新建工资类别”命令

（2）在打开的“新建工资类别——工资类别名称”窗口中，输入工资类别名称“临时人员”，如图 3-5-10 所示。

（3）单击“下一步”按钮，进入“新建工资类别——选择部门”窗口，选择“销售部”，如图 3-5-11 所示。

图 3-5-10　“新建工资类别——工资类别名称”窗口

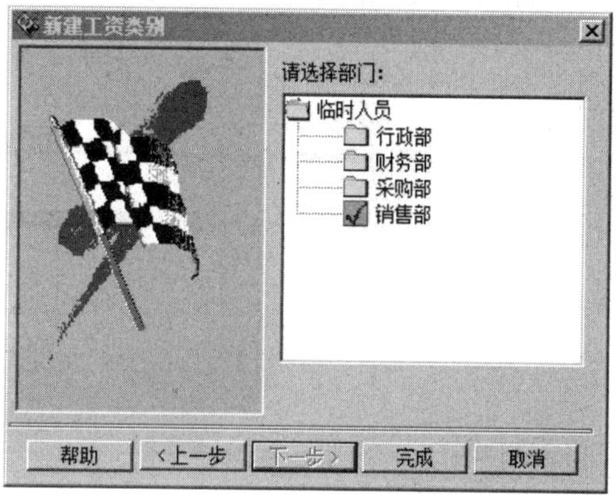

图 3-5-11　“新建工资类别——选择部门”窗口

（4）单击“完成”按钮，系统弹出“工资管理”对话框，单击“是”按钮。

【特别提示】不同工资类别的工资项目可以不相同，计算公式也可以不相同。

2. 设置银行名称

银行名称设置中可以设置多个发放工资的银行，以适应不同的需要。

【举例说明】同一工资类别中的人员由于在不同的工作地点，需要由不同的银行代发工资，或者不同的工资类别由不同的银行代发工资。

案例 3.5.3

由操作员 004 刘涛设置银行名称：招商银行，账号定长，账号长度 11，录入时需要自动带出的账号长度 8。

具体操作如下。

（1）在工资管理系统中，单击“银行名称”图标或者在“工资”菜单条下执行“设置——银行名称设置”命令，打开“银行名称设置”窗口，如图 3-5-12 所示。

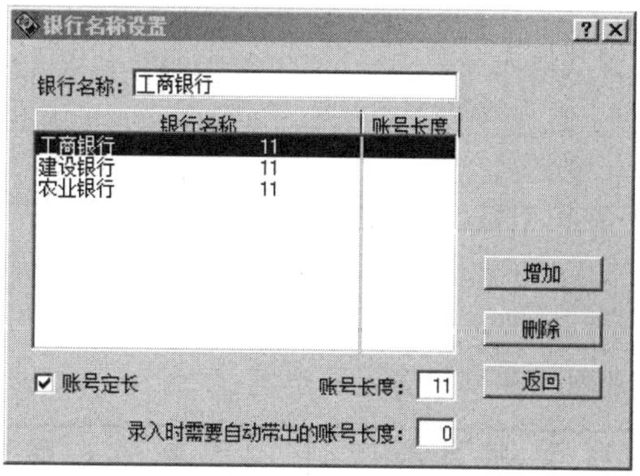

图 3-5-12　“银行名称设置”窗口

（2）单击“增加”按钮，在银行名称处输入“招商银行”，默认“账号定长”且账号长度“11”，在“录入时需要自动带出的账号长度”处输入“8”，如图 3-5-13 所示。

3. 设置人员类别

设置人员类别的名称，便于按人员类别进行工资汇总计算。

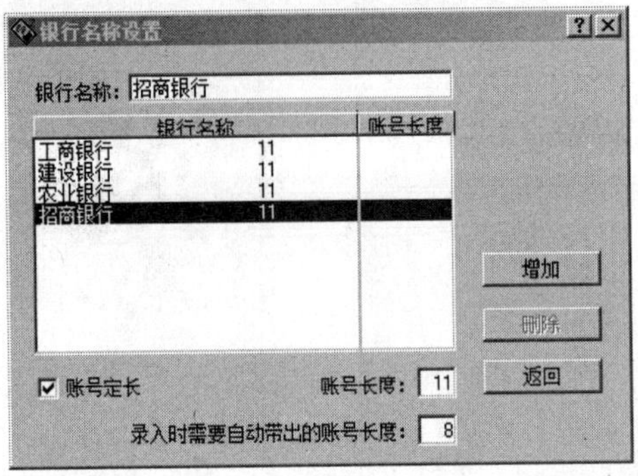

图 3-5-13 “银行名称设置——增加”窗口

案例 3.5.4

由操作员 004 刘涛设置人员类别：后勤人员、市场人员。

具体操作如下。

（1）在工资管理系统中，单击“人员类别设置”图标或者在“工资”菜单条下执行“设置——人员类别设置”命令，打开“类别设置”窗口，如图 3-5-14 所示。

（2）单击“增加”按钮，在类别处输入“后勤人员”，如图 3-5-15 所示。

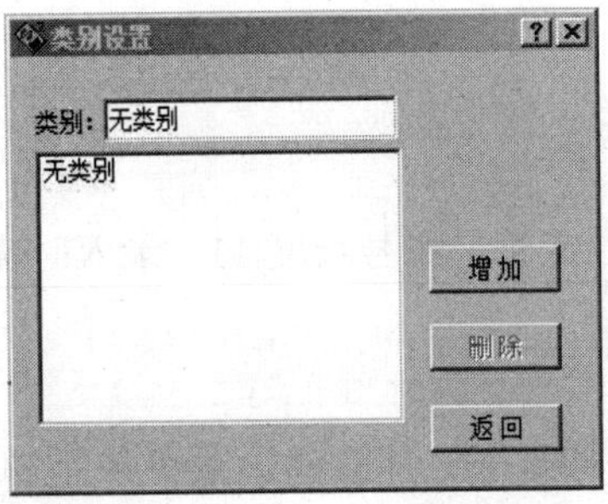

图 3-5-14 “类别设置”窗口

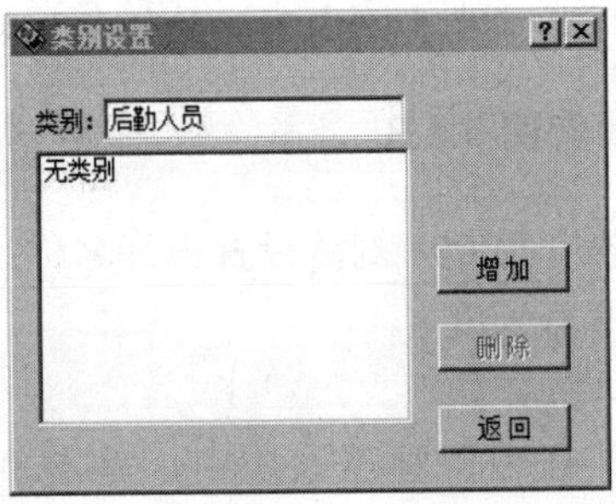

图 3-5-15 “类别设置——增加”窗口

（3）同样操作方法设置其他人员类别。

4. 设置人员档案

人员档案的设置用于登记工资发放人员的编号、姓名、所在部门、人员类别等信息。

案例 3.5.5

由操作员 004 刘涛根据如下资料设置人员档案。

人员编号	人员姓名	所属部门	人员类别	银行名称	银行账号
1001	闫丽	行政部	后勤人员	招商银行	10009999001
1002	刘飞飞	行政部	后勤人员	招商银行	10009999002
2001	李慧	财务部	后勤人员	招商银行	10009999003
2002	孙华	财务部	后勤人员	招商银行	10009999004

续表

人员编号	人员姓名	所属部门	人员类别	银行名称	银行账号
2003	张霞	财务部	后勤人员	招商银行	10009999005
2004	刘涛	财务部	后勤人员	招商银行	10009999006
2005	薛娟	财务部	后勤人员	招商银行	10009999007
3001	陈海涛	采购部	后勤人员	招商银行	10009999008
3002	周岳	采购部	后勤人员	招商银行	10009999009
4001	方亮	销售部	市场人员	招商银行	10009999010
4002	赵阳	销售部	市场人员	招商银行	10009999011
4003	徐良	销售部	市场人员	招商银行	10009999012

具体操作如下。

（1）在工资管理系统中，单击“人员档案”图标或者在“工资”菜单条下执行“设置——人员档案”命令，打开“人员档案”窗口，如图 3-5-16 所示。

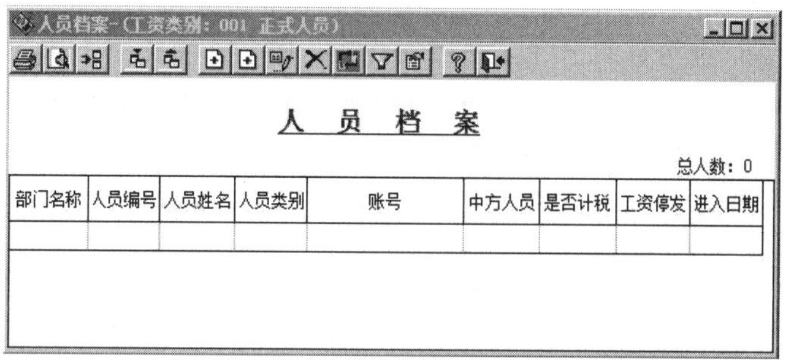

图 3-5-16　“人员档案”窗口

（2）单击“增加”按钮，打开“人员档案——增加”窗口，在该窗口中输入人员编号、人员姓名等信息，如图 3-5-17 所示。

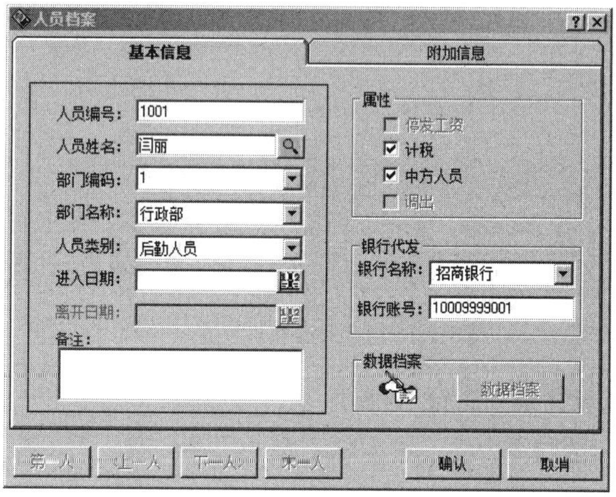

图 3-5-17　“人员档案——增加”窗口

（3）单击“确认”按钮。同样操作方法输入其他人员档案。

5. 设置工资项目

设置工资项目是计算工资的基础，包括工资项目名称、类型、数据长度、小数位数等。

工资项目的类型有三种选择：数字型、文字型和日期型。

工资管理模块不仅要求用户在系统初建时设置工资项目，而且日后也允许用户适当增加或删除其中的项目。

案例 3.5.6

由操作员 004 刘涛根据如下资料设置工资项目。

工资项目名称	类　型	长　度	小　数	增 减 项
基本工资	数字	8	2	增项
奖金	数字	8	2	增项
养老保险	数字	8	2	减项

具体操作如下。

（1）在“工资”菜单条下执行“工资类别——关闭工资类别”命令。

（2）在工资管理系统中，单击“工资项目”图标或者在“工资”菜单条下执行“设置——工资项目设置”命令，打开“工资项目设置”窗口，单击“增加”按钮，工资项目列表中增加一空白行，单击“名称参照”下拉列表框选择“基本工资”或者直接输入“基本工资”，双击“小数”栏，利用增减器的上三角按钮将小数设为“2”，双击“增减项”栏，从下拉列表框中选择“增项”，如图 3-5-18 所示。

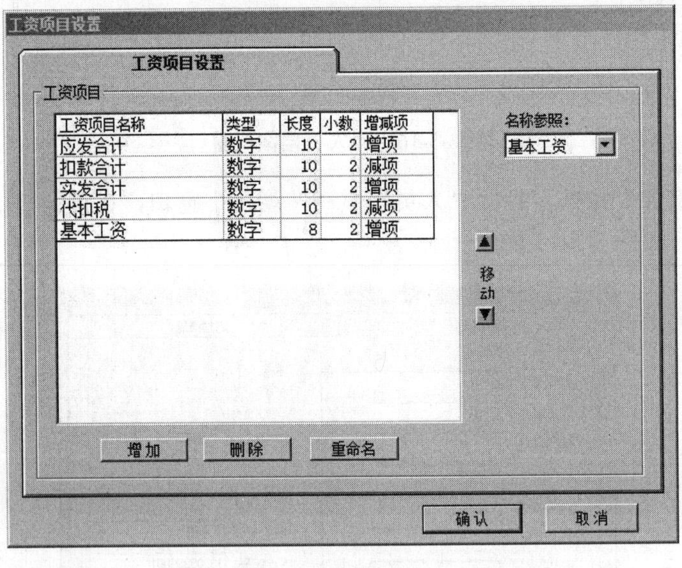

图 3-5-18　“工资项目设置”窗口

（3）同样操作方法设置其他工资项目。

【点拨指导】在“工资项目设置”窗口中，利用“▲”和“▼”箭头可以调整工资项目的排列位置。

6．设置工资项目计算公式

设置工资项目计算公式是指企业根据其财务制度，设置某一工资类别下的工资计算公式。计算公式由工资项目、运算符、关系符、函数等组成。

设置计算公式是指设置某些工资项目的计算公式及工资项目之间的运算关系。

【点拨指导】运用公式可直观表达工资项目的实际运用过程，灵活地进行工资计算处理。

案例 3.5.7

由操作员 004 刘涛设置工资计算公式：养老保险=（基本工资+奖金）×0.09

具体操作如下。

（1）在“工资”菜单条下执行“工资类别——打开工资类别”命令，打开“打开工资类别”窗口，如图 3-5-19 所示。

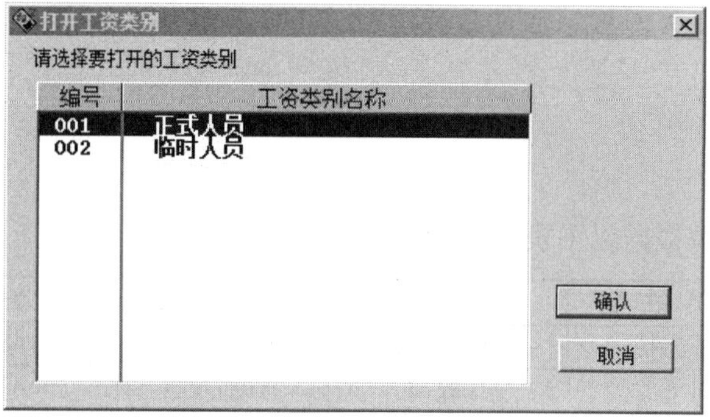

图 3-5-19　“打开工资类别”窗口

（2）选择“001 正式人员”，单击“确认”按钮。

（3）在工资管理系统中，单击“工资项目”图标或者在“工资”菜单条下执行“设置——工资项目设置”命令，打开“工资项目设置”窗口，在“工资项目设置”选项卡中，单击“增加”按钮，工资项目列表中增加一空白行，单击“名称参照”下拉列表框选择“基本工资”，同样操作方法增加“奖金”和“养老保险”。

（4）单击“公式设置”选项卡，单击“增加”按钮，在弹出的下拉列表框中选择“养老保险”，在“养老保险公式定义”处设置公式，如图 3-5-20 所示。

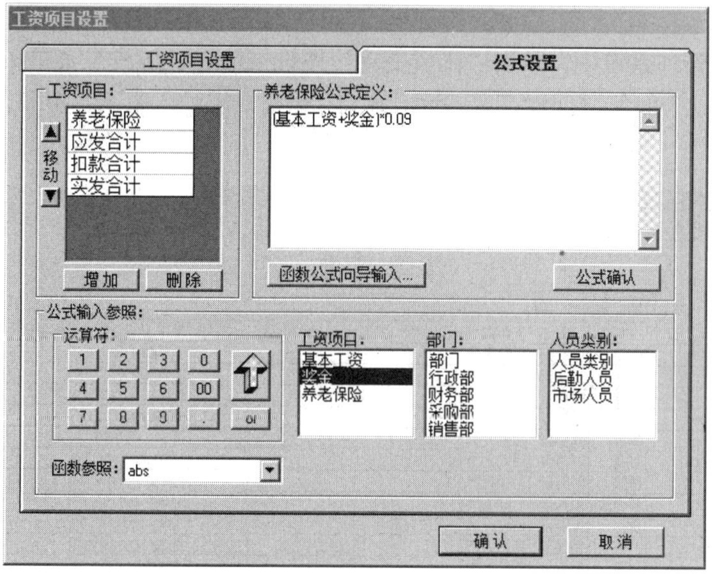

图 3-5-20　“工资项目设置——公式设置”窗口

（5）单击“公式确认”按钮，单击“确认”按钮。

（三）录入工资基础数据

第一次使用工资管理模块必须将所有人员的基本工资数据录入计算机。

由于工资数据具有来源分散等特点，工资管理模块一般提供以下数据输入方式。

（1）单个记录录入。选定某一特定员工，输入或修改其工资数据。

（2）成组数据录入。先将工资项目分组，然后按组输入。

（3）按条件成批替换。对符合条件的某些工资项，统一替换为一个相同的数据。

（4）公式计算。适用于有确定取数关系的数据项。

（5）从外部直接导入数据。通过数据接口将工资数据从车间、人事、后勤等外部系统导入工资管理模块。

案例 3.5.8

由操作员 001 李慧根据以下资料设置职工工资。

职员编码	职员姓名	所属部门	职员类型	基本工资	奖金
1001	闫丽	行政部	后勤人员	4800	200
1002	刘飞飞	行政部	后勤人员	4300	100
2002	李慧	财务部	后勤人员	5000	300
2002	孙华	财务部	后勤人员	4600	200
2003	张霞	财务部	后勤人员	4600	200
2004	刘涛	财务部	后勤人员	3800	180
2005	薛娟	财务部	后勤人员	3800	180
3001	陈海涛	采购部	后勤人员	4200	380
3002	周岳	采购部	后勤人员	3800	300
4001	方亮	销售部	市场人员	4200	380
4002	赵阳	销售部	市场人员	3800	300
4003	徐良	销售部	市场人员	3800	300

具体操作如下。

（1）在工资管理系统中，单击“工资变动”图标或者在“工资”菜单条下，执行“业务处理——工资变动”命令，打开“工资变动”窗口，根据要求输入基本工资和奖金，如图 3-5-21 所示。

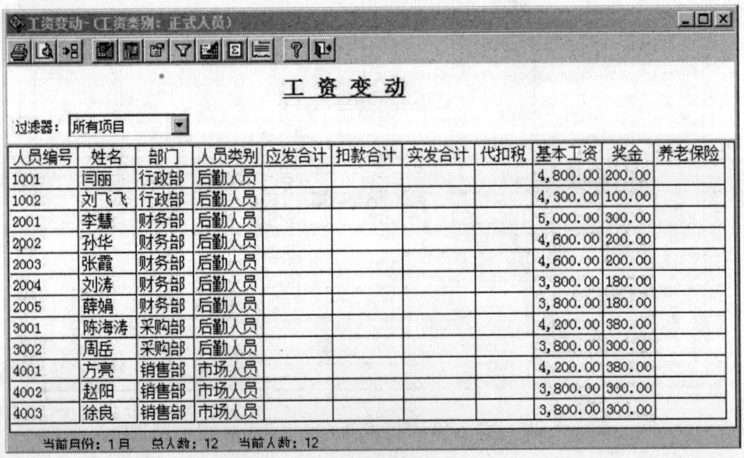

人员编号	姓名	部门	人员类别	应发合计	扣款合计	实发合计	代扣税	基本工资	奖金	养老保险
1001	闫丽	行政部	后勤人员					4,800.00	200.00	
1002	刘飞飞	行政部	后勤人员					4,300.00	100.00	
2001	李慧	财务部	后勤人员					5,000.00	300.00	
2002	孙华	财务部	后勤人员					4,600.00	200.00	
2003	张霞	财务部	后勤人员					4,600.00	200.00	
2004	刘涛	财务部	后勤人员					3,800.00	180.00	
2005	薛娟	财务部	后勤人员					3,800.00	180.00	
3001	陈海涛	采购部	后勤人员					4,200.00	380.00	
3002	周岳	采购部	后勤人员					3,800.00	300.00	
4001	方亮	销售部	市场人员					4,200.00	380.00	
4002	赵阳	销售部	市场人员					3,800.00	300.00	
4003	徐良	销售部	市场人员					3,800.00	300.00	

图 3-5-21 “工资变动”窗口

（2）单击“退出”按钮，系统弹出“工资管理”对话框，如图 3-5-22 所示。

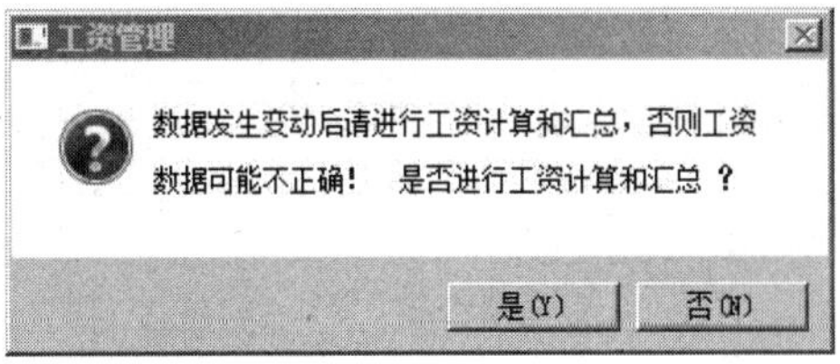

图 3-5-22 “工资管理”对话框

（3）单击“是”按钮。

二、工资管理模块日常处理

（一）工资计算

1. 工资变动数据录入

工资变动是指对工资可变项目的具体数额进行修改，以及对个人的工资数据进行修改、增删。工资变动数据录入是指输入某个期间内工资项目中相对变动的数据，如奖金、请假扣款等。

【点拨指导】工资变动数据录入与基础工资数据录入方法一致。

2. 工资数据计算

工资数据计算是指按照所设置的公式计算每位员工的工资数据。

【特别提示】如果修改了某些工资数据或重新设置了工资计算公式，需利用此功能对工资数据进行重新计算，以保证工资数据的准确性。

（二）个人所得税计算

工资管理模块提供个人所得税自动计算功能，用户可以根据政策的调整，定义最新的个人所得税税率表，系统可以自动计算个人所得税。

案例 3.5.9

由操作员 004 刘涛设置个人所得税缴纳方法。

具体操作如下。

（1）在工资管理系统中，单击“扣缴个人所得税”图标或者在“工资”菜单条下，执行“业务处理——扣缴所得税”命令，打开“栏目选择”窗口，选择对应工资项目“应发合计”，如图 3-5-23 所示。

（2）单击“确认”按钮，系统弹出“个人所得税”对话框，单击“是”按钮，打开“个人所得税”窗口，单击“税率表”图标，打开“个人所得税申报表——税率表”窗口，修改基数“3500”，附加费用“1300”，如图 3-5-24 所示。

（3）单击“确认”按钮，系统弹出“个人所得税”对话框，提示是否重新计算个人所得税，如图 3-5-25 所示。

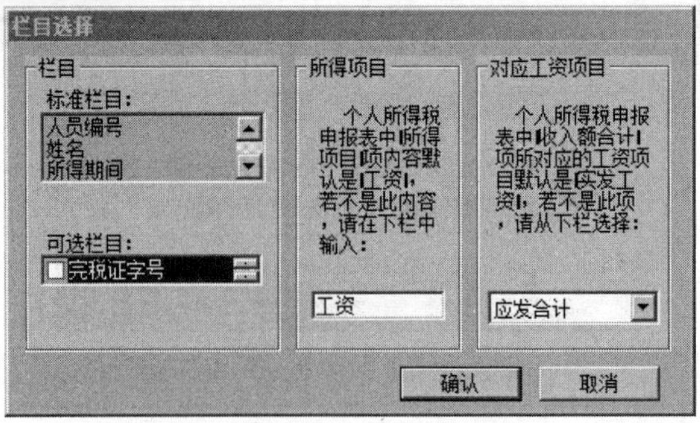

图 3-5-23 “栏目选择”窗口

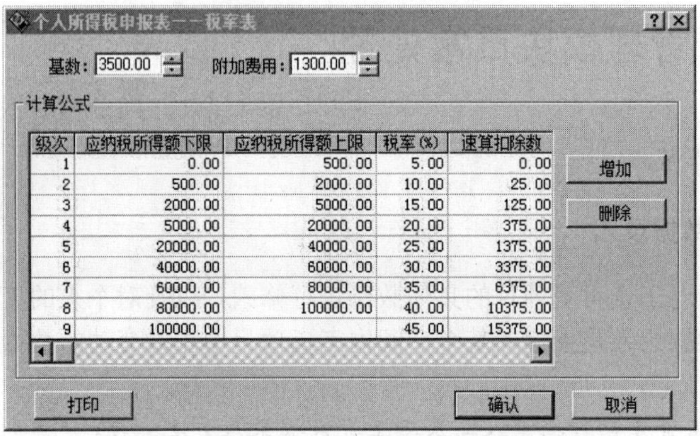

图 3-5-24 “个人所得税申报表——税率表”窗口

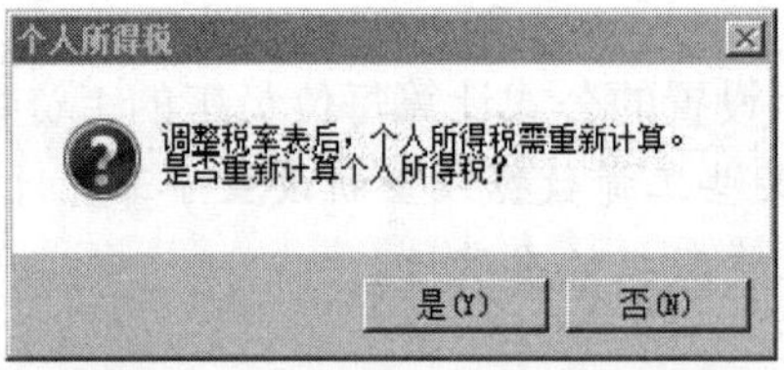

图 3-5-25 “个人所得税”对话框

（4）单击“是”按钮，返回“个人所得税”窗口，如图 3-5-26 所示。

图 3-5-26 “个人所得税”窗口

（5）单击“退出”图标。

（三）工资分摊

工资分摊是指对当月发生的工资费用进行工资总额的计算、分配及各种经费的计提，并自动生成转账凭证传递到账务处理模块。工资费用分摊项目一般包括应付工资、应付福利费、职工教育经费、工会经费、各类保险等。

（四）生成记账凭证

根据工资费用分摊的结果及设置的借贷科目，生成记账凭证并传递到账务处理模块。

案例 3.5.10

由操作员 004 刘涛根据以下资料生成该公司工资凭证，附件 1 张。

部门名称	人员类别	项　目	借方科目	贷方科目
行政部，财务部，采购部	后勤人员	应发合计	660201	2211
销售部	市场人员	应发合计	6601	2211

具体操作如下。

（1）在工资管理系统中，单击“工资分摊”图标或者在“工资”菜单条下，执行“业务处理——工资分摊”命令，打开“工资分摊”窗口，如图 3-5-27 所示。

图 3-5-27　“工资分摊”窗口

（2）单击“工资分摊设置”按钮，打开“分摊类型设置”窗口，如图 3-5-28 所示。

（3）单击“增加”按钮，打开“分摊计提比例设置”窗口，在“计提类型名称”处输入“应付工资”，如图 3-5-29 所示。

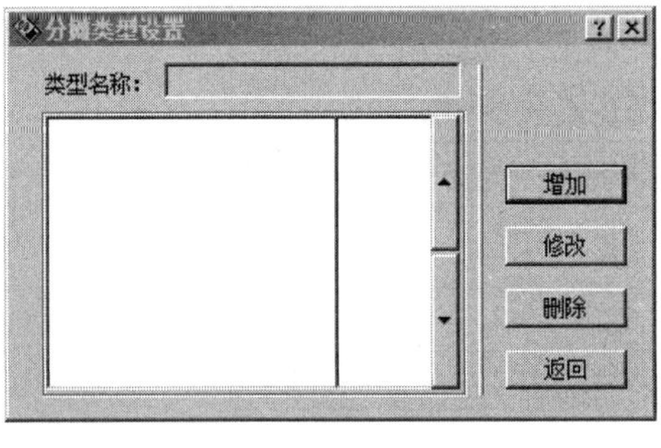

图 3-5-28　“分摊类型设置”窗口

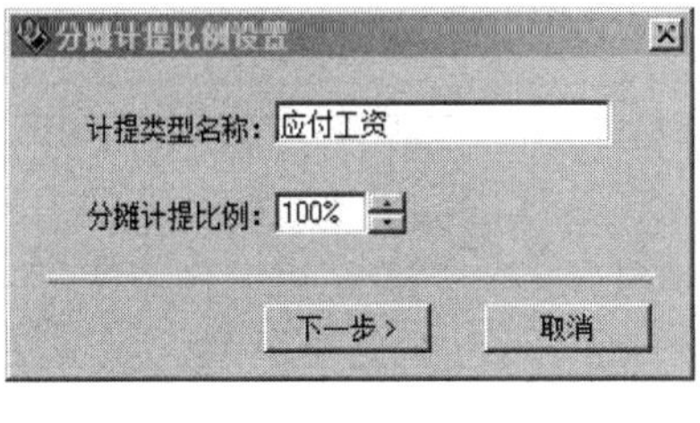

图 3-5-29　“分摊计提比例设置”窗口

（4）单击“下一步”按钮，打开“分摊构成设置”窗口，根据要求设置相关信息，如图 3-5-30 所示。

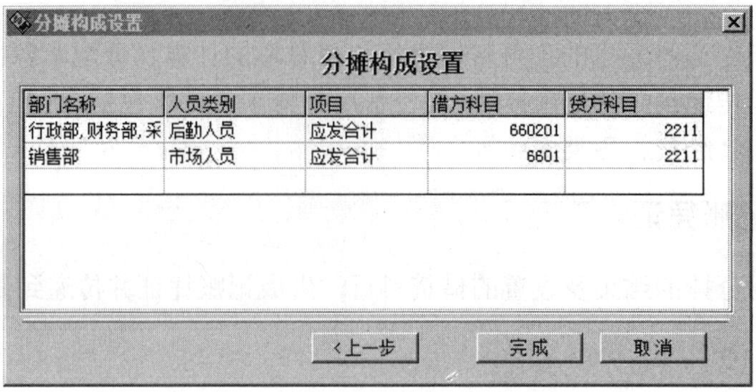

图 3-5-30 “分摊构成设置”窗口

（5）单击“完成”按钮，返回到“分摊类型设置”窗口。

（6）单击“返回”按钮，返回“工资分摊”窗口。在该窗口中，选择“应发工资”复选框，核算部门选择全部部门，选择“明细到工资项目”复选框，如图 3-5-31 所示。

图 3-5-31 “工资分摊——选择”窗口

（7）单击“确定”按钮，打开“工资分摊明细”窗口，显示应发工资一览表，选择“合并科目相同、辅助项相同的分录”复选框，如图 3-5-32 所示。

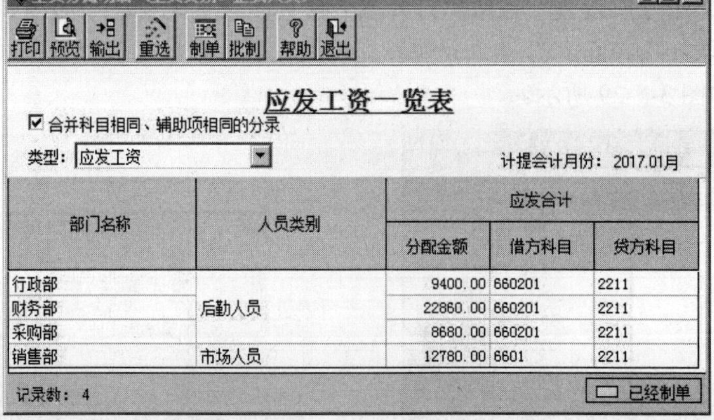

图 3-5-32 “工资分摊明细”窗口

（8）单击“制单”按钮，打开“填制凭证”窗口，修改凭证类别、附单据数，如图 3-5-33 所示。

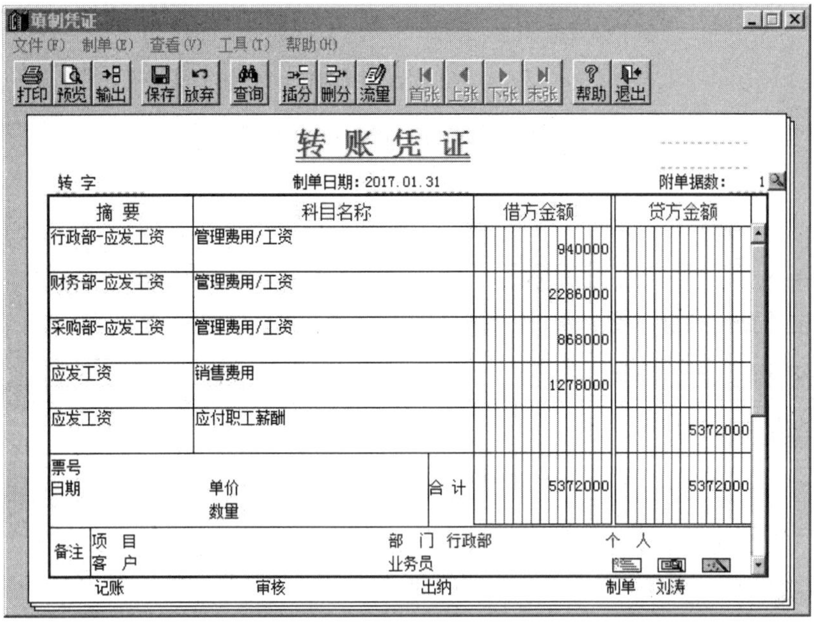

图 3-5-33　“填制凭证”窗口

（9）单击“保存”按钮。

【知识拓展】在工资管理模块下生成的凭证，可通过总账管理模块下的“凭证管理”命令进行修改、删除操作，同时，该凭证的复核、记账操作也是在总账管理模块下进行的。

三、工资管理模块期末处理

（一）期末结账

期末结账是指将当期数据经过处理后结转至下期。在当期工资数据处理完毕后，需要通过期末结账功能进入下一个期间。系统可以对不同的工资类别分别进行期末结账。

月末结转是将当月数据经过处理后结转至下月。由于在工资项目中，有的项目是变动的，即每月的数据均不相同，在每月工资处理时，均需将其数据清为零，而后输入当月的数据，此类项目即为清零项目。

【举例说明】基本工资在每个月的数值基本不变，而奖金的数值在每个月基本上都会有所不同，所以可以将奖金设为清零项目。

案例 3.5.11

由操作员 004 刘涛进行月末处理，将奖金设为清零项目。

具体操作如下。

（1）在工资管理系统中，单击“月末处理”图标或者在“工资”菜单条下，执行“业务处理——月末处理”命令，打开“月末处理”窗口，如图 3-5-34 所示。

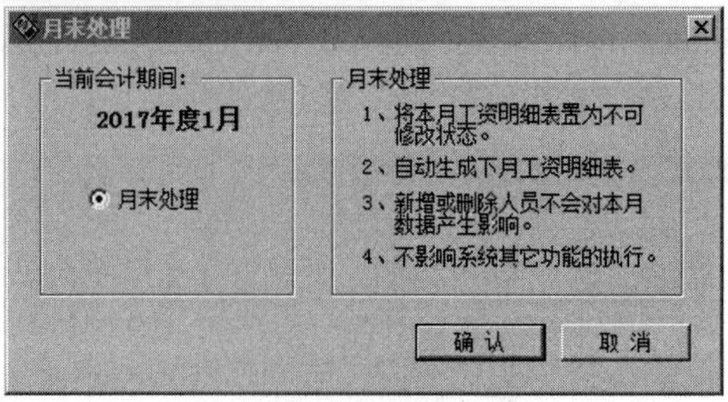

图 3-5-34 “月末处理”窗口

（2）单击“确认”按钮，系统弹出“工资管理”对话框，如图 3-5-35 所示。

（3）单击“是”按钮，系统弹出“工资管理”对话框，如图 3-5-36 所示。

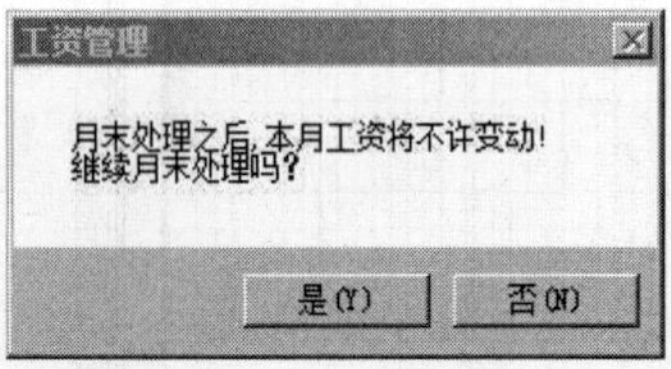

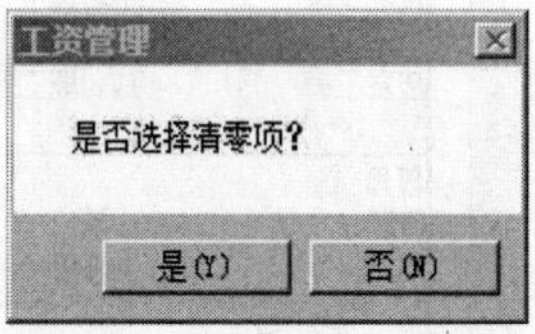

图 3-5-35 “工资管理——是否继续月末处理”对话框 图 3-5-36 “工资管理——是否选择清零项”对话框

（4）单击“是”按钮，打开“选择清零项目”窗口，将“奖金”设为清零项目，选择“保存本次选择结果”复选框，如图 3-5-37 所示。

（5）单击“确认”按钮，系统弹出“工资管理”对话框，如图 3-5-38 所示。

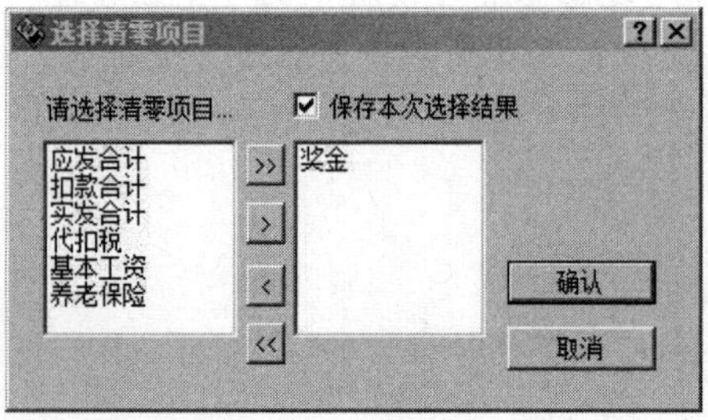

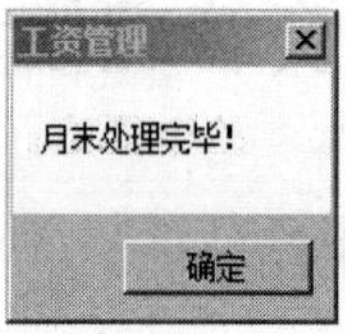

图 3-5-37 “选择清零项目”窗口

图 3-5-38 “工资管理——月末处理完毕”对话框

（6）单击“确定”按钮。

（二）工资表的查询输出

工资数据处理结果最终通过工资报表的形式反映，工资管理模块提供了主要的工资报表，报表的格式由会计软件提供，如果对报表提供的固定格式不满意，用户也可以自行设计。

1. 工资表

工资表主要用于对本月工资发放和统计，包括工资发放表、工资汇总表等。用户可以对系统提供的工资表进行修改，使报表格式更符合企业的需要。

2. 工资分析表

工资分析表是以工资数据为基础，对按部门、人员等方式分类的工资数据进行分析和比较，产生各种分析表，供决策人员使用。

案例 3.5.12

由操作员 001 李慧查询部门工资汇总表。

具体操作如下。

（1）在“工资”菜单条下，执行“统计分析——账表——工资表”命令，打开“工资表”窗口，选择“部门工资汇总表”，如图 3-5-39 所示。

（2）单击“查看”按钮，打开“部门工资汇总表”窗口，选择全部部门，如图 3-5-40 所示。

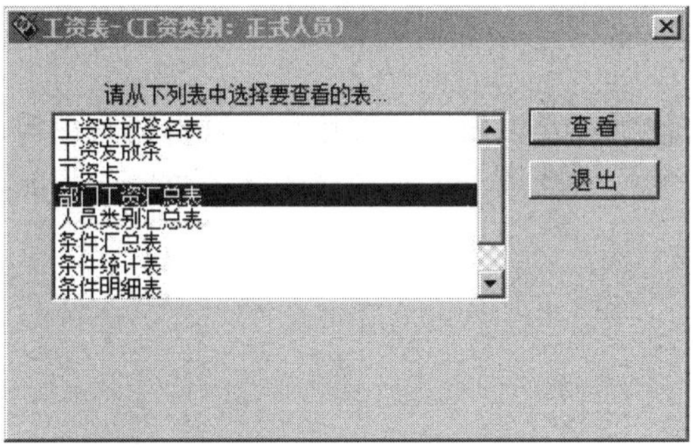

图 3-5-39 “工资表”窗口

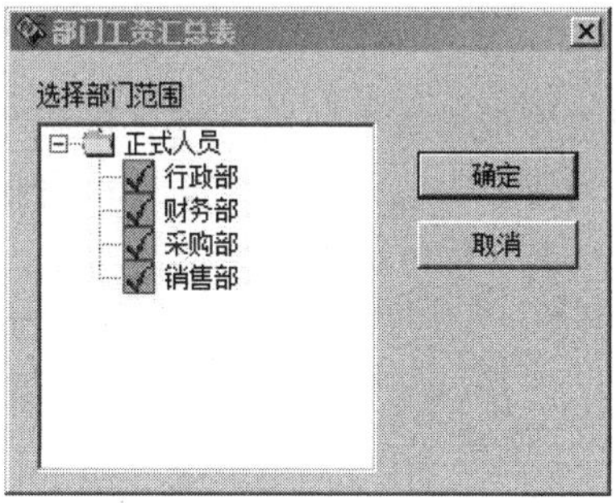

图 3-5-40 “部门工资汇总表——选择部门”窗口

（3）单击“确定”按钮，打开“部门工资汇总表”窗口，显示各个部门工资汇总数据，如图 3-5-41 所示。

部 门	人数	应发合计	扣款合计	实发合计	本月扣零	上月扣零	代扣税	基本工资
行政部	2	9,400.00	1,036.00	8,364.00			190.00	9,100.00
财务部	5	22,860.00	2,470.40	20,389.60			413.00	21,800.00
采购部	2	8,680.00	899.20	7,780.80			118.00	8,000.00
销售部	3	12,780.00	1,303.20	11,476.80			153.00	11,800.00
合计	12	53,720.00	5,708.80	48,011.20			874.00	50,700.00

图 3-5-41 “部门工资汇总表——汇总数据”窗口

【单项选择题】工资分配后生成的是（　　）凭证。

A．转账

B．银行收款

C．银行付款

D．现金付款

【答案】A

【解析】工资分配生成的是转账凭证。

第六节　应收管理模块的应用

【学习指导】

学习本节内容，需要理解应收管理模块的操作流程，熟悉应收管理模块初始化工作的内容及操作方法，并熟悉应收管理模块期末处理操作，掌握应收管理模块日常处理操作，包括应收单据的录入、审核、作废及记账凭证的生成等。

应收管理模块主要用于核算和管理客户往来款项，是以发票、费用单、其他应收单等原始单据为依据，记录销售业务及其他业务所形成的往来款项，处理应收账款的收回、坏账、转账等情况，同时提供票据处理功能。

一、应收管理模块初始化工作

应收管理模块初始化工作包括控制参数的设置、基础信息的设置和期初余额的录入。

（一）控制参数和基础信息的设置

1. 控制参数的设置

1）设置基本信息

基本信息主要包括企业名称、银行账号、启用年份与会计期间设置。

2）设置坏账处理方式

企业应当按期估计坏账损失，计提坏账准备，当某一应收款项全部确认为坏账时，应根据其金额冲减坏账准备，同时转销相应的应收款项金额。

【特别提示】在账套使用过程中，如果当年已经计提过坏账准备，则坏账处理方式这一参数不能更改；如确需更改的，只能在下一年修改。

3）设置应收款核销方式

应收款核销是确定收款与销售发票、应收单据之间对应关系的操作，即指明每一次收款所属销售业务的款项。应收管理模块一般提供按单据、按存货等核销方式。

4）规则选项

应收管理模块的规则选项一般包括核销是否自动生成凭证、预收冲应收是否生成转账凭证等。

【判断题】收款单的数额大于原有单据的数额，收到的贷款一部分核销原来的单据，一部分形成预收款。（　）

【答案】√

案例 3.6.1

由操作员 005 薛娟设置开户银行：招商银行，银行账号：88888888888。

具体操作如下。

（1）在主操作界面，执行“基础设置——基础档案初始化”命令，打开“期初档案录入”窗口，单击“下一页”，显示购销存界面，如图 3-6-1 所示。

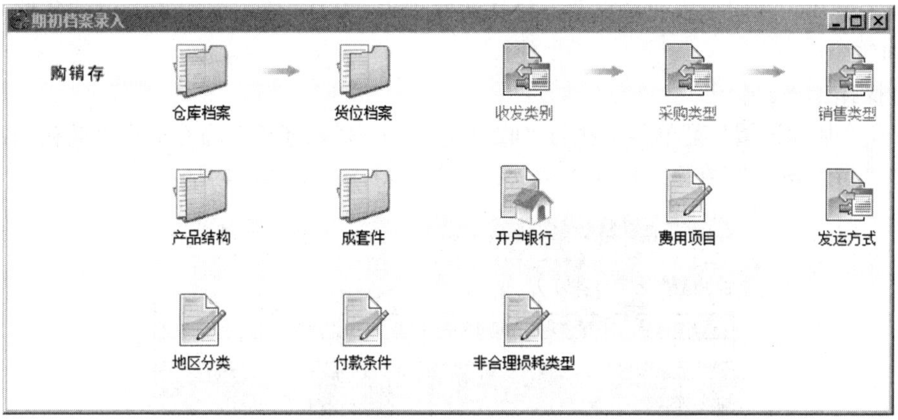

图 3-6-1　“期初档案录入”窗口

（2）单击“开户银行”图标，打开“开户银行”窗口，根据要求输入开户银行、银行账号，如图 3-6-2 所示。

（3）单击“退出”按钮，系统弹出“提示！”对话框，提示是否保存，如图 3-6-3 所示。

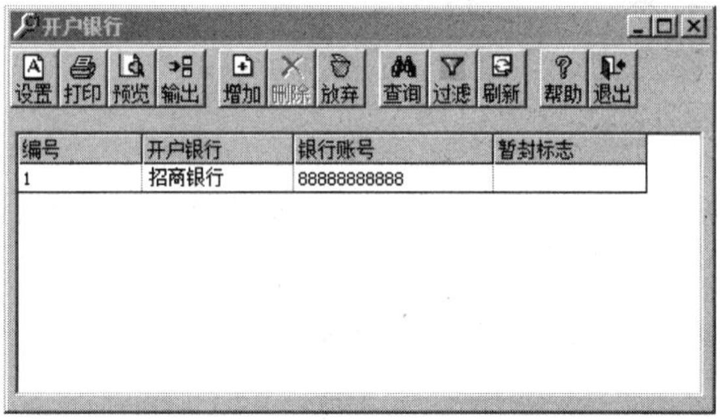

图 3-6-2　“开户银行”窗口

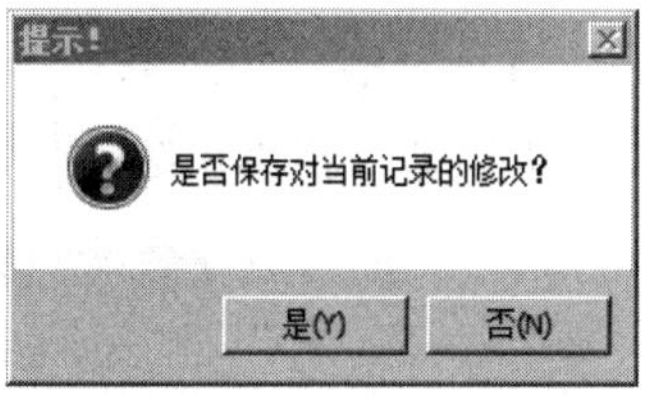

图 3-6-3　“提示！”对话框

（4）单击“是”按钮。

2. 基础信息的设置

1）设置会计科目

设置会计科日是指定义应收管理模块凭证制单所需的基本科目。

【点拨指导】一般情况下，应收科目设置为“应收账款”，预收科目设置为“预收账款”，销售收入科目设置为“主营业务收入”，现金折扣科日设置为“财务费用”等。

2）设置对应科目的结算方式

设置对应科目的结算方式即设置对应科目的收款方式，主要包括现金、支票、汇票等。在后期，一旦发生某种结算方式的业务，生成的凭证中将自动填入与该结算方式对应的会计科目，不需要手工录入。

3）设置账龄区间

设置账龄区间是指为进行应收账款账龄分析，根据欠款时间，将应收账款划分为若干等级，以便掌握客户欠款时间的长短。

案例 3.6.2

由操作员 005 薛娟设置付款条件，付款条件编码：45D，信用天数 45，付款条件： 3/10，2/25，N/45。

具体操作如下。

（1）在“基础设置”菜单条下执行“收付结算——付款条件”命令或在“期初档案录入”窗口单击“付款条件”图标，打开“付款条件”窗口，如图 3-6-4 所示。

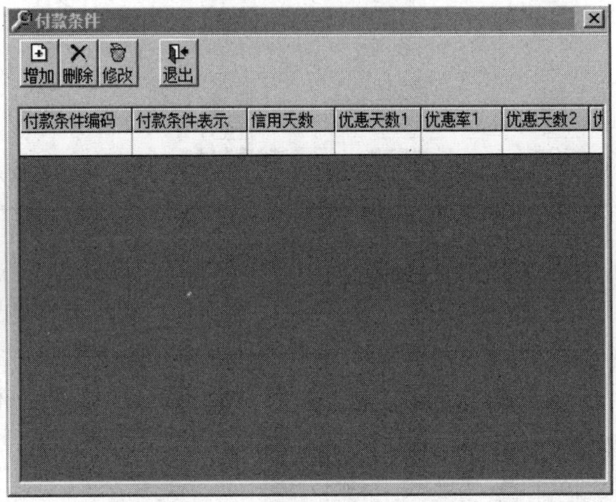

图 3-6-4 “付款条件”窗口

（2）单击“增加”按钮，打开“付款条件——输入信息”窗口，根据要求输入付款条件编码、信用天数、优惠天数和优惠率，如图 3-6-5 所示。

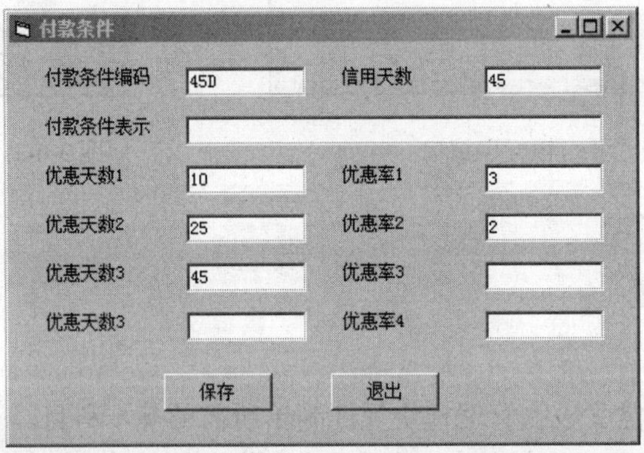

图 3-6-5 “付款条件——输入信息”窗口

（3）单击“保存”按钮，系统弹出“基础设置”对话框，提示保存成功，单击“确定”按钮。

【单项选择题】客户在 10 天内偿还货款，可得到 5%的折扣，这样的付款条件可以表示为（ ）。

A．5/10　　B．5/20　　C．5/30　　D．5/100

【答案】A

4）设置存货信息

设置存货信息包括存货分类和存货档案，其中存货档案一般包括存货编号、存货名称、计量单位、所属分类、存货属性等。

案例 3.6.3

由操作员 005 薛娟根据以下资料设置存货信息。

（1）存货分类

类别编码	类别名称	类别编码	类别名称
1	外购产品	2	自制产品

（2）存货档案

存货编号	存货名称	计量单位	所属分类	存货属性
1	水龙头	个	外购	销售、外购
2	钢管	根	外购	销售、外购
3	钢筋	吨	外购	销售、外购

设置存货分类的操作如下。

（1）在“基础设置”菜单条下执行“存货——存货分类”命令或在“期初档案录入”窗口单击“存货分类”图标，打开“存货分类”窗口，根据要求输入类别编码和类别名称，如图 3-6-6 所示。

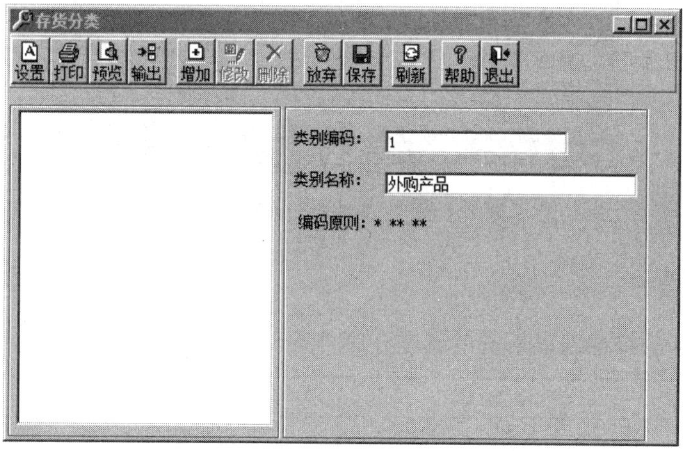

图 3-6-6　“存货分类”窗口

（2）单击“保存”按钮。同样操作方法设置其他存货类别。

设置存货档案的操作如下。

（1）在“基础设置”菜单条下执行“存货——存货档案”命令或在“期初档案录入”窗口单击“存货档案”图标，打开“存货档案”窗口，如图 3-6-7 所示。

（2）单击“增加”按钮，打开“存货档案卡片”窗口，根据要求输入相关信息，如图 3-6-8 所示。

（3）单击“保存”按钮。同样操作方法设置其他存货档案。

5）设置仓库档案

设置仓库档案一般包括仓库编码、仓库名称、所属部门、计价方式、仓库地址等信息，其目的是为了便于库存期初的设置以及存货的核算。

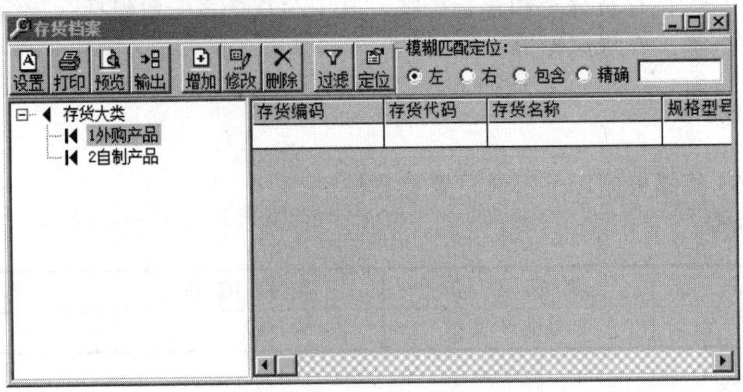

图 3-6-7 “存货档案”窗口

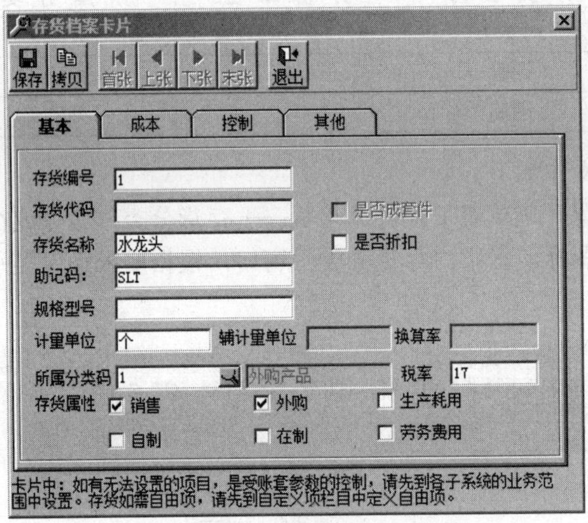

图 3-6-8 “存货档案卡片”窗口

案例 3.6.4

由操作员 005 薛娟根据以下资料设置仓库档案。

仓 库 编 码	仓 库 名 称
1	水龙头仓库
2	钢管仓库
3	钢筋仓库

具体操作如下。

（1）在“基础设置”菜单条下执行“购销存——仓库档案”命令或在“期初档案录入”窗口单击“仓库档案”图标，打开“仓库档案”窗口，如图 3-6-9 所示。

（2）单击“增加”按钮，打开“仓库档案卡片”窗口，根据要求输入相关信息，如图 3-6-10 所示。

（3）单击“保存”按钮。同样操作方法设置其他仓库档案。

6）设置发运方式

设置发运方式一般包括发运方式编码、发运方式名称，其目的是方便采购订单和销售订单的管理。

图 3-6-9　“仓库档案”窗口

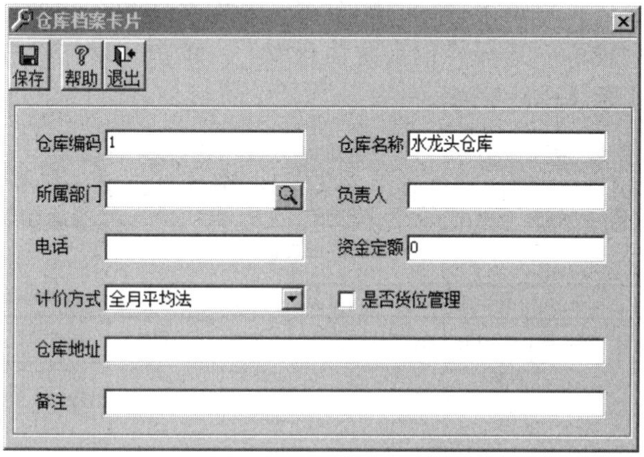

图 3-6-10　“仓库档案卡片”窗口

案例 3.6.5

由操作员 005 薛娟根据以下资料设置发运方式。

发运方式编码	发运方式名称	发运方式编码	发运方式名称
1	公路	2	铁路

具体操作如下。

（1）在“期初档案录入”窗口单击“发运方式”图标，打开“发运方式”窗口，根据要求输入相关信息，如图 3-6-11 所示。

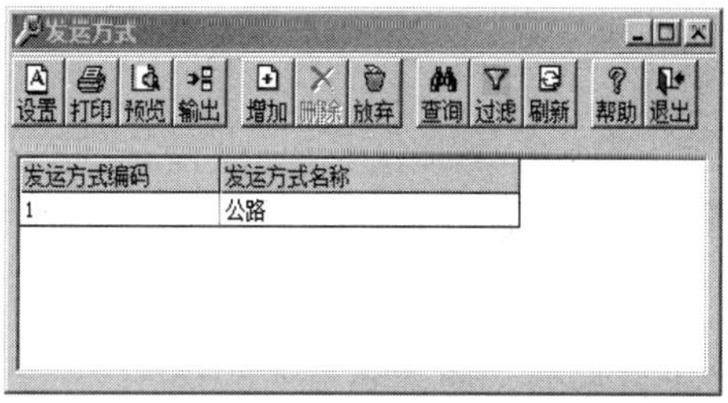

图 3-6-11　“发运方式”窗口

（2）单击“增加”按钮，同样操作方法设置其他发运方式。

（二）期初余额录入

初次使用应收管理模块时，要将系统启用前未处理完的所有客户的应收账款、预收账款、应收票据等数据录入到系统，以便以后进行核销处理。一般包括初始单据、初始票据、初始坏账的录入。

【点拨指导】当第二年度处理时，应收管理模块自动将上年未处理完的单据转为下一年的期初余额。

案例 3.6.6

由操作员 005 薛娟根据以下资料设置仓库期初数据：水龙头 200×12，钢管 800×30，钢筋 1000×40。

具体操作如下。

（1）在“基础设置”菜单条下执行“购销存——库存期初”命令，打开“期初余额”窗口，从“仓库”下拉列表框中选择“1 水龙头仓库”，单击“增加”按钮，在空白行中根据要求输入相关信息，如图 3-6-12 所示。

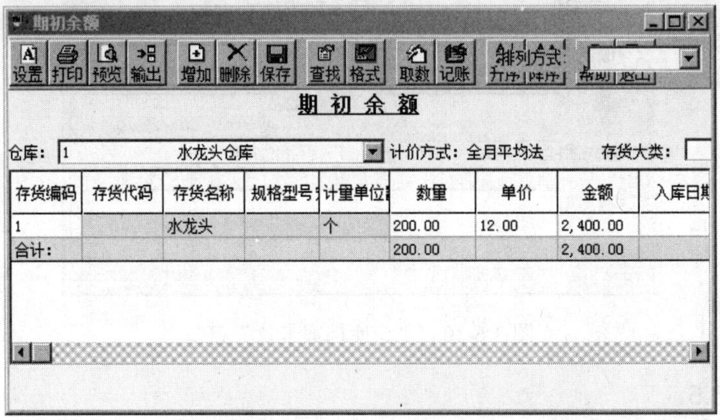

图 3-6-12 “期初余额”窗口

（2）单击“保存”按钮，系统弹出“期初余额”对话框，如图 3-6-13 所示。

（3）单击“确定”按钮。同样操作方法输入其他数据。

（4）单击“记账”按钮，系统弹出“期初记账”对话框，如图 3-6-14 所示。

图 3-6-13 “期初余额”对话框

图 3-6-14 “期初记账”对话框

（5）单击“确定”按钮。

【多项选择题】应收账款系统初始化的主要工作包括（ ）。

A．初始单据的录入 B．控制参数的设置

C．设置账龄区间 D．定义应收管理模块凭证制单所需的基本科目

【答案】ABCD

【解析】应收管理模块初始化工作主要包括控制参数和基础信息的设置、期初余额录入，控制参数的录入包括基本信息的设置、坏账处理方式设置、应收款核销方式的设置、规则选项；基础信息的设置包括设置会计科目、设置对应科目的结算方式和设置账龄区间。

二、应收管理模块日常处理

（一）应收处理

1. 单据处理

1）应收单据处理

企业的应收款来源于销售发票（包括专用发票、普通发票）和其他应收单。处理应收单据时，应遵循以下原则。

（1）如果应收管理模块与销售管理模块同时使用，则销售发票必须在销售管理模块中填制，并在审核后自动传递给应收管理模块，在应收管理模块中只需录入未计入销售货款和税款的其他应收单数据（如押金、代垫款项、运输装卸费、违约金等）；

（2）企业如果不使用销售管理模块，则全部业务单据都必须在应收管理模块中录入。

案例 3.6.7

由操作员 005 薛娟根据以下业务生成销售订单、发货单、销售发票。

1 月 12 日，销售部赵阳向鲁丰公司销售钢管 125 根，含税单价为 46.8 元/根，价税合计 5850 元，其中，增值税税率为 17%，货款尚未收到，附单据 1 张。

生成销售订单的操作如下。

（1）在“销售管理”系统中，单击“销售订单”图标，打开“销售订单”窗口，单击“增加”按钮，选择销售类型、客户、部门等条件，在空白行选择货物名称，输入单价、数量等信息，如图 3-6-15 所示。

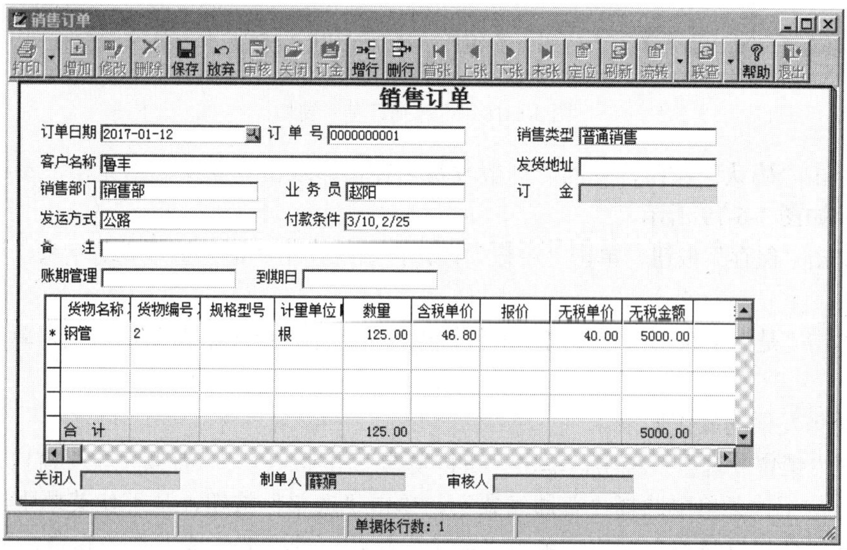

图 3-6-15　“销售订单”窗口

（2）单击“保存”按钮，单击“审核”按钮，系统弹出“销售管理”对话框，如图 3-6-16 所示。

（3）单击“是”按钮，系统弹出“销售管理”对话框，提示审核成功，如图 3-6-17 所示。

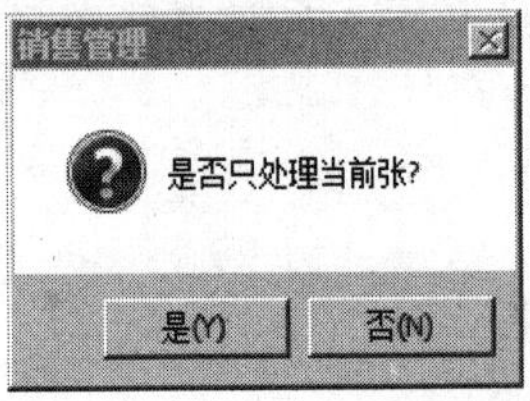

图 3-6-16 “销售管理——是否处理”对话框

图 3-6-17 “销售管理——审核成功”对话框

（4）单击“确定”按钮。

生成发货单的操作如下。

（1）在“销售管理”系统中，单击“发货单”图标，打开“发货单”窗口，单击“增加”按钮，从下拉菜单中选择“发货单”，打开“选择订单”窗口，单击“显示”按钮，选择要生成发货单的存货，如图 3-6-18 所示。

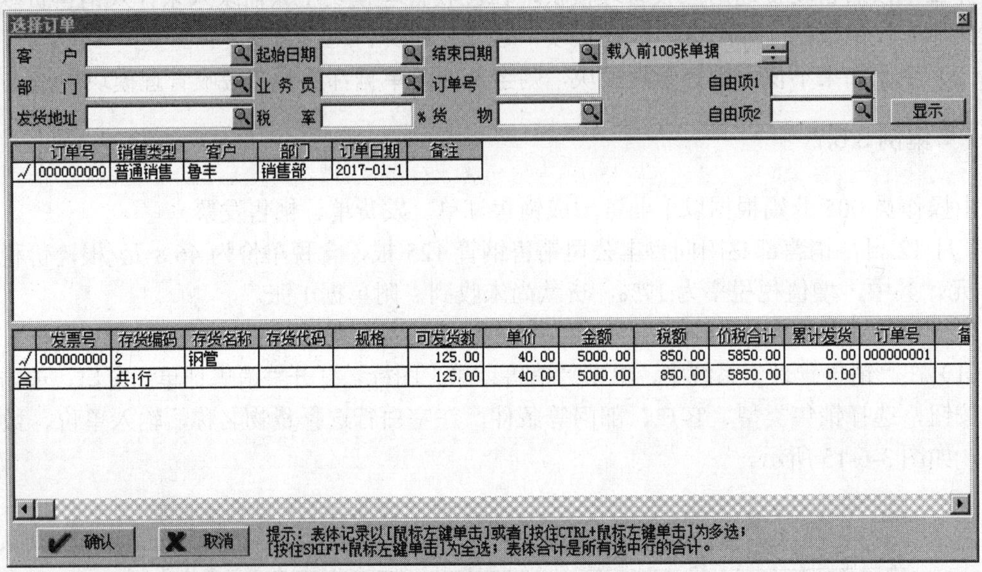

图 3-6-18 “选择订单”窗口

（2）单击“确认”按钮，返回“一般发货”窗口，双击“仓库”单元格，参照输入“钢管仓库”，如图 3-6-19 所示。

（3）单击“保存”按钮，单击“审核”按钮，系统弹出“销售管理”对话框，如图 3-6-20 所示。

（4）单击“是”按钮，系统弹出“销售管理”对话框，提示单据复核成功，单击“确定”按钮。

生成销售发票的操作如下。

（1）在“销售管理”系统中，单击“销售发票”图标，打开“普通发票”窗口，单击“增加”按钮，从下拉菜单中选择“普通发票”，单击“选单”按钮，从下拉菜单中选择“发货单”，打开“选择发货单”窗口，单击“显示”按钮，选择要生成发票的存货，如图 3-6-21

所示。

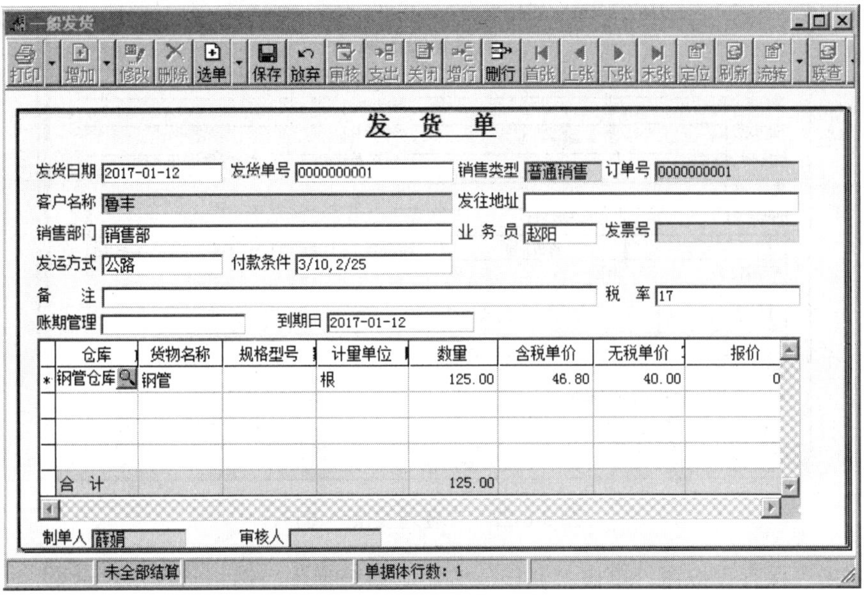

图 3-6-19　“一般发货”窗口

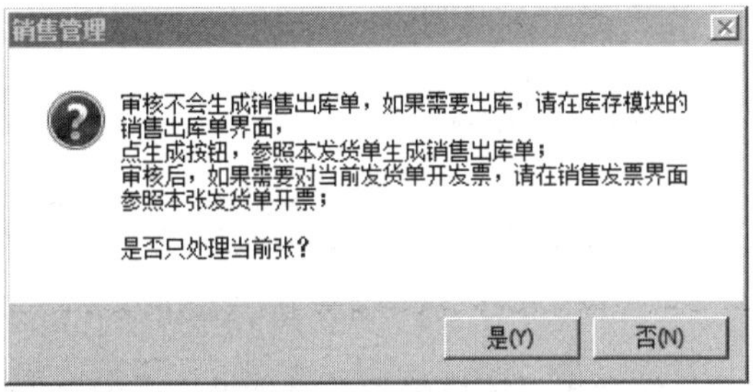

图 3-6-20　“销售管理”对话框

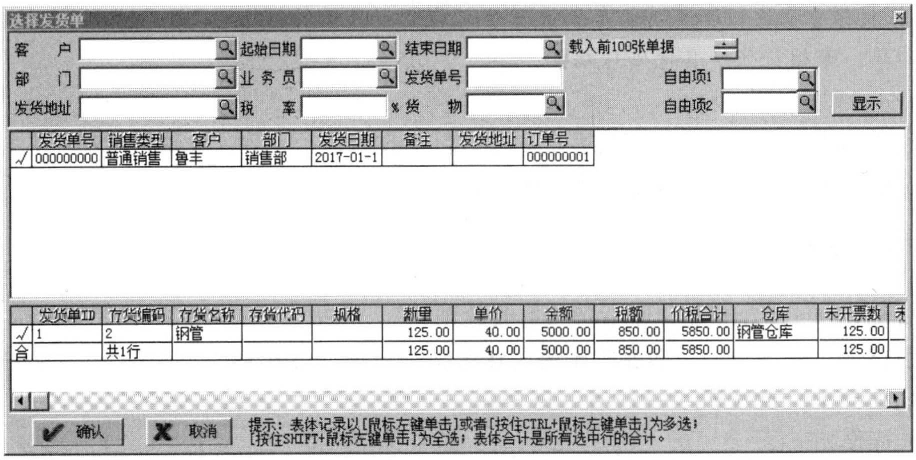

图 3-6-21　“选择发货单”窗口

（2）单击“确认”按钮，返回“普通发票”窗口，如图 3-6-22 所示。

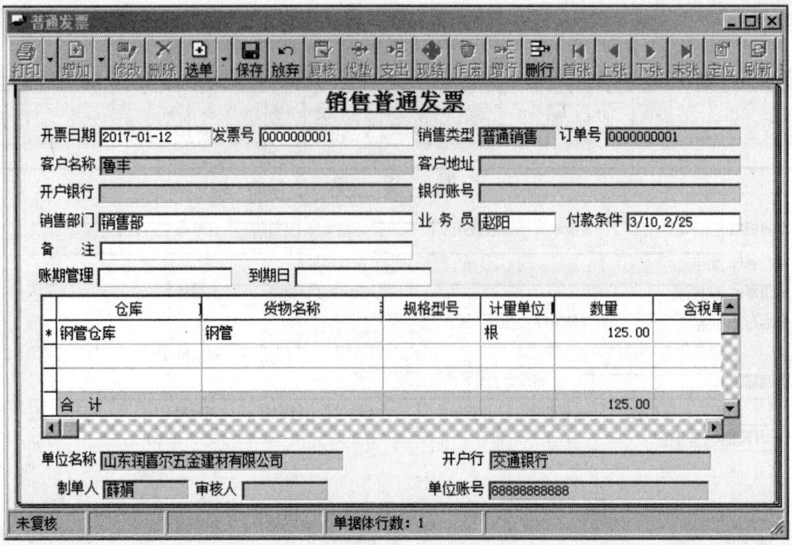

图 3-6-22 “普通发票”窗口

（3）单击“保存”按钮，单击“复核”按钮，系统弹出“销售管理”对话框，如图 3-6-23 所示。

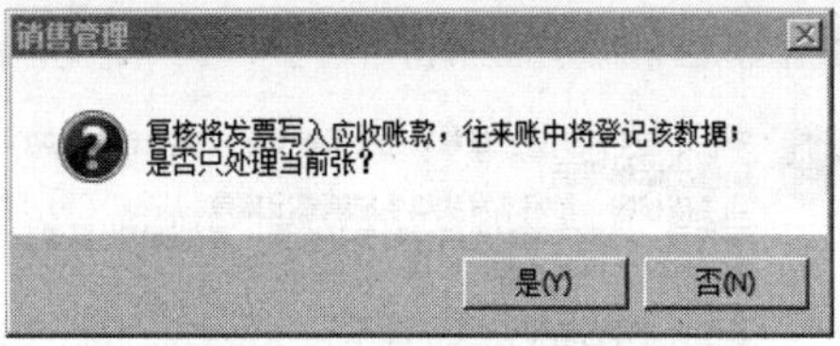

图 3-6-23 “销售管理”对话框

（4）单击“是”按钮，系统弹出“销售管理”对话框，提示单据复核成功，单击“确定”按钮。

【知识拓展】应收管理模块具有销售发票与其他应收单的新增、修改、删除、查询、预览、打印、制单、审核记账及其他处理功能。

2）收款单据处理

收款单据用来记录企业收到的客户款项，包括收款、预收款、收款退款等业务。收款单据处理主要是对收款单和预收单进行新增、修改、删除等操作。

案例 3.6.8

由操作员 005 薛娟根据以下业务进行收款结算。

1 月 15 日，销售部赵阳收到鲁丰公司转账支票一张，票号为 ZP106，为支付购买钢管的款项，金额合计为 5850 元。

具体操作如下。

（1）在销售管理系统中，单击“收款结算”图标或在“销售”菜单条下，执行“客户往来——收款结算”命令，打开“单据结算”窗口，在“客户”处参照输入“2 鲁丰公司”，单击“增加”按钮，根据要求输入相关信息，如图 3-6-24 所示。

（2）单击“保存”按钮，单击“核销”按钮，在下面的空白行显示输入的信息。

（3）依次单击“自动”和“保存”按钮。

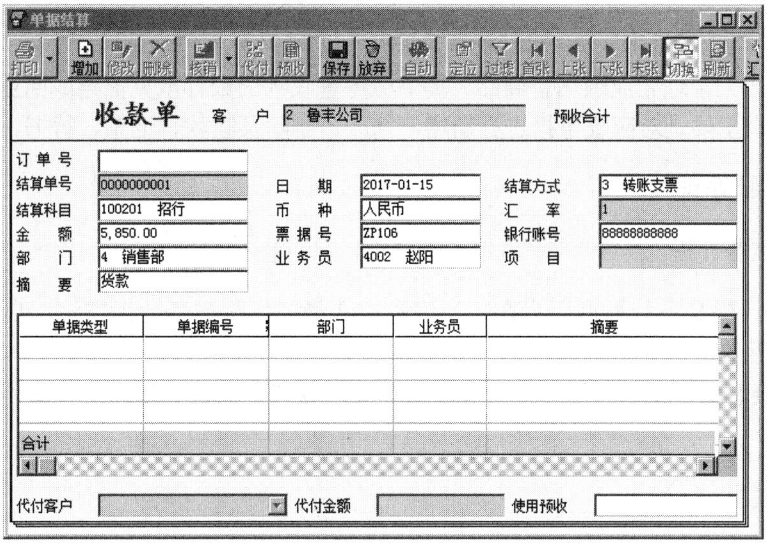

图 3-6-24 “单据结算”窗口

3）单据核销

单据核销是指确定收款单与原始的发票、应收单之间的对应关系的操作，主要是用于建立收款与应收款的核销记录，加强往来款项的管理，同时核销日期也是账龄分析的重要依据。

2. 转账处理

转账处理主要是往来款项对冲处理，是为了避免往来款多头挂账的问题而设置的功能。在实际业务处理中，由于经济业务的复杂性，有时无法明确划分某些企业是客户还是供应商，有些企业的销售货款是其他企业代付的，有些企业的预收款项无法明确是哪笔销售业务，因此系统一般都提供往来对冲处理功能，以便正确反映与这类企业的往来情况。

（1）应收冲应收。应收冲应收是指将一家客户的应收款转到另一家客户中。通过将应收款业务在客户之间转入、转出，实现应收业务的调整，解决应收款业务在不同客户间入错户和合并户等问题。

【举例说明】甲公司分别销售给 A 公司和 B 公司 10 万元的商品，货款均未收回，这样对甲公司而言，产生了应收账款——A 公司 10 万元，应收账款——B 公司 10 万元。由于 A、B 公司之间存在业务往来，A 公司的 10 万元记在 B 公司的账上，利用应收冲应收，最终对于甲公司来说，就变成了应收账款——B 公司 20 万元。

（2）预收冲应收。预收冲应收用于处理客户的预收款和该客户应收欠款的转账核销业务。

【举例说明】商品的销售业务一般都是先付款再发货。A 公司购买 B 公司的商品，先支付货款 10 万元，对 B 公司来说就是预收账款；B 公司销售给 A 公司 12 万元的商品，应收账款就是 12 万。利用预收冲应收，最终对于 B 公司来说，应收账款是 2 万元。

（3）应收冲应付。应收冲应付是指用某客户的应收款项来冲抵某供应商的应付账款。通过应收冲应付，可将应收账款在客户与供应商之间进行转入、转出，实现应收业务的调整，解决应收债权与应付债务的冲抵。

【举例说明】B 公司销售给 A 公司 12 万元的商品，货款尚未收回，对 B 公司来说产生应收账款 12 万元；同时 B 公司又购买了 A 公司的原材料 8 万元，货款尚未支付，对 B 公司来说产生应付账款 8 万元。利用应收冲应付，最终对于 B 公司来说，应收账款是 4 万元。

（二）票据管理

票据管理用来管理企业因销售商品、提供劳务等收到的银行承兑汇票或商业承兑汇票。对应收票据的处理主要是对应收票据进行新增、修改、删除及收款、退票、背书、贴现等操作。

（三）坏账处理

1. 坏账准备计提

坏账准备计提是系统根据用户在初始设置中选择的坏账准备计提方法，自动计算坏账准备金额，并按用户设置的坏账准备科目，自动生成一张计提坏账的记账凭证。

【知识链接】坏账准备计提的方法有应收账款余额百分比法、账龄分析法和销售收入百分比法。

2. 坏账发生

用户选定坏账单据并输入坏账发生的原因、金额后，系统将根据客户单位、单据类型查找业务单据，对所选的单据进行坏账处理，并自动生成一张坏账损失的记账凭证。

3. 坏账收回

坏账收回是指已确认为坏账的应收账款又被收回。一般处理方法是：当收回一笔坏账时，先填制一张收款单，其金额即为收回坏账的金额；然后根据客户代码查找并选择相应的坏账记录，系统自动生成相应的坏账收回记账凭证。

（四）生成记账凭证

应收管理模块为每一种类型的收款业务编制相应的记账凭证，并将记账凭证传递到账务处理模块

三、应收管理模块期末处理

（一）期末结账

当月业务全部处理完毕，在销售管理模块月末结账的前提下，可执行应收管理模块的月末结账功能。

【特别提示】上月未结账，本月不能结账。已结账的月份，不能再进行录入单据操作。

案例 3.6.9

由操作员 005 薛娟进行月末结账。

（1）在销售管理系统中，单击“月末结账”图标，打开“月末结账”窗口，选择要结账的月份，如图 3-6-25 所示。

（2）单击“月末结账”按钮完成月末结账操作，在结账月份的“是否结账”栏显示“是”。

图 3-6-25　“月末结账”窗口

（二）应收账款查询

应收账款查询包括单据查询和账表查询。

（1）单据查询。单据查询主要是对收款单、其他收款单、核销单等单据的查询。

（2）账表查询。账表查询主要是对往来总账、往来明细账、往来余额表的查询，以及总账、明细账、单据之间的联查。

案例 3.6.10

由操作员 005 薛娟查询鲁丰公司客户往来余额表。

（1）在“销售”菜单条下，执行“客户往来账表——客户往来余额表”命令，打开“应收查询条件”窗口，根据要求设置查询对象，如图 3-6-26 所示。

图 3-6-26　“应收查询条件”窗口

（2）单击“确认”按钮，打开“客户业务余额表”窗口，如图 3-6-27 所示。

（三）应收账龄分析

账龄分析主要是用来对未核销的往来账余额、账龄进行分析，及时发现问题，加强对往来款项动态的监督管理。

【判断题】账龄分析主要是用来对已核销的往来账余额、账龄进行分析，及时发现问题，加强对往来款项动态的监督管理。（　）

【答案】×

【解析】账龄分析主要是用来对未核销的往来账余额、账龄进行分析，及时发现问题，加强对往来款项动态的监督管理。

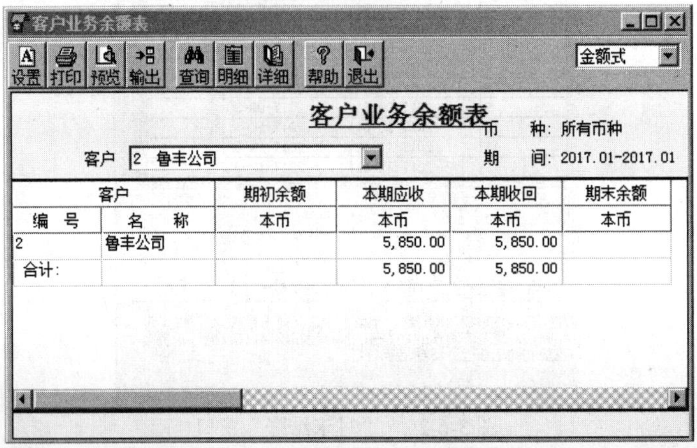

图 3-6-27 “客户业务余额表”窗口

第七节　应付管理模块的应用

【学习指导】

学习本节内容，需要理解应付管理模块的操作流程，熟悉应付管理模块初始化工作的内容及操作方法、应付管理模块期末处理操作，掌握应付管理模块日常处理操作，包括应付单据的录入、审核、作废及记账凭证的生成等。

应付管理模块主要用于核算和管理供应商往来款项，通过发票、其他应付单、付款单等单据的录入，对企业的往来账款进行综合管理，及时、准确地提供供应商的往来账款余额资料，提供各种分析报表。

一、应付管理模块初始化工作

应付管理模块初始化工作包括控制参数的设置、基础信息的设置和期初余额的录入。

（一）控制参数和基础信息的设置

1．控制参数设置

（1）基本信息的设置。主要包括企业名称、银行账号、启用年份与会计期间设置。

（2）应付款核销的设置。应付款核销是确定付款与采购发票、应付单据之间对应关系的操作，即指明每一次付款所属采购业务的款项。应付管理模块一般提供按单据、按存货等核销方式。

（3）规则选项。应付管理模块规则选项一般包括核销是否自动生成凭证、预付冲应付是否生成转账凭证等。

2．基础信息设置

（1）设置会计科目。设置会计科目是指定义应付管理模块凭证制单所需的基本科目，如应付科目、预付科目、采购科目、税金科目等。

【点拨指导】一般情况下，应付科目设置为“应付账款”，预付科目设置为“预付账款”，税金折扣科目设置为“应交税费——应交增值税（进项税额）”等。

（2）设置对应科目的结算方式。设置对应科目的结算方式即设置对应科目的付款方式，主要包括现金、支票、汇票等。

（3）设置账龄区间。设置账龄区间是指为进行应付账款账龄分析，根据欠款时间，将应付账款划分为若干等级，以便掌握对供应商的欠款时间长短。

（二）期初余额录入

初次使用应付管理模块时，要将系统启用前未处理完的所有供应商的应付账款、预付账款、应付票据等数据录入到系统中，以便以后进行核销处理。

【点拨指导】当第二年度处理时，应付管理模块会自动将上年未处理完的单据转为下一年的期初余额。

应付管理模块在录入本期数据前要进行期初记账操作，具体操作如下：

（1）在“采购”菜单条下执行“期初记账”命令，打开“期初记账”窗口，如图 3-7-1 所示。

（2）单击“记账”按钮，系统弹出“采购管理”对话框，如图 3-7-2 所示。

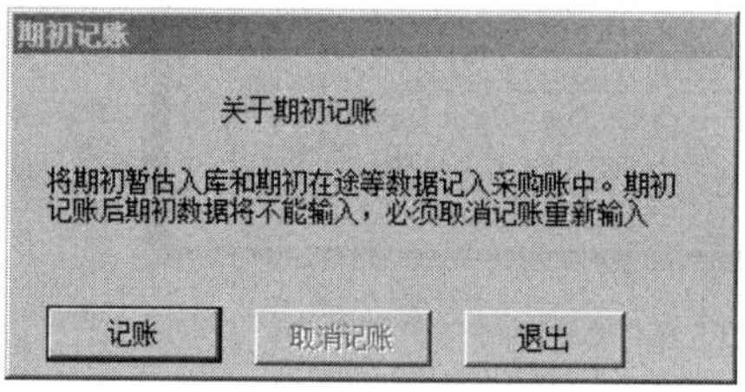

图 3-7-1　“期初记账”窗口

图 3-7-2　“采购管理”对话框

【特别提示】没有期初数据时，也必须执行期初记账操作，以便输入日常采购单据数据。

二、应付管理模块日常处理

（一）应付处理

1．单据处理

1）应付单据处理

企业的应付款来源于采购发票（包括专用发票、普通发票）和其他应付单。处理应付单据时，应遵循以下原则。

① 如果应付管理模块与采购管理模块同时使用，采购发票必须在采购管理模块中填制，

并在审核后自动传递给应付管理模块，应付管理模块中只需录入未计入采购货款和税款的其他应付单数据（如押金、代垫款项、运输装卸费、违约金等）；

② 企业如果不使用采购管理模块，则全部业务单据都必须在应付管理模块中录入。

案例 3.7.1

由操作员 005 薛娟根据以下业务生成采购订单、采购入库单、采购普通发票。

1 月 18 日，采购部周岳向海运公司购买钢管 1000 根，单价 30 元/根，共计 30000 元，增值税税率为 17%，运费 200 元，货款尚未支付，附单据 1 张。

生成采购订单的操作如下。

（1）在采购管理系统中，单击“采购订单”图标，打开“采购订单”窗口，单击“增加”按钮，选择供货单位、部门、业务员等条件，在空白行选择存货编号，输入单价、数量等信息，如图 3-7-3 所示。

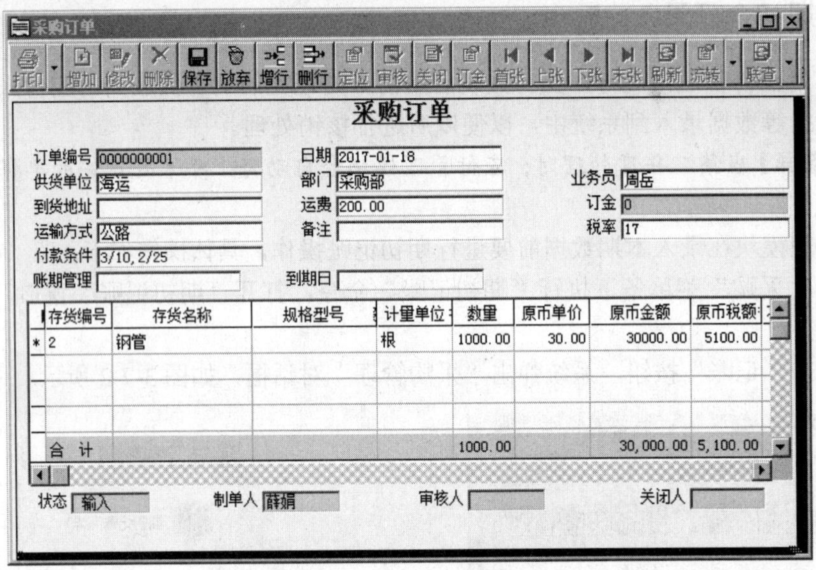

图 3-7-3 “采购订单”窗口

（2）单击“保存”按钮，单击“审核”按钮。

生成采购入库单的操作如下。

（1）在采购管理系统中，单击“采购入库单”图标，打开“采购入库”窗口，单击“增加”按钮，从下拉菜单中选择“采购入库单”，选择仓库“钢管仓库”，单击“选单”按钮，从下拉菜单中选择“采购订单”，打开“单据拷贝”窗口，单击“过滤”按钮，窗口显示为“订单列表”窗口，选择要生成采购入库单的存货，如图 3-7-4 所示。

（2）单击“确认”按钮，返回“采购入库”窗口，如图 3-7-5 所示。

（3）单击“保存”按钮。

生成采购发票的操作如下。

（1）在采购管理系统中，单击“采购发票”图标，打开“采购发票”窗口，单击“增加”按钮，从下拉菜单中选择“普通发票”，单击“选单”按钮，从下拉菜单中选择“采购入库单”，打开“单据拷贝”窗口，单击“过滤”按钮，窗口显示为“入库单列表”窗口，选择要生成采购发票的存货，如图 3-7-6 所示。

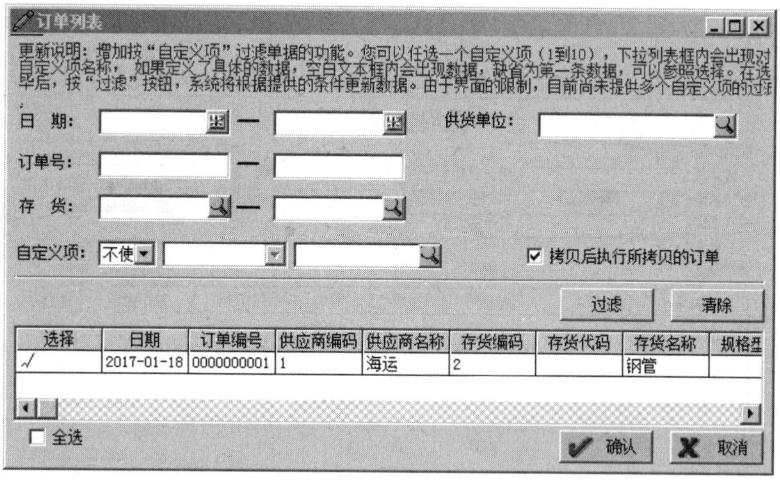

图 3-7-4　“订单列表”窗口

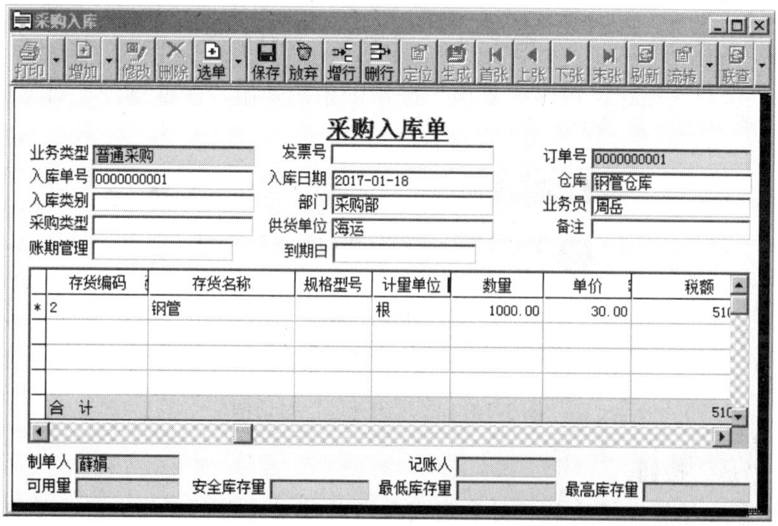

图 3-7-5　“采购入库”窗口

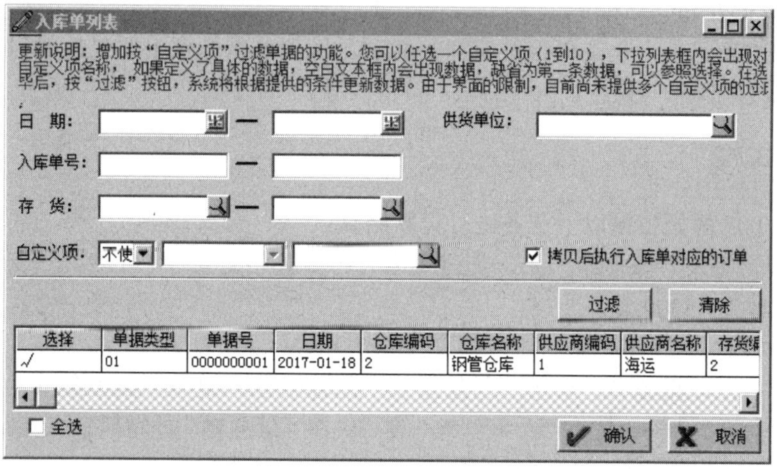

图 3-7-6　“入库单列表”窗口

（2）单击“确认”按钮，返回“采购发票”窗口，输入发票号“01”，如图 3-7-7 所示。

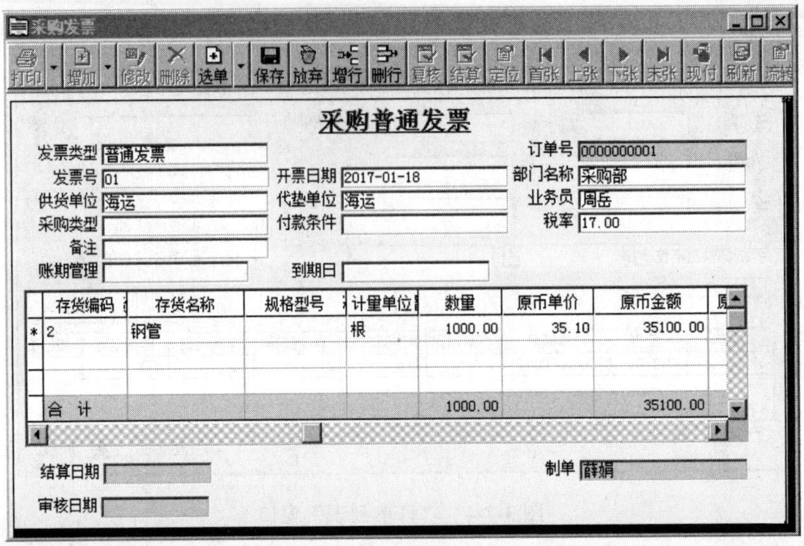

图 3-7-7 “采购发票”窗口

（3）单击“保存”按钮，单击“复核”按钮，系统弹出“采购管理”对话框，如图 3-7-8 所示。

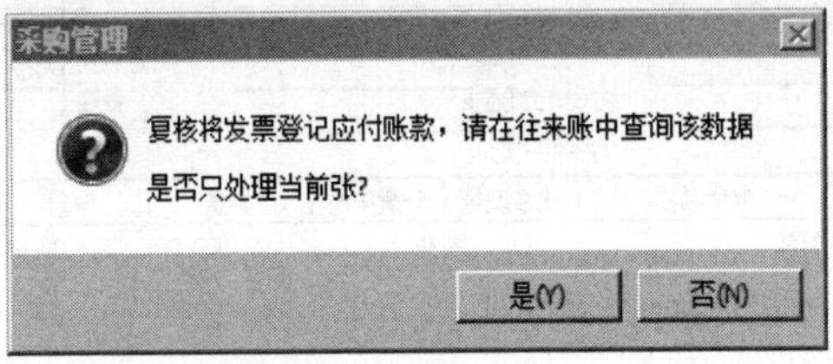

图 3-7-8 “采购管理”对话框

（4）单击“是”按钮。

【知识拓展】应付管理模块具有对采购发票与其他应付单的新增、修改、删除、查询、预览、打印、制单、审核记账及其他处理功能。

2）付款单据处理

付款单据用来记录企业支付给供应商的款项。付款单据处理主要包括对付款单和预付单进行新增、修改、删除等操作。

案例 3.7.2

由操作员 005 薛娟根据以下业务进行付款结算。

1 月 25 日，签发转账支票一张，支付海运公司货款，支票号 ZP082，为支付购买钢管的款项，金额合计为 35300 元。

具体操作如下。

（1）在采购管理系统中，单击“付款结算”图标或在“采购”菜单条下，执行“供应商往来——付款结算”命令，打开“单据结算”窗口，在“供应商”处参照输入“1 海运公司”，单击“增加”按钮，根据要求输入相关信息，如图 3-7-9 所示。

（2）单击“保存”按钮，单击“核销”按钮，在下面的空白行显示输入的信息。

（3）依次单击“自动”和“保存”按钮。

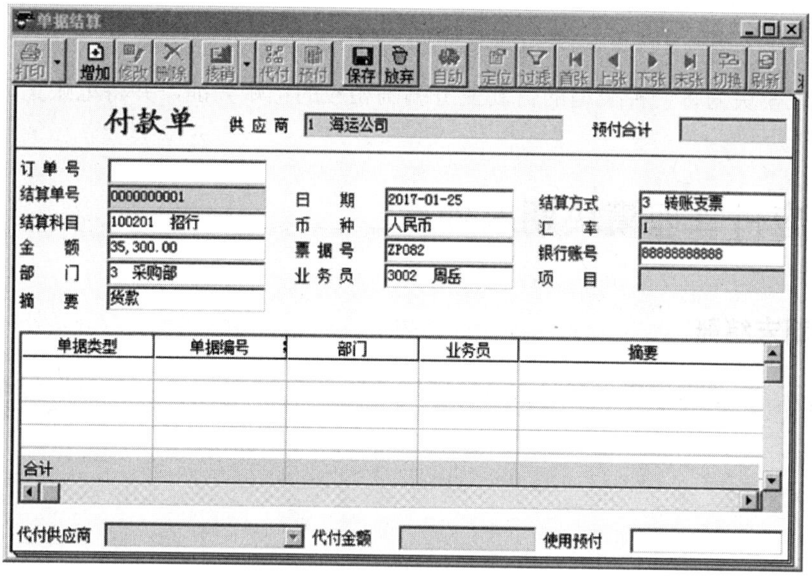

图 3-7-9　“单据结算”窗口

3）单据核销

单据核销主要用于建立付款与应付款的核销记录，加强往来款项的管理，同时核销日期也是账龄分析的重要依据。

2. 转账处理

应付管理模块的转账处理主要包括应付冲应付、预付冲应付和应付冲应收。

1）应付冲应付

应付冲应付是指将一家供应商的应付款转到另一家供应商中。通过将应付款业务在供应商之间转入、转出，实现应付业务的调整，解决应付款业务在不同供应商间入错户和合并户等问题。

2）预付冲应付

预付冲应付用于处理供应商的预付款和对该供应商应付欠款的转账核销业务。

3）应付冲应收

应付冲应收是指用某供应商的应付款项来冲抵某客户的应收账款。通过应付冲应收，将应付款业务在供应商和客户之间进行转账，实现应付业务的调整，解决应付债务与应收债权的冲抵。

【多项选择题】应付管理模块中的转账处理包括（　　）。

A. 应付冲应付　　B. 预付冲应付　　C. 预收冲应付　　D. 应付冲应收

【答案】ABD

【解析】应付管理模块的转账处理包括应付冲应付、预付冲应付和应付冲应收。

（二）票据管理

票据管理用来管理企业因采购商品、接受劳务等而开出的商业汇票，包括银行承兑汇票和商业承兑汇票。对应付票据的处理主要是对应付票据进行新增、修改、删除及付款、退票等操作。

（三）生成记账凭证

应付管理模块为每一种类型的付款业务编制相应的记账凭证，并将记账凭证传递到账务处理模块。

三、应付管理模块期末处理

（一）期末结账

当月业务全部处理完毕，在采购管理模块月末结账的前提下，可执行应付管理模块的月末结账功能。

案例 3.7.3

由操作员 005 薛娟进行月末结账。

（1）在采购管理系统中，单击“月末结账”图标，打开“月末结账”窗口，选择要结账的月份，如图 3-7-10 所示。

（2）单击“结账”按钮，系统弹出“采购管理”对话框，如图 3-7-11 所示。

图 3-7-10 “月末结账”窗口

图 3-7-11 “采购管理”对话框

（3）单击“确定”按钮，完成月末结账操作，在结账月份的“是否结账”栏显示“已结账”。

（二）应收账款查询

应收账款查询包括单据查询和账表查询。

（1）单据查询。单据查询主要是对收款单、其他收款单、核销单等单据的查询。

（2）账表查询。账表查询主要是对往来总账、往来明细账、往来余额表的查询，以及总账、明细账、单据之间的联查。

【特别提示】上月未结账，本月不能结账。已结账的月份，不能再进行录入单据操作。

（二）应付账款查询

应付账款查询包括单据查询和账表查询。

（1）单据查询。单据查询主要是对采购发票和付款单等单据的查询。

（2）账表查询。账表查询主要是对往来总账、往来明细账、往来余额表的查询，以及总账、明细账、单据之间的联查。

案例 3.7.4

由操作员 005 薛娟查询海运公司供应商往来明细账。

具体操作如下。

（1）在“采购”菜单条下，执行“供应商往来账表——供应商往来明细账”命令，打开“应付查询条件”窗口，设置查询对象，如图 3-7-12 所示。

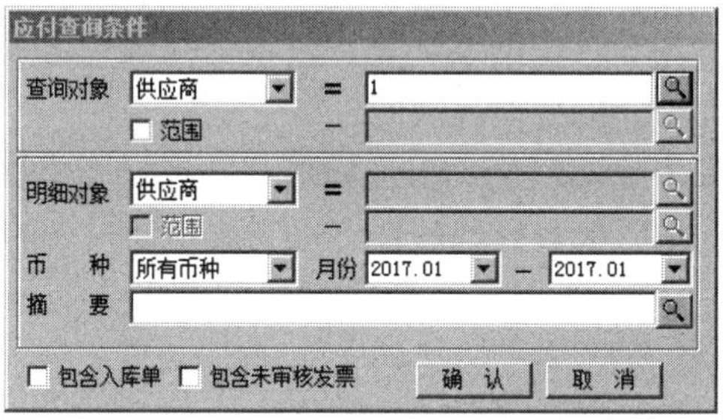

图 3-7-12　“应付查询条件”窗口

（2）单击“确认”按钮，打开“供应商业务明细账”窗口，如图 3-7-13 所示。

图 3-7-13　“供应商业务明细账”窗口

（三）应付账龄分析

账龄分析主要是用来对未核销的往来账余额、账龄进行分析，及时发现问题，加强对往来款项动态的监督管理。

【判断题】 应收和应付账款模块是根据往来业务凭证，完成应收账款、应付账款等往来业务的登记与核销工作并生成各种账表。（　　）

【答案】 √

【解析】 本题考查应收和应付账款模块的功能。

第八节 报表管理模块的应用

【学习指导】

学习本节内容，需要理解报表的数据来源，熟悉报表管理模块应用的基本流程，掌握自定义报表的生成方法，包括格式设置、公式设置、数据生成及文件的保存等。

报表管理模块与其他模块相连，可以根据会计核算的数据，结合会计准则和会计制度的要求及企业管理的实际需求，生成各种内部报表、外部报表、汇总报表，并根据报表数据分析报表，以及生成各种分析图等。在网络环境下，很多报表管理模块同时提供了远程报表的汇总、数据传输、检索查询和分析处理等功能。

报表管理系统可以为账务处理模块、工资模块、固定资产模块、应收管理模块及应付管理模块提供数据输出功能。利用报表处理软件可以完成会计报表的自动编制工作。

一、报表数据来源

（一）手工录入

报表中有些数据需要手工输入，如资产负债表中“一年内到期的非流动资产”和“一年内到期的非流动负债”需要直接输入数据。

（二）来源于报表管理模块的其他报表

会计报表中，某些数据可能取自某会计期间同一会计报表的数据，也可能取自某会计期间其他会计报表的数据。

（三）来源于系统内其他模块

会计报表数据也可以来源于系统内的其他模块，包括账务处理模块、固定资产管理模块等。

二、报表管理模块应用基本流程

一般情况下，自定义报表操作首先需要生成一张系统默认格式的空白表，空白报表建立之后，内部没有任何内容，所有单元的类型均默认为常规型，具体操作如下：

在财务报表界面，在“文件”菜单下执行“新建”命令，打开“新建”窗口，选择“常用”模板下的“空报表”，如图 3-8-1 所示。

单击“确定”按钮，建立一张空白报表，报表名默认为“report1”，如图 3-8-2 所示。

在该界面中，可以完成自定义报表设计的全部操作，主要操作流程如图 3-8-3 所示。

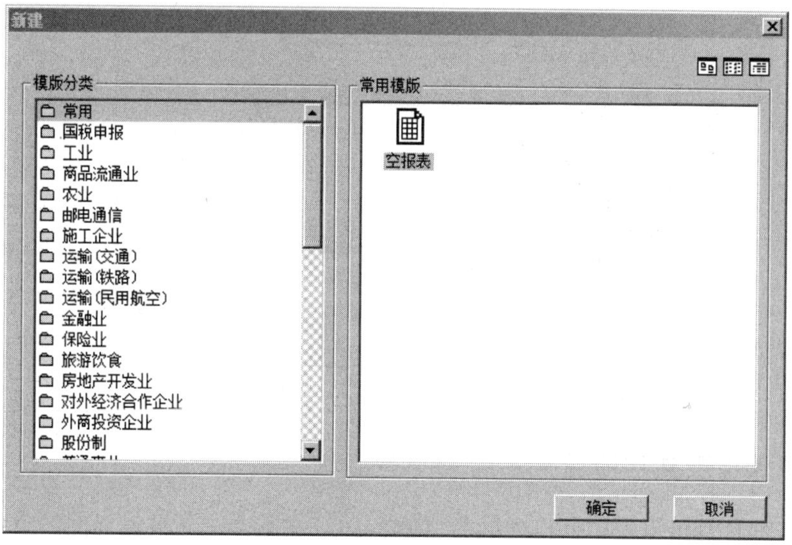

图 3-8-1　“新建”窗口

图 3-8-2　空白报表

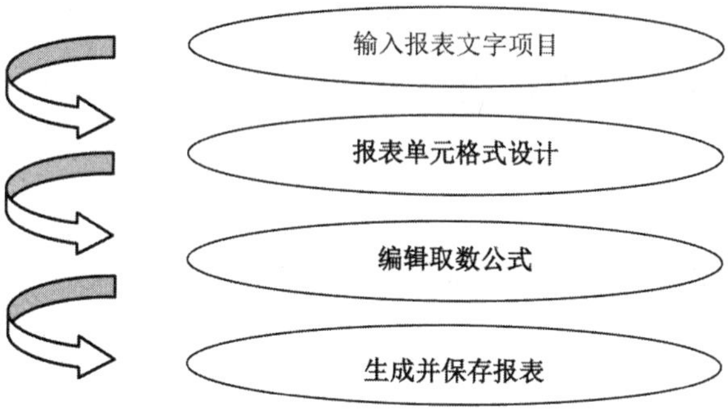

图 3-8-3　编制会计报表操作流程

【知识拓展】如果对系统中已有的报表文件进行设计，需要先引入已有的文件，具体操作方法为：在财务报表界面，在“文件”菜单下执行“打开”命令，打开“打开”窗口，如图 3-8-4 所示。

在“查找范围”下拉列表框中选择目标文件夹，然后在下方选择要打开的文件，单击“打开”按钮即可。

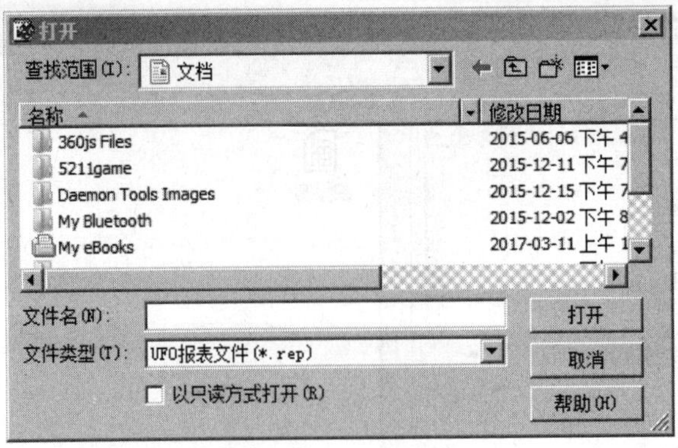

图 3-8-4 “打开”窗口

（一）输入报表文字项目

报表文字项目是指报表单元格中的文字内容。可以在自定义报表界面的空白表体处输入报表行、列项目及各个单元内容。只有活动单元才能输入内容。因此，在输入项目内容前，必须先选定某一单元或单元区域，使其成为活动单元。

案例 3.8.1

根据以下资料，录入各个单元的文字项目。

固定资产状况表

XX 年 XX 月 XX 日　　单位：元

项　目	期　初　数	期　末　数
固定资产		
累计折旧		
净值		

具体操作如下。

在财务报表界面，在“文件”菜单条下执行“新建”命令，打开“新建”窗口，选择“常用”模板下的“空报表”，打开一张空白报表，在表格界面的空白表体处，根据要求正确输入报表行、列项目及各个单元内容，如图 3-8-5 所示。

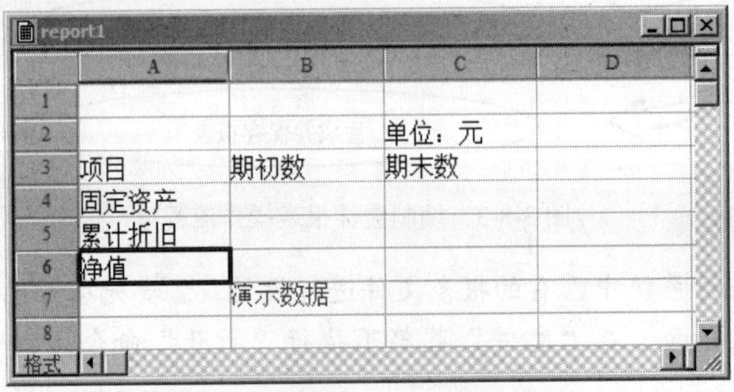

图 3-8-5 报表——输入文字项目

（二）报表单元格式设计

报表格式设置的具体内容一般包括定义报表尺寸、定义报表行高和列宽、画表格线、定义单元属性、定义组合单元、设置关键字等。

1. 定义报表尺寸

定义报表尺寸是指设置报表的行数和列数。可事先根据要定义的报表大小，计算该表所需的行列，然后再进行设置。

2. 定义行高和列宽

设置行高、列宽应以能够放下本表中最高数字和最宽数据为原则，否则在生成报表时，会产生数据溢出的错误。

案例 3.8.2

报表格式要求：行数 6，列数 3；第一行行高设置为 7 毫米，其余各行行高默认；列宽设置为 30 毫米。

设置行数、列数的操作如下。

（1）在财务报表界面，在“格式”菜单条下执行“表尺寸”命令，打开“表尺寸”窗口，根据要求输入行数、列数，如图 3-8-6 所示。

（2）单击“确认”按钮。

设置行高的具体操作如下。

（1）在财务报表界面，选中第一行，在“格式”菜单条下执行“行高”命令，打开“行高”窗口，根据要求输入行高，如图 3-8-7 所示。

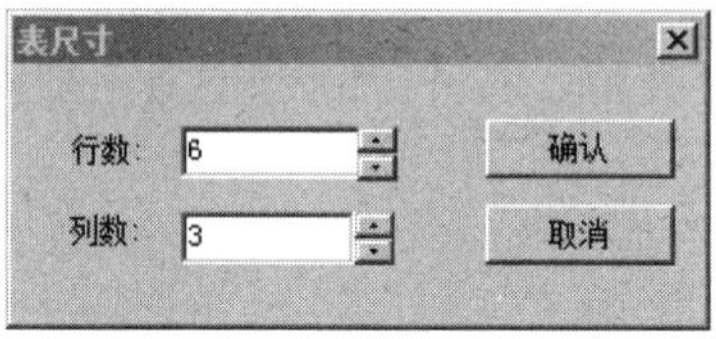

图 3-8-6　“表尺寸”窗口

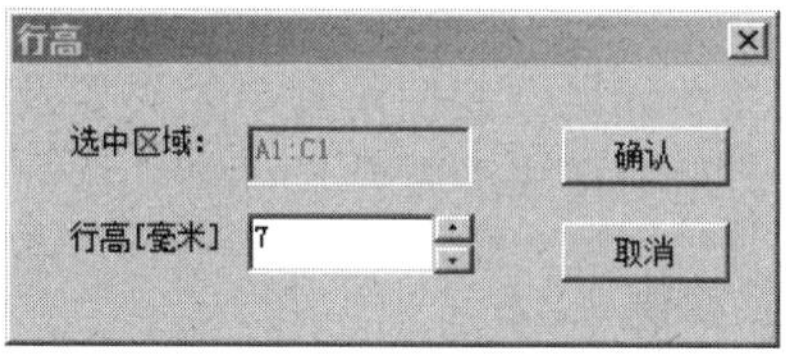

图 3-8-7　“行高”窗口

（2）单击“确认”按钮。

设置列宽的具体操作如下。

（1）在财务报表界面，选中 A—C 三列，在“格式”菜单条下执行“列宽”命令，打开“列宽”窗口，根据要求输入列宽，如图 3-8-8 所示。

（2）单击“确认”按钮。

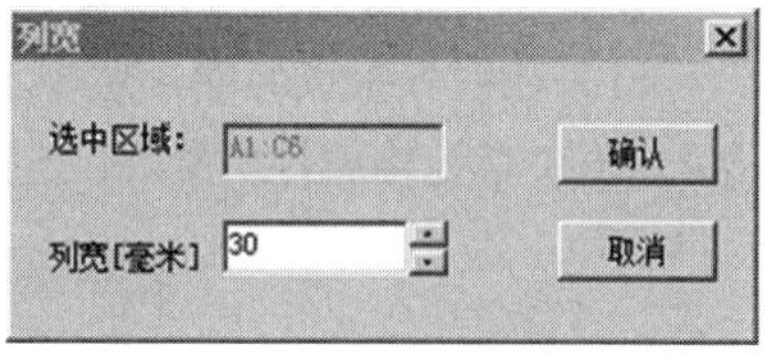

图 3-8-8　“列宽”窗口

3. 画表格线

为了满足查询打印的需要，在报表尺寸设置完毕、报表输出前，还需要在适当的位置上画表格线。

案例 3.8.3

报表格式要求：A3：C6 单元格区域设置内外均为细实线的边框。

具体操作如下。

（1）在财务报表界面，选中 A3：C6 单元格区域，在“格式”菜单条下执行“区域划线”命令，打开“区域划线”窗口，如图 3-8-9 所示。

（2）单击“确认”按钮。

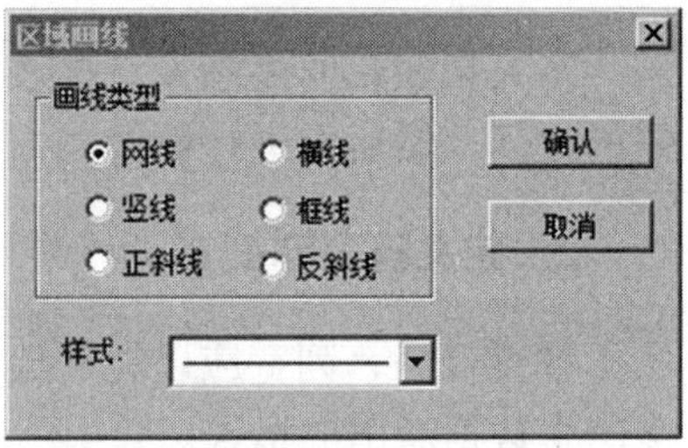

图 3-8-9 “区域划线”窗口

4. 定义组合单元

把几个单元作为一个单元来使用即为组合单元。所有针对单元的操作对组合单元同样有效。

案例 3.8.4

报表格式要求：合并 A1：C1 单元格区域，并输入第一行的文字项目。

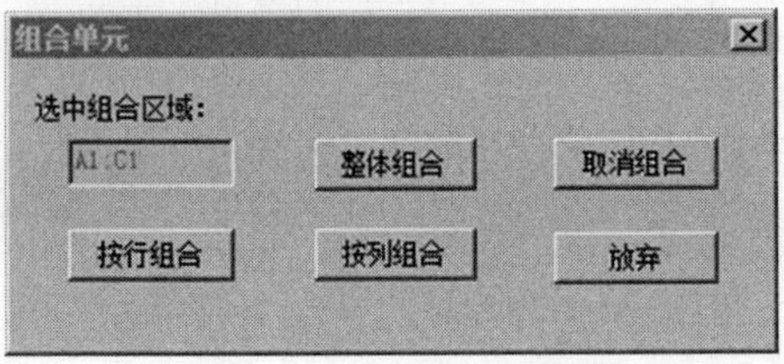

图 3-8-10 “组合单元”窗口

具体操作如下。

（1）在财务报表界面，选中 A1：C1 单元格区域，在“格式”菜单条下执行“组合单元”命令，打开“组合单元”窗口，如图 3-8-10 所示。

（2）单击“按行组合”按钮。

（3）在第一行输入报表文字项目“固定资产状况表”。

5. 定义单元属性

定义单元属性包括设置单元类型及数据格式、数据类型、对齐方式、字型、字体、字号及颜色、边框样式等内容。

案例 3.8.5

报表格式要求：第一行字体设置为黑体，粗体，14 号，其余各行字体设置为黑体，12 号；单元格对齐方式均设为居中。

设置单元格对齐方式的具体操作如下。

（1）在财务报表界面，选中 A1：C6 单元格区域，在“格式”菜单条下执行“单元属性”命令，打开“单元格属性”窗口，选择“对齐”选项卡，根据要求设置对齐方式，如图 3-8-11 所示。

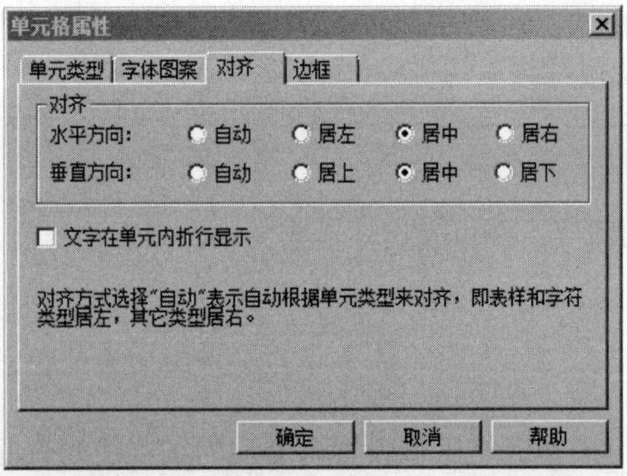

图 3-8-11 “单元格属性——对齐”窗口

（2）单击“确定”按钮。

设置字体的具体操作如下。

（1）在财务报表界面，选中第一行，在“格式”菜单条下执行“单元属性”命令，打开“单元格属性”窗口，选择“字体图案”选项卡，根据要求设置相关信息，如图 3-8-12 所示。

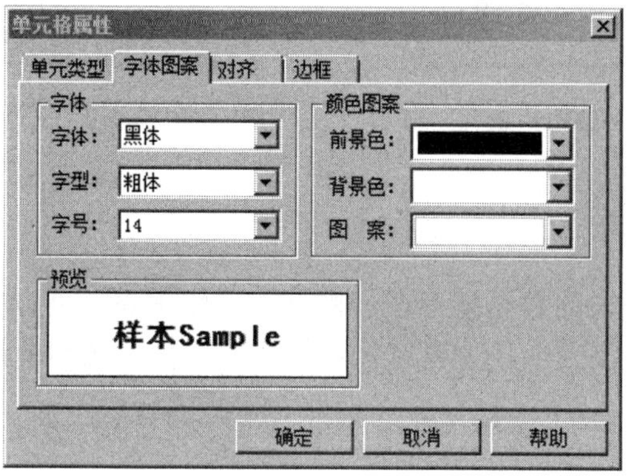

图 3-8-12 “单元格属性——字体图案”窗口

（2）单击“确定”按钮。同样操作设置其他各行的字体。

【多项选择题】下列属于报表格式定义的有（ ）。

A．定义单元属性

B．定义报表行高和列宽

C．设置报表尺寸

D．定义关键字

【答案】ABCD

6．设置关键字

关键字主要有六种，即“单位名称”、“单位编号”、“年”、“季”、“月”、“日”，另外还可以自定义关键字。

关键字的位置可以用偏移量来表示，偏移量单位为像素，负数表示向左移，正数表示向右移。如果关键字的位置不合适，可通过调整偏移量的方式，即通过输入正或负的数值来调整关键字的位置。

案例 3.8.6

报表格式要求：B2 单元格设置关键字，设置年、月关键字的偏移量分别为-60，-30。

具体操作如下。

（1）在财务报表界面，选中 B2 单元格，在“数据”菜单条下执行“关键字——设置”命令，打开“设置关键字”窗口，选择“年”，如图 3-8-13 所示。

（2）单击“确定”按钮。同样操作设置“月”和“日”关键字。

（3）选中 B2 单元格，在“数据”菜单条下执行“关键字——偏移”命令，打开“定义关键字偏移”窗口，根据要求设置信息，如图 3-8-14 所示。

（4）单击“确定”按钮。

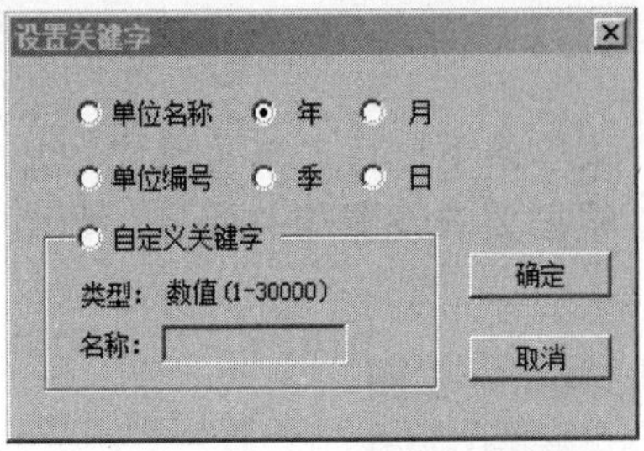

图 3-8-13 “设置关键字”窗口

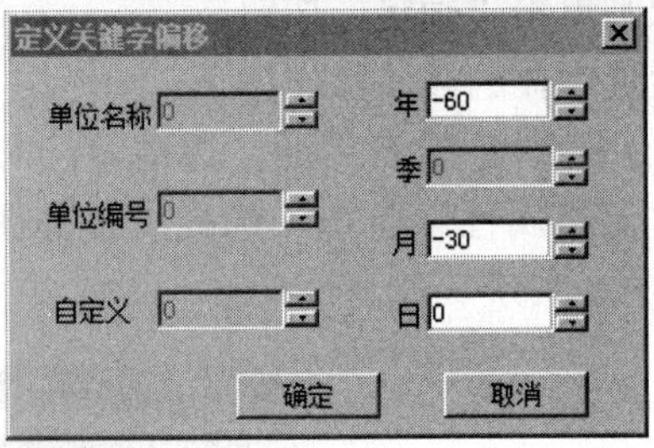

图 3-8-14 “定义关键字偏移”窗口

（三）编辑取数公式

在报表中，由于各报表的数据间存在着密切的逻辑关系，所以报表中各数据的采集、运算需要使用不同的公式。报表中，主要有计算公式、审核公式和舍位平衡公式。

1. 计算公式

计算公式是指对报表数据单元进行赋值的公式，是必须定义的公式。计算公式的作用是从账簿、凭证、本表或他表等处调用、运算所需要的数据，并填入相关的单元格中。

2. 审核公式

审核公式用于审核报表内或报表间的数据勾稽关系是否正确。审核公式是非必须定义的。

审核公式由关系公式和提示信息组成。审核公式把报表中某一单元或某一区域与另外某一单元或某一区域或其他字符之间用逻辑运算符连接起来。

3. 舍位平衡公式

舍位平衡公式用于报表数据进行进位或小数取整后调整数据，如将以“元”为单位的报表数据变成以“万元”为单位的报表数据，表中的平衡关系仍然成立。舍位平衡公式是非必须定义的。

案例 3.8.7

按照如下资料定义报表公式：

固定资产期初数=QC（“1601”，月），固定资产期末数=QM（“1601”，月）

累计折旧期初数=QC（“1602”，月），累计折旧期末数=QM（“1602”，月）

净值期初数=固定资产期初数—累计折旧期初数

净值期末数=固定资产期末数—累计折旧期末数

具体操作如下。

（1）在财务报表界面，选中 B4 单元格，单击“fx”按钮或者在“数据”菜单条下执行“编辑公式——单元公式”命令或者按“=”键，打开“定义公式”窗口，如图 3-8-15 所示。

（2）单击“函数向导”按钮，打开“函数向导”窗口，在函数分类列表中选择“账务函数”，在右边的函数名列表中选择“期初（QC）”，如图 3-8-16 所示。

（3）单击“下一步”按钮，打开“账务函数——函数录入”窗口，如图 3-8-17 所示。

（4）单击“参照”按钮，打开“账务函数——设置条件”窗口，修改科目编码为“1601”，如图 3-8-18 所示。

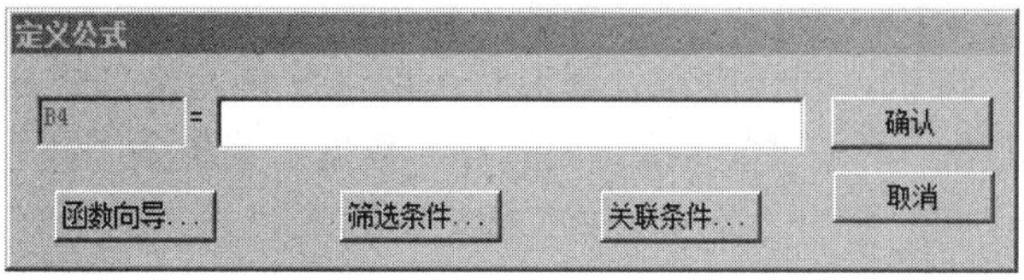

图 3-8-15　“定义公式”窗口

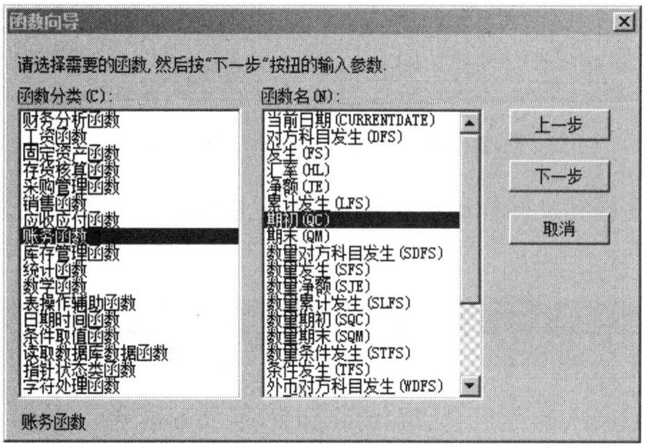

图 3-8-16　“函数向导”窗口

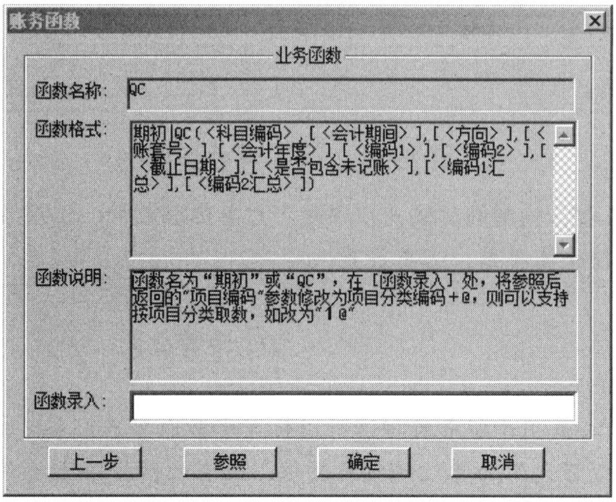

图 3-8-17　“账务函数——函数录入”窗口

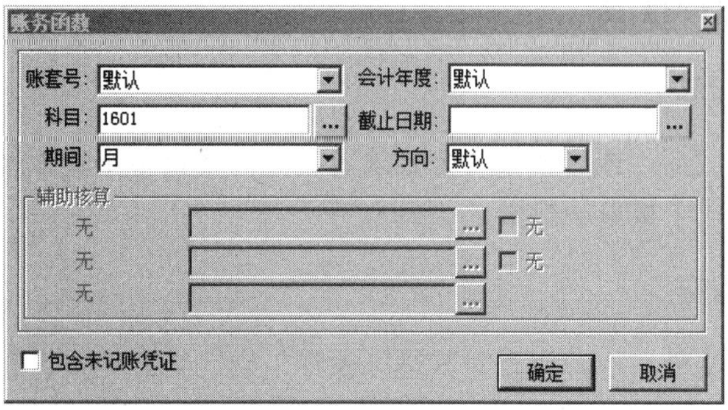

图 3-8-18　“账务函数——设置条件”窗口

（5）单击“确定”按钮，返回“账务函数——函数录入”窗口。

（6）单击“确定”按钮，返回“定义公式”窗口。

（7）单击“确认”按钮。同样操作设置 B5、C4、C5 单元格公式。

（8）选中 B6 单元格，单击“fx”按钮或者在“数据”菜单条下执行“编辑公式——单元公式”命令或者按“=”键，打开“定义公式”窗口，输入公式“B4-B5”，如图 3-8-19 所示。

图 3-8-19 “定义公式——B6”窗口

（9）单击“确认”按钮。同样操作设置 C6 单元格公式。设置完成之后，在“格式”状态下显示如图 3-8-20 所示。

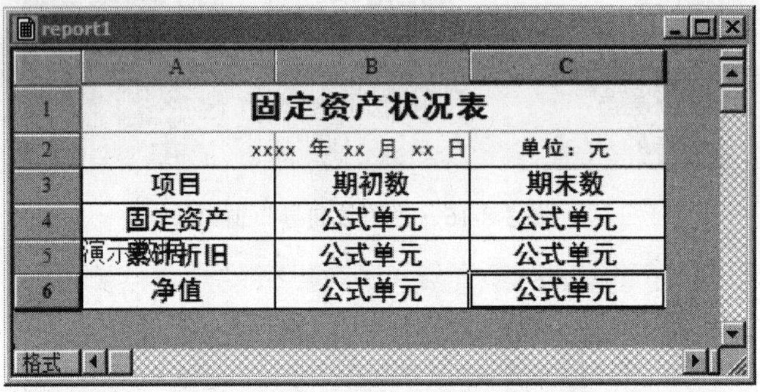

图 3-8-20 “格式”状态下窗口

【单项选择题】报表在编制的时候是以“元”为单位编制的，但报表进行汇总时需要转换为“万元”，为了保持平衡关系，需要设置（　　）。

A. 计算公式　　B. 舍位平衡公式

C. 审核公式　　D. 运算公式

【答案】B

【解析】舍位平衡公式用于报表数据进行进位或小数取整后调整数据，如将以“元”为单位的报表数据变成以“万元”为单位的报表数据，原有的数据平衡关系可能被破坏，因此需要调整，报表经舍位后，重新调整平衡关系的公式即为舍位平衡公式。

（四）生成并保存报表

1. 报表数据的生成

报表公式定义完成后，或者在报表公式未定义完需要查看报表数据时，将报表切换到显示数据的状态，就生成了报表的数据。

2. 报表文件的保存

对于新建的报表文件，用户需要对其进行保存。会计信息化报表软件可通过“保存”或“另存为”两个命令进行文件的保存。

案例 3.8.8

生成报表并以“固定资产状况表”的名称保存报表。

具体操作如下。

（1）单击报表视图左下角的“格式”按钮，使其显示“数据”状态。

（2）在“数据”菜单条下执行“关键字——录入”命令，打开“录入关键字”窗口，设置年月日，如图 3-8-21 所示。

（3）单击“确认”按钮，系统弹出对话框，如图 3-8-22 所示。

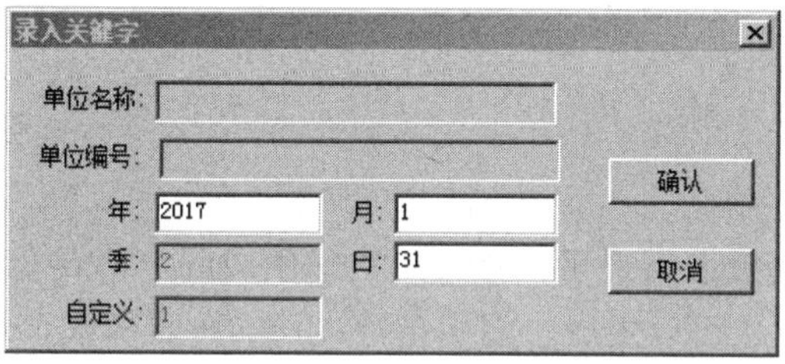

图 3-8-21　“录入关键字”窗口

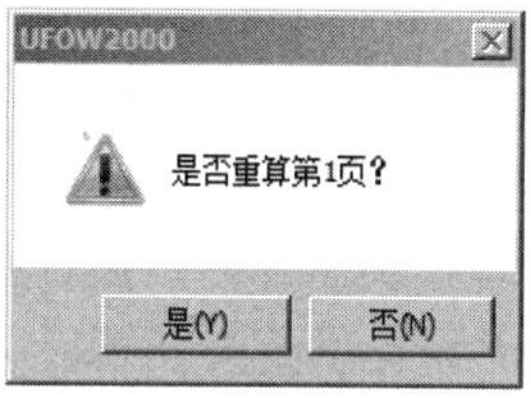

图 3-8-22　“是否重算第 1 页”对话框

（4）单击“是”按钮，系统会自动根据单元公式计算数据，如图 3-8-23 所示。

（5）单击“保存”按钮，打开“另存为”窗口，选择保存位置，根据要求修改文件名，如图 3-8-24 所示。

图 3-8-23　生成报表数据

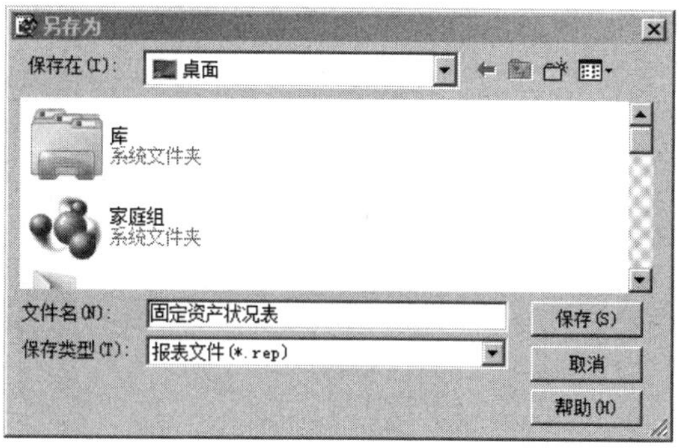

图 3-8-24　“另存为”窗口

（6）单击“保存”按钮。

3. 报表文件的输出

会计报表输出是报表管理系统的重要功能之一。会计报表按输出方式的不同，通常分为屏幕查询输出、图形输出、磁盘输出、打印输出和网络传送等五种类型。

（1）屏幕查询输出。报表屏幕查询输出简称为查询输出，又称为屏幕输出、屏幕显示、显示输出，是最为常见的一种输出方式。

（2）图形输出。根据报表的数据生成图形时，系统会显示与会计报表数据有关的图形，便于分析会计报表。

（3）磁盘输出。一般指将报表以文件的形式输出到磁盘，以便上报下传。

（4）打印输出。打印输出是指将编制好的报表以纸介质的形式表现出来。不同的会计报表，打印输出的要求不同。

【举例说明】 库存现金日记账、银行存款日记账通常需要每日打印，资产负债表、利润表等月报表通常需要每月打印，现金流量表通常需要在中期期末和年末打印。

（5）网络传送。网络传送方式是通过计算机网络将各种报表从一个工作站传递到另一个或几个工作站的报表传输方式。

【单项选择题】 会计报表最为常见的输出方式是（　　）。

A．磁盘输出　　B．图形输出　　C．屏幕查询输出　　D．打印输出

【答案】 C

【解析】 屏幕查询输出简称为查询输出，是最为常见的一种输出方式。

三、利用报表模板生成报表

报表管理模块通常提供按行业设置的报表模板，用户可直接选用快速生成固定格式会计报表，修改系统提供的报表模板中的公式，而且也可以生成、调用自行设计的报表模板。

案例 3.8.9

调用利润表模板，输入关键字“2017 年 1 月”，生成利润表数据。

具体操作如下。

（1）在财务报表界面，在“文件”菜单条下执行“新建”命令，打开“新建”窗口，选择“一般企业（2007 年新会计准则）”模板下的“利润表”，如图 3-8-25 所示。

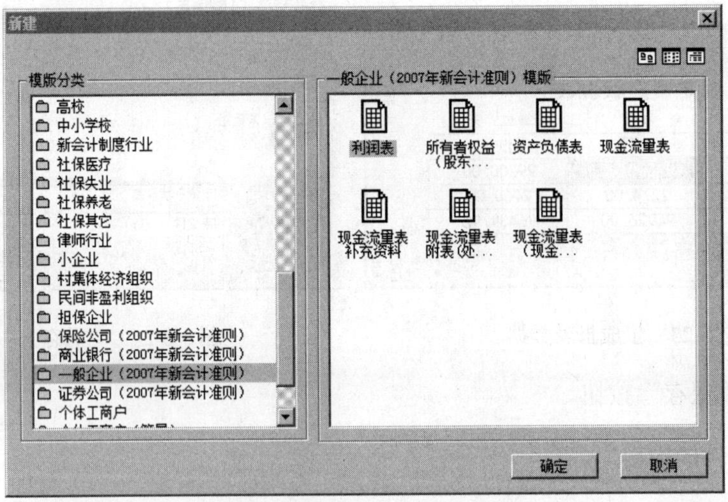

图 3-8-25　“新建”窗口

（2）单击“确定”按钮，打开“利润表”模板。

（3）单击左下角的“格式”按钮，使其显示“数据”状态。

（4）在“数据”菜单条下执行“关键字——录入”命令，打开“录入关键字”窗口，设置单位名称和年月，如图 3-8-26 所示。

（5）单击“确认”按钮，系统弹出对话框，提示“是否重算第 1 页？”，单击“是”按钮，系统会自动计算数据，如图 3-8-27 所示。

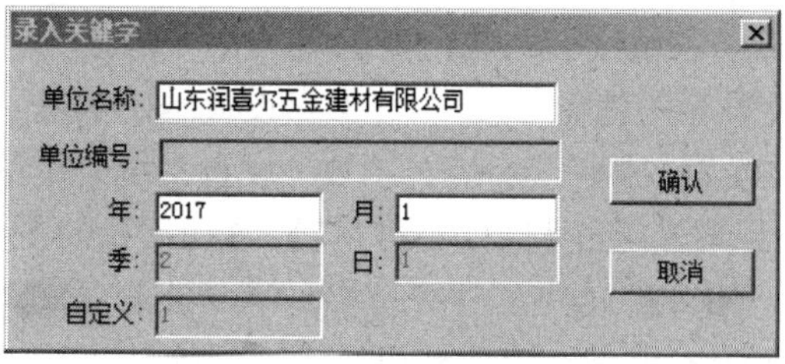

图 3-8-26　“录入关键字”窗口

图 3-8-27　生成利润表

【多项选择题】在报表系统中，下列选项中，（　　）是系统提供的默认关键字。

A．单位名称　　B．年　　C．月　　D．日

【答案】ABCD

【解析】报表管理系统共提供四种关键字，它们是“单位名称”“年”“月”“日”，此外，报表管理系统还提供一个自定义关键字。

本章题库

一、单项选择题

1．企业必须定期将（　　）与银行出具的对账单进行核对，并编制银行存款余额调节表。

A．银行存款日记账　　B．现金日记账

C．资金日报表　　D．现金支票

2．下列关于会计软件对于审核通过的记账凭证，正确的是（　　）。

A．允许记账　　B．不再允许修改

C．不再允许撤销审核　　D．不再允许记账

3．在录入记账凭证时，会计科目要求输入到（　　）科目。

A．一级明细　　B．二级明细　　C．初级明细　　D．末级明细

4．下列各项中，不属于系统级初始化内容的是（　　）。

A．创建账套并设置相关信息　　B．设置基础信息

C．增加操作员并设置权限　　D．设置系统公用基础信息

5. 每个编码必须唯一地表示某一科目，不可重复。这句话指的是会计科目编码的（　　）。

A．统一性　　B．扩展性　　C．唯一性　　D．固定性

6．下列各项中，不属于固定资产管理模块日常处理的是（　　）。

A．固定资产增加　　B．固定资产减少

C．生成记账凭证　　D．对账

7. 在每个会计期间内，企业日常运营过程中重复、频繁发生的业务处理过程是（　　）。

A．系统初始化　　B．日常处理

C．期末处理　　D．数据管理

8．在会计电算化条件下，下列有关记账凭证编号录入的表述中，正确的是（　　）。

A．记账凭证编号只能由软件自动生成，不能手工录入

B．记账凭证编号可以由手工录入，也可以由软件自动生成

C．记账凭证编号只能由手工录入，不能由软件自动生成

D．记账凭证编号只能手工录入或软件自动生成，不能并存

9．固定资产管理模块对于需要填制记账凭证的业务能够自动完成记账凭证填制工作，并传递给（　　）模块。

A．成本管理　　B．工资管理　　C．资金管理　　D．账务处理

10．下列公式中，可以把报表中某一单元或某一区域与另外某一单元或某一区域或其他字符之间用逻辑运算符连接起来的是（　　）。

A．计算公式　　B．审核公式　　C．处理公式　　D．舍位平衡公式

11．在账务处理模块中，记账凭证审核是由（　　）对已输入计算机的凭证进行审核的。

A．有审核权限的操作员　　B．任意人

C．凭证输入员　　D．会计主管

12．下列关于审核凭证的说法错误的是（　　）。

A．必须具有审核权限才能进行审核　　B．制单人与审核人不能为同一人

C．审核后的凭证不可修改、删除　　D．由账套主管取消审核签字

13．账务处理系统中，建立会计科目功能中科目的建立顺序是，先建立（　　）科目。

A．一级　　B．二级　　C．明细　　D．现金

14．期初余额录入完毕后，应当进行（　　）。

A．设置凭证类型　　B．试算平衡

C．输入凭证　　D．记账

15．账务系统中，审核后的凭证（　　）直接修改。

A．能　　B．不能　　C．审核员可以　　D．录入员可以

16．在应付管理模块中，（　　）可以对应付账款的欠款时间进行分析，以便了解应付账款的时间分布，进行应付账款管理。

A．供应商分析　　B．账龄分析　　C．欠款分析　　D．额度分析

17．下列关于会计科目的修改和删除的表述，正确的是（　　）。

A．会计科目可以随时修改和删除　　B．会计科目编码可以修改，名称不能修改

C．会计科目正在使用时，不能删除　　D．会计科目建立后，不能删除和修改

18．账务处理系统中，凭证的编号应遵守（　　）。
A．递增可跳号　B．递增可重号　C．连续递增　D．随机给定

二、多项选择题

1．设置客户信息包括（　　）。
A．客户编码　B．名称　C．开户银行　D．分类
2．对账包括（　　）的核对。
A．总账和明细账　B．总账和辅助账
C．总账和日记账　D．明细账和辅助账
3．下列属于设置基础信息的有（　　）。
A．设置折旧对应科目　B．设置增减方式
C．设置折旧方法　D．设置固定资产类别
4．会计数据输出的形式有（　　）。
A．打印输出　B．屏幕查询输出
C．保存到存储介质　D．利用网络传输输出
5．系统进行自动银行对账的条件一般包括（　　）。
A．结算票号相同　B．结算方式相同
C．发生金额相同　D．业务发生的日期相同
6．在财务软件中，出纳管理的主要工作有（　　）。
A．现金日记账的管理　B．现金及银行存款总账的管理
C．结账　D．进行银行对账
7．在财务软件中，建立会计科目时，输入的基本内容应该包括（　　）。
A．科目编码　B．科目名称
C．科目类型　D．账页格式
8．下列关于期初余额的描述中，正确的有（　　）。
A．所有科目都必须输入期初余额
B．红字余额应输入负号
C．期初余额试算不平衡，不能记账，但可以填制凭证
D．如果已经记过账，则还可修改期初余额
9．在会计电算化条件下，下列表述不正确的有（　　）。
A．在会计软件中，记账凭证可以重复编号
B．未经过审核的记账凭证也能记账
C．实行电算化后，总账对其下属明细账的统驭关系仍然存在
D．账务处理模块中，记账功能每月只能用一次
10．系统初始化内容有（　　）。
A．模块级初始化　B．账套级初始化
C．系统级初始化　D．软件初始化
11．账务处理系统中初始设置的主要内容包括（　　）。
A．账套设置　B．科目
C．各种初始数据的录入　D．凭证类别
12．下列关于凭证修改的表述中，正确的有（　　）。

A．未审核的记账凭证，可以直接修改
B．凭证的类别、编号不能修改
C．已审核的凭证应先取消审核再进行修改
D．可以随意修改他人制作的凭证

13．在账务处理模块的月末结账过程中，有下列（　　）情况，不能完成结账。
A．上月未结账
B．未进行对账
C．会计科目余额试算平衡经调整后通过
D．存在本月未记账的凭证

14．日常业务处理的任务主要包括（　　）。
A．填制凭证　　B．审核凭证
C．记账　　D．结账

15．账套中包含的文件有（　　）。
A．会计科目　　B．记账凭证
C．会计账簿　　D．会计报表

三、判断题

1．系统初始化在系统运行时一次性完成，但部分设置可以在系统使用后进行修改。（　　）

2．摘要用来简单说明发生的经济业务，是必填内容。（　　）

3．企业固定资产增加或减少的具体方式相同，其固定资产的确认和计量方法也是相同的。（　　）

4．应收管理模块在账套使用过程中，如果当年已经计提过坏账准备，则坏账准备处理方式这一参数不能更改。（　　）

5．应付管理模块为每一种类型的付款业务填制相应的记账凭证，并将记账凭证传递到固定资产管理模块。（　　）

6．会计科目的名称可以是汉字、英文字母、数字等符号，也可以为空。（　　）

7．删除会计科目时，应先删除上一级科目，然后再删除本级科目。（　　）

8．账套号是区别不同账套的唯一标志。（　　）

9．在执行凭证记账功能时，一旦给定了记账条件，计算机就将该范围内的所有凭证自动进行登账处理。（　　）

10．凭证输入人员发现自己登记的某笔业务有错误，不能够立即修改，只能审核以后进行修改。（　　）

11．会计软件应当确保对同类记账凭证的连续编号，不得提供对已记账凭证的删除和插入功能，不得提供对已记账凭证日期、金额、科目和操作人的修改功能。但是对于某些特殊的账户应提供可逆的记账功能。（　　）

12．账务处理模块与其他模块之间的联系主要表现为账簿数据传递。（　　）

13．固定资产折旧要素的变更包括使用年限调整、折旧方法调整、净残值（率）调整、累计折旧调整等。（　　）

14．科目一经使用，则不允许修改或删除该科目。（　　）

15．输入期初余额时，上级科目的余额和累计发生数据需要手工录入。（　　）

答案及解析

一、单项选择题

1. 【答案】A

【解析】与银行出具的对账单进行核对的，是和银行有经济业务来往的。为了能够准确掌握银行存款的实际余额，了解实际可以动用的资金数额，防止记账发生差错，企业必须定期将银行存款日记账与银行出具的对账单进行核对，并编制银行存款余额调节表。

2. 【答案】A

【解析】会计软件应提供对已经输入尚未记账的记账凭证进行修改和审核的功能；但对于审核通过后的记账凭证，不能直接被修改或删除，如果要修改或删除，需要审核人员取消审核签字后，才能进行，审核通过的凭证可以记账，因此选项 BCD 错误。

3. 【答案】D

【解析】本题考查“账务处理模块日常处理”的“凭证录入”。填制凭证时必须录入到会计科目的最末级。

4. 【答案】B

【解析】选项 B 为模块级初始化的内容。

5. 【答案】C

【解析】在对会计科目编码时，一般应遵守唯一性、统一性、扩展性的原则。唯一性，每个编码必须唯一地表示某一科目，不可重复。统一性，所有会计科目的编码标准必须遵守统一的编码方案。扩展性，编码既要适应企业当前核算的要求，又要考虑将来业务发展的变化，在设计编码时应注意保留一些空间，以方便将来科目的增减变动。

6. 【答案】D

【解析】对账属于固定资产管理模块期末处理。

7. 【答案】B

【解析】日常处理是指在每个会计期间内，企业日常运营过程中重复、频繁发生的业务处理过程。

8. 【答案】B

【解析】凭证编号为必填内容，可以自动生成，也可以手工录入。

9. 【答案】D

【解析】系统将计提的折旧金额依据每项固定资产的用途归属到对应的成本、费用项目中，生成折旧分配表，并以此为依据，填制相应的记账凭证，并传递给账务处理模块。

10. 【答案】B

【解析】公式设置包括计算公式、审核公式、舍位平衡公式。审核公式由关系公式和提示信息组成，审核公式把报表中某一单元或某一区域与另外某一单元或某一区域或其他字符之间用逻辑运算符连接起来。计算公式的作用是从账簿、凭证、本表或他表等处调用、运算所需要的数据，并填入相关的单元格中。舍位平衡公式用于报表数据进行进位或小数取整后调整数据，表中的平衡关系仍然成立。

11. 【答案】A

【解析】审核凭证只能由有审核权限的人员进行。

12. 【答案】D

【解析】取消审核签字应由审核员来完成。

13. 【答案】A

【解析】会计账户体系是会计核算的基础，整个会计核算系统都是以会计账户体系为基础建立的。建立会计账户体系从一级会计科目开始，逐级设置明细科目。

14. 【答案】B

【解析】在期初余额录入完毕后，用户应该进行试算平衡，以检查期初余额的录入是否正确。如果试算不平衡，则下月不能记账。

15. 【答案】B

【解析】审核员与录入员各负其责。经过审核并已签章而未记账的凭证，如果存在错误，首先由审核人员取消对该凭证的审核标志，再由制单人员对凭证进行修改。所以，审核后的凭证不能直接修改。

16. 【答案】B

【解析】账龄分析主要是用来对未核销的往来账余额、账龄进行分析，及时发现问题，加强对往来款项动态的监督管理。

17. 【答案】C

【解析】会计科目可以删除，但不是想删就能删的，如已经使用的会计科目就不能删除。而且，会计科目的编码具有唯一性和统一性。

18. 【答案】C

【解析】凭证编号作为凭证的唯一标志，应该连续递增，不能递增跳号、重号，更不能随机给定。

二、多项选择题

1. 【答案】ABCD

【解析】设置客户信息一般包括客户编码、分类、名称、开户银行、联系方式等。

2. 【答案】ABCD

【解析】对账包括总账和辅助账、明细账和辅助账、总账与明细账、总账和日记账。

3. 【答案】ABCD

【解析】设置基础信息包括：设置折旧对应科目、设置增减方式、设置使用状况、设置折旧方法、设置固定资产类别。

4. 【答案】ABCD

【解析】会计报表按输出方式不同，通常分为屏幕查询输出、图形输出、磁盘输出、打印输出、网络传送五种类型。

5. 【答案】ABCD

【解析】系统进行自动对账的条件一般包括业务发生的日期、结算方式、结算票号、发生金额。其中，发生金额相同是对账的基本条件，对于其他条件，用户可以根据需要自定义选择。

6. 【答案】AD

【解析】出纳管理的主要工作包括：现金日记账、银行存款日记账及资金日报表的管理，支票管理，进行银行对账并输出银行存款余额调节表。

7. 【答案】ABCD

【解析】在财务软件中，建立会计科目时，输入的基本内容应该包括会计科目编码、会计科目名称、科目类型、账页格式、外币核算、数量核算、余额方向、辅助核算性质等。

8. 【答案】BC

【解析】选项 A，并不是所有的科目都输入期初余额，对于损益类科目一般没有期初余额。选项 D，如果已经记过账，则不能再录入、修改期初余额，也不能执行“结转上年余额”功能。

9. 【答案】ABD

【解析】凭证编号是凭证的唯一标志，不允许重号和漏号，因此选项 A 错误。记账凭证必须经过审核才能进行记账，因此选项 B 错误。记账功能对记账的次数没有限制，因此选项 D 错误。

10. 【答案】AC

【解析】系统初始化的内容包括系统级初始化和模块级初始化。

11. 【答案】ABCD

【解析】账务处理系统中初始设置的主要内容包括：账套设置、科目、各种初始数据的录入、凭证的类别。

12. 【答案】ABC

【解析】未审核的凭证或审核标错的凭证，可以由填制人直接进行修改并保存。因此选项 A 正确。凭证的类别、编号不能修改，制单日期的修改也会受到限制。

13. 【答案】ABD

【解析】结账工作必须在本月的核算工作都已完成，系统中数据状态正确的情况下才能进行。因此，结账工作执行时，系统会检查相关工作的完成情况，需检查本月记账凭证是否已经全部记账，检查上月是否已经结账，检查总账与明细账、总账与辅助账是否对账正确，对会计科目余额进行试算平衡等。

14. 【答案】ABC

【解析】结账属于期末业务处理的内容。

15. 【答案】ABCD

【解析】账套是指存放会计核算对象的所有会计业务数据文件的总称，账套中包含的文件有会计科目、记账凭证、会计账簿、会计报表等。

三、判断题

1. 【答案】√

2. 【答案】√

【解析】摘要用来简单说明发生的经济业务，所以摘要是必填内容。

3. 【答案】×

【解析】企业固定资产增加或减少的具体方式不同，其固定资产的确认和计量方法也不同。

4. 【答案】√

【解析】应收管理模块在账套使用过程中，如果当年已经计提过坏账准备，则坏账准备方式这一参数不能更改；如需更改的，只能在下一年修改。

5. 【答案】×

【解析】应付管理模块为每一种类型的付款业务编制相应的记账凭证，并将记账凭证传递到账务处理模块。

6. 【答案】×

【解析】会计科目的名称不能为空。

7. 【答案】×

【解析】修改或删除会计科目应遵循“自下而上”的原则，即先删除或修改下一级科目，然后再删除或修改本级科目。

8. 【答案】√

【解析】账套号是用来输入新建账套的编号，账套号是唯一的，且必须输入。

9. 【答案】×

【解析】未经审核的记账凭证不能记账。

10. 【答案】×

【解析】发现记账凭证错误，对未经审核的记账凭证，可由制单人直接进行修改；对已经审核但尚未登记入账的记账凭证，必须先由审核人员取消审核，然后由制单人进行修改；对已经登记入账的记账凭证，不能进行修改，应当采用错账的更正法方式。

11. 【答案】×

【解析】会计软件应当提供不可逆的记账功能，确保对同类已记账凭证的连续编号，不得提供对已记账凭证的删除和插入功能，不得提供对已记账凭证日期、金额、科目和操作人的修改功能。

12. 【答案】×

【解析】账务处理模块与其他模块之间的联系主要表现为凭证数据传递。

13. 【答案】√

【解析】固定资产变动业务包括价值信息变更和非价值信息变更两部分内容。折旧要素的变更属于价值信息变更。折旧要素的变更包括使用年限调整、折旧方法调整、净残值（率）调整、累计折旧调整等。

14. 【答案】√

【解析】科目属于账套参数，账套参数内容已被使用，进行修改可能会造成数据的紊乱。

15. 【答案】×

【解析】期初余额录入是将手工会计资料录入到计算机的过程之一。余额和累计发生额的录入要从最末级科目开始，上级科目的余额和累计发生的数据由系统自动计算生成。

第4章

电子表格软件在会计中的应用

【本章学习导读】

本章包括电子表格软件概述、数据的输入与编辑、公式与函数的应用和数据清单及其管理分析四部分内容。本章是本门课程较为重要的一章，需要读者认真学习。

【本章知识体系】

章	节	知识点
电子表格软件在会计中的应用	第一节　电子表格软件概述	一、常用的电子表格软件（★） 二、电子表格软件的主要功能（★） 三、Excel 软件的启动与退出（★★★） 四、Excel 软件的用户界面（★★★） 五、Excel 文件的管理（★★）
	第二节　数据的输入与编辑	一、数据的输入（★★） 二、数据的编辑（★★★） 三、数据的保护（★★★）
	第三节　公式与函数的应用	一、公式的应用（★★★） 二、单元格的引用（★★★） 三、函数的应用（★★★）
	第四节　数据清单及其管理分析	一、数据清单的构建（★★★） 二、记录单的使用（★★★） 三、数据的管理与分析（★★★）

第一节　电子表格软件概述

【学习指导】

学习本节内容，需要理解常用电子表格软件的种类、电子表格软件的主要功能，熟悉 Excel 软件（以下简称 Excel）的用户界面，并熟悉 Excel 文件管理的常用方法。

一、常用的电子表格软件

电子表格，又称电子数据表，是指由特定软件制作而成的，用于模拟纸上计算的由横竖线条交叉组成的表格。

Windows 操作系统下常用的电子表格软件主要有微软的 Excel、金山 WPS 电子表格、Lotus Notes、Formula One 等；Mac 操作系统下则有苹果的 Numbers，该软件同时可用于 iPad 等手持设备。此外，还有专业电子表格软件，如 Lotus Notes、第三方电子表格软件，如 Formula One 等。

【知识链接】微软的 Excel 软件是美国微软公司研制的办公自动化软件 Office 中的重要组成部分，目前已经广泛应用于会计、统计、金融、财经、管理等众多领域。

【多项选择题】微软的 Excel 软件目前已经广泛应用于（　　）领域。

A. 会计　　B. 统计　　C. 金融　　D. 财经

【答案】ABCD

【解析】微软的 Excel 软件目前已经广泛应用于会计、统计、金融、财经、管理等众多领域。

考虑到 Excel 操作简单直观、应用范围广泛、用户众多且与其他电子表格软件具有很好的兼容性，未特别说明时，本大纲主要介绍 Excel 有关内容。Excel 软件有多种不同的版本，目前比较有代表性的是 Excel 2003 和 Excel 2013。

【特别提示】本书重点介绍 Excel 2003 的使用方法，涉及 Excel 2013 的有关内容，也需要有所了解。

二、电子表格软件的主要功能

电子表格软件的主要功能有：（1）建立工作簿；（2）管理数据；（3）实现数据网上共享；（4）制作图表；（5）开发应用系统。

（一）建立工作簿

Excel 启动后，即可按照要求建立一个空白的工作簿文件，每个工作簿中含有一张或多张空白的表格。这些在屏幕上显示出来的默认由灰色横竖线条交叉组成的表格被称为工作表，又称电子表格，每张工作表由若干行和列组成，行和列交叉形成单元格。

【答疑解惑】工作簿、工作表和单元格有什么关系？

【答】：工作簿如同活页夹，工作表如同工作簿中的一张张活页纸，且各张工作表之间的内容相对独立。工作表是 Excel 存储和处理数据的最重要的部分，也称电子表格。单元格是工作表的最小组成单位，单个数据的输入和修改都在单元格中进行，每一单元格最多可容纳 32 767 个字符。

【归纳总结】一个工作簿是由一个或多个工作表组成的，而一个工作表又是由多个单元格组成的，是一种相互嵌套的关系。

【知识拓展】在 Excel 2003 中，每个工作簿默认含有 3 张工作表，每张工作表由 65536 行和 256 列组成；在 Excel 2013 中，每个工作簿默认含有 1 张工作表，该工作表由 1048576 行和 16384 列组成。默认的工作表不够用时，可以根据需要予以适当添加。每个工作簿含有工作表的张数受计算机内存大小的限制。

【单项选择题】在 Excel 2013 中，一个工作表由（　　）组成。

A．65536 行和 256 列　　B．65536 行和 16384 列
C．1048576 行和 16384 列　　D．1048576 行和 256 列

【答案】C

【解析】在 Excel 2013 中，行数=256×64^2，列数=256×64。

（二）管理数据

用户通过 Excel 不仅可以直接在工作表的相关单元格中输入、存储数据，编制销量统计表、科目汇总表、试算平衡表、资产负债表、利润表及大多数数据处理业务所需的表格，而且可以利用计算机，自动、快速地对工作表中的数据进行检索、排序、筛选、分类、汇总等操作，还可以运用运算公式和内置函数，对数据进行复杂的运算和分析。

【判断题】Excel 只能编制表格，但不能实现计算功能。（　　）

【答案】×

【解析】Excel 具有管理数据的功能，可以对工作表中的数据进行检索、排序、筛选、分类、汇总等操作，还可以运用运算公式和内置函数对数据进行复杂的运算和分析。

（三）实现数据网上共享

通过 Excel，用户可以创建超级链接，获取局域网或互联网上的共享数据，也可将自己的工作簿设置成共享文件，保存在互联网的共享网站中。

（四）制作图表

Excel 提供了散点图、柱形图、饼图、条形图、面积图、折线图、气泡图、三维图等 14 类 100 多种基本图表。Excel 不仅能够利用图表向导方便、灵活地制作图表，而且可以很容易地将同一组数据改变成不同类型的图表，以便直观地展示数据之间的复杂关系；不仅能够对图表中的标题、坐标轴、网络线、图例、数据标志、背景等各种对象任意进行编辑，而且可以在图表中添加文字、图形、图像和声音等，使精心设计的图表更具说服力。

【知识拓展】Excel 工作表中，为显示数据的组成部分，可插入饼图图表。

【判断题】Excel 提供了散点图、柱形图、饼图、条形图、面积图、折线图、气泡图、三维图等 14 类 100 多种基本图表。 （ ）

【答案】√

（五）开发应用系统

用户可以根据 Excel 自带的 VBA 宏语言，自行编写和开发一些满足自身管理需要的应用系统，有效运用和扩大 Excel 的功能。

【知识链接】Visual Basic for Applications（VBA）是 Visual Basic 的一种宏语言，是微软公司开发出来在其桌面应用程序中执行通用的自动化（OLE）任务的编程语言。主要用来扩展 Windows 的应用程式功能，特别是 Microsoft Office 软件。微软公司在 1994 年发行的 Excel 5.0 版本中，即具备了 VBA 的宏功能。

【单项选择题】Excel 2013 中，每个工作簿默认含有（ ）工作表。

A. 2　　B. 3　　C. 1　　D. 无数张

【答案】C

【解析】Excel 2013 中，每个工作簿默认含有 1 张工作表。

三、Excel 软件的启动与退出

（一）Excel 软件的启动

Excel 软件的启动通常可以采用下列 4 种方法进行。

1. 通过“开始”菜单中的 Excel 快捷命令启动

单击桌面左下角的“开始”按钮（或按键盘上的微软徽标键），执行“所有程序”→“Microsoft Office”命令，然后从中选择“Microsoft Office Excel 2003”选项，即可启动 Excel 软件，如图 4-1-1 所示。

通过“开始”菜单可启动 Excel 软件，同时建立一个新的文档，该文档在 Excel 软件中被默认为工作簿。启动 Excel 后建立的第一个空白工作簿的缺省名和扩展名，在 Excel 2003 中分别默认为“Book1”和“.x1s”，但也可以另存为其他名称和类型的文件。

图 4-1-1　“开始”菜单

【知识拓展】启动 Excel 2013 后建立的第一个空白工作簿的缺省名和扩展名与 Excel 2003 不同，分别为“工作簿 1”和“.x1sx”。

【多项选择题】在 Excel 2003 中，启动 Excel 后建立的第一个空白工作簿的缺省名和扩展名分别默认为（　　）。

A．“.xls”　　B．“.xlsx”　　C．“Book1”　　D．“工作簿 1”

【答案】AC

【解析】在 Excel 2003 中，启动 Excel 后建立的第一个空白工作簿的缺省名和扩展名分别默认为“Book1”和“.xls”；Excel 2013 中，则默认为“工作簿 1”和“.xlsx”。

2．通过桌面或任务栏中 Excel 的快捷方式启动

直接单击或者双击位于桌面的 Excel 快捷方式图标，即可快速启动 Excel 软件，同时建立一个新的空白工作簿。采用这种方法的前提是桌面或任务栏中已经创建 Excel 快捷方式图标。

【知识链接】在桌面上创建 Excel 快捷方式图标的方法通常为：（1）在桌面上，右击，在弹出的快捷菜单中选择“新建”→“Microsoft Office Excel”命令，即可在桌面上建立快捷方式；（2）执行“开始”→“所有程序”→“Microsoft Office”命令，在“Microsoft Office Excel 2003”项上右击，在弹出的快捷菜单中选择“锁定到任务栏”选项，即可在任务栏上显示快捷方式。

3．通过“运行”对话框启动

执行“开始”→“所有程序”→“附件”→“运行”命令，打开“运行”对话框，输入“Excel”，单击“确定”按钮或按 Enter 键，如图 4-1-2 所示。

相关操作完成后，Excel 启动，同时建立一个新的空白工作簿。

【答疑解惑】如何打开“运行”对话框？

【答】：打开“运行”对话框有两种方法：（1）单击“开始”按钮，选择“运行”命令，如图 4-1-1 所示；（2）同时按键盘上的微软徽标键和 R 键。

4．通过打开现成的 Excel 文件启动

直接单击或双击现成的 Excel 文件（或选定 Excel 文件，右击，在弹出的快捷菜单中选择“打开”命令），通过打开该文件来启动 Excel 软件。

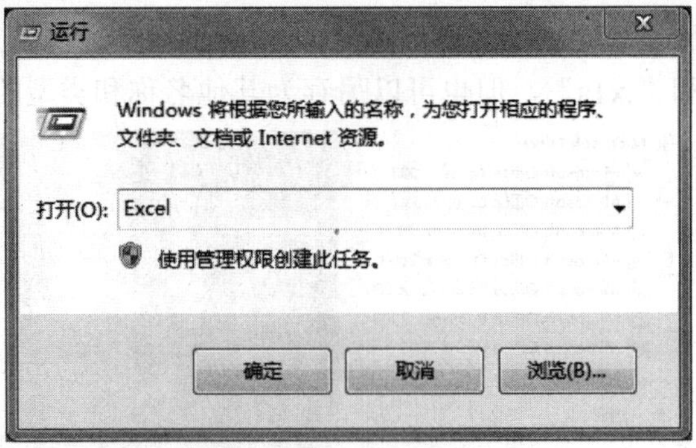

图 4-1-2 “运行”对话框

【单项选择题】关于 Excel 软件的启动，不正确的是（　　）。

A．可通过“运行”对话框启动 Excel 程序

B．可通过快捷键 Ctrl+N 启动 Excel 程序

C．可通过打开现成的 Excel 文件启动 Excel 程序

D．可通过单击开始菜单中列示的 Excel 快捷命令启动 Excel 程序

【答案】B

【解析】快捷键 Ctrl+N 是在已经启动了 Excel 软件的情况下，执行此快捷键可以建立一个新的空白工作簿。

（二）Excel 软件的退出

退出 Excel 软件通常可以采用下列 3 种方法进行，如果退出前有编辑的内容未被保存，将出现提示是否保存的对话框。

1．通过标题栏的“关闭”按钮退出

单击标题栏最右边的关闭按钮“×”后，Excel 软件将被退出。

【知识拓展】如果当前有多个工作簿文件在运行，单击标题栏最右边的关闭按钮“×”后，光标所在的文件被关闭，其他处于打开状态的 Excel 文件仍在运行，Excel 软件并未退出。只有重复单击该按钮，直至这些文件均被关闭后，Excel 软件才能退出。

2．通过任务栏退出

右击任务栏中的 Excel 图标，在出现的菜单中，执行“关闭窗口”命令即可退出 Excel 文件。文件被关闭后，Excel 软件也随之退出。

【特别提示】当前处于打开状态的工作簿只有一个的情况下，通过执行“关闭窗口”命令完成 Excel 软件的退出；当前处于打开状态的工作簿为多个的情况下，右击任务栏中的 Excel 图标，在出现的菜单中执行“关闭所有窗口”命令可退出 Excel 文件，如图 4-1-3 所示。

（a）“关闭窗口”选项　　（b）“关闭所有窗口”选项

图 4-1-3 “关闭文件”对话框

3．通过快捷键退出（Alt+F4）

按 Alt＋F4 组合键后，Excel 软件将被退出。

以上三种操作方法均指的是当前只有一个工作簿文件在运行的情形，如果当前有多个工作簿文件在运行，以上三种操作方法执行的结果将是光标所在的文件被关闭，其他处于打开状态的 Excel 文件仍在运行，Excel 软件并未退出。只有这些文件均被关闭后，Excel 软件才能退出。

【特别提示】针对上段内容，考试时以此考试大纲为准。但在实际操作中，上段内容仅对 Excel 2007 以上有效。在 Excel 2003 中，如果当前有多个工作簿文件处于运行状态，单击标题栏最右边的关闭按钮“×”或按组合键“Alt+F4”后，所有打开的文件均被关闭，Excel 软件退出。

【单项选择题】退出 Excel 程序可使用组合键（　　）。

A．Alt＋F4　　B．Ctrl＋F4
C．Ctrl＋N　　D．Ctrl＋S

【答案】A

【解析】Alt＋F4 是退出 Excel 程序的组合键；Ctrl＋F4 是关闭 Excel 文件的组合键；Ctrl+N 是新建 Excel 文件的组合键；Ctrl+S 是保存文件的组合键。

四、Excel 软件的用户界面

Excel 软件启动后，通常会建立一个新的空白工作簿或者打开一个现有的工作簿，并在屏幕上呈现一个最大化的工作簿窗口（简称“窗口”）。这一窗口是用户操作 Excel 软件的重要平台，被称为默认的用户界面。

Excel 2003 及以前版本的默认用户界面基本相同，由标题栏、菜单栏、工具栏、编辑区、工作表区、状态栏和任务窗格等要素组成，如图 4-1-4 所示。

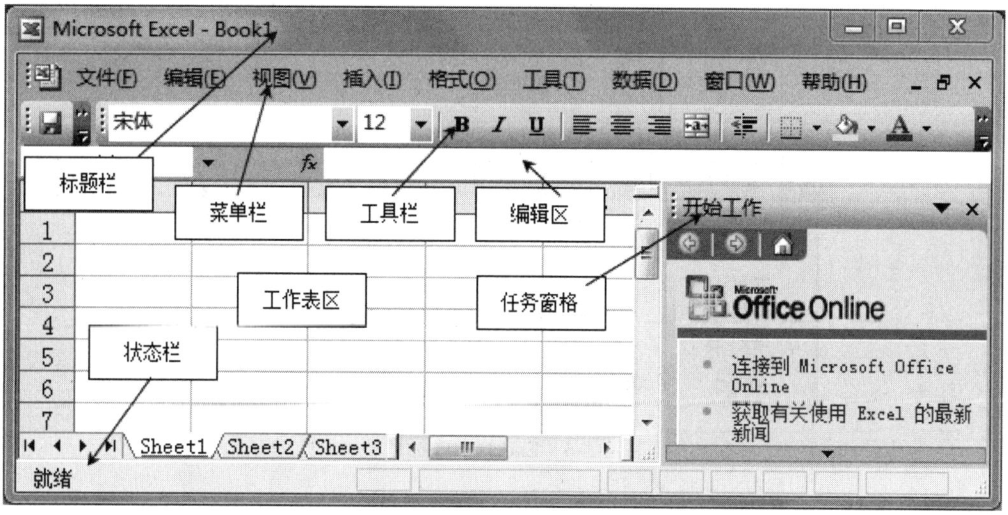

图 4-1-4　Excel 2003 用户界面

【特别提示】功能区将标题栏、菜单栏、工具栏和任务窗格进行了合并，非常方便操作。

【知识拓展】Excel 软件的默认用户界面因版本不同而有所区别。Excel 2007 及以后的版本的默认用户界面基本相同，主要由功能区、编辑区、工作表区和状态栏等要素组成，如图 4-1-5 所示。

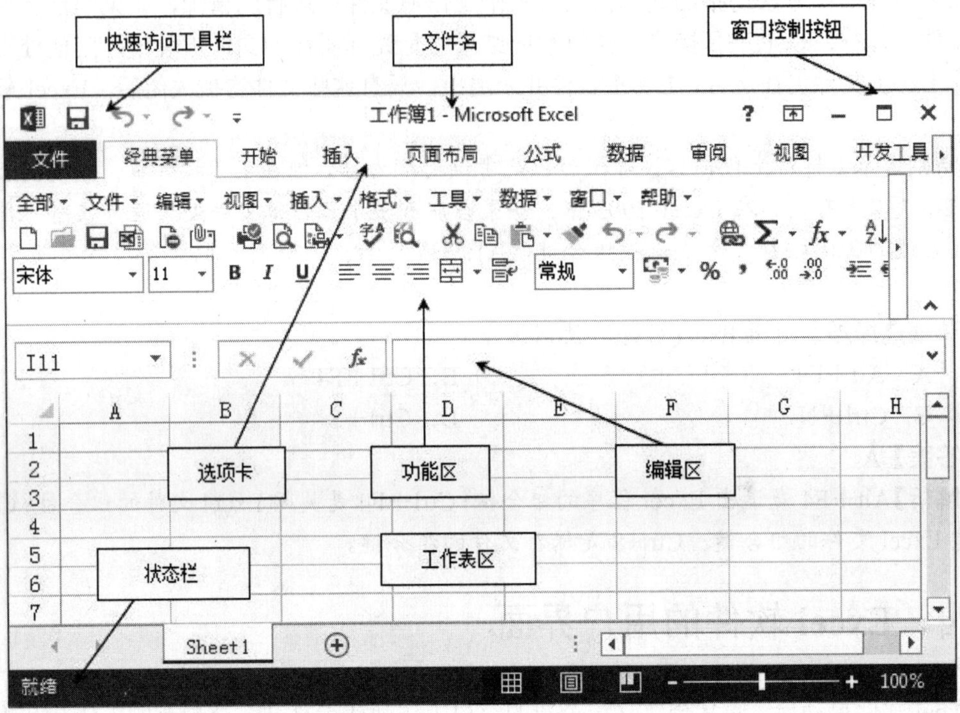

图 4-1-5　Excel 2013 用户界面

（一）标题栏

标题栏位于窗口的最上方，依次列示 Excel 软件的图标（窗口控制菜单图标）、文档的标题和控制 Excel 窗口的按钮，如图 4-1-6 所示。

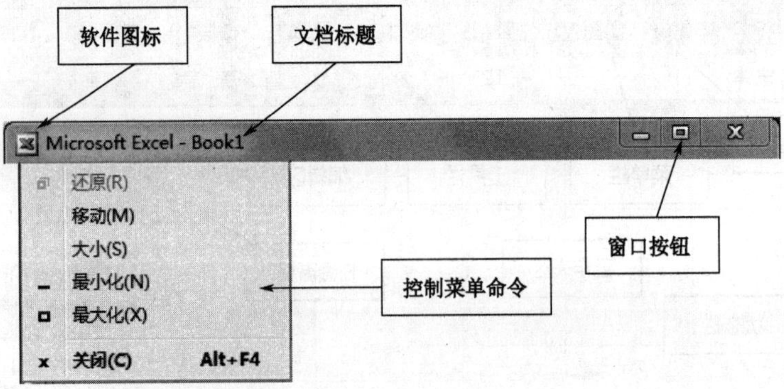

图 4-1-6　Excel 2003 标题栏

1．软件图标

标题栏的最左端列示标志 Excel 软件的图标。软件图标是 Excel 窗口的控制菜单图标，又称为“控制框”。单击“软件图标”按钮，弹出控制菜单命令，提供还原、移动、大小、最小化、最大化和关闭等功能，如图 4-1-6 所示。双击软件图标按钮可以关闭 Excel 窗口。

【知识拓展】弹出控制菜单命令的方法除了上述方法之外，还有两种：（1）将鼠标放在标题栏的任意位置，右击；（2）同时按键盘上的 Alt 键和 Space 键。

2. 文档标题

文档标题位于标题栏的中间位置，由软件名称和当前所运行工作簿的名称两部分构成，中间由“-”连接。

【举例说明】如图 4-1-6 所示，该文档标题为“Microsoft Excel- Book1”，其中软件的名称为“Microsoft Excel”，工作簿的名称为“Book1”。Excel 2013 文档标题组成顺序与 Excel 2003 恰好相反，如图 4-1-7 所示，该文档标题为“工作簿 1-Microsoft Excel”，其中“工作簿”1 为工作簿的名称，“Microsoft Excel”为软件的名称。

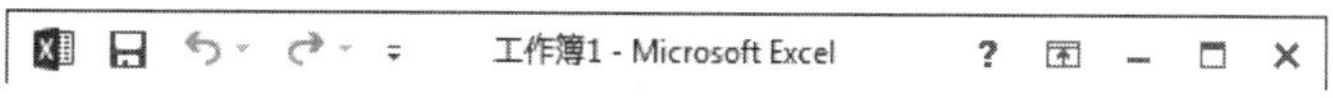

图 4-1-7　Excel 2013 标题栏

3. 窗口按钮

窗口按钮位于标题栏的最右端，由三个控制按钮组成，从左向右依次为最小化按钮、向下还原或最大化按钮、关闭按钮。这些按钮统称为控制按钮，用来控制工作簿窗口的状态。

【知识拓展】在 Excel 2013 标题栏中，还有控制功能区显示的选项按钮（即“功能区显示按钮”）和快速访问工具栏，分别位于最小化按钮的左边和 Excel 软件图标的右边。

（二）菜单栏

Excel 2003 的菜单栏默认位于标题栏的下方，但可移动到窗口的其他适当位置。菜单栏在窗口中移动到适当位置的方法通常是将鼠标指向标题栏最左端的虚线，当鼠标变成“十”字箭头时，按住鼠标左键进行拖动，在合适的位置松开鼠标即可，如图 4-1-8 所示。

图 4-1-8　Excel 2003 菜单栏

从图 4-1-8 可以看出，Excel 2003 的菜单栏包含“文件”“编辑”“视图”“插入”“格式”“工具”“数据”“窗口”和“帮助”9 个默认的菜单项，菜单栏中包括 Excel 的全部操作命令，每一个菜单项分别含有对工作表进行操作的一组功能相关的命令。命令后面带有“...”的，表示选择了这一命令后将打开该命令的对话框；命令后面带有“▶”的，表示该选项后面带有一个子菜单。

【举例说明】“格式”菜单下的“单元格”命令后面带有“...”，当选择“单元格”命令后，会弹出“单元格格式”对话框，从中进行单元格格式的设置。“格式”菜单下的“列”命令后面带有“▶”，当鼠标移至该命令时，可以展开其子菜单，从中选择相应的命令进行操作。

（三）工具栏

工具栏默认位于菜单栏的下方，但可移动到窗口的其他适当位置，操作方法与菜单栏的移动相似。它由一系列与菜单命令具有相同功能的按钮组成，每个按钮代表一个命令，能更加快捷地完成相应的操作。

启动 Excel 2003 后，默认显示“常用工具栏”和“格式工具栏”两个工具栏，如图 4-1-9

所示。

【知识链接】常用工具栏主要包含了常用的一些命令：新建、打开、保存、打印、打印预览、剪切、复制、粘贴、格式刷、自动求和、撤销、排序等；格式工具栏主要包含字体、字号、加粗、斜体、下画线、对齐方式（左对齐、居中、右对齐）、边框、颜色、字符缩放等命令，主要用于设置文本格式、排版操作等。

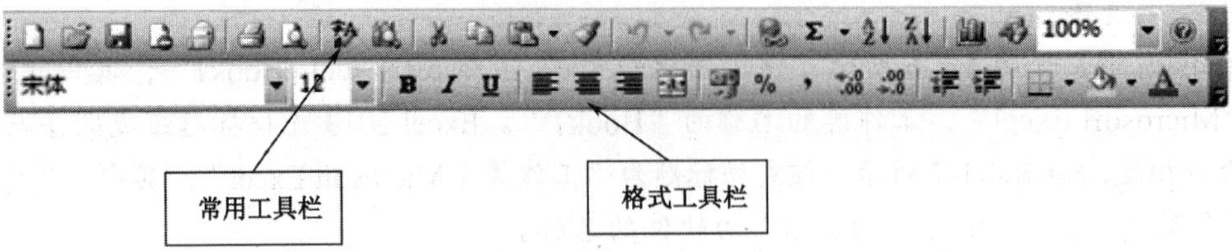

图 4-1-9 Excel 2003 工具栏

用户不仅可以自行设定工具栏的显示、隐藏及其在窗口中的位置，而且可以自行设定工具栏中的按钮及其在工具栏中的位置。

用户可以根据实际需要，显示或隐藏适用于特定功能的其他工具栏。显示或隐藏工具栏通常采用以下两种方法：（1）执行“视图”→“工具栏”命令，即可打开“工具栏”列表，从中设置工具栏的显示或隐藏，如图 4-1-10 所示；（2）在工具栏或菜单栏的任意位置右击，同样可以打开“工具栏”列表来进行操作。

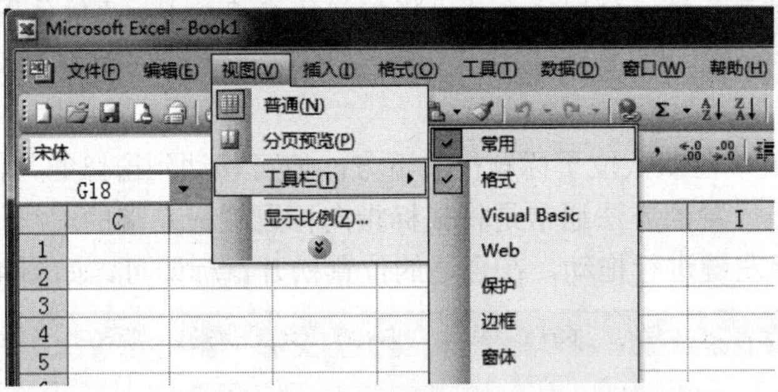

图 4-1-10 Excel 2003 工具栏设置

自定义工具栏的操作方法为：执行“工具”→“自定义”命令，即可打开“自定义”对话框，从中进行工具栏的新建、重命名、删除等操作，如图 4-1-11 所示。

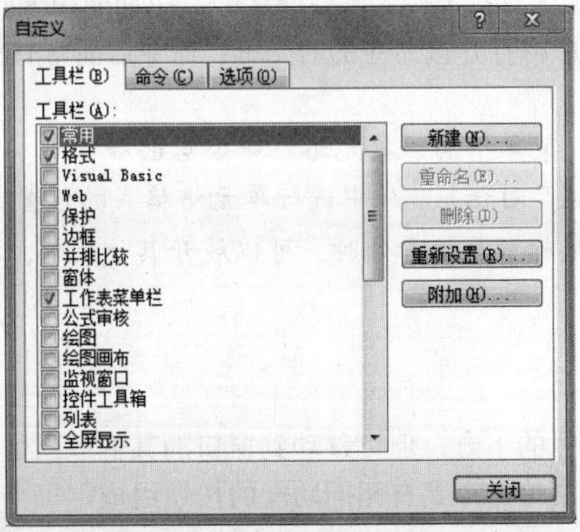

图 4-1-11 “自定义”对话框

（四）编辑区

编辑区默认位于工具栏的下方，由名称框、取消输入按钮、确认输入按钮、插入函数按钮和编辑栏构成，如图 4-1-12 所示。它用来显示当前单元格的名称和当前单元格的内容、取消或确认本次输入的数据或公式。

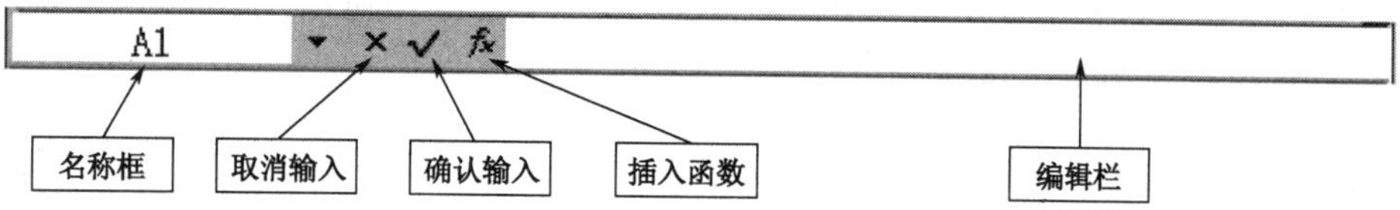

图 4-1-12　Excel 2003 编辑区

编辑区与菜单栏、工具栏不同，它不能利用鼠标拖动来移动到窗口的其他适当位置，但用户可以自行设定其在窗口中的显示或隐藏。

1. 名称框

Excel 2003 名称框位于编辑栏最左端的条形区域，它主要用于显示、定义或更改活动单元格或单元格区域的名称，以及快速定位到所指定名称的单元格或单元格区域。

【知识链接】灵活运用名称框，对提高 Excel 使用效率有很大帮助，具体使用方法如下。

（1）快速命名单元格或单元格区域：选定需要命名的单元格或单元格区域，然后直接在“名称框”中输入名称，再按 Enter 键即可快速命名选定的单元格或单元格区域。如果需要再次选中该区域，只要从名称框的下拉列表中选择其名称即可。

（2）快速移动至指定单元格：如果要将活动单元格快速移动到指定的单元格，可直接在“名称框”中输入需要移动至相应位置的单元格标志。例如，用户要将活动单元格从 A1 单元格移动到 X1000 单元格时，如果使用鼠标移动会很麻烦而且费时，但是只要在“名称框”中输入“X1000”，按 Enter 键后活动单元格就会快速移动至 X1000 单元格中。

（3）快速选定单元格区域：在“名称框”中直接输入需要选定的单元格区域标志，如要选中“B2:H200”区域，就可以在名称框中输入“B2:H200”，然后按 Enter 键，这时 B2:H200 单元格区域就被选中了。

2. 编辑栏

编辑栏是一个条形区域，位于编辑区的最右端，也称为编辑框或公式栏，它的作用是用于显示、输入或编辑活动单元格或图表中的数据和公式。

【举例说明】B1 单元格数值为 20，B2 单元格数值为 40，B3 单元格通过公式（=B1+B2）计算得出数值为 60。当单击 B1 单元格时，编辑栏显示单元格中的数据 20；而当单击 B3 单元格时，编辑栏显示单元格的公式“−B1+B2”。

【知识链接】位于名称框和编辑栏中间的“×”“√”“f_x”三个按钮，分别用于取消输入、确认输入和插入函数。

【单项选择题】位于名称框和编辑栏中间的“√”表示的是（　　）。

A．取消输入　　B．确认输入　　C．停止输入　　D．插入函数

【答案】B

【解析】位于名称框和编辑栏中间的“√”表示的是确认输入；选项 A，“×”表示的是

取消输入；选项 C，位于名称框和编辑栏中间有三个按钮，即“√”“×”“f_x”，并没有停止输入的按钮；选项 D，“f_x”表示的是插入函数。

（五）工作表区

工作表区默认位于编辑区的下方，是 Excel 文件用于存储和处理数据的专门区域，由工作表、工作表标签、标签滚动按钮、滚动条和滚动条按钮、列和列号、行和行号、全选按钮、单元格等要素组成，如图 4-1-13 所示。

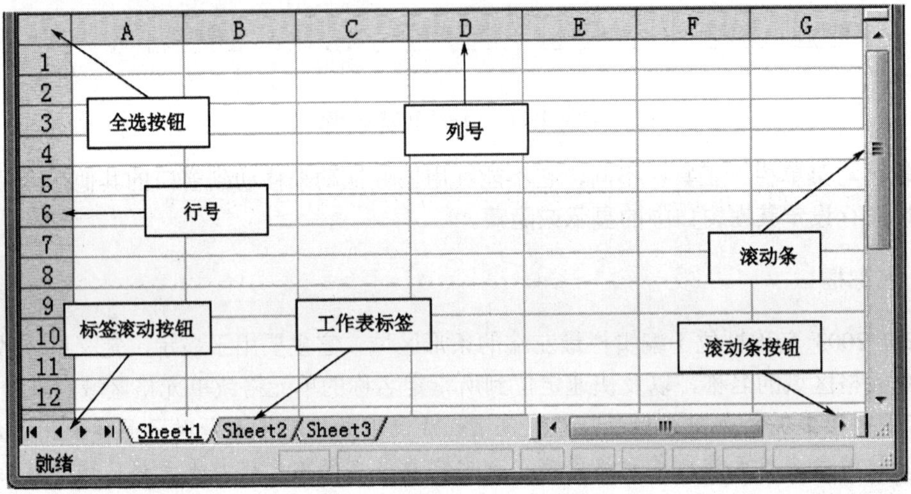

图 4-1-13 Excel 2003 工作表区

【知识链接】在 Excel 2003 中，在活动工作簿中添加一张新空白工作表通常采用以下两种方法：（1）单击窗口底部处于目标位置右边的工作表标签，单击“插入”菜单，从中选择“工作表”命令，即可新建工作表。（2）右击窗口底部处于目标位置右边的工作表标签，在弹出的快捷菜单中选择“插入”命令，打开“插入”对话框，单击“工作表”图标，单击“确定”按钮后，即可在目标位置新建一张工作表。

【多项选择题】工作表区是 Excel 文件用于存储和处理数据的专门区域，由（　　）要素组成。

A. 工作表　　B. 工作表标签　　C. 滚动条　　D. 列、行

【答案】ABCD

【解析】工作表区是 Excel 文件用于存储和处理数据的专门区域，由工作表、工作表标签、标签滚动按钮、滚动条和滚动条按钮、列和列号、行和行号、全选按钮、单元格等要素构成。

（六）状态栏

状态栏默认位于窗口底部，它由消息区、自动计算显示框和键盘状态显示区三部分组成，可以显示各种状态信息，如单元格模式、功能键的开关状态等，如图 4-1-14 所示。

1. 消息区

消息区位于状态栏的左端，显示 Excel 软件当前的工作状态，提醒用户 Excel 软件正在做什么。系统默认的为“就绪”，输入内容时为“输入”，编辑公式或者输入函数参数时为“编辑”。

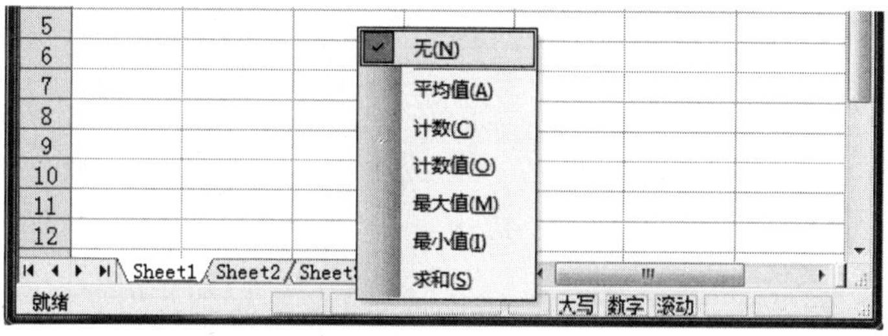

图 4-1-14　Excel 2003 状态栏

2. 自动计算显示框

自动计算显示框位于状态栏的中间，在状态栏，右击，弹出快捷菜单，从中可以选择相应的功能“无”“平均值”“计数”“计数值”“最大值”“最小值”“求和”。当选中单元格区域时，在自动计算显示框将显示选中区域数字的“平均值”“最大值”“求和”等。

3. 键盘状态显示区

键盘状态显示区位于状态栏的右端，键盘状态显示区显示“大写”“数字”“滚动”、“结束”等键盘状态。

（1）“大写”状态表示输入的字母以大写形式表现，不显示表示小写字母状态，与键盘上 Caps Lock 键的指示灯是对应的，指示灯亮，表示当前处于英文大写字母输入状态。

（2）“数字”状态表示小键盘为数字键盘输入状态，否则即为光标控制状态，与键盘上 Num Lock 键的指示灯是对应的，指示灯亮，表示小键盘区的数字键处于可用状态。

（3）“滚动”状态表示用方向键可以滚动窗口，否则用方向键移动活动单元格，这个状态与键盘上 Scroll Lock 键的指示灯是对应的，指示灯亮，在 DOS 状态下表示屏幕滚动显示。

（4）“结束”状态表示按方向键移动到当前行或列的有数据结尾或开头处，若无数据，则跳至行尾或列尾。

【知识拓展】在 Excel 2013 中，状态栏不仅在左端增设了录制宏按钮和在右端增设了视图切换按钮、显示比例和缩放滑块等快捷操作命令，而且提供了更多的状态栏自定义选项。自定义状态栏的方法是，右击状态栏任意位置，然后在弹出的快捷菜单中选中相应功能；如果取消选中，状态栏中将不显示相关信息。

（七）任务窗格

任务窗格默认位于 Excel 窗口的右边，但可移动到窗口的其他适当位置，用于集中放置最常用的功能和快捷方式，具体包括“开始工作”“帮助”“搜索结果”“剪贴画”“信息检索”“剪贴板”“新建工作簿”“模板帮助”“共享工作区”“文档更新”和“XML 源”等 11 个任务窗格，如图 4-1-15 所示。

任务窗格打开和关闭的常用方法有两种：（1）同时按 Ctrl 键和 F1 键；（2）执行“视图”→“任务窗格”命令打开任务窗格，在“任务窗格”窗口中单击其右上角的关闭按钮，即可关闭任务窗格。

【知识拓展】任务窗格在窗口中移动到适当位置的方法通常是将鼠标指向任务窗格左上方的虚竖线，当鼠标指针变成“十”字箭头时，按住鼠标左键进行拖动。

图 4-1-15　Excel 2003 任务窗格

（八）功能区

功能区是由一系列在功能上具有较强相关性的组和命令所形成的区域，各功能区（组）的主要功能由相应的选项卡予以标示，用户可以根据需要完成的操作，快速找到和调用包含当前所需命令的功能区和组。

Excel 2013 的功能区包括快速访问工具栏、选项卡栏及组和命令组成，如图 4-1-16 所示。

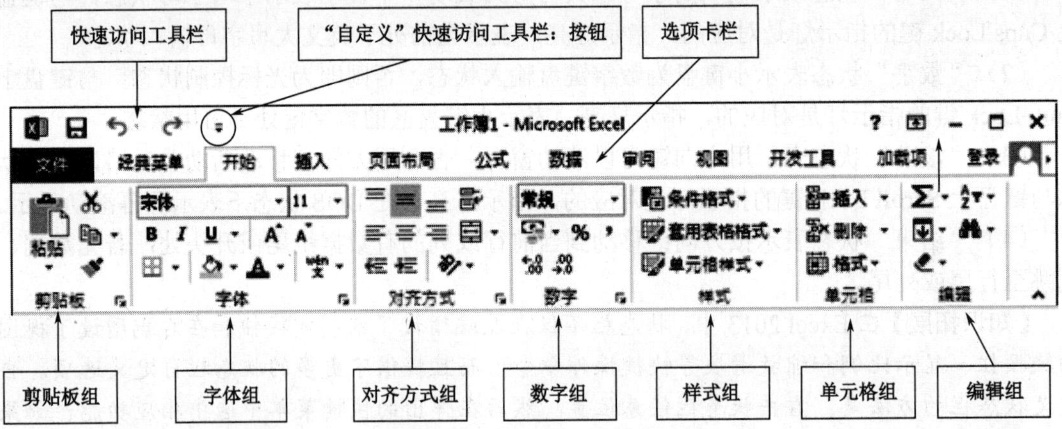

图 4-1-16　Excel 2013 功能区

1. 快速访问工具栏

快速访问工具栏位于 Excel 2013 窗口的左上端，与标题栏同处一行，默认包含"保存""撤销""恢复"等快捷按钮，其在窗口中所处的位置和快捷按钮的种类可通过"自定义快速访问工具栏"按钮进行设置。

【知识链接】快速访问工具栏只能位于功能区的上方或者下方，如果不希望快速访问工具栏在其当前的位置显示，可以通过"自定义快速访问工具栏"将其移至另一位置。

2. 选项卡栏

选项卡栏位于标题栏的下方，Excel 2013 默认的选项卡有"开始""插入""页面布局""公式""数据""审阅""视图""开发工具"。此外，用户还可以通过"自定义功能区"进行自定义。

3. 组和命令

单击任一选项卡标签，其下方将出现一个以平铺方式展开的“带形功能区”，它由若干个功能相关的组和命令所组成。

【举例说明】如图 4-1-16 所示，“开始”选项卡包括剪贴板组、字体组、对齐方式组、数字组、样式组、单元格组及编辑组 7 个组，其中“字体”组下面又包含字体、字号、下画线、边框、字体颜色等命令。

功能区的优势主要在于，它将通常需要使用菜单、工具栏、任务窗格和其他用户界面组件才能显示的任务或入口点集中在一起，便于在同一位置查找和调用功能相关的命令。

【知识拓展】如需隐藏功能区，可以在当前所在的选项卡处双击，再次双击将取消隐藏。在隐藏状态下，可单击某选项卡来查看功能区并选择其中的命令。

【多项选择题】Excel 2013 功能区默认的选项卡包括（　　）。

A．开始　　B．插入　　C．页面布局　　D．行和行号

【答案】ABC

【解析】选项 D，行和行号属于工作表区的要素。

五、Excel 文件的管理

Excel 文件的管理主要包括新建、保存、关闭、打开、保密、备份、修改与删除等工作。

（一）Excel 文件的新建与保存

1. Excel 文件的新建

用“开始”菜单中列示的 Excel 快捷命令、桌面或任务栏中 Excel 的快捷方式图标或者通过“运行”对话框等方式启动 Excel 软件的，系统将自动建立一个新的空白工作簿，或者提供一系列模板以供选择，选定其中的空白工作簿模板后，新的空白工作簿窗口将在屏幕上呈现出来，并在标题栏中显示默认的文件名。

以打开现成 Excel 文件方式启动 Excel 2003 软件的，可通过以下方法之一建立一个新的空白工作簿：

（1）按 Ctrl＋N 组合键；

（2）执行“文件→新建”命令，选择其中的空白工作簿模板；

（3）单击工具栏中的“新建”按钮（Excel 2003 为常用工具栏），如图 4-1-17 所示。

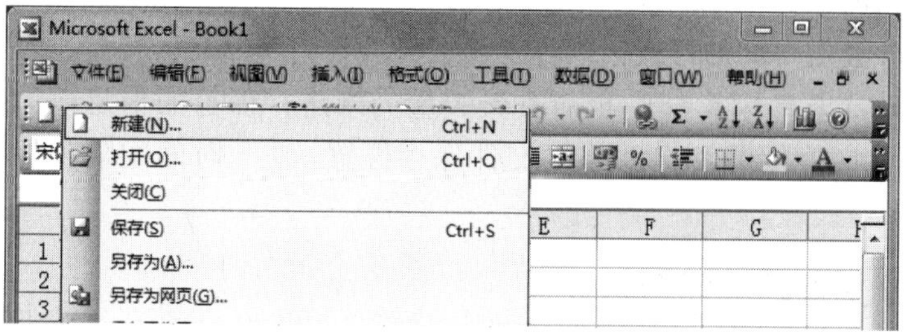

图 4-1-17　Excel 2003 新建文件窗口

【知识拓展】Excel 2013 的“新建”按钮位于快速访问工具栏，可通过“自定义快速访问工具栏”设置该按钮的显示和隐藏。

【单项选择题】下列快捷键可以打开 Excel 文件的是（　　）。

A. Ctrl＋O　　B. Ctrl＋F4　　C. Ctrl＋W　　D. Ctrl＋S

【答案】A

【解析】选项 BC，Ctrl＋F4 组合键和 Ctrl＋W 组合键是关闭文件的快捷键；选项 D，Ctrl＋S 组合键是保存文件的快捷键。

2. Excel 文件的保存

为了继续使用新建的 Excel 文件，应当以合适的文件名和文件类型将 Excel 文件保存在适当的位置。Excel 文件在编辑修改完毕或退出 Excel 软件之前，均应当进行保存。保存 Excel 文件的常用方法包括：

（1）通过按 F12 键进行保存，打开“另存为”对话框，选择文件保存的适当位置，设置文件名和文件类型，如图 4-1-18 所示；

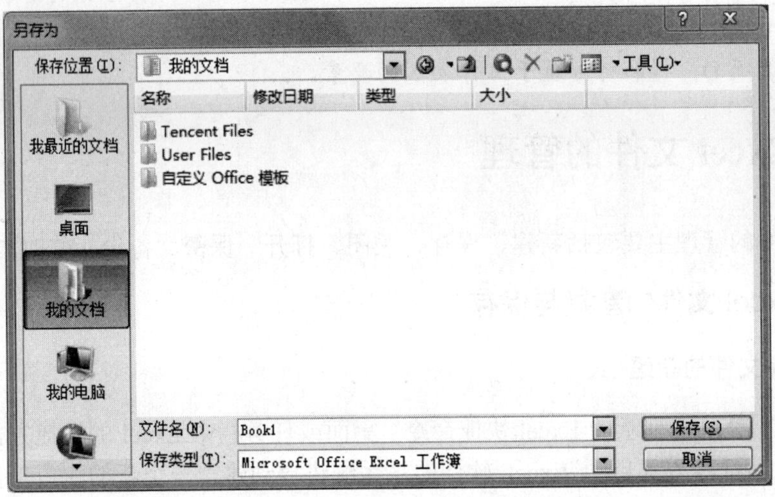

图 4-1-18　Excel 2003“另存为”对话框

（2）通过按 Ctrl＋S 组合键进行保存；

（3）通过单击常用工具栏中的“保存”按钮或“另存为”按钮进行保存（Excel 2013 可单击快速访问工具栏中的“保存”按钮）；

（4）通过“文件”菜单（或 Excel 2003“工具栏”菜单）中的“保存”或“另存为”命令进行保存。

【特别提示】如果采用后三种操作方法，对于之前已经保存过的文件，按“Ctrl＋S 组合键后，将直接保存最近一次的修改，不再弹出“另存为”对话框。

为了避免 Excel 软件因意外中止而丢失大量尚未进行保存的信息，系统通常会默认保存自动恢复信息的时间间隔和自动恢复文件保存位置，这一时间间隔和保存位置还可以自定义。

（二）Excel 文件的关闭与打开

1. Excel 文件的关闭

Excel 软件在退出之前必须关闭打开的文件，因此，也可以采用前述三种 Excel 软件的退出方法来关闭处于打开状态的 Excel 文件。此外，还可采用以下方法来关闭处于打开状态的

Excel 文件：

（1）单击“工具栏”中的“关闭”按钮或命令（Excel 2013 中由于没有“工具栏”菜单，但可单击快速访问工具栏中的“关闭”按钮）；

（2）执行“文件”菜单中的“关闭”命令；

（3）按 Ctrl＋F4 组合键。

【特别提示】上述三种方法关闭的均是当前打开的文件，其他处于打开状态的 Excel 文件仍处于打开状态，Excel 软件仍在运行，并可通过按 Ctrl＋N 组合键等方式创建新工作簿。

2．Excel 文件的打开

打开 Excel 文件的方法主要有以下几种：

（1）通过直接双击 Excel 文件打开；

（2）通过快捷菜单中的“打开”命令打开；

（3）通过 Excel“文件”菜单中的“打开”命令打开；

（4）通过常用工具栏中的“打开”按钮打开（Excel 2013 的“打开”按钮位于快速访问工具栏）；

（5）通过按 Ctrl＋O 组合键打开。

后三种操作方法将打开“打开”对话框，根据文件保存的位置找到目标文件，单击“打开”按钮即可，如图 4-1-19 所示。

图 4-1-19　Excel 2003“打开”对话框

（三）Excel 文件的保密与备份

1．Excel 文件的保密

为了注重保密或隐私等原因，可以对文件进行加密处理。Excel 文件加密的操作方法如下。

（1）参照 Excel 文件保存的操作，执行“文件”→“另存为”命令，打开“另存为”对话框，在“另存为”对话框中单击其右上方“工具”按钮，从弹出的下拉菜单中选择“常规选项”命令；

（2）打开“保存选项”对话框，在“打开权限密码”和“修改权限密码”文本框中分别输入密码，单击“确定”按钮即可，如图 4-1-20 所示。

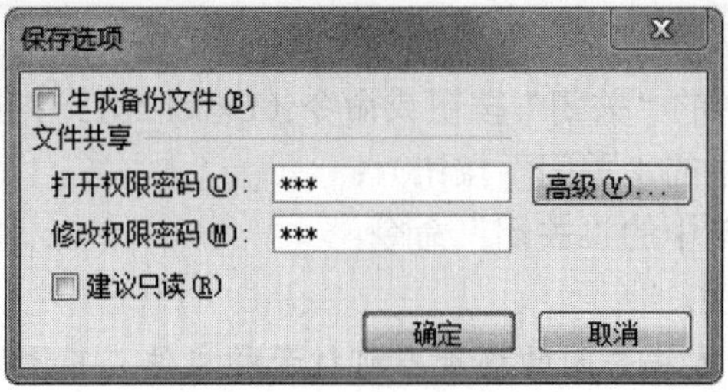

图 4-1-20 Excel 2003“保存选项”对话框

对于设置了打开权限密码的 Excel 文件，只有输入正确的密码才能打开。对于设置了修改权限密码的 Excel 文件，只有输入正确的密码才能修改，否则只能以只读方式打开。

【判断题】对于设置了修改权限密码的 Excel 文件，只有输入正确的密码才能打开，否则不能进行查看。（　　）

【答案】×

【解析】对于设置了修改权限密码的 Excel 文件，只有输入正确的密码才能修改，否则只能以只读方式打开。

【知识拓展】对于保存过的工作簿进行密码的设置或取消操作，需要在该工作簿中，执行“工具”→“选项”命令，在弹出的“选项”对话框中选择“安全性”选项卡，从中设置或取消密码，如图 4-1-21 所示。

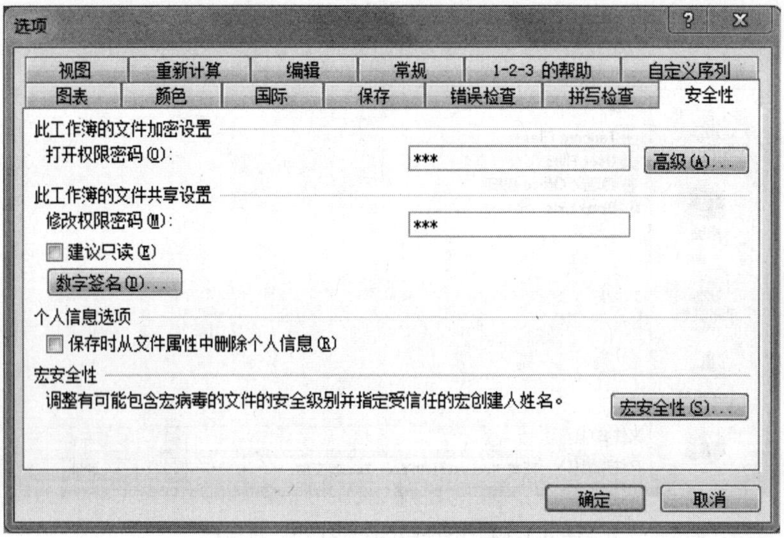

图 4-1-21 “选项”对话框

2. Excel 文件的备份

Excel 软件根据原文件可自动创建备份文件，操作方法参照 Excel 文件的加密操作，在打开的“保存选项”对话框中，如图 4-1-20 所示，选中“生成备份文件”复选框，单击“确定”按钮即可。

【点拨指导】备份文件与原文件名称不同，Excel 软件根据原文件自动创建备份文件的名称为原文件名后加上“的备份”字样，图标与原文件不同，如 Book1 的备份 是 Book1 的备份文件。

（四）Excel 文件的修改与删除

1. Excel 文件的修改

Excel 文件的修改通常是在已打开的 Excel 文件中进行，包括修改单元格内容、增删单元格和行列、调整单元格和行列的顺序、增删工作表和调整工作表顺序等。

（1）修改单元格内容。修改单元格内容可以通过以下三种方法进行。

① 单击要修改的单元格，直接输入新的内容，完成后单击其他单元格或者按 Enter 键；

② 双击要修改的单元格，光标定位到单元格中，此时光标闪烁，即可对其中的内容进行修改，完成后单击其他单元格或者按 Enter 键；

③ 选中要修改的单元格，在编辑栏中插入光标进行修改，完成后按 Enter 键。

（2）增删单元格和行列。直接选定单元格或单元格区域，右击，从弹出的快捷菜单中选择“插入”命令，打开“插入”对话框，选择相应的插入方式后单击“确定”按钮即可，如图 4-1-22 所示。

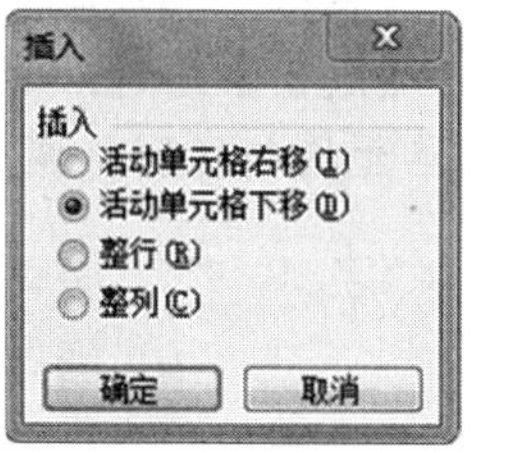

图 4-1-22　“插入”对话框

删除单元格和行列的操作方法与上述操作类似，直接选定单元格或单元格区域，右击，从弹出的快捷菜单中选择“删除”命令，打开“删除”对话框，选择相应的删除方式后单击“确定”按钮即可完成。

【知识拓展】增加行列操作除上述方法之外，还可以通过“插入”菜单中的“行”或“列”命令来实现。

（3）调整单元格顺序。用鼠标选定要调整的单元格或单元格区域，移动鼠标指针至单元格或单元格区域的边缘上，待鼠标指针变成形状后，按住鼠标左键进行拖动，将所选单元格或单元格区域拖动至目标位置后，松开鼠标即可。

（4）调整行列顺序。用鼠标选定要调整的行或列，移动鼠标指针至行或列的边缘上，待鼠标指针变成形状后，按住鼠标左键进行拖动，将所选行列拖动至目标位置后，松开鼠标即可。

（5）增删工作表。增加工作表的方法有两种：①执行“插入”→“工作表”命令，即可在当前工作表前插入一张新的空白工作表；②在工作表标签上右击，从弹出的快捷菜单中选择“插入”命令，打开“插入”对话框，从中选择工作表模板，单击“确定”按钮即可，如图 4-1-23 所示。

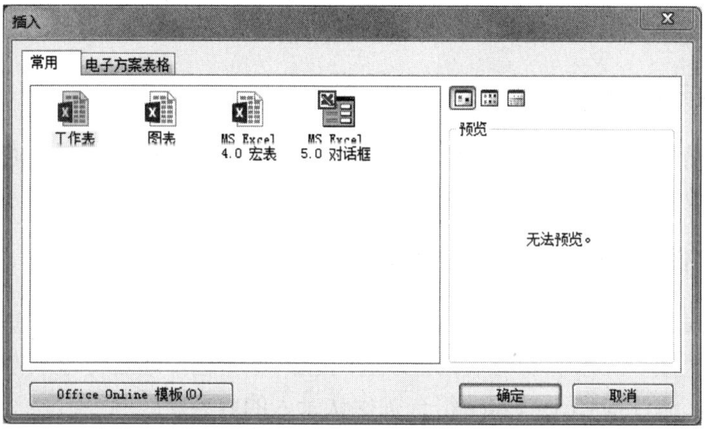

图 4-1-23　“插入”对话框

对工作表进行删除操作，只需在需要删除的工作表所对应的工作表标签上右击，从弹出的快捷菜单中选择“删除”命令即可。

2. Excel 文件的删除

Excel 文件的删除方法包括以下两种。

（1）选中要删除的 Excel 文件，按 Delete 键进行删除；

（2）右击要删除的 Excel 文件，从弹出的快捷菜单中选择“删除”命令。

【多项选择题】Excel 文件的修改通常在已打开的 Excel 文件中进行，包括（　　）。

A．修改单元格内容　　B．增删单元格和行列

C．调整单元格和行列的顺序　　D．增删工作表和调整工作表的顺序

【答案】ABCD

【解析】Excel 文件的修改通常在已打开的 Excel 文件中进行，包括修改单元格内容、增删单元格和行列、调整单元格和行列的顺序、增删工作表和调整工作表顺序等。

第二节　数据的输入与编辑

【学习指导】

学习本节内容，需要熟悉工作簿、工作表的保护方法及单元格的锁定方法，单元格数据手工输入和快速填充的方法，并掌握编辑数据的方法，包括数据复制、剪切、粘贴、查找和替换。

一、数据的输入

（一）数据的手工录入

Excel 中，数据的输入和修改都在当前单元格或者对应的编辑栏中进行。Excel 文件打开后，所有单元格均默认处于就绪状态，等待数据的输入。

1. 在单个单元格中录入数据

在单个单元格中手工录入数据的具体操作方法为：选定目标单元格，通过键盘从左向右依次录入所需的数字或文本，然后按 Enter 键或单击其他单元格即可完成。

2. 在单张工作表的多个单元格中快速录入完全相同的数据

在单张工作表的多个单元格中快速录入完全相同的数据的具体操作方法为：选定需要录入数据的单元格区域，在当前活动单元格或者对应的编辑栏中通过键盘从左向右依次录入所需的数字或文本，通过按 Ctrl＋Enter 组合键确认录入的内容。

案例 4.2.1

在 Sheet1 工作表的 B2：C4 单元格区域快速输入数值“8”。

具体操作如下。

（1）如图 4-2-1 所示，选择 B2：C4 区域，在 B2 单元格或者对应的编辑栏中输入“8”。

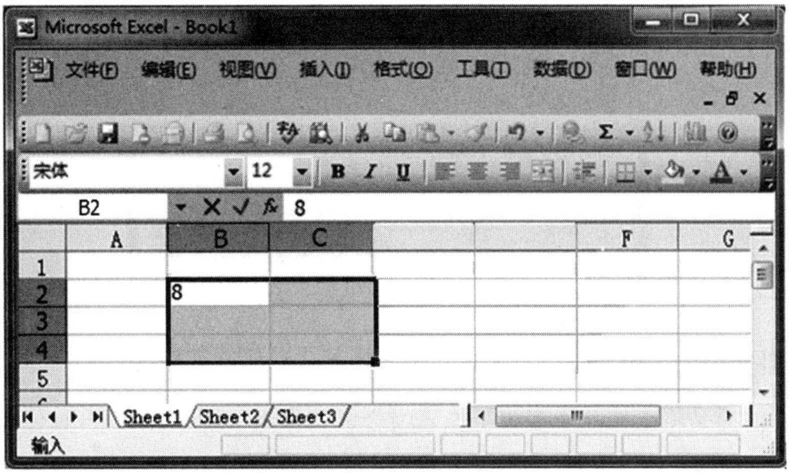

图 4-2-1　选择单元格区域

（2）同时按 Ctrl 键和 Enter 键，这样 B2：C4 区域单元格数值都变为“8”，如图 4-2-2 所示。

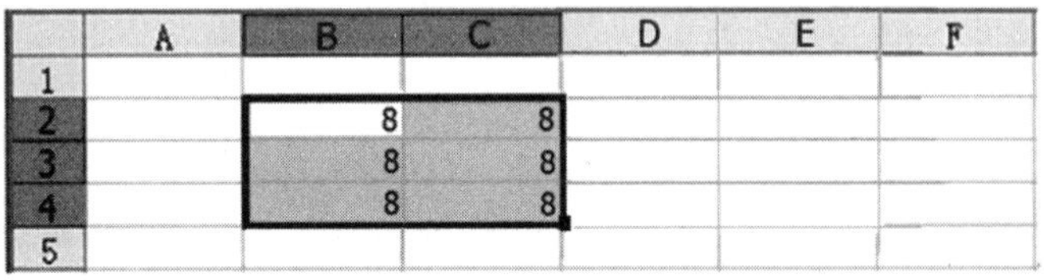

图 4-2-2　单元格区域录入数据

【点拨指导】上述举例选定的单元格是相邻的，也可以选择不相邻的单元格，在选择不相邻的单元格时可以使用 Ctrl 键来操作。

3. 在单张工作表的多个单元格中快速录入部分相同的数据

在单张工作表的多个单元格中快速录入部分相同的数据的具体操作方法为：选定需要录入数据的单元格区域，右击，从弹出的快捷菜单中选择“设置单元格格式”选项或执行“格式”→“单元格”命令，或者通过 Ctrl+1 组合键打开“单元格格式”对话框，如图 4-2-3 所示。

从“数字”标签下的“分类”选项中选择“自定义”命令，在右侧对应的类型中输入重复的数据@，如图 4-2-3 中以“201706”作为重复的数据，则输入“201706@”，输入完成后单击“确定”按钮即可。

相关设置完成后，在相应的单元格输入数据时，只需要输入不重复的数字部分，系统会在输入的数字前自动加上重复部分。

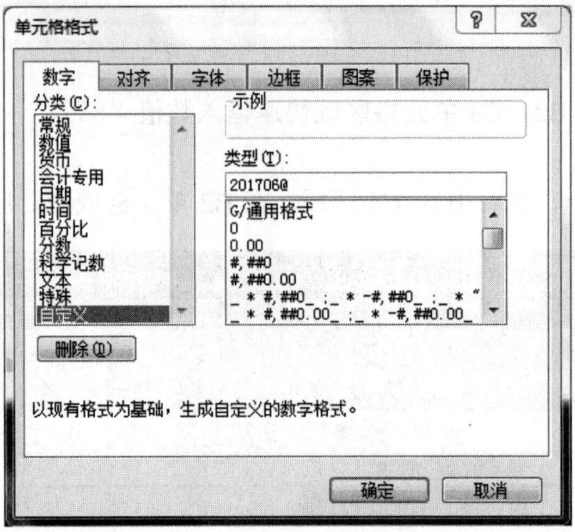

图 4-2-3 “单元格格式”对话框

4．在工作组的一个单元格或多个单元格中快速录入相同的数据

此操作的前提是将工作簿中多张工作表组合成工作组（图 4-2-4），具体操作方法如下。

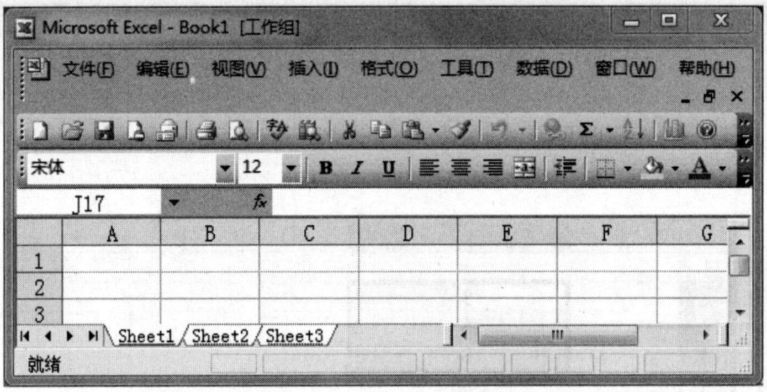

图 4-2-4 Excel 2003 工作组

（1）按住 Ctrl 键不放，选择需要组合成工作组的多个工作表，工作簿标题栏中的文件名后面随之出现“[工作组]”字样。

（2）如果这些工作表是相连的，可以单击第一个工作表标签，按住 shift 键不放，再单击最后一个工作表标签后，这两个工作表标签之间所有相连的工作表均被选中。

（3）如果要选择工作簿中的所有工作表，选择任意一个工作表标签，右击，从弹出的快捷菜单中选择“选定全部工作表”命令，这样全部工作表均被选中。

在当前工作表中选定目标单元格，如同按照在单个单元格中录入数据的方法录入相关数据；如果是单元格区域，如同按照在单张工作表的多个单元格中录入相同数据的方法录入相关数据。

完成数据录入后，可采用以下方法取消工作组。

（1）单击所在工作簿中工作组以外的工作表标签，如果该工作组包含工作簿中的所有工作表，则只需单击活动工作表以外的任意一个工作表标签。

（2）在该工作簿任意一个工作表标签上右击，从弹出的快捷菜单中选择“取消成组工作表”。

（二）单元格数据的快速填充

1. 相同数据的填充

把某单元格的内容复制到其他单元格时，通常可采用以下方法。

（1）单击该单元格右下角的填充句柄，使鼠标指针随之变为黑“十”字形。

（2）按住鼠标左键向上、下、左、右的任意方向拖动，然后松开鼠标左键，该单元格的内容即被填充到相关单元格。

【知识链接】填充句柄是 Excel 中提供的快速填充单元格工具。在选定的单元格右下角，会看到方形点，当鼠标指针移动到上面时，会变成细黑色“十”字形。

【特别提示】数字型及不具有增序或减序可能的文字型数据，可直接拖动；而日期型及具有增序或减序可能的文字型数据，应按住 Ctrl 键拖动。

【多项选择题】当单元格右下角出现黑色“十”字形的填充句柄时，可以填充（　　）。

A．相同的数据　　B．具有一定规律的数据

C．可以指定填充序列的类型　　D．可以向上、下、左、右四个方向填充

【答案】ABCD

2. 序列的填充

所谓序列就是呈现一定规律变化的数据排列，如等差数列、等比数列等。使用填充句柄可自动根据已填入的数据填充序列的其他数据。使用填充序列的操作步骤如下。

（1）在需要输入序列的第一个单元格中输入序列第一个数或文本内容，紧接第二个单元格输入序列第二个数或文本内容。

（2）选中上述两个单元格，单击第二个单元格右下角的填充句柄，按住鼠标左键进行拖动，在适当的位置松开鼠标左键，拖过的单元格将会自动进行填充。

【举例说明】以填充等差数列为列，在单元格 B1 中输入“1”，在单元格 C1 中输入“2”，然后利用 Excel 自动填充功能，可以在单元格 D1～G1 中自动生成数字 3～6。

【特别提示】是否按 Ctrl 键，与相同数据的填充正好相反。

【单项选择题】在 Excel 中，数字型数据可以（　　）的操作进行填充有序数列。

A．拖动单元格　　B．按 Ctrl＋拖动单元格

C．拖动填充句柄　　D．按 Ctrl＋拖动填充句柄

【答案】D

【解析】对于序列的填充：（1）数字型数据：按住 Ctrl 键，沿填充方向拖动填充句柄至结束的单元格；（2）日期型及具有增序或减序可能的文字型数据，直接沿填充方向拖动填充句柄至结束的单元格。

3. 填充序列类型的指定

利用自动填充功能填充序列后，可以指定序列类型，如填充日期值时，可以指定按月填充、按年填充或者按日填充等。具体操作方法为：拖动填充句柄并释放鼠标时，鼠标指针附近出现“自动填充选项”按钮，单击该按钮打开下拉菜单以选择填充序列的类型。

案例 4.2.2

在 Sheet1 工作表的 A1：C1 单元格中，输入 2017 年第一季度 3 个月的月末最后一天的

时间。

具体操作如下。

（1）在 A1 单元格输入“2017/1/31”，采用默认的日期格式。单击 A1 单元格右下角的填充句柄，拖动鼠标至 C1 单元格松开，在 C1 单元格右下角单击“自动填充选项”按钮，如图 4-2-5 所示。

图 4-2-5　自动填充选项

（2）从中选中“以月填充”单选按钮，则 A1 至 C1 单元格分别显示 2016 年 1 月、2 月、3 月月末的时间，如图 4-2-6 所示。

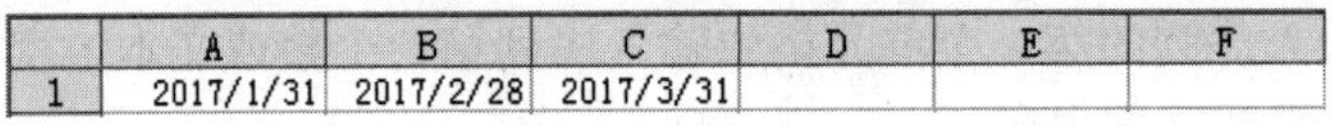

图 4-2-6　自动填充结果

【归纳总结】填充句柄的用途：

① 可将选定单元格内容复制拖动到单元格中；可以复制公式和格式，填充具有一定规律的序列（Excel 中，输入一系列数据的前两项数据后，使用填充句柄，可以自动填充其余的部分，若前两项是数值数据，则生成的数据系列构成等比级数）。

② 向选定单元格内拖动，等效于删除所选单元格内容。

【多项选择题】当单元格右下角出现黑色“十”字形的填充句柄时，可进行的操作有（　　）。

A. 可填充相同的数据

B. 可填充具有一定规律的序列

C. 可以向上、下、左、右四个方向填充

D. 只可以向上、下方向进行填充

【答案】ABC

【解析】利用填充句柄，可以完成相同数据的填充、序列（按照某种规律排列的一列数据）的填充，拖动填充句柄完成自动填充后，可以指定填充序列类型。

（三）导入其他数据库的数据

Excel 还可以通过“数据”菜单中的“导入外部数据”命令获取 SQL Server、Access 等数据库的数据，实现与小型数据库管理系统的交互。

二、数据的编辑

（一）数据的复制和剪切

1. 数据的复制和粘贴

数据的复制和粘贴是指将复制单元格的内容，粘贴到新的目标位置，原单元格的内容保持不变。

Excel 中，可以使用“粘贴”命令粘贴复制的内容，具体操作方法如下。

（1）选择需要复制的单元格。

（2）从以下三种方法中选择一种实现“复制”操作。

① 右击，从弹出的快捷菜单中选择“复制”命令。

② 从常用工具栏的“编辑”菜单中单击“复制”按钮。

③ 使用 Ctrl+C 组合键。

（3）在目标位置从以下三种方法中选择一种粘贴复制的内容。

① 右击，从弹出的快捷菜单中选择“粘贴”命令。

② 从常用工具栏的“编辑”菜单中单击“粘贴”按钮。

③ 使用 Ctrl+V 组合键。

2. 数据的剪切和粘贴

数据的剪切和粘贴是指将剪切单元格的内容，将其粘贴到新的目标位置，原单元格中的内容不复存在。

数据的剪切与复制操作不同的是，把第二步的“复制”操作更换为“剪切”操作，从以下三种方法中选择一种均可以实现“剪切”操作。

① 右击，从弹出的快捷菜单中选择“剪切”命令。

② 从常用工具栏的“编辑”菜单中单击“剪切”按钮。

③ 使用 Ctrl+X 组合键。

数据的剪切与复制操作结果有所区别。数据复制后，原单元格中的数据仍然存在，目标单元格中同时还增加原单元格中的数据；数据剪切后，原单元格中的数据不复存在，只在目标单元格中增加原单元格中的数据。

【知识拓展】Excel 还可以使用“选择性粘贴”命令有选择地粘贴剪贴板中的数值、格式、公式、批注等内容。即在打开的快捷菜单中选择“选择性粘贴”命令，打开“选择性粘贴”对话框，在“粘贴”区域选中需要粘贴选项的单选按钮（如“数值”单选按钮），并单击“确定”按钮，如图 4-2-7 所示。

【单项选择题】下列关于数据的复制与剪切的说法中，错误的是（　　）。

A．复制和剪切的快捷键都是 Ctrl+C

B．数据的剪切与复制不同

C．数据复制后，原单元格中的数据仍然存在，目标单元格中同时还增加原单元格中的数据

D．数据剪切后，原单元格中的数据不复存在，只在目标单元格中增加原单元格中的数据

【答案】A

【解析】复制的快捷键是 Ctrl+C；剪切的快捷键是 Ctrl+X。

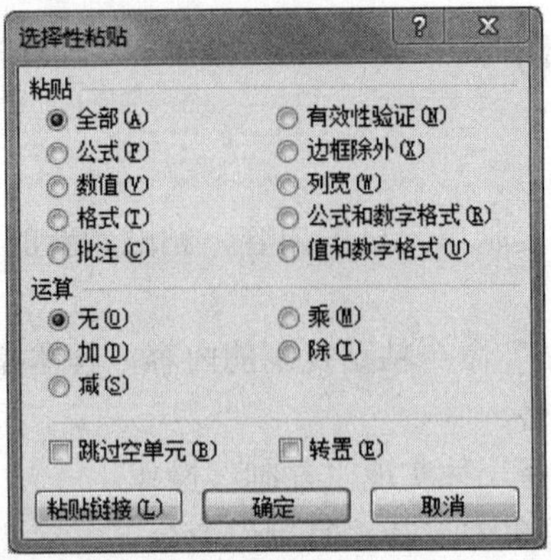

图 4-2-7 “选择性粘贴”对话框

（二）数据的查找和替换

1. 查找和替换特定数据

当 Excel 工作簿中有很多工作表，或者工作表的数据有很多的时候，如果需要快速地查找到某个单元格，可以使用查找功能，如果需要批量将单元格的数据替换为其他的数据可以使用替换功能。

查找特定数据的具体操作方法如下。

（1）执行“编辑”→“查找”命令或通过按 Ctrl+F 组合键，打开“查找和替换”对话框。

（2）在“查找内容”编辑栏中输入被查找的内容，如图 4-2-8 所示，如在工作表中查找“会计电算化”，在“查找内容”后面的文本框中输入该文本。

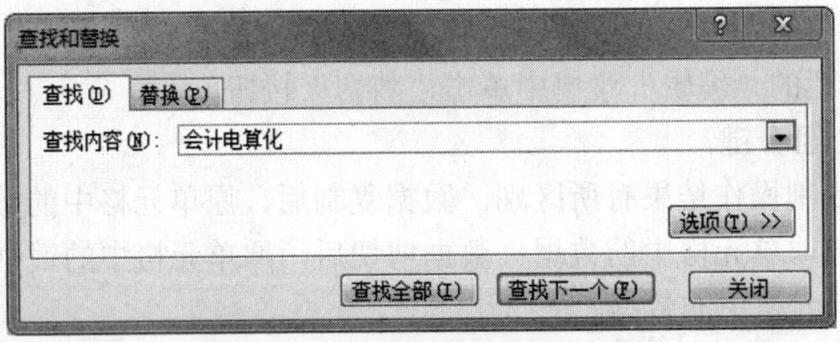

图 4-2-8 “查找和替换”对话框

（3）单击“查找下一个”按钮进行逐个查找或单击“查找全部”按钮进行一次性全文查找。

如果在整个工作簿中查找，需要在“查找和替换”对话框中单击“选项”按钮，设定范围选择“工作簿”，然后再进行查找。如图 4-2-9 所示，在工作簿中查找到有 4 个单元格包含文本“会计电算化”。

数据替换操作与数据查找操作类似，执行“编辑”→“替换”命令或通过按 Ctrl+H 组合键，打开“查找和替换”对话框，根据需要输入相关替换信息，同样可以单击“选项”按钮设定范围，单击“替换”按钮进行逐个替换或单击“全部替换”按钮进行一次性全部替换。

【答疑解惑】组合键 Ctrl+F 或 Ctrl+H 在操作上有什么不同？

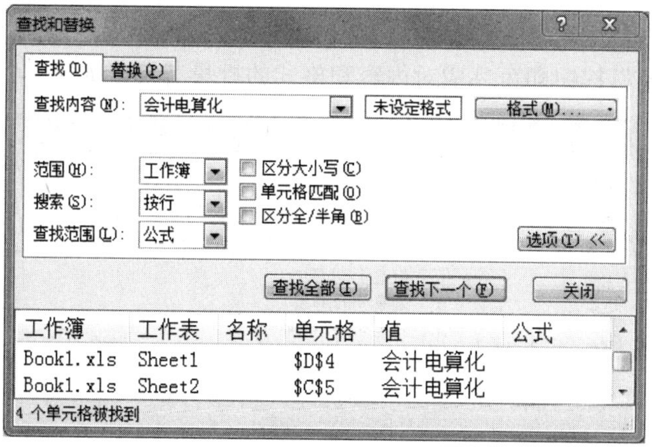

图 4-2-9　设定范围

【答】：它们的区别是：使用 Ctrl+F 组合键会进入“查找和替换”对话框中的“查找”标签，使用 Ctrl+H 快捷键会进入“查找和替换”对话框中的“替换”标签。

【知识拓展】Excel 中的通配符“?”代替任意单个字符，“*”代替多个任意字符。

【举例说明】查询“? k*”，表示前一个字符是任意字符，第二个字符是“k”，后面是多个任意字符。

2. 选中包含公式的单元格

选中包含公式的单元格的操作方法为：执行“编辑”→“定位”命令或按 Ctrl+G 快捷键，打开“定位”对话框，从中单击“定位条件”按钮，打开“定位条件”对话框，如图 4-2-10 所示。

（a）“定位”对话框　　（b）“定位条件”对话框

图 4-2-10　Excel 2003“定位”对话框和“定位条件”对话框

【知识拓展】Excel 2013 中选择包含公式的单元格的操作方法有两种：（1）与 Excel 2003 类似，选择“开始”选项卡，在“编辑”组中执行“查找和选择”→“定位条件”命令，设置定位条件；（2）从“查找和选择”下直接单击“公式”命令。

3. 替换格式

打开“查找和替换”对话框，在“查找和替换”对话框的“替换”选项卡中，单击“格式”按钮可分别对查找内容和替换为进行相应的格式设置，然后返回到“查找与替换”对话框，单击“全部替换”按钮即可完成对内容和格式的批量替换，如图 4-2-11 所示。

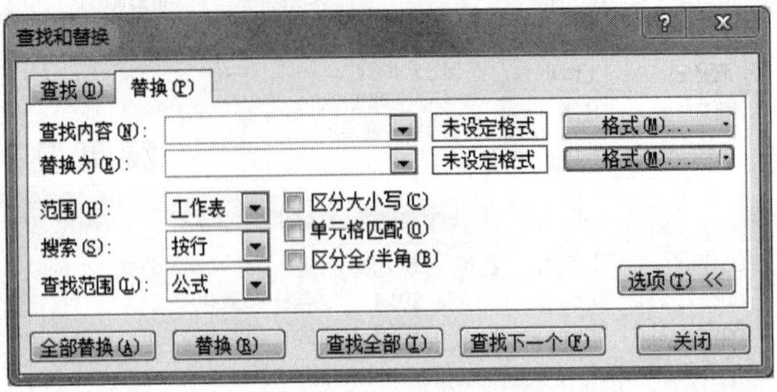

图 4-2-11　“替换”选项卡

三、数据的保护

（一）保护工作簿

Excel 可以为重要的工作簿设置保护，限制进行相应的操作。

1. 限制编辑权限

保护工作簿是对工作簿的结构和窗口进行保护。具体操作方法为：执行“工具”→“保护”→“保护工作簿”命令，打开“保护工作簿”对话框，如图 4-2-12 所示。

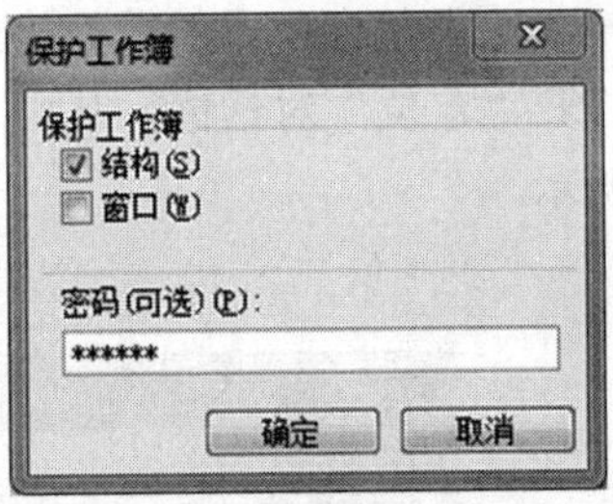

图 4-2-12　“保护工作簿”对话框

在该对话框中根据需要在“结构”和“窗口”复选框中进行选择，也可设置密码，完成后单击“确定”按钮即可。

【点拨指导】保护结构主要是防止对工作表进行删除、插入，同时保护工作表，限制用户进行编辑操作，保护窗口主要是防止改变窗口大小和位置等。

工作簿被保护后所有的操作都不可进行。如果要撤销保护工作簿，按设置保护工作簿的路径选择“保护工作簿”，正确输入取消工作簿保护时使用的密码后方可撤销保护。

【知识拓展】Excel 2013 保护工作簿具体操作方法为：单击“审阅”选项卡，在“更改”组中选择“保护工作簿”命令，打开“保护结构和窗口”对话框，按 Excel 2003 限制编辑权限操作方法进行即可。

2. 设置工作簿打开权限密码

设置密码完成后，当再次打开工作簿时需要输入正确的密码才能打开。操作方法见前文“Excel 文件的保密与备份”的相关内容。

【知识拓展】Excel 2013 设置工作簿打开权限密码的具体操作方法为：单击“文件”选项卡，在“信息”组中单击“保护工作簿”按钮，从弹出的下拉菜单中选择“用密码进行加密”选项，打开“加密文档”对话框，设置密码后单击“确定”按钮即可，如图 4-2-13 所示。

（二）保护工作表

在 Excel 中，可以对工作表进行编辑权限设定，限制他人对工作表的编辑权限，如插入行、插入列等。取消权限保护需输入正确的密码。具体操作方法如下。

（1）执行“工具”→“保护”→“保护工作表”命令，打开“保护工作表”对话框。

（2）在“取消工作表保护时使用的密码”下的文本框中输入保护密码，在“允许此工作表的所有用户进行”列表框中选中使用权限复选框，如图 4-2-14 所示。

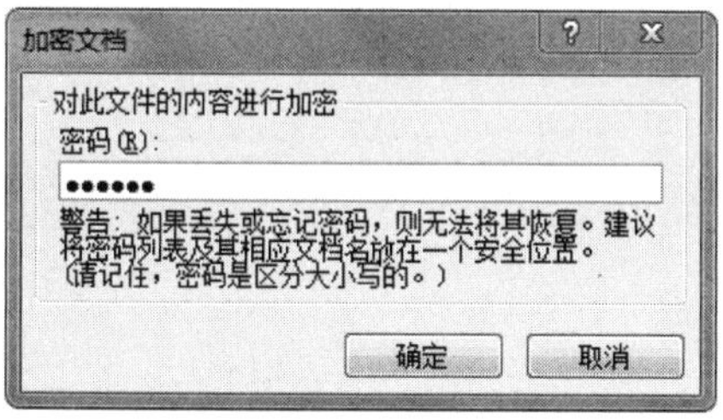

图 4-2-13　“加密文档”对话框

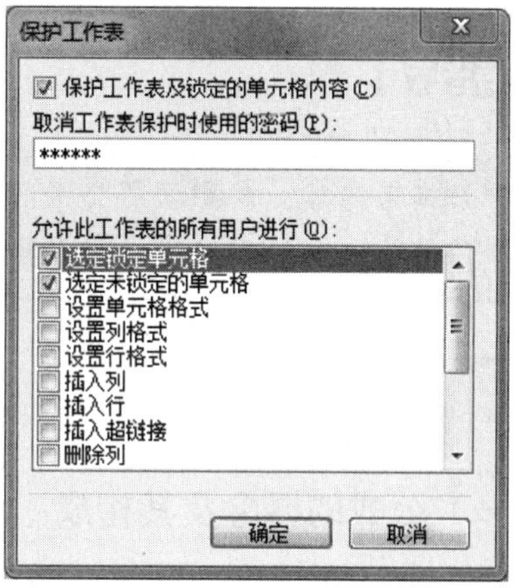

图 4-2-14　“保护工作表”对话框

（3）单击“确定”按钮打开“确认密码”对话框，再次输入保护密码，单击“确定”按钮即可。

如果要撤销保护工作表，按设置保护工作簿的路径选择“保护工作表”，正确输入取消工作表保护时使用的密码后可撤销保护。

【知识拓展】 Excel 2013 保护工作表的具体操作方法为：单击“审阅”选项卡，在“更改”组中选择“保护工作表”命令，打开“保护工作表”对话框，按 Excel 2003 保护工作表的操作方法进行即可。

（三）锁定单元格

锁定单元格可以使单元格的内容不能被修改，使用“锁定单元格”功能必须启用保护工作表功能。具体操作方法为：启用保护工作表，选择要锁定的单元格，右击，在弹出的快捷菜单中选择“设置单元格格式”命令，打开“单元格格式”对话框，单击“保护”选项卡，选中“锁定”复选框，如图 4-2-15 所示。

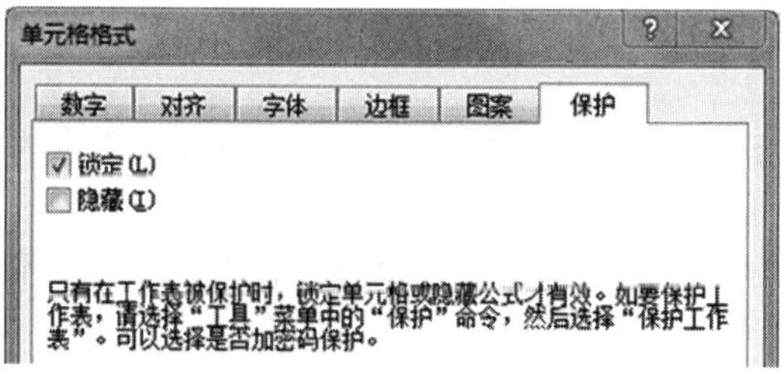

图 4-2-15　“单元格格式”对话框

【知识拓展】 Excel 2013 锁定单元格的具体操作方法为：选择要锁定的单元格或单元格区域，单击“开始”选项卡，在“单元格”组中单击“格式”按钮，从弹出的下拉菜单中选择“锁定单元格”命令，即可完成锁定单元格设置。

【多项选择题】 Excel 对数据的保护，体现在（　　）的保护。

A．工作簿　　B．工作表　　C．单元格　　D．工作组

【答案】ABC

【解析】Excel 可实现对工作簿、工作表和单元格的锁定。

第三节　公式与函数的应用

【学习指导】

学习本节内容，需要理解公式的概念及其构成，掌握公式的创建及编辑操作方法、单元格引用的类型及使用方法，并掌握函数的分类及使用方法。

一、公式的应用

（一）公式的概念及其构成

公式是指由“=”、运算体和运算符在单元格中按特定顺序连接而成的运算表达式。Excel 中，公式总是以“=”开始，以运算体结束，相邻的两个运算体之间必须使用能够正确表达二者运算关系的运算符进行连接，即公式的完整表达式按以下方式依次构成：“=”、第一个运算体、第一个运算符、第二个运算体，以此类推，直至最后一个运算体，如图 4-3-1 所示。

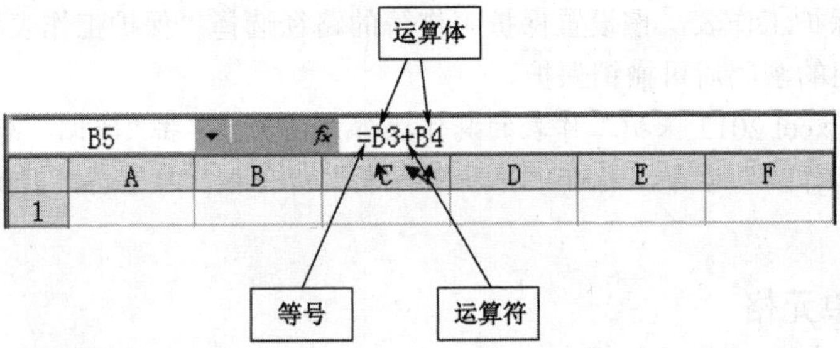

图 4-3-1　公式的构成

【判断题】Excel 中，公式必须以等号开始。　　（　）

【答案】√

【解析】Excel 中，公式总是以等号开始，以运算体结束，相邻的两个运算体之间必须使用能够正确表达二者运算关系的运算符进行连接。

【知识链接】运算体是指能够运算的数据或者数据所在单元格的地址名称、函数等；运算符是使 Excel 自动执行特定运算的符号。

【举例说明】2+3，其运算体分别是“2”和“3”，而运算符则是“+”，要求执行加法运算。

Excel 中，运算符主要有四种类型：算术运算符、比较运算符、文本运算符和引用运算符。

【特别提示】在 Excel 中，所有运算符的输入必须是在英文半角状态下。

1. 算术运算符

算术运算符是用来完成基本的数学运算、连接数字和产生数字结果等，如+（加）、-（减）、*（乘）、/（除）、%（百分号）、^（乘方）等。这是最简单、最常用的符号，尤其是数字的处理，几乎都会使用到算术运算符号。算术运算符主要包括 6 个，如表 4-3-1 所示。

表 4-3-1　算术运算符

基本功能	符　号	名　称	具体作用	示　例
完成基本的数字运算、合并数字、生成数值结果等	+	加号	加法	2+3=5
	-	减号	减法/负数	6-4=2
	*	星号	乘法	3*7=21
	/	正斜线	除法	10/5=2
	%	百分号	百分比（组数中无法进行运算）	50%
	^	脱字符	乘幂	4^2=4*4

【多项选择题】下列属于 Excel 算术运算符的有（　　）。

A. +　　B. ^　　C. <　　D. =

【答案】AB

【解析】算术运算符用于完成基本的数字运算、连接数字和产生数字结果等，如+（加）、-（减）、*（乘）、/（除）、%（百分数）、^（乘方）等。选项 CD 属于比较运算符。

2. 比较运算符

比较运算符是指可以使用此运算符比较两个值。当用运算符比较两个值时，结果是一个逻辑值：不是 TRUE（成立）就是 FALSE（不成立）的运算符号。比较运算符主要包括 6 个，如表 4-3-2 所示。

表 4-3-2　比较运算符

基本功能	符　号	名　称	作　用	示　例
比较两个值时，结果为逻辑值 TRUE 或 FALSE	=	等号	等于	A1=A2
	>	大于号	大于	A1>A2
	<	小于号	小于	A1<A2
	≥	大于等于号	大于等于	A1≥A2
	≤	小于等于号	小于等于	A1≤A2
	<>	不等号	不等于	A1<>A2

【多项选择题】在 Excel 中，下列等式能够得到正确结果的有（　　）。

A. =4+7　　B. =B3*800-SUM(D2:D8)

C. =“C5+C6”+“E8-E10”　　D. =SUM(B6+C9)

【答案】ABD

【解析】选项 C 中单元格不需要用双引号。

3. 文本运算符

文本运算符主要是指“&”，使用该运算符可以用来将一个或多个文本链接成为一个组合文本。

【举例说明】如图 4-3-2 所示，A1 单元格内容为“2017 年”，B1 单元格内容为“会计电算化”，在 C1 单元格中输入文本“=A1&B1”之后，C1 单元格显示“2017 年会计电算化”。

图 4-3-2 文本运算符运用

4. 引用运算符

引用运算符是指可以对单元格区域引用合并计算的运算符号。该运算符主要包括 3 个，如表 4-3-3 所示。

表 4-3-3 引用运算符

符 号	名 称	作 用	示 例
:	冒号（区域运算符）	生成对两个引用之间的所有单元格的引用，包括这两个引用	B5:B15 表示引用 B5 到 B15 之间所有的单元格
,	逗号（联合运算符）	将多个引用合并为一个引用	B5：B15，D5：D15 表示引用 B5 与 B15 之间及 D5 与 D15 之间的单元格
	空格（交叉运算符）	生成对两个引用共有的单元格的引用	B7：D7 C6：D8 表示引用 B7：D7 区域和 C6：D8 区域共有部分 C6：D7

（二）公式的创建与修改

1. 公式的创建

Excel 中，创建公式的方式包括手动输入和移动单击输入。

（1）手动输入。选定要输入公式的单元格，在输入公式的单元格或其相对应的编辑栏中输入“=”，然后按照顺序依次输入第一个运算体、第一个运算符、第二个运算体，以此类推，直至最后一个运算体，输入完成之后按 Enter 键即可。

【特别提示】手动输入公式时如有小圆括号，应注意其位置是否适当及左括号是否与右括号相匹配。

（2）移动单击输入。当输入的公式中含有其他单元格的数值时，为了避免重复输入费时甚至出错，还可以通过移动鼠标单击拟输入数值所在单元格的地址（即引用单元格的数值）来创建公式。

【知识链接】移动单击输入数值所在单元格的地址后，单元格将处于“数据点模式”。

【举例说明】以 D2 单元格为例，要求其数值=A1−C2+8，具体操作方法为：选择 D2 单元格，输入“=”后，单击 A1 单元格，这时公式将自动显示“=A1”，然后输入算术运算符“-”，再单击 C2 单元格，接着依次手动输入算术运算符“+”和运算体“8”，完成后按 Enter 键即可。

2. 公式的编辑和修改

公式编辑和修改的方法有以下三种。

（1）双击公式所在的单元格直接在单元格内修改内容。

（2）选中公式所在的单元格，按 F2 键后直接在单元格内更改内容。

（3）选中公式所在的单元格后再单击公式编辑栏，在公式编辑栏中做相应更改。

【特别提示】在编辑或者移动单击输入公式时，不能随便移动方向键或者单击公式所在单元格以外的单元格，否则单元格内光标移动之前的位置将自动输入所移至单元格的地址名称。

（三）公式的运算次序

Excel 中含有众多的运算符，每一种运算符都有一个固定的优先级。对于只由一个运算符或者多个优先级次相同的运算符（如既有加号又有减号）构成的公式，Excel 将按照从左到右的顺序自动进行智能运算；但对于由多个优先级次不同的运算符构成的公式，Excel 则将自动按照公式中运算符优先级次从高到低进行智能运算。Excel 中各运算符的优先级按由高到低的顺序依次为：引用运算符、算术运算符、文本运算符、比较运算符，其中：

引用运算符优先级——冒号、空格、逗号；

算术运算符优先级——负数、百分比、乘方、乘除、加减；

文本运算符优先级——&；

比较运算符优先级——等于、大于和小于、大于等于、小于等于、不等于。

为了改变运算优先顺序，应将公式中需要优先计算的部分使用一对左右小圆括号括起来，但不能使用中括号。公式中左右小圆括号的对数超过一对时，Excel 将自动按照从内向外的顺序进行计算。

【举例说明】对公式“=2*3+2^4”进行计算的次序依次是先计算 2^4，接着计算 2*3 的乘积，最后将该乘积与前一步骤的幂相加，计算结果为 22；对公式“=2*（2+3）^4”进行计算的次序依次是先计算(3+2)，求其 4 次幂后再乘以 2，计算结果为 1250；对公式“=[2*(3+2)]^4”进行计算的次序依次是先计算（3+2），求其乘以 2 的积，最后求该积数的 4 次幂，计算结果为 10000。

【判断题】Excel 中，“^”的运算级次优先于乘“×”。　（　）

【答案】√

【解析】Excel 中运算符的优先级次从高到低依次是冒号、空格、逗号、负号、百分比、乘方、乘和除、加和减、&、等于、大于和小于、大于等于、小于等于、不等干。

【单项选择题】在 Excel 中各运算符的优先级由高到低顺序为（　）。

A．算术运算符、比较运算符、文本运算符和引用运算符

B．文本运算符、算术运算符、比较运算符和引用运算符

C．引用运算符、算术运算符、文本运算符、比较运算符

D．比较运算符、算术运算符、引用运算符、文本运算符

【答案】C

【解析】公式中运算符的顺序从高到低依次为：冒号、逗号、空格、负号（如-1）、%（百分比）、^（乘幂）、*和/（乘和除）、+和-（加和减）、&（连接符）、比较运算符。

（四）公式运算结果的显示

Excel根据公式自动进行智能运算的结果默认显示在该公式所在的单元格里，编辑栏则相应显示公式表达式的完整内容。该单元格处于编辑状态时，单元格也将显示“=”及其运算体和运算符，与所对应编辑栏显示的内容相一致。

1．查看公式中某步骤的运算结果

单元格中默认显示的运算结果是根据完整的公式表达式进行运算的结果，但可通过下列方法查看公式中某步骤的运算结果。

（1）选中公式所在的单元格，双击或按F2键进入编辑状态。

（2）选中公式中需要查看其运算结果的运算体和运算符，按F9键后，被选中的内容将转化为运算结果，该运算结果同时处于被选中状态。

【特别提示】所查看内容必须以一个运算体（或左小圆括号）为起点、另外的运算体（或右小圆括号）为终点，否则按F9键后无法运算，自动弹出错报对话框。

【举例说明】如图4-3-3所示，要查看公式中“A1+B1”的运算结果，选中“A1+B1”后按F9键，将显示运算结果，且运算结果处于被选中状态。

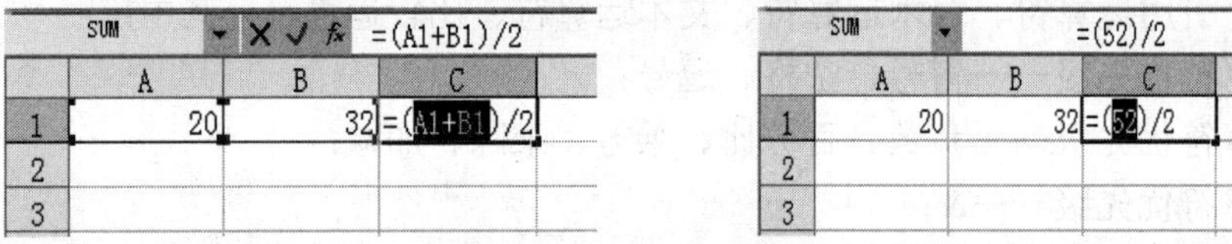

图4-3-3 查看运算结果

在运算结果处于被选中状态下，如果按下确认键或者移动光标键，公式中参与运算的运算体和运算符将不复存在，而被该结果所替代；如果移动鼠标单击其他单元格，公式所在单元格将由编辑状态切换成数据点状态，公式所在单元格里同时显示被选中单元格的地址或名称。

（3）按Esc键或者按Ctrl＋Z组合键（或单击“撤销”按钮），运算结果将恢复为公式表达式的原来内容。

2．公式默认显示方式的改变

为了检查公式整体或者其中某一组成部分的表述是否正确，可以通过下列方法使单元格默认显示完整的公式表达式，实现公式表达式与运算结果之间的便捷切换。

（1）在单元格显示运行结果时，选中单元格，执行“工具”→“公式审核”→“公式审核模式”命令或按Ctrl+`组合键（`是数字1左边的键，下同），可切换为显示公式内容，如图4-3-4所示。

（2）在单元格显示公式内容时，选中单元格，执行“公式审核模式”命令，或者按Ctrl+`组合键，可切换为显示运行结果。

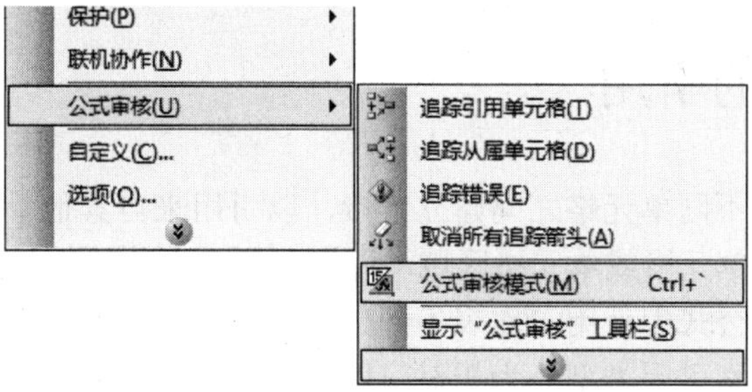

图 4-3-4　Excel 2003 公式审核菜单

【知识拓展】Excel 2013 实现公式表达式与运算结果之间便捷切换的具体操作方法为：选择“公式”选项卡，在“公式审核”组中选择“显示公式”命令即可，如图 4-3-5 所示。

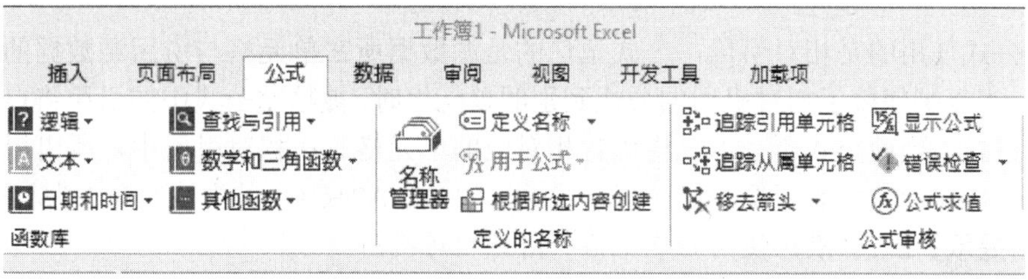

图 4-3-5　Excel 2013 公式选项卡

【判断题】在单元格显示运行结果时，选中单元格，按 Ctrl+`组合键可切换为显示公式内容。　（　　）

【答案】√

【解析】在单元格显示运行结果时，选中单元格，按 Ctrl+`组合键或者执行“显示公式”命令，可切换为显示公式内容。

3. 将公式运算结果转换为数值

图 4-3-6　“选择性粘贴”对话框

将公式运算结果转换为数值，采用复制、粘贴的方法将公式原地复制后，进行选择性粘贴，但只粘贴数值。具体操作方法如下。

（1）选择需要复制的单元格，按照前文所述的方法进行“复制”操作；

（2）执行“编辑”→“选择性粘贴”命令或者右击，从弹出的快捷菜单中选择“选择性粘贴”命令，打开“选择性粘贴”对话框，选中“数值”单选按钮后单击“确定”按钮即可，如图 4-3-6 所示。

【知识拓展】Excel 2013 打开“选择性粘贴”对话框的具体操作方法有以下三种。

（1）右击，从弹出的快捷菜单中选择“选择性粘贴”命令。

（2）选择“开始”选项卡，执行“剪贴板”→“粘贴”→“选择性粘贴”命令；

（3）使用 Ctrl+Alt+V 组合键。

二、单元格的引用

单元格引用是指在不同单元格之间建立链接，以引用来自其他单元格的数据。引用的作用在于标示工作表上的单元格或单元格区域，并指明公式中所使用的数据的位置。

通过引用，可以在公式中使用工作表不同部分的数据，或者在多个公式中使用同一单元格的数值，常用的单元格引用类型分为相对引用、绝对引用和混合引用三种。此外还可以引用同一工作簿不同工作表的单元格、不同工作簿的单元格甚至其他应用程序中的数据。

（一）引用的类型

1. 相对引用

如果公式使用的是相对引用，公式记忆的是源数据所在单元格与引用源数据的单元格的相对位置，当复制使用了相对引用的公式到别的单元格时，被粘贴公式中的引用将自动更新，数据源将指向与当前公式所在单元格位置相对应的单元格。在相对引用中，所引用的单元格地址的列坐标和行坐标前面没有任何标示符号，如 D2=A2+C1，其中 A2、C1 为相对引用。

【特别提示】Excel 默认使用的单元格引用是相对引用。

【归纳总结】如果公式所在单元格的位置发生改变，相对引用的单元格也随之改变。如果多行或多列地复制公式，引用会自动调整。

【举例说明】如图 4-3-7 所示，在所得税计算表中，利润=收入-费用，计算 1 月份利润时，在 D3 单元格输入公式“=B3-C3”，可自动计算出 1 月份的利润。把 D3 单元格的公式复制到单元格 D4 中，则公式变为“=B4-C4”。

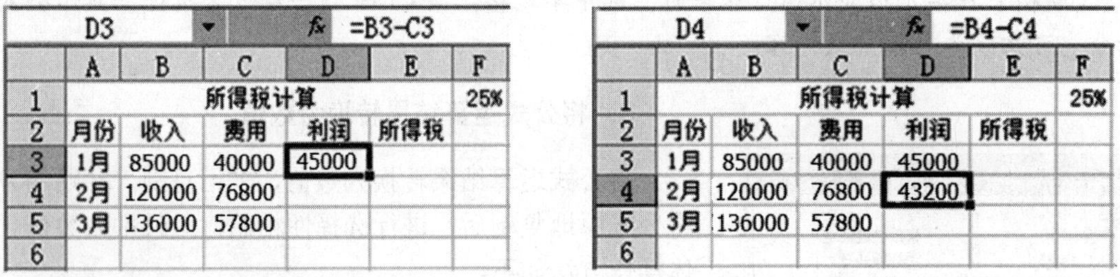

（a）　　　　（b）

图 4-3-7　相对引用计算

【单项选择题】已知单元格 A1、B1、C1、A2、B2、C2 中分别存放数值 1、2、3、4、5、6，单元格 D1 中存放着公式＝A1+B1-C1，此时将单元格 D1 复制到 D2，则 D2 中的结果为（　　）。

A. 0　　　B. 15　　　C. 3　　　D. ＃REF

【答案】C

【解析】将单元格 D1 的公式复制到单元格 D2 中，单元格 D2 显示是“=A2+B2-C2”。

2. 绝对引用

如果公式使用的是绝对引用，公式记忆的是源数据所在单元格在工作表中的绝对位置，当复制使用了绝对引用的公式到别的单元格时，被粘贴公式中的引用不会更新，数据源仍然指向原来的单元格。在绝对引用中，所引用的单元格地址的列坐标和行坐标前面分别加入标示符号“$”，如 C1=$A$1+$B$1，其中$A$1、$B$1 为绝对引用。如果要使复制公式时数据源的位置不发生改变，应当使用绝对引用。

【归纳总结】如果公式所在单元格的位置发生改变，绝对引用的单元格始终保持不变。如果多行或多列地复制公式，绝对引用将不作调整。

【举例说明】如图 4-3-8 所示，在所得税计算表中，所得税=利润*所得税税率，在 E3 单元格中输入公式“=D3*$F$1”，其中 D3 为相对引用，$F$1 为绝对引用。把 E3 单元格的公式复制到单元格 E4 中，则公式变为“=D4*$F$1”。

3. 混合引用

混合引用是指所用单元格地址的行标与列标中只有一个是相对引用，可以发生变动，而另一个则是绝对引用，如 C1=A$1+$B1，其中 A$1、$B1 为混合引用。如果把 C1 单元格的公式复制到 C2 单元格时，公式变为“=A$1+$B2”。

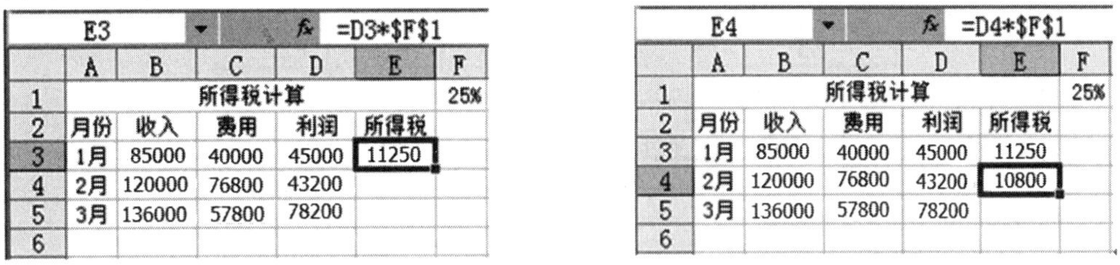

（a）　　　　（b）

图 4-3-8　绝对引用计算

【多项选择题】下列对 Excel 的引用类型说法正确的有（　　）。

A．引用类型包括相对引用、绝对引用和直接引用

B．Excel 默认使用的单元格引用是相对引用

C．单元格绝对引用的表示符号是$

D．输入完单元格地址后，重复按 F4 键可选择合适的引用类型

【答案】BCD

【解析】Excel 中引用的类型包括相对引用、绝对引用和混合引用。Excel 默认使用的单元格引用是相对引用。

（二）输入单元格引用

在公式中可以直接输入单元格的地址引用单元格，也可以使用鼠标或键盘的方向键移动选择单元格。单元格地址输入后，通常使用以下两种方法来改变引用的类型。

（1）在单元格地址的列标和行标前直接输入“$”。

（2）单元格地址输入完成后，重复按 F4 键选择合适的引用类型。

【举例说明】C1=A1+B1，光标定位在 C1 单元格公式中的 A1 处，按 F4 键，公式变为“=$A$1+B1”，再按 F4 键，公式变为“=A$1+B1”，再按 F4 键，公式变为“=$A1+B1”，再按 F4 键，公式变回到原来的状态“=A1+B1”。

（三）跨工作表单元格引用

跨工作表单元格引用是指引用同一工作簿里其他工作表中的单元格，又称三维引用，需要按照以下引用格式进行跨表引用：工作表名！数据源所在单元格地址

【举例说明】图 4-3-8 所示的是工作表 Sheet1 的数据，在工作表 Sheet2 中计算净利润（利润-所得税），需要引用 Sheet1 中的数据。如图 4-3-9 所示，B3= Sheet1!D3-Sheet1!E3，其中 Sheet1!D3 表示 1 月份的利润，Sheet1!E3 表示 1 月份的所得税。

【多项选择题】要在当期工作表 Sheet1 的 A2 单元格中计算工作表 Sheet2 中 B1 到 B5 单元格的和，则在当前工作表的 A2 单元格中输入的公式，下列不正确的有（　　）。

A．=SUM([Sheet2]!B1:B5)　　B．=SUM(Sheet2!B1:B5)

C．=SUM(B1:B5)　　D．=SUN(Sheet2!B1:Sheet2!B5)

【答案】ACD

【解析】跨工作表单元格引用是指引用同一工作簿里其他工作表中的单元格，需要按照以下格式进行跨表引用：工作表名!数据源所在单元格地址。

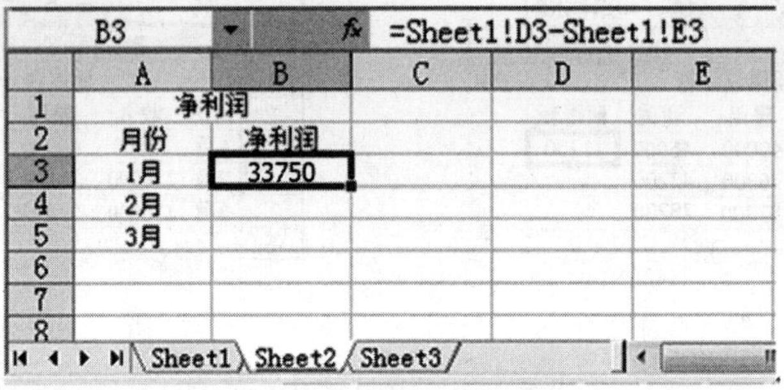

图 4-3-9　跨工作表单元格引用

（四）跨工作簿单元格引用

跨工作簿单元格引用是指引用其他工作簿中的单元格，又称外部引用，需要按照以下引用格式进行跨工作簿引用：[工作簿名]工作表名！数据源所在单元格地址

【举例说明】如果图 4-3-8 所示的是工作簿 Book1，图 4-3-9 所示的是工作簿 Book2，那么在引用数据时，B3 单元格中需输入“= [Book1.xls]Sheet1!D3-[Book1.xls]Sheet1!E3”。

三、函数的应用

在 Excel 中，函数是预先编写的公式，可以对一个或多个值执行运算，并返回一个或多个值。函数可以简化和缩短工作表中的公式，尤其在用公式执行很长或复杂的计算时。

函数的基本格式是：函数名（参数序列）。参数序列是用于限定函数运算的各个参数，这些参数除中文外都必须使用英文半角字符，参数无大小写之分。函数只能出现在公式中。使用函数的操作方法有以下两种。

（1）根据函数的基本格式在单元格中直接手工输入函数。

（2）单击欲输入函数的单元格，执行“插入”→“函数”命令或者单击编辑区的“函数”按钮 f_x，打开“插入函数”对话框，从中选择对应的函数，如图 4-3-10 所示。

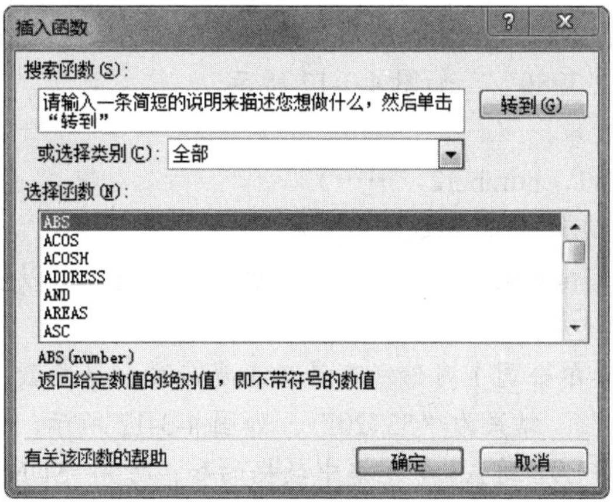

图 4-3-10　"插入函数"对话框

（一）常用函数

引用工资管理模块中润喜尔公司员工工资数据，讲述函数在企业财务中的应用，如图 4-3-11 所示。

	A	B	C	D	E	F	G
1	职员编码	职员姓名	所属部门	职员类型	基本工资	奖金	应发合计
2	1001	闫丽	行政部	管理人员	4800	200	5000
3	1002	刘飞飞	行政部	管理人员	4300	100	4400
4	2001	李慧	财务部	管理人员	5000	300	5300
5	2002	孙华	财务部	管理人员	4600	200	4800
6	2003	张霞	财务部	管理人员	4600	200	4800
7	2004	刘涛	财务部	管理人员	3800	180	3980
8	2005	薛娟	财务部	管理人员	3800	180	3980
9	3001	陈海涛	采购部	采购人员	4200	380	4580
10	3002	周岳	采购部	采购人员	3800	300	4100
11	4001	方亮	销售部	销售人员	4200	380	4580
12	4002	赵阳	销售部	销售人员	3800	300	4100
13	4003	徐良	销售部	销售人员	3800	300	4100

图 4-3-11　工资数据

1. 统计函数

统计函数是指统计工作表函数，用于对数据区域进行统计分析，包括最大值函数、最小值函数、求和函数、平均值函数、计数函数等。

（1）MAX（最大值函数）。

格式：MAX（number1，number2，……）。

作用：用于返回数值参数中的最大值，忽略参数中的逻辑值和文本。

参数说明：number1，number2，……用来表示计算最大值的一组参数。

【举例说明】统计润喜尔公司 1 月份应发合计的最大值，在单元格 A16 中输入公式"=MAX（G2：G13）"，结果为"5300"，如图 4-3-12 所示。

（2）MIN（最小值函数）。

格式：MIN（number1，number2，……）。

作用：返回数值参数中的最小值，忽略参数中的逻辑值和文本。

【举例说明】统计润喜尔公司1月份应发合计的最小值，在单元格B16中输入公式“=MIN（G2：G13）”，结果为“3980”，如图4-3-12所示。

（3）SUM（求和函数）。

格式：SUM（number1，number2，……）。

作用：计算单元格区域中所有参数数值的和。

参数说明：number1、number2，……代表需要计算的值，可以是具体的数值、引用的单元格（区域）、逻辑值等。

【举例说明】统计润喜尔公司1月份所有员工工资应发合计总数，在单元格C16中输入公式“=SUM（G2：G13）”，结果为“53720”，如图4-3-12所示。

【判断题】求工作表中A1到A3单元格中数据的和，可用=SUM（A1,A3）。（　　）

【答案】×

【解析】公式SUM（A1,A3）计算的是单元格A1与A3的和。

（4）SUMIF（条件求和函数）。

格式：SUMIF（range，criteria，sum_range）。

作用：对满足条件的单元格求和。

参数说明：range是用于条件判断的单元格区域；criteria是由数字、逻辑表达式等组成的判定条件；sum_range为需要求和的单元格、区域或引用。

【举例说明】统计润喜尔公司1月份行政部员工工资应发合计总数，在单元格D16中输入公式“=SUMIF（C2：C13，"行政部"，G2：G13）”，结果为“9400”，如图4-3-12所示。

（5）AVERAGE（求平均值函数）。

格式：AVERAGE（number1，number2，……）。

作用：返回参数的算术平均值。

【举例说明】统计润喜尔公司1月份所有员工工资应发合计平均数，在单元格E16中输入公式“=AVERAGE（G2：G13）”，结果为“4476.67”，如图4-3-12所示。

【判断题】Excel中函数AVERAGE（范围）的功能是求范围内所有数字的平均值。（　　）

【答案】√

（6）AVERAGEIF（条件平均值函数）。

格式：AVERAGEIF（range，criteria，average_range）。

作用：返回某个区域内满足给定条件的所有单元格的算术平均值。

【举例说明】统计润喜尔公司1月份销售人员工资应发合计平均数，在单元格F16中输入公式“=AVERAGEIF（D2：D13，"销售人员"，G2：G13）”，结果为“12780”，如图4-3-12所示。

【特别提示】Excel 2003中没有该函数，Excel 2007以后的软件中含有该函数。

（7）COUNT（计数函数）。

格式：COUNT（value1，value2，……）。

作用：计算包含数字的单元格及参数列表中数字的个数。

参数说明：value1，value2，……包含或引用各种类型数据的参数（1～30个），其中只对数字类型的数据才能被统计。

【举例说明】统计润喜尔公司1月份发放工资员工数，在单元格G16中输入公式“= COUNT（G2：G13）”，结果为“12”，如图4-3-12所示。

（8）COUNTIF（条件计数函数）。

格式：COUNTIF（range，criteria）。

作用：对区域中满足单个指定条件的单元格进行计数。

参数说明：range 是为需要计算其中满足条件的单元格数目的单元格区域，criteria 是为确定哪些单元格将被计算在内的条件，其形式可以为数字、表达式或文本。

【举例说明】统计润喜尔公司 1 月份需要缴纳个人所得税的员工数，在单元格 H16 中输入公式“= COUNTIF（G2：G13，">3500"）”，结果为“12”，如图 4-3-12 所示。

	A	B	C	D	E	F	G	H
15	MAX	MIN	SUM	SUMIF	AVERAGE	AVERAGEIF	COUNT	COUNTIF
16	5300	3980	53720	9400	4476.67	12780	12	12

图 4-3-12　统计函数计算结果

【单项选择题】统计成绩工作表中不及格人数，可以使用的函数是（　　）。

A．COUNTIF　　B．COUNT　　C．SUMIF　　D．LEN

【答案】A

【解析】COUNTIF 函数的主要功能是统计某个单元格区域中符合指定条件的单元格数目。

2．文本函数

文本函数是指通过文本函数，可以在公式中处理字符串。例如，可以改变大小写或确定字符串的长度。可以将日期插入字符串或连接在字符串上。

（1）LEN（长度函数）。

格式：LEN（text）。

作用：返回文本字符串中的字符数。

参数说明：text 表示待查找其长度的文本。

【举例说明】A1 单元格内容为“会计电算化考试”，在 B1 单元格输入公式“=LEN（A1）”，结果为“7”。

（2）RIGHT（右取字符串函数）。

格式：RIGHT（text，num_chars）。

作用：从文本字符串中最后一个字符开始返回指定个数的字符。

参数说明：text 是包含要提取字符的文本串；num_chars 指定希望 RIGHT 提取的字符数，它必须大于或等于 0。如果 num_chars 大于文本长度，则 RIGHT 返回所有文本；如果忽略 num_chars，则假定其为 1。

【举例说明】A1 单元格内容为“会计电算化考试”，在 C1 单元格输入公式“=RIGHT（A1）”，结果为“考试”。

（3）MID（中取字符串函数）。

格式：MID（text，start_num，num_chars）。

作用：返回文本字符串中从指定位置开始的指定数目的字符。

参数说明：text 是包含要提取字符的文本串；start_num 是文本中要提取的第一个字符的位置，文本中第一个字符的 start_num 为 1，以此类推；num_chars 指定希望 MID 从文本中返回字符的个数。

【举例说明】A1 单元格内容为“会计电算化考试”，在 D1 单元格输入公式“=MID（A1，

3,3）”，结果为“电算化”。

【单项选择题】用于返回文本字符串中从指定位置开始的指定数目的字符的函数是（　　）。

A．RIGHT　　B．LEN　　C．MID　　D．LEFT

【答案】C

【解析】MID 用于返回文本字符串中从指定位置开始的指定数目的字符。

（4）LEFT（左取字符串函数）。

格式：LEFT（text，num_chars）。

作用：返回文本字符串中第一个字符开始至指定个数的字符。

【举例说明】A1 单元格内容为“会计电算化考试”，在 E1 单元格输入公式“=LEFT（A1,5）”，结果为“会计电算化”。

【多项选择题】不属于文本函数的有（　　）。

A．MAX　　B．RIGHT　　C．MID　　D．MIN

【答案】AD

【解析】文本函数包括 LEN、RIGHT、MID、LEFT，选项 AD 属于统计函数。

3．逻辑函数 IF

逻辑函数是指用来判断真假值，或者进行复合检验的 Excel 函数。Excel 提供了六种逻辑函数：AND、OR、NOT、FALSE、IF、TRUE，本书主要介绍 IF 函数的相关内容。

格式：IF（logical_test，value_if_true，value_if_false）。

作用：用于判断“logical_test”的内容是否为真，如果为真则返回“value_if_true”，如果为假则返回“value_if_false”的内容。

参数说明：logical_test 计算结果为 TRUE 或 FALSE 的任何数值或表达式；value_if_true 是当 logical_test 为 TRUE 时函数的返回值，如果忽略，则返回 TRUE，而且 value_if_true 可以是一个表达式；value_if_false 是当 logical_test 为 FALSE 时函数的返回值，如果忽略，则返回 FALSE，而且 value_if_false 也可以是一个表达式。

【举例说明】以润喜尔公司员工工资数据为例，判断润喜尔公司的员工是否缴纳个人所得税，根据规定，工资高于 3500 元需缴纳个人所得税，在单元格 H2 输入公式“=IF（G2>3500,"缴税","不缴税"）”，结果为“缴税”，如图 4-3-13 所示。

H2　fx　=IF(G2>3500,“缴税”,“不缴税”)

	A	B	C	D	E	F	G	H
1	职员编码	职员姓名	所属部门	职员类型	基本工资	奖金	应发合计	是否缴税
2	1001	闫丽	行政部	管理人员	4800	200	5000	缴税

图 4-3-13　逻辑函数计算结果

4．查找与引用函数

在 Excel 中，查找与引用函数的主要功能是查询各种信息，在数据量很大的工作表中，Excel 的查找和引用函数能起到很大的作用。

（1）LOOKUP（查找函数）。LOOKUP 函数用于返回向量（单行区域或单列区域）或数组中的数值。

单击编辑区的“函数”按钮 f_x，打开“插入函数”对话框，从中选择对应的函数“Lookup”后单击“确定”按钮，打开“选定参数”对话框，如图 4-3-14 所示，可以看到它具有两种语法形式：向量形式和数组形式。

① 向量形式。格式：LOOKUP（lookup_value，lookup_vector，result_vector）。

作用：在单行区域或单列区域（称为“向量”）中查找数值，然后返回第二个单行区域或单列区域中相同位置的数值。

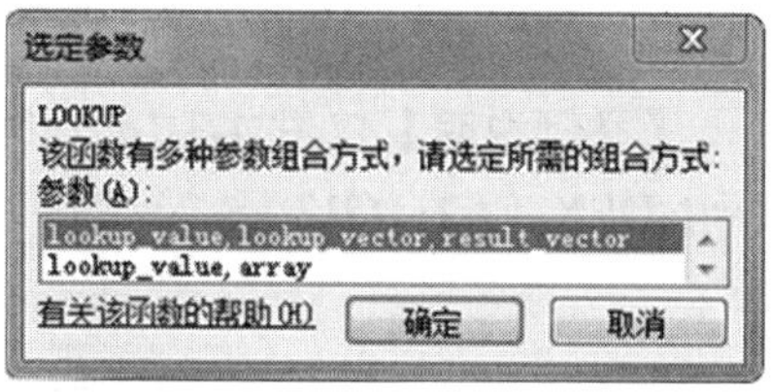

图 4-3-14 “选定参数”对话框

参数说明：lookup_value 为函数 LOOKUP 在 lookup_vector 向量中查找的数值，lookup_value 可以是数字、文本、逻辑值，也可以是包含数值的名称或引用；lookup_vector 是 LOOKUP 要查找的区域，只包含单行或单列的单元格区域，lookup_vector 的数值可以为文本、数值或者逻辑值且以升序排序；result_vector 是与 lookup_vector 所对应的第二个单行或单列区域，与 lookup_vector 大小相同。

【举例说明】以润喜尔公司员工工资数据为例，在单元格 B15 输入公式“=LOOKUP(A15，A2：A13，B2：B13）”，在 A2：A13 单元格区域中查找与 A15 对应的数值“2001”，判断其所在的行数 3，从 B2：B13 单元格区域中返回第 4 行对应的值“李慧”，如图 4-3-15 所示。

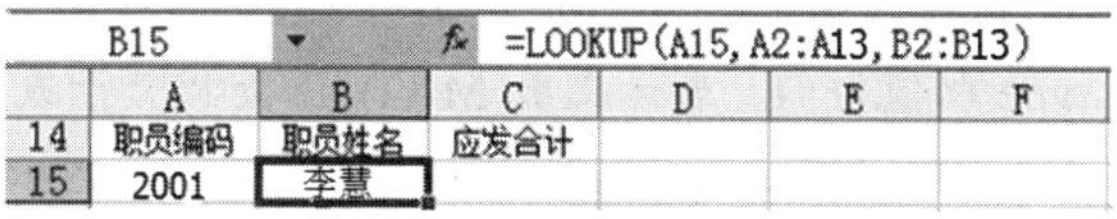

图 4-3-15 LOOKUP 向量形式应用

② 数组形式。格式：LOOKUP（lookup_value，array）。

作用：在数组的第一行或第一列中查找指定的数值，并返回数组最后一行或最后一列中相同位置的数值。

参数说明：lookup_value 为函数 LOOKUP 在组数中所要查找的数值，lookup_value 可以是数字、文本、逻辑值，也可以是包含数值的名称或引用；array 是包含文本、数字或逻辑值的单元格区域，它的值用来同 lookup_value 进行比较。

【特别提示】如果 LOOKUP 找不到 lookup_value，它会使用该数组中小于或等于 lookup_value 的最大值。

【举例说明】以润喜尔公司员工工资数据为例，在单元格 C15 输入公式“=LOOKUP(A15，A2：G13）”，在 A2：G13 单元格区域查找 A15 对应的数值“2001”，判断其位置在第 1 列第 3 行，返回 A2：G13 单元格区域最后一列第 3 行的数据“5300”，如图 4-3-16 所示。

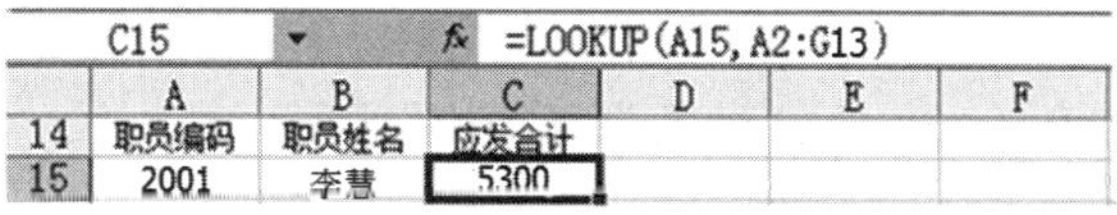

图 4-3-16 LOOKUP 数组形式应用

【知识链接】数组是指用于建立可生成多个结果或可对在行和列中排列的一组参数进行运算的单个公式。数组区域共用一个公式；数组常量是用作参数的一组常量。

（2）INDEX（索引函数）。

格式：INDEX（array，row_num，column_num）。

作用：返回表格或数组中的元素值，此元素由行号和列号的索引值给定。

参数说明：array 是单元格区域或数组常量；row_num 是数组中某行的行序号，函数从该行返回数值，如果省略 row_num，则必须有 column_num；column_num 是数组中某列的列序号，函数从该列返回数值，如果省略 column_num，则必须有 row_num。

【举例说明】以图 4-3-16 为例，要返回李慧的应发工资数，可以在单元格 C15 输入公式“=INDEX（A2：G13，3,7）”，结果为“5300”，如图 4-4-17 所示。

C15 fx =INDEX（A2：G13，3，7）

	A	B	C	D	E	F
14	职员编码	职员姓名	应发合计			
15	2001	李慧	5300			

图 4-3-17 INDEX 函数应用

（3）MATCH（搜索指定项并返回相对位置函数）

格式：MATCH（lookup_value，lookup_array，match_type）。

作用：在单元格区域中搜索指定项，然后返回该项在单元格区域中的相对位置。

参数说明：lookup_value 是在数组中所要查找匹配的值，可以是数值、文本或逻辑值，或者对数值、文本或逻辑值的单元格引用；lookup_array 是可能包含所要查找的值的连续单元格区域，它是一个数组或是对某数组的引用；match_type 指定了 Microsoft Excel 将 lookup_value 与 lookup_array 中数值进行匹配的方式，可以是数字-1、0 或 1。

【知识链接】match_type 取值为-1，表示函数 MATCH 查找大于或等于 lookup_value 的最小数值；match_type 取值为 0，表示函数 MATCH 查找等于 lookup_value 的第一个数值；match_type 取值为 1，表示函数 MATCH 查找小于或等于 lookup_value 的最大数值，如果省略 match_type，则默认为 1。

【举例说明】以润喜尔公司员工工资数据为例，查询员工“周岳”所在的位置，可以在单元格输入公式“=MATCH（"周岳"，B2：B13，0）”，结果为“9”，表示周岳在单元格区域 B2：B13 中的位置是第 9 行。

5. 日期与时间函数

日期与时间函数是指在公式中用来分析和处理日期值和时间值的函数。

（1）YEAR（返回年份函数）。

格式：YEAR（serial_number）。

作用：返回某日期对应的年份，1900～9999 之间的数字。

参数说明：serial_number 为一个日期值，其中包括要查找年份的日期，是 Excel 进行日期及时间计算的代码。

【举例说明】如图 4-3-18 所示，A2 单元格为“2017/1/31”，计算该日期对应的年份，B2 单元格输入公式“=YEAR（A2）”，结果为“2017”。

	A	B	C	D	E
1	DATE	YEAR	MONTH	DAY	NOW
2	2017/1/31	2017	1	31	2017/6/16 20:28

图 4-3-18 日期与时间函数计算结果

（2）MONTH（返回月份函数）。

格式：MONTH（serial_number）。

作用：返回某日期对应的月份，介于 1～12 之间。

【举例说明】如图 4-3-18 所示，A2 单元格为“2016/1/31”，计算该日期对应的月份，C2

单元格输入公式“=MONTH（A2）”，结果为“1”。

（3）DAY（返回日期函数）。

格式：DAY（serial_number）。

作用：返回某日期对应的天数，介于 1～31 之间。

【举例说明】如图 4-3-18 所示，A2 单元格为“2017/1/31”，计算该日期对应的日期，D2 单元格输入公式“=DAY（A2）”，结果为“31”。

（4）NOW（返回当期时间和时间函数）。

格式：NOW（）。

作用：返回当前的日期和时间（该函数不需要参数）。

【举例说明】如图 4-3-18 所示，在 E2 单元格输入公式“=NOW（）”，结果显示当前的日期和时间“2017/6/16 20:28”，如果要改变 E2 单元格的格式，可从“单元格格式”对话框中修改。

【多项选择题】不属于日期与时间函数的有（　　）。

A．YEAR　　B．MONTH　　C．SLN　　D．DDB

【答案】CD

【解析】选项 AB，属于常用函数中的日期与时间函数；选项 CD 属于基本财务函数的范畴。

（二）基本财务函数

财务函数是指用来进行财务处理的函数。Excel 提供了许多财务函数，这里主要讲述计提固定资产折旧的 SLN、DDB、SYD 三个财务函数，它们在应用的过程中涉及一些参数，首先对这些参数做一下说明，如表 4-3-4 所示。

表 4-3-4　基本财务函数参数说明

名　称	是否必需	含　义
cost	必需参数	固定资产原值
salvage	必需参数	固定资产的残值
life	必需参数	固定资产的折旧期数
period	必需参数	需要计算折旧值的期间，period 必须使用与 life 相同的单位
factor	可选参数	余额递减速率，如果 factor 被省略，则默认为 2，即使用双倍余额递减法
per	必需参数	第几期，其单位必须与 life 相同

1．SLN

格式：SLN（cost，salvage，life）。

作用：返回某项资产以直线法计提的每一期的折旧值。

【举例说明】引用固定资产管理模块润喜尔公司固定资产期初数，用直线法计算折旧额。在单元格 F2 输入公式“=SLN（C2，D2，E2）”，结果为“494.00”，如图 4-3-19 所示。

2．DDB

格式：DDB（cost，salvage，life，period，factor）。

F2 | =SLN(C2,D2,E2)

	A	B	C	D	E	F
1	资产编号	固定资产名称	原值	预计净残值	预计使用年限	直线法
2	001	办公桌	5200	260	10	494.00
3	002	轿车	89000	8900	15	

图 4-3-19　直线法计算结果

作用：使用双倍余额递减法或其他指定的方法，计算一项固定资产在给定期间内的折旧值。

【举例说明】引用固定资产管理模块润喜尔公司固定资产期初数，用双倍余额递减法计算折旧额。在单元格 G2 输入公式“=DDB（C2，D2，E2，F2）”，计算办公桌在第 3 年的折旧额，结果为“665.60”，如图 4-3-20 所示。

G2 | =DDB(C2,D2,E2,F2)

	A	B	C	D	E	F	G
1	资产编号	固定资产名称	原值	预计净残值	预计使用年限	期间	双倍余额递减法
2	001	办公桌	5200	260	10	3	665.60
3	002	轿车	89000	8900	15	5	

图 4-3-20　双倍余额递减法计算结果

3．SYD

格式：SYD（cost，salvage，life，per）。

作用：返回某项资产按年数总和折旧法计算的在第“per”期的折旧值。

【举例说明】引用固定资产管理模块润喜尔公司固定资产期初数，用年数总和法计算折旧额。在单元格 G2 输入公式“=SYD（C2，D2，E2，F2）”，计算办公桌在第 3 年的折旧额，结果为“718.55”，如图 4-3-21 所示。

G2 | =SYD(C2,D2,E2,F2)

	A	B	C	D	E	F	G
1	资产编号	固定资产名称	原值	预计净残值	预计使用年限	期间	年数总和法
2	001	办公桌	5200	260	10	3	718.55
3	002	轿车	89000	8900	15	5	

图 4-3-21　年数总和法计算结果

【知识拓展】除此之外，常见的财务函数还有年金终值（FV）、年金现值（PV）、年金（PMT）、利率（RATE）、期数（NPER）等资金的时间价值函数，净现值函数（NPV），内含报酬率函数（IRR）。

第四节　数据清单及其管理分析

【学习指导】

学习本节内容，需要熟悉数据清单的设计要求，掌握记录单的使用方法，掌握 Excel 的数据排序、筛选与分类汇总的方法，并掌握数据透视表创建与设置的方法，以及图表的插入方法。

一、数据清单的构建

（一）数据清单的概念

Excel 中，数据库是通过数据清单或列表来实现的。数据清单是一种包含一行列标题和多行数据且每行同列数据的类型和格式完全相同的 Excel 工作表（如工资表、应付账款等）。数据清单中的列是数据库中的字段，数据清单中的列标志是数据库中的字段名称，数据清单中的每一行对应数据库中的一条记录。

【判断题】数据清单又称数据记录单，是快速添加、查找、修改或删除数据清单中相关记录的对话框。（　　）

【答案】×

【解析】数据清单是一种包含一行列标题或多行数据且每行同列数据的类型和格式完全相同的 Excel 工作表；记录单又称数据记录单，是快速添加、查找、修改或删除数据清单中相关记录的对话框。

（二）构建数据清单的要求

为了使 Excel 自动将数据清单当作数据库，构建数据清单的要求主要有以下几点。

（1）列标志应位于数据清单的第一行，作为字段名，用以查找和组织数据、创建报告。

（2）同一列中各行数据项的类型和格式应当完全相同。

（3）避免在数据清单中有空白的行或列，但需将数据清单和其他数据隔开时，应在它们之间留出至少一个空白的行或列。

（4）尽量在一张工作表上建立一个数据清单。

【多项选择题】关于构建数据清单的要求，下列表述中正确的有（　　）。

A．列标志应位于数据清单的第一行

B．尽量在一张工作表上建立一个数据清单

C．可以在数据清单中间放置空白的行或列

D．同一列中各行数据项的类型和格式应当完全相同

【答案】ABD

【解析】避免在数据清单中间放置空白的行或列，但需将数据清单和其他数据隔开时，应在它们之间留出至少一个空白的行或列。

二、记录单的使用

（一）记录单的概念

记录单又称数据记录单，是快速添加、查找、修改或删除数据清单中相关记录的对话框。记录单也是输入数据的一种方式。

引用工资管理模块中润喜尔公司员工工资数据，打开工资数据记录单，如图 4-4-1 所示，可以看到“记录单”对话框（Sheet1）左半部从上到下依次列示数据清单，第一行从左到右依次排列的列标志及待输入数据的空白文本框，右半部从上到下依次是“记录状态”显示区和

“新建”“删除”“还原”“上一条”“下一条”“条件”及“关闭”等7个按钮。

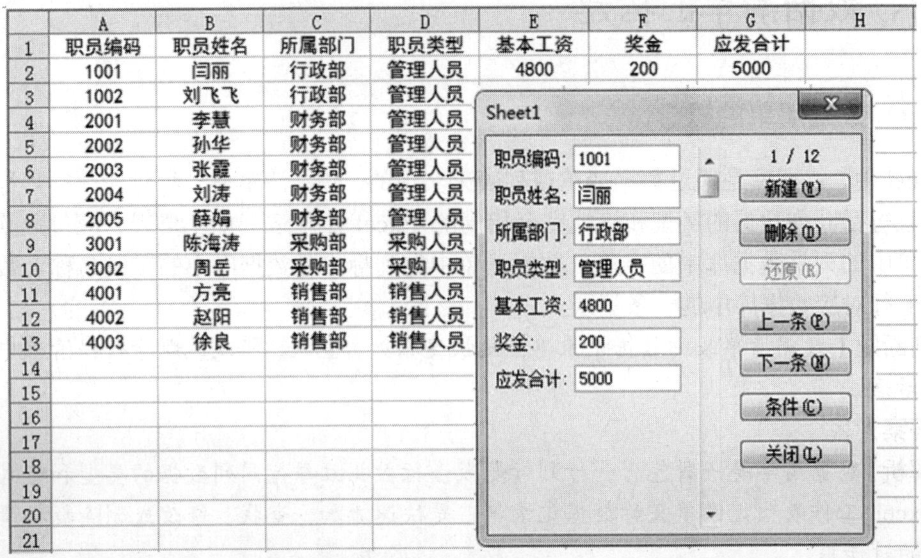

图 4-4-1 “记录单”对话框

（二）通过记录单处理数据清单的记录

1. 通过记录单处理记录的优点

通过记录单处理记录的优点主要有：界面直观，操作简单，减少数据处理时行列位置的来回切换，避免输入错误，特别适用于大型数据清单中记录的核对、添加、查找、修改或删除。

2.“记录单”对话框的打开

打开“记录单”对话框的方法如下。

（1）输入数据清单的列标志。

（2）选中数据清单的任意一个单元格，执行“数据”→“记录单”命令，即可打开该对话框。

【知识拓展】Excel 2013 的数据功能区中尽管没有“记录单”命令，但可通过单击以自定义方式添入“快速访问工具栏”中的“记录单”按钮来打开。具体操作方法如下。

（1）单击“快速访问工具栏”右下角的“自定义快速访问工具栏”按钮，在弹出的菜单中选择“其他命令”选项，打开“Excel 选项”对话框，如图 4-4-2 所示。

（2）从对话框左侧选项区域选择“快速访问工具栏”选项，进入“自定义快速访问工具栏”设置界面。

（3）在“从下列位置选择命令”文本框的下拉列表中，选择“不在功能区中的命令”选项，从其下面的列表框中选择“记录单”选项，单击“添加”按钮，“记录单”选项被添加到右侧的列表框中，单击“确定”按钮即可。

Excel 2013 还可以通过依次按 Alt+D 组合键、Alt+O 组合键的方法来打开“记录单”对话框。

打开“记录单”对话框以后，只能通过“记录单”对话框来输入、查询、核对、修改或者删除数据清单中的相关数据，但无法直接在工作表的数据清单中进行相应的操作。

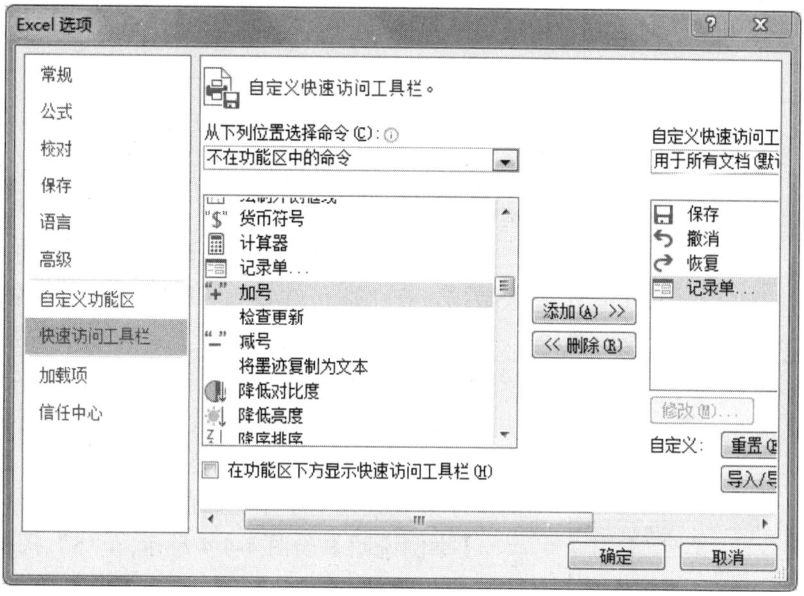

图 4-4-2　“Excel 选项”对话框

【判断题】打开“记录单”对话框以后，仍可以直接在工作表的数据清单中进行相应的操作。（　　）

【答案】×

【解析】打开记录单对话框以后，只能通过“记录单”对话框来输入、查询、核对、修改或者删除数据清单中的相关数据，无法直接在工作表的数据清单中进行相应的操作。

3．在“记录单”对话框中输入新记录

在“记录单”对话框中输入新记录的具体操作方法如下。

（1）在“记录单”对话框中单击“新建”按钮，对应列标志后面的文本框全部显示空白，如图 4-4-3 所示。

（2）光标默认在第一个空白文本框中，即“职员编码”对应的文本框中，等待数据录入。在该文本框中输入相关数据后，鼠标单击第二个文本框继续输入，也可以通过按键盘上的 Tab 键（但不能按 Enter 键），光标可以自动定位到第二个文本框，等待数据录入，依次在其他的文本框中输入数据。如果要返回到上一个文本框，可以直接鼠标单击，也可以按 Shift+Tab 组合键。

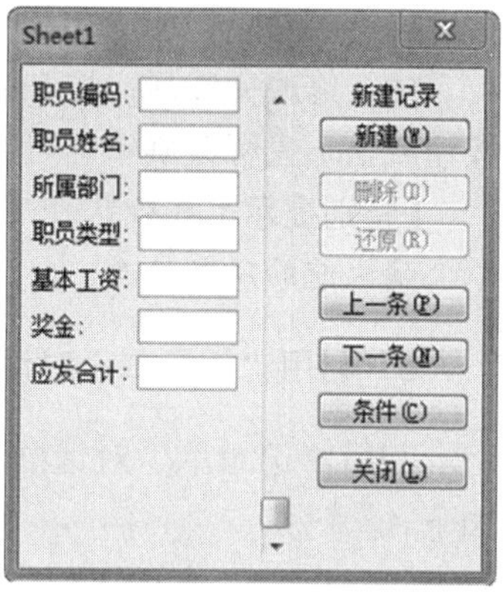

图 4-4-3　空白“记录单”对话框

（3）文本框中所有数据录入完成后，按 Enter 键或上下光标键确认，该条记录被自动加在了数据清单的最下面。

【特别提示】在数据录入过程中，如果发现某个文本框中的数据录入有误，可将光标移入该文本框，直接进行修改；如果发现多个文本框中的数据录入有误，不便逐一修改，可通过单击“还原”按钮放弃本次确认前的所有输入，光标将自动移入第一个空白文本框，等待数据录入。

【点拨指导】所有数据输入完毕，单击“关闭”按钮，退出“记录单”对话框并保存退出

前所输入的数据。

4. 利用“记录单”对话框查找特定单元格

利用“记录单”对话框查找特定单元格的具体操作方法如下。

（1）在“记录单”对话框中单击“条件”按钮，该按钮变为“表单”，对话框中所有列后文本框中的数据全部被清空，光标默认在第一个空白文本框中。

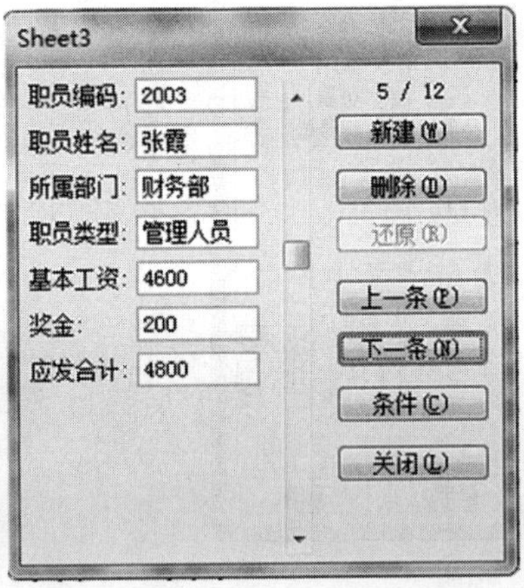

图 4-4-4 “记录单”对话框查询数据

（2）在文本框中输入查询条件，如查询“张霞”的有关数据，在“职员姓名”对应的文本框中输入“张霞”。

（3）按 Enter 键或单击“上一条”按钮或“下一条”按钮（或上下光标键）进行查询，如图 4-4-4 所示。

通过查询，符合条件的记录将分别出现在对话框相应列后的文本框中。“记录状态”显示区相应显示该条记录的次序数及数据清单中记录的总条数。

【举例说明】如图 4-4-4 所示，“5”代表张霞在数据清单中位于第 5 行，“12”代表数据清单共有 12 条。

这种方法尤其适合于具有多个查询条件的查询中，只要在对话框多个列名后的文本框内同时输入相应的查询条件即可。

5. 利用“记录单”对话框核对或修改特定记录

利用“记录单”对话框核对或修改特定记录的具体操作方法如下。

（1）在“记录单”对话框中查找到待核对或修改的记录。

（2）在对话框相应列后文本框中逐一核对或修改。

（3）修改完成后，按 Enter 键或单击“新建”“上一条”“下一条”“条件”“关闭”等按钮或上下光标键确认即可。

【特别提示】在确认修改前，“还原”按钮处于激活状态，可通过单击“还原”按钮放弃本次确认前的所有修改。

6. 利用“记录单”对话框删除特定记录

利用“记录单”对话框删除特定记录的具体操作方法如下。

（1）在“记录单”对话框中查找到待删除的记录；

（2）单击“删除”按钮，弹出“显示的记录将被删除”的提示框，如图 4-4-5 所示；

（3）单击“确定”按钮即可完成删除操作。

图 4-4-5 提示显示的记录将被删除

【特别提示】记录删除后无法通过单击“还原”按钮来撤销。

【判断题】如果要取消对记录单中当前记录所做的任何修改，只要单击“还原”按钮，即可还原为原来的数值。（ ）

【答案】√

三、数据的管理与分析

在数据清单中可以执行排序、筛选、分类汇总、插入图表和数据透视表等数据管理和分析功能。

（一）数据的排序

数据的排序是指在数据清单中，针对某些列的数据，通过“数据”菜单或功能区中的排序命令来重新组织行的顺序。

1. 快速排序

快速排序的具体操作方法如下。

（1）在数据清单中选定需要排序的各行记录。

（2）单击工具栏中的“升序”或“降序”按钮。

【知识拓展】 Excel 2013 快速排序的方法为：选择“数据”功能区选项卡，从“排序和筛选”功能组中单击“升序”或“降序”按钮。

【特别提示】 如果数据清单由单列组成，即使不执行第一步，只要选定该数据清单的任意单元格，直接执行第二步，系统都会自动排序；如果数据清单由多列组成，应避免不执行第一步而直接执行第二步的操作，否则数据清单中光标所在列的各行数据被自动排序，但每一记录在其他各列的数据并未随之相应调整，记录将会出现错行的现象。

2. 自定义排序

自定义排序的具体操作方法如下。

（1）选中任意一个单元格。

（2）执行“数据”→“排序”命令，打开“排序”对话框。

（3）在“排序”对话框中选定排序的条件、依据和次序，单击“确定”按钮即可。

【知识拓展】 Excel 2013 打开“排序”对话框的方法为：选择“数据”功能选项卡，从“排序和筛选”组中单击“排序”按钮，打开“排序”对话框。“排序”对话框默认只有“主要关键字”，如果需要设置多个关键字，需要单击“添加条件”按钮来操作。

案例 4.4.1

将润喜尔公司员工工资表按照基本工资从低到高排序，基本工资相同的按照职员编码从低到高排序。

具体操作如下。

（1）单击工资表中任一单元格，执行“数据”→“排序”命令，打开“排序”对话框。

（2）在“排序”对话框中，“主要关键字”下拉列表中选择“基本工资”选项，然后选中“升序”单选按钮，“次要关键字”下拉列表中选择“职员编码”选项，然后选中“升序”单选按钮，设置完成后单击“确定”按钮，如图 4-4-6 所示。

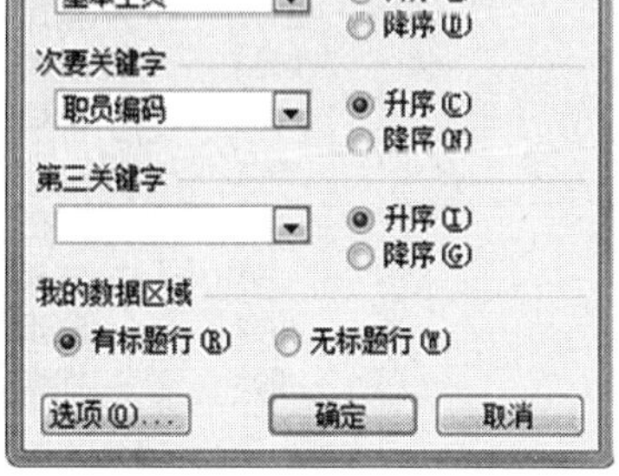

图 4-4-6　“排序”对话框

（二）数据的筛选

数据的筛选是指利用“数据”菜单中的“筛选”命令对数据清单中的指定数据进行查找和其他操作。筛选后的数据清单仅显示那些包含了某一特定值或符合一组条件的行，暂时隐藏其他行。通过筛选工作表中的信息，用户可以快速查找数值。用户不但可以利用筛选功能控制需要显示的内容，而且还能够控制需要排除的内容。

1．快速筛选

快速筛选的具体操作如下。

（1）在数据清单中选定任意单元格或需要筛选的列。

（2）执行“数据”菜单或功能区中的“筛选”命令，第一行的列标志单元格右下角出现向下的三角形图标。

（3）单击要筛选列的第一行右下角的三角形图标，在弹出的下拉列表中直接选择筛选条件或选择“自定义”命令，在弹出的“自定义自动筛选方式”对话框中设置筛选条件，如图 4-4-7 所示。

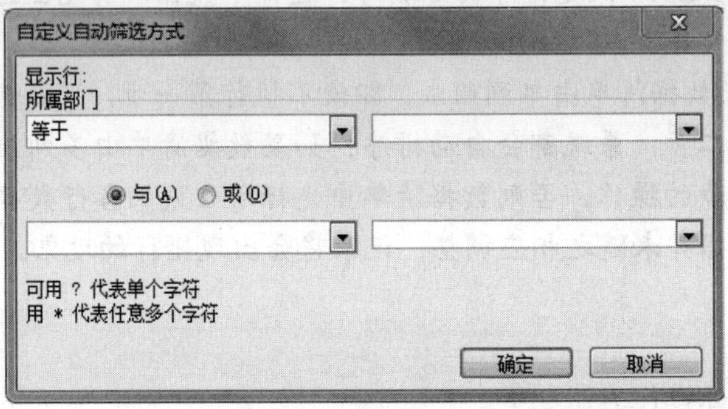

图 4-4-7　“自定义自动筛选方式”对话框

【知识拓展】Excel 2013 使用快速筛选的具体操作方法为：选择“数据”选项卡，从“排序和筛选”组中单击“筛选”按钮，单击要筛选列的第一行右下角的三角形图标，如图 4-4-8 所示。

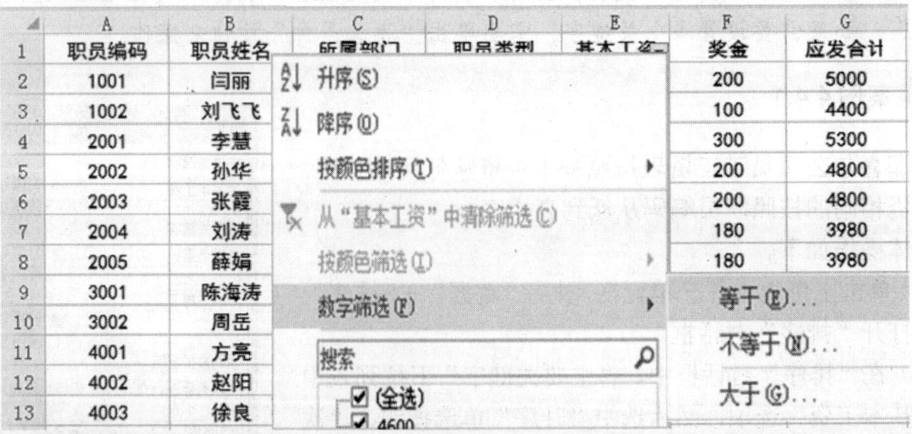

图 4-4-8　Excel 2013 快速筛选

与 Excel 2003 不同，Excel 2013 在下拉列表中可以同时选中多个复选框，“数字筛选”

下提供了“等于”“不等于”“大于”等多个自定义筛选方式。

2．高级筛选

高级筛选的操作方法如下。

（1）编辑条件区域。

（2）执行“数据”→“筛选”→“高级筛选”命令，打开“高级筛选”对话框。

（3）选定或输入“列表区域”和“条件区域”，单击“确定”按钮。

【知识拓展】高级筛选条件区域至少为两行，第一行为设置筛选条件的字段名，该字段名必须与数据清单中的字段名完全匹配。

案例 4.4.2

引用润喜尔公司员工工资表，按照基本工资>4600 且奖金<300 进行筛选。

具体操作如下。

（1）在单元格区域 E15：F16 输入筛选条件，如图 4-4-9 所示。

	A	B	C	D	E	F	G
1	职员编码	职员姓名	所属部门	职员类型	基本工资	奖金	应发合计
2	1001	闫丽	行政部	管理人员	4800	200	5000
3	1002	刘飞飞	行政部	管理人员	4300	100	4400
4	2001	李慧	财务部	管理人员	5000	300	5300
5	2002	孙华	财务部	管理人员	4600	200	4800
6	2003	张霞	财务部	管理人员	4600	200	4800
7	2004	刘涛	财务部	管理人员	3800	180	3980
8	2005	薛娟	财务部	管理人员	3800	180	3980
9	3001	陈海涛	采购部	采购人员	4200	380	4580
10	3002	周岳	采购部	采购人员	3800	300	4100
11	4001	方亮	销售部	销售人员	4200	380	4580
12	4002	赵阳	销售部	销售人员	3800	300	4100
13	4003	徐良	销售部	销售人员	3800	300	4100
14							
15					基本工资	奖金	
16					＞4600	＜300	

图 4-4-9　输入筛选条件

（2）单击单元格区域 A1：G13 中任一单元格，执行“数据”→“筛选”→“高级筛选”命令，打开“高级筛选”对话框，选择显示方式（可以在原有区域显示，也可以复制到其他位置），选择“列表区域”和“条件区域”，如图 4-4-10 所示。

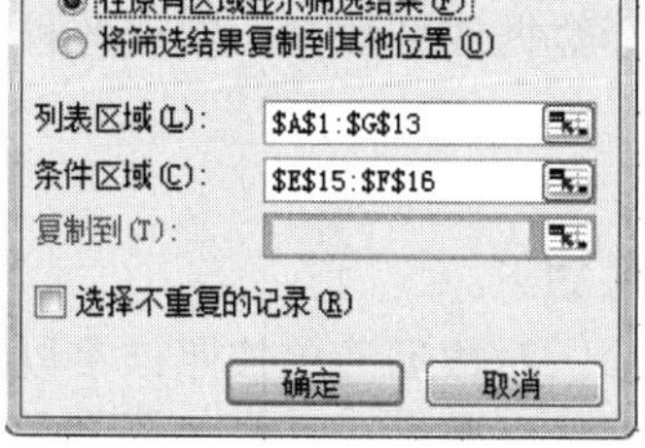

图 4-4-10　“高级筛选”对话框

（3）单击“确定”按钮，即可筛选出符合条件的数据，如图 4-4-11 所示。

	A	B	C	D	E	F	G
1	职员编码	职员姓名	所属部门	职员类型	基本工资	奖金	应发合计
2	1001	闫丽	行政部	管理人员	4800	200	5000
14							
15					基本工资	奖金	
16					>4600	<300	

图 4-4-11　高级筛选结果

【知识拓展】Excel 2013 打开“高级筛选”对话框的方法为：选择“数据”选项卡，从“排序和筛选”组中单击“高级”按钮。

【单项选择题】使用 Excel 的数据筛选功能，是将（　　）。

A．满足条件的记录显示出来，而删除掉不满足条件的数据

B．不满足条件的记录暂时隐藏起来，只显示满足条件的数据

C．不满足条件的数据用另外一个工作表保存起来

D．将满足条件的数据突出显示

【答案】B

【解析】通过筛选数据清单，可以只显示满足指定条件的数据行，而隐藏其他行。

3．清除筛选

清除筛选的具体操作方法为：执行“数据”→“筛选”→“全部显示”命令即可。

【知识拓展】Excel 2013 对经过筛选后的数据清单进行第二次筛选时，之前的筛选将被清除。具体操作方法为：选择“数据”选项卡，从“排序和筛选”组中单击“筛选”按钮。

【单项选择题】下列说法中正确的是（　　）。

A．自动筛选需要事先设置筛选条件

B．进行筛选前，无须对表格先进行排序

C．高级筛选不需要设置筛选条件

D．自动筛选前，必须先对表格进行排序

【答案】B

【解析】进行筛选不需要先进行排序工作，自动筛选不需要设置筛选条件，而高级筛选需要进行设置筛选条件。

（三）数据的分类汇总

数据的分类汇总是对相同类别的数据进行统计汇总。分类汇总采用分级显示的方式显示数据，可以收缩或展开工作表的行数据或列数据，实现各种汇总统计。

1．创建分类汇总

创建分类汇总的具体操作方法如下。

（1）确定数据分类依据的字段，对数据清单按照该字段进行排序；

（2）执行“数据”→“分类汇总”命令，打开“分类汇总”对话框。

（3）选择采用的“分类字段”“汇总方式”和“选定汇总项”的内容，数据清单将以选

定的“汇总方式”按照“分类字段”分类统计，将统计结果记录到选定的“选定汇总项”列下，同时可以通过单击级别序号实现分级查看汇总结果。

【特别提示】①分类汇总时，先对字段进行排序。②选定汇总项表示要根据实际进行汇总的数据。

案例 4.4.3

引用润喜尔公司员工工资表，按照“所属部门”分类显示各部门的工资平均值。

具体操作如下。

（1）利用自定义排序功能，对润喜尔公司员工工资表按照“所属部门”对“应发合计”进行排序（升序或降序均可）。

（2）执行“数据”→“分类汇总”命令，打开“分类汇总”对话框。

（3）在“分类汇总”对话框中，设置分类字段为“所属部门”，汇总方式为“平均值”，选定汇总项为“应发合计”，如图 4-4-12 所示。

（4）单击“确定”按钮，即可显示分类汇总的结果，如图 4-4-13 所示。

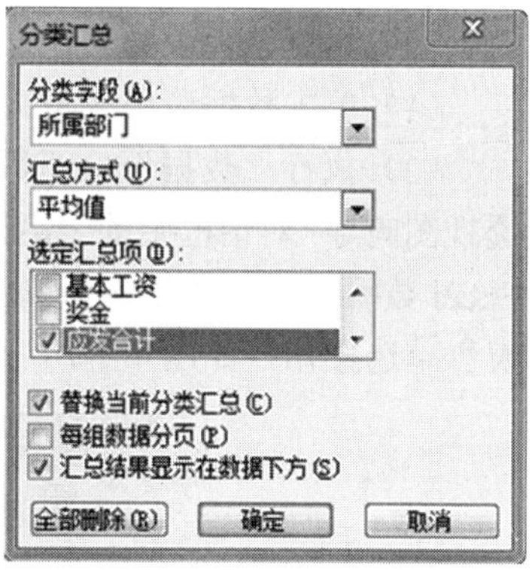

图 4-4-12　“分类汇总”对话框

	A	B	C	D	E	F	G
1	职员编码	职员姓名	所属部门	职员类型	基本工资	奖金	应发合计
2	1001	闫丽	行政部	管理人员	4800	200	5000
3	1002	刘飞飞	行政部	管理人员	4300	100	4400
4			**行政部 平均值**				4700
5	2001	李慧	财务部	管理人员	5000	300	5300
6	2002	孙华	财务部	管理人员	4600	200	4800
7	2003	张霞	财务部	管理人员	4600	200	4800
8	2004	刘涛	财务部	管理人员	3800	180	3980
9	2005	薛娟	财务部	管理人员	3800	180	3980
10			**财务部 平均值**				4572
11	3001	陈海涛	采购部	采购人员	4200	380	4580
12	3002	周岳	采购部	采购人员	3800	300	4100
13			**采购部 平均值**				4340
14	4001	方亮	销售部	销售人员	4200	380	4580
15	4002	赵阳	销售部	销售人员	3800	300	4100
16	4003	徐良	销售部	销售人员	3800	300	4100
17			**销售部 平均值**				4260
18			**总计平均值**				4476.667

图 4-4-13　分类汇总结果

【知识拓展】Excel 2013 打开“分类汇总”对话框的方法为：选择“数据”选项卡，从“分级显示”组中单击“分类汇总”按钮。

【判断题】在分类汇总对话框中，分类字段是指作为分类汇总依据的关键字。　（　　）

【答案】√

2. 清除分类汇总

清除分类汇总的具体操作方法为：打开“分类汇总”对话框后，单击“全部删除”按钮即可取消分类汇总。

（四）数据透视表的插入

数据透视表是根据特定数据源生成的，可以动态改变其版面布局的交互式汇总表格。数据透视表不仅能够按照改变后的版面布局自动重新计算数据，而且能够根据更改后的原始数据或数据源来刷新计算结果。

1．数据透视表的创建

创建数据透视表的具体操作方法如下。

（1）单击数据清单或数据库中的任意单元格。

（2）执行“数据”→“数据透视表和数据透视图”命令，在弹出的“数据透视表和数据透视图向导”对话框中的“请指定待分析数据的数据源类型”选项区域中选中“Microsoft Office Excel 数据列表或数据库”单选按钮；在“所需创建的报表类型”选项区域中选中“数据透视表”单选按钮，如图 4-4-14 所示。

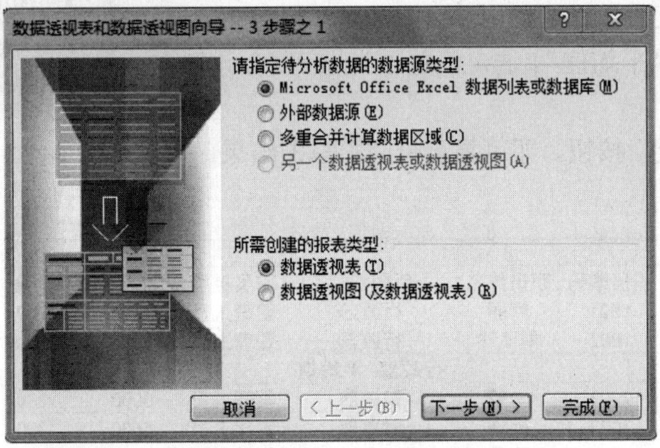

图 4-4-14 “数据透视表和数据透视图向导”对话框

（3）单击“下一步”按钮，进入如图 4-4-15 所示的对话框，在该对话框中核对系统自动定位到选中的区域是否正确，如果不正确或未选中，可以在对话框中输入数据源地址或者选择数据源区域。

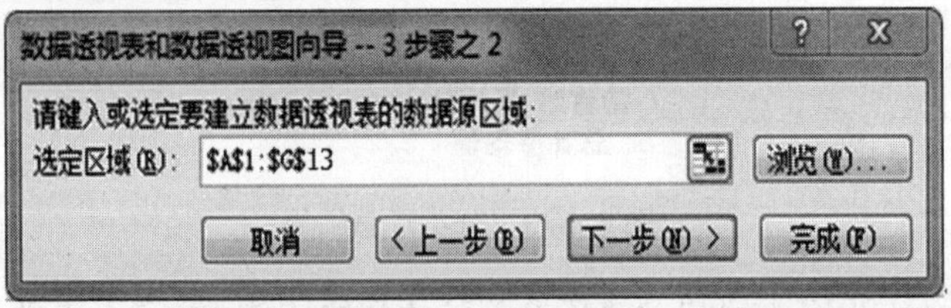

图 4-4-15 选定区域

（4）单击“下一步”按钮，进入如图 4-4-16 所示的对话框，在该对话框中设定透视表显示的位置（可以选择新建工作表，也可以选择现有工作表）。

（5）单击“完成”按钮，在工作表 Sheet2 中将“职员姓名”拖至“将行字段拖至此处”处，将“所属部门”拖至“将列字段拖至此处”处，将“应发合计”拖至“请将数据项拖至此处”处，生成相应版面布局数据透视表，如图 4-4-17 所示。

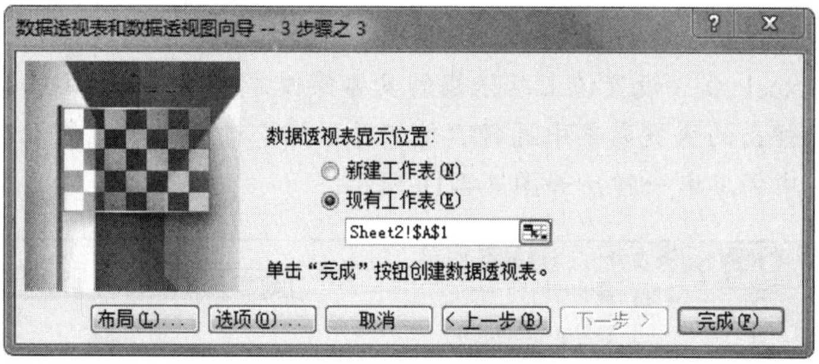

图 4-4-16　选择透视表显示的位置

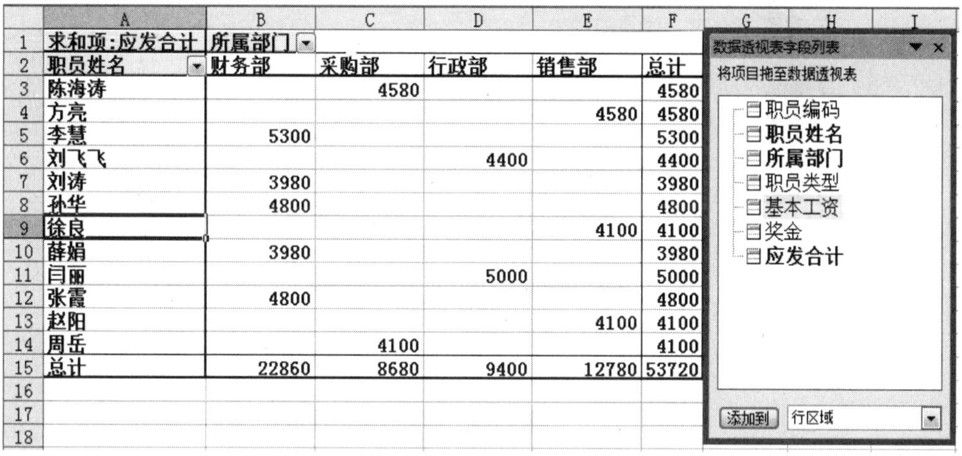

求和项:应发合计	所属部门				
职员姓名	财务部	采购部	行政部	销售部	总计
陈海涛		4580			4580
方亮				4580	4580
李慧	5300				5300
刘飞飞			4400		4400
刘涛	3980				3980
孙华	4800				4800
徐良				4100	4100
薛娟	3980				3980
闫丽			5000		5000
张霞	4800				4800
赵阳				4100	4100
周岳		4100			4100
总计	22860	8680	9400	12780	53720

图 4-4-17　数据透视表

数据透视表的布局框架由页字段、行字段、列字段和数据项等要素构成，可以通过需要选择不同的页字段、行字段、列字段，设计出不同结构的数据透视表。

【知识拓展】 Excel 2013 创建数据透视表的具体操作方法为：选择“插入”选项卡，在“表格”组中单击“数据透视表”按钮，打开“创建数据透视表”对话框，根据提示操作即可。

【特别提示】 源数据表格中的数据必须规范，否则创建数据透视表会失败。

【判断题】 数据透视表是根据特定数据源生成的，可以动态改变其版面布局的交互式汇总表格。　　（　　）

【答案】 √

2. 数据透视表的设置

（1）重新设计版面布局。在数据透视表布局框架中选定已拖入的字段、数据项，将其拖出，将“数据透视表字段列表”中的字段和数据项重新拖至数据透视表框架中的适当位置，报表的版面布局立即自动更新。

（2）设置值的汇总依据。可通过右击数据透视表的“计数项”单元格，从弹出的快捷菜单中选择“字段设置”命令，打开“数据透视表字段”对话框，从中选择“汇总方式”中的一种，如图 4-4-18 所示。从图 4-4-18 可以看出，值的汇总依据有求和、计数、平均值、最大值、

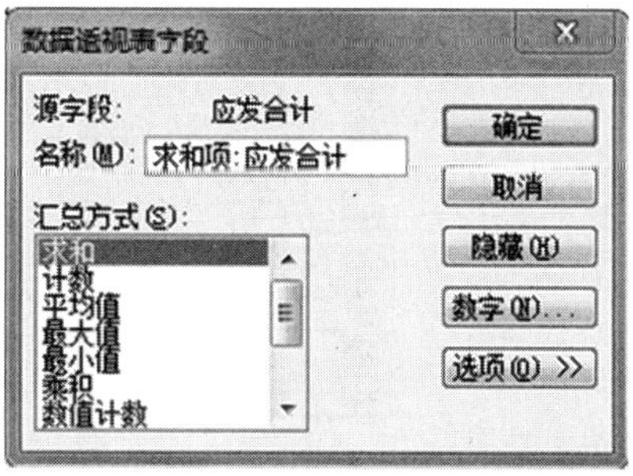

图 4-4-18　“数据透视表字段”对话框

最小值、乘积、数值计数、标准偏差、总体偏差、方差和总体方差。

【知识拓展】Excel 2013 设置值汇总依据的具体操作方法为：通过右击数据透视表的“计数项”单元格，从弹出的快捷菜单中选择“值汇总依据”选项，在“值汇总依据”的级联菜单中选择汇总方式中的其中一种，如图 4-4-19 所示。

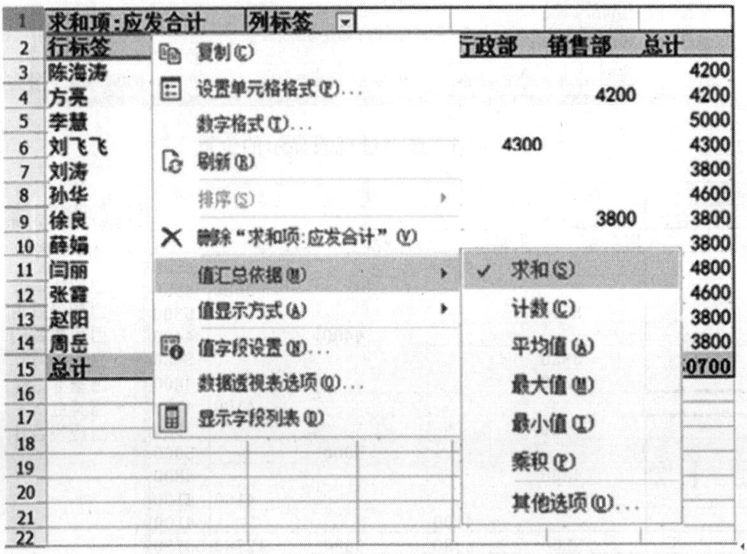

图 4-4-19　Excel 2013 值汇总依据

（3）设置值的显示方式。右击数据透视表数值区域中的某个单元格，从弹出的快捷菜单中选择“设置单元格格式”命令，打开“单元格格式”对话框，从“数字”选项卡中设置值的显示方式。

【知识拓展】Excel 2013 设置值显示方式的具体操作方法为：右击数据透视表数值区域中的某个单元格，从弹出的快捷菜单中选择“值显示方式”选项，在“值显示方式”的级联菜单中选择相应的显示方式，如图 4-4-20 所示。从图中可以看出，值的显示方式有无计算、百分比、升序排列、降序排列等。

图 4-4-20　Excel 2013 值显示方式

（4）进行数据的筛选。Excel 可以分别对报表的行和列进行数据的筛选，系统会根据条件自行筛选出符合条件的数据列表。具体操作方法为：单击数据透视表字段右侧的向下三角形按钮，在弹出的下拉列表中筛选记录对应的复选框，单击“确定”按钮即可，如图 4-4-21 所示。

图 4-4-21　数据透视表数据筛选

（5）设定报表样式。数据透视表中，既可通过单击“自动套用格式”按钮选用系统自带的各种报表样式，也可通过设置单元格格式的方法自定义报表样式。选用系统自带报表样式的具体操作方法为：执行“格式”→“自动套用格式”命令，打开“自动套用格式”对话框，从中选择相应的报表样式，如图 4-4-22 所示。

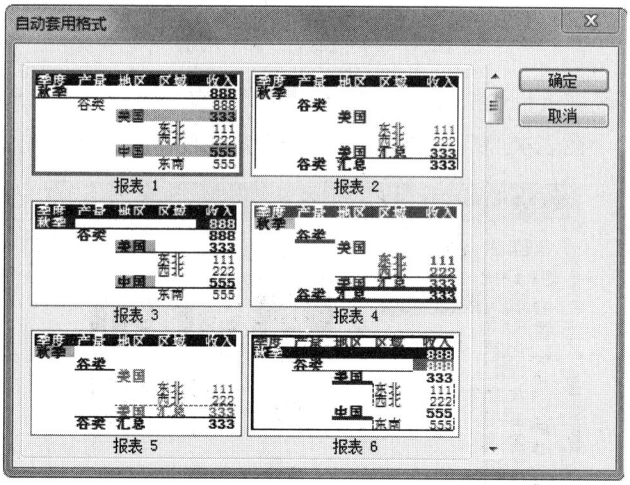

图 4-4-22　“自动套用格式”对话框

（五）图表的插入

图表是指将工作表中的数据用图形表现出来。Excel 提供的图表类型有柱形图、条形图、折线图、饼图、散点图等。插入图表的具体操作方法如下。

（1）打开 Excel 文件，框选需要生成图表的数据清单、列表或者数据透视表。

（2）执行“插入”→“图表”命令，打开“图表向导”对话框，根据向导选择类型，按照相关步骤操作可完成图表的插入。

【知识拓展】Excel 2013 插入图表的具体操作方法为：选择“插入”选项卡，从“图表”

组中选择对应的图表类型，如图 4-4-23 所示。

图 4-4-23　“插入”选项卡

图表不仅可以根据需要分别输入标题和各轴所代表的数据含义，而且可以适当调整大小及其位置。

案例 4.4.4

引用润喜尔公司员工工资表，运用柱形图显示各部门应发工资的平均数。

具体操作如下。

（1）采用数据的分类汇总操作得到各个部门应发工资的平均数，整理得到有关数据，如图 4-4-24 所示。

	A	B
1	部门	应发工资平均值
2	行政部	4700
3	财务部	4572
4	采购部	4340
5	销售部	4260

图 4-4-24　应发工资平均值

（2）选择单元格区域 A1：B5，执行“插入”→“图表”命令，打开“图表向导”对话框，在“图表类型”和“子图表类型”选项区域中选择所需的图表类型，如图 4-4-25 所示。

图 4-4-25　选择图表类型

（3）单击“下一步”按钮，进入如图 4-4-26 所示的对话框，“数据区域”默认之前选择的单元格区域。

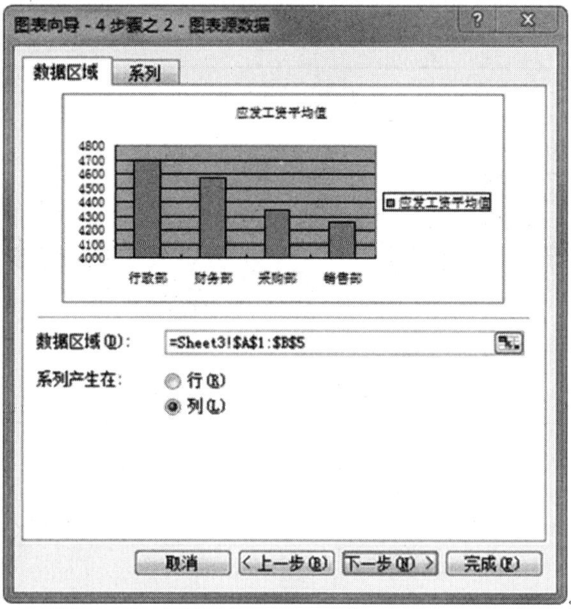

图 4-4-26　“数据区域”选项卡

（4）单击“下一步”按钮，进入如图 4-4-27 所示的对话框，可以对图表标题、坐标轴、网格线、图例、数据标志、数据表等信息进行设置。

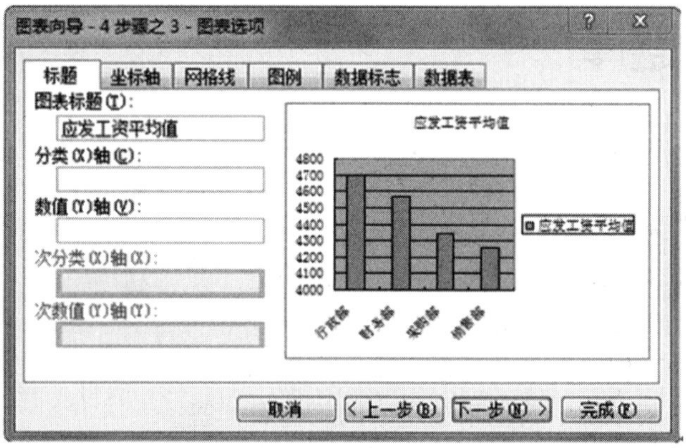

图 4-4-27　设置各选项卡中的内容

（5）单击“下一步”按钮，进入如图 4-4-8 所示的对话框，选择工作表的插入位置，默认为当前的页。

图 4-4-28　选择工作表的插入位置

（6）单击“完成”按钮，显示柱形图，如图 4-4-29 所示。

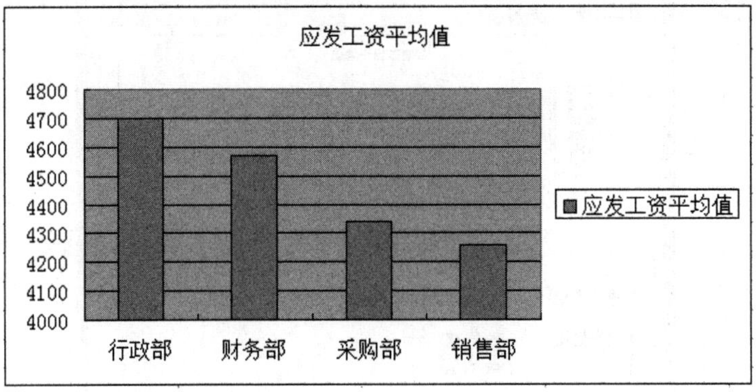

图 4-4-29 “应发工资平均值”柱形图

【单项选择题】 Excel 工作表中，为显示数据的变化趋势，可插入（　　）图标。

A．饼图　　B．柱状图　　C．雷达图　　D．折线图

【答案】 D

【解析】 柱状图反映一段时间内数据的变化或者不同项目之间的对比；饼图显示组成数据系列的项目在项目总和中所占的比例；雷达图显示数值相对于中心点的变化情况。

本章题库

一、单项选择题

1．下列操作中，可以取消 Excel 表格工作组的是（　　）。

A．单击活动工作表的标签

B．双击活动工作表以外的任意一个工作表标签

C．单击所在工作簿中其他未被选中的工作表标签

D．指向该工作簿任意一个工作表标签，双击，从弹出的快捷菜单中选择“取消成组工作表”选项

2．下列属于 Windows 操作系统下常用的电子表格软件的是（　　）。

A．Numbers　　B．金山 WPS　　C．Lotus Notes　　D．Formula One

3．下列常用函数中，不属于统计函数的是（　　）。

A．SUM　　B．MATCH　　C．AVERAGE　　D．SUMIF

4．下列各项中，不属于启动 Excel 2003 软件用户界面的构成要素的是（　　）。

A．标题栏　　B．编辑区　　C．演示区　　D．工作表区

5．在 Excel 中，替换的组合键是（　　）。

A．Ctrl+G　　B．Ctrl+F　　C．Ctrl+H　　D．Ctrl+V

6．下列组合键中能够打开“运行”对话框的是（　　）。

A．Ctrl+R　　B．微软徽标键+R

C．Ctrl+S　　D．微软徽标键+S

7．根据特定数据源生成的、可以动态改变其版面布局的交互式汇总表格是（　　）。

A．数据透视表　　B．数据的筛选

C．数据的排序　　D．数据的分类汇总

8．在 Excel 中选定单元格后单击“复制”按钮，在选中目的单元格单击“粘贴”按钮，此时被粘贴的是原单元格中的（　　）。

A．格式和公式　　B．全部　　C．数值和内容　　D．格式和批注

9．在 Excel 中运算符“&”表示（　　）。

A．逻辑值的运算　　B．字符串的比较运算

C．数值型数据的无符号相加　　D．字符型数据的连接

二、多项选择题

1．下列操作中，可以打开现成 Excel 文件方式的有（　　）。

A．按 Ctrl+S 组合键

B．按 Ctrl+N 组合键

C．选定 Excel 文件，右击，在弹出的快捷菜单中选择“打开”选项

D．双击桌面上的 Excel 图标

2．电子表格软件的主要功能包括（　　）。

A．建立工作簿　　B．制作图表

C．开发应用系统　　D．实现数据网上共享

3．下列关于数据的编辑的说法中，不正确的有（　　）。

A．“选择性粘贴”命令能选择性地粘贴剪贴板中的数值、公式、批注等内容，但不能粘贴其格式

B．对数据进行剪切之后，原单元格中数据将不复存在

C．若需要查找，可单击“查找下一个”按钮一次性全文查找

D．若需要替换，单击“替换”按钮可全部进行替换

4．下列选项中，可以查看公式中某步骤的运算结果的有（　　）。

A．选中公式所在的单元格，双击进入编辑状态

B．按 Esc 键，运算结果将恢复为公式表达式的原来内容

C．选中公式中需要查看其运算结果的运算体和运算符，按 F8 键后，被选中的内容将转化为运算结果，该运算结果同时处于被选中状态

D．按 Ctrl+Y 组合键，运算结果将恢复为公式表达式的原来内容

5．下列各项中，属于构建 Excel 数据清单的要求主要有（　　）。

A．行标志应位于数据清单的第一行

B．尽量在一张工作表上建立一个数据清单

C．同一列中各行数据项的类型和格式应完全相同

D．尽量避免在一张工作表上建立数据清单

6．若要选中当前工作表的全部单元格，可以实现的方法有（　　）。

A．按 Ctrl+A 组合键

B．按 Ctrl+C 组合键

C．单击位于名称框下的“全选”按钮

D．按 Ctrl+V 组合键

7．下列各项中，属于单元格引用类型的有（　）。

A．绝对引用　　　　B．相对引用

C．循环引用　　　　D．混合引用

8．下列各项中，关于 Excel 2013 说法错误的有（　　）。

A．每张工作表由 65536 行和 256 列组成

B．每个工作簿默认含有 3 张工作表

C．默认的工作表不够用时，可以根据需要予以适当添加

D．工作表的数量不受计算机内存的限制，可以无限增加

9． Excel 软件的用户界面的功能区的优势：它将通常需要使用（　　）才能显示的任务或入口点集中在一起，便于在同一位置查找和调用功能相关的命令。

A．菜单　　　　B．任务窗格

C．工具栏　　　　D．其他用户界面组件

三、判断题

1．按 Esc 键或者 Shift+Z 组合键，运算结果将恢复为公式表达式的原来内容。（　　）

2．Excel 文件打开后，所有单元格均默认处于就绪状态。（　　）

3．在 Excel 中，“AVERAGE”函数的作用是计算指定区域的和。（　　）

4．在 Excel 2013 中，工作簿和工作表都是以文件形式存在的。（　　）

5．如果当前有多个工作簿文件在运行，按 Alt+F4 组合键后，Excel 文件将全部退出。（　　）

6．Excel 默认使用的单元格引用是绝对引用。（　　）

7．若 A2 单元格为 80，在 A5 单元格输入公式“=IF(A2>89, A，IF(A2>79, B,C))”，则 A5 单元格显示结果为 B。（　　）

8．在 Excel 中，删除指定区域是将该区域的数据删除，而单元格本身保留。（　　）

答案及解析

一、单项选择题

1．【答案】C

【解析】完成数据录入后，可采用以下方法取消工作组。

（1）单击所在工作簿中其他未被选中的工作表标签（即组外工作表标签），如果该工作组包含工作簿中的所有工作表，则只需单击活动工作表以外的任意一个工作表标签；

（2）指向该工作簿任意一个工作表标签，右击，从弹出的快捷菜单中选择“取消成组工作表”选项。

2．【答案】B

【解析】Windows 操作系统下常用的电子表格软件主要有微软的 Excel、金山 WPS 电子表格等；Mac 操作系统下则有苹果的 Numbers，该软件同时可用于 iPad 等手持设备。

3. 【答案】B

【解析】统计函数主要包括 MAX、MIN、SUM、SUMIF、AVERAGE、AVERAGEIF、COUNT、COUNTIF 等；MATCH 属于查找与引用函数，因此选项 B 符合题意。

4. 【答案】C

【解析】Excel 2003 及以下版本的默认用户界面基本相同，由标题栏、菜单栏、工作表区、工具栏编辑区、状态栏、任务窗口等要素组成。

5. 【答案】C

【解析】Ctrl+G 表示定位，Ctrl+F 表示查找，Ctrl+V 表示粘贴。

6. 【答案】B

【解析】按微软徽标键+R 组合键（或执行“开始”→“所有程序”→“附件”→“运行”命令），打开“运行”对话框。

7. 【答案】A

【解析】数据透视表是根据特定数据源生成的、可以动态改变其版面布局的交互式汇总表格。数据的筛选是指利用“数据”菜单中“筛选”命令对数据清单中的指定数据进行查找和其他工作。数据的排序是指在数据清单中可以执行排序、筛选、分类汇总、插入图表和数据透视表等数据管理和分析功能。数据的分类汇总是指在数据清单中按照不同类别对数据进行汇总统计。

8. 【答案】B

【解析】在 Excel 中选定单元格后单击“复制”按钮，在选中目的单元格单击“粘贴”按钮，此时被粘贴的是原单元格中的全部，还可以使用“选择性粘贴”命令有选择地粘贴剪切板中的数值、格式、公式、批注等内容。

9. 【答案】D

【解析】“&”有连接的作用，是将两个文本值连接或串成一个连续的文本值。

二、多项选择题

1. 【答案】CD

【解析】以打开现成 Excel 文件方式启动 Excel 软件的方法是：直接单击（单击或双击）现成的 Excel 文件（或选定 Excel 文件，右击，在弹出的快捷菜单中选择“打开”选项）。通过打开该文件来启动 Excel 软件。按 Ctrl+S 组合键是保存文件。按 Ctrl+N 组合键是新建工作簿文件。

2. 【答案】ABCD

【解析】电子表格软件的主要功能包括以下内容。

（1）建立工作簿；

（2）管理数据；

（3）实现数据网上共享；

（4）制作图表；

（5）开发应用系统。

3. 【答案】ACD

【解析】Excel 中，可以使用“选择性粘贴”命令，能选择性地粘贴剪贴板中的数值、格式、公式、批注等内容，因此选项 A 错误。数据剪切后，原单元格中数据不复存在，只在目标单元格中增加原单元格中的数据，因此选项 B 正确。如果需要查找，单击“查找下一个”

按钮逐个查找或单击“查找全部”按钮一次性全文查找，因此选项C错误。如果需要替换，单击“替换”按钮逐个替换或单击“全部替换”按钮一次性全部替换，因此选项D错误。

4. 【答案】AB

【解析】选中公式中需要查看其运算结果的运算体和运算符，按F9键后，被选中的内容将转化为运算结果，该运算结果同时处于被选中状态，因此选项C错误。按Ctrl+Z组合键（或单击“撤销”按钮），运算结果将恢复为公式表达式的原来内容，因此选项D错误。

5. 【答案】BC

【解析】为了使Excel自动将数据清单当作数据库，构建数据清单的要求主要有以下几点。

（1）列标志应位于数据清单的第一行，作为字段名，用以查找和组织数据、创建报告。

（2）同一列中各行数据项的类型和格式应完全相同。

（3）避免在数据清单中有空白的行或列，但需将数据清单和其他数据隔开时，应在它们之间留出至少一个空白的行或列。

（4）尽量在一张工作表上建立一个数据清单。

6. 【答案】AC

【解析】单击位于名称框下的“全选”按钮，无论光标当前位于何处，即可选中当前工作表的全部单元格。“全选”按钮的功能类似于Ctrl+A组合键，按Ctrl+C组合键表示复制，按Ctrl+V组合键表示粘贴。

7. 【答案】ABD

【解析】常用的单元格引用分为相对引用、绝对引用、混合引用。

8. 【答案】ABD

【解析】在Excel 2013中，每个工作簿默认含有1张工作表，该工作表由1048576行和16384列组成，因此选项A、B错误。每个工作簿含有工作表的张数受到计算机内存大小的限制，因此选项D。

9. 【答案】ABCD

【解析】功能区的优势主要在于，它将通常需要使用菜单、工具栏、任务窗格和其他用户界面组件才能显示的任务或入口点集中在一起，便于在同一位置查找和调用功能相关的命令。

三、判断题

1. 【答案】×

【解析】按Esc键或者Ctrl+Z组合键（或单击“撤销”按钮），运算结果将恢复为公式表达式的原来内容。

2. 【答案】√

【解析】Excel中，数据的输入和修改都在当前单元格或者对应的编辑栏中进行。Excel文件打开后，所有单元格均默认处于就绪状态，等待数据的输入。

3. 【答案】×

【解析】在Excel中，“AVERAGE”函数的作用是计算指定区域的平均值。“SUM”函数的作用是计算指定区域的和。

4. 【答案】×

【解析】工作簿是以文件形式存在的，工作表是存在于工作簿当中的，不是以文件形式存在的。

5. 【答案】×

【解析】如果当前有多个工作簿文件在运行，按 Alt+F4 组合键后，光标所在的文件被关闭，其他的 Excel 文件仍处于打开状态，并未退出。

6. 【答案】×

【解析】Excel 默认使用的单元格引用是相对引用。

7. 【答案】×

【解析】逻辑函数错误，正确应为"=IF (A2>89,'A'IF (A2> 79, 'B', 'C'))"。

8. 【答案】×

【解析】在 Excel 中，删除指定区域是将该区域的单元格删除，并将其右侧或下方的单元格移过来。

参 考 文 献

[1] 陈凤奎等．会计信息化[M]．北京：高等教育出版社，2014，8．

[2] 何荣华．会计电算化[M]．北京：中国财政经济出版社，2016，8．

[3] 东奥会计在线．会计电算化[M]．北京：北京大学出版社，2016，1．